존 파이퍼의
초자연적 성경 읽기

존 파이퍼의
초자연적 성경 읽기

지은이 | 존 파이퍼
옮긴이 | 홍종락
초판 발행 | 2017. 5. 22
13쇄 발행 | 2023. 11. 15
등록번호 | 제1988-000080호
등록된 곳 | 서울특별시 용산구 서빙고로65길 38
발행처 | 사단법인 두란노서원
영업부 | 02)2078-3333 FAX | 080-749-3705
출판부 | 02)2078-3330

책값은 뒤표지에 있습니다.
ISBN 978-89-531-2829-3 03230

독자의 의견을 기다립니다.
tpress@duranno.com www.duranno.com

두란노서원은 바울 사도가 3차 전도 여행 때 에베소에서 성령 받은 제자들을 따로 세워 하나님의 말씀으로 양육하던 장소입니다. 사도행전 19장 8–20절의 정신에 따라 첫째 목회자를 돕는 사역과 평신도를 훈련시키는 사역, 둘째 세계선교TIM와 문서선교단행본·잡지 사역, 셋째 예수문화 및 경배와 찬양 사역, 그리고 가정·상담 사역 등을 감당하고 있습니다. 1980년 12월 22일에 창립된 두란노서원은 주님 오실 때까지 이 사역들을 계속할 것입니다.

존 파이퍼의
초자연적 성경 읽기

존 파이퍼 지음 | 홍종락 옮김

두란노

추천의 글

초보 성경 독자와 성숙한 성경 독자 모두에게 추천할 만한 책은 많지 않다. 이 책은 두 부류의 사람 모두에게 추천할 말한 책이다. 존 파이퍼는 흔히 간과되었던 성경 구절들에 대하여 간략하면서도 예리한 강해를 활용해 성경을 읽어야 하는 이유와 성경 읽기를 위해 성령이 하시는 일, 충실한 성경 읽기의 근본적 기술과 습관들을 유용하게 설명한다. 진지한 그리스도인이 이 책을 주의 깊게 읽는다면 반드시 유익을 얻을 것이다.

_ **D. A. 카슨**(D. A. Carson), 트리니티복음주의신학교 신약학 연구교수

나는 35년째 매일 성경을 읽어 왔다. 이 책은 내가 성경을 읽는 동기와 그에 따른 수고와 즐거움을 돌아보게 해 주었다. 다시는 성경을 이전과 같은 방식으로 읽지 않을 것 같다. 앞으로 말씀과 독대하며 더 깊고 멋진 시간을 보낼 날들이 기다려진다. 성경 공부를 진지하게 고려하는 모든 사람에게 이 책은 필독서다.

_ **프랜시스 챈**(Francis Chan), 《부부 제자도》, 《제자^2》 저자

놀랍다. 심오하다. 강력하다! 이 책은 하나님의 독보적인 영광을 드높일 도구인 그분의 말씀을 향한 하나님의 계획에 매료되고 경이로움에 사로잡혀 예배로 나아가도록 독자를 이끌어 줄 것이다. 성경의 하나님을 보고 음미하는 일은 모든 신자가 추구해야 할 비범하도록 고귀한 소명이고, 존 파이퍼는 우리를 그 자리로 이끌어 줄 최고의 적임자다. 이해하기 쉬우면서도 묵직한 내용의 이 책은 성경의 매뉴얼과 스터디 가이드를 능가한다. 아니, 이 책은 우리가 하나님의 말씀과 함께 누리도록 하나님이 의도하신 경험-성령을 의지하고 믿음을 세워 주며 예배할 마음을 불러일으키는 경험-으로 들어오라는 초대장이다.

_ **루이 기글리오**(Louie Giglio), 패션컨퍼런스 설립자

성경 읽기라는 평범해 보이는 주제가 죄인들을 위한 초자연적 은혜의 세계로 우리를 안내한다. 존 파이퍼는 성경 말씀을 끊임없이 인용해 바리새인들의 누룩을 주의하는 법과 그리스도의 빛에 의지하여 말씀을 읽는 법을 알려 준다. 하지만 그가 권하는 것은 수동적인 신비주의가 아니라 최고의 책들을 놓고 벌이는 학구적인 노동이다. 그는 줄곧 철저하고 실제적이고 매력적이다. 집어 들고 읽으라!

_ **조엘 R. 비키**(Joel R. Beeke), 청교도개혁신학교 총장

이 책은 지구상의 모든 사람이 자기 언어로 된 성경을 접하게 되기까지 우리가 쉴 수 없는 이유를 상기시켜 준다. 여러 부족, 언어, 족속, 민족들이 성경이라는 영광스러운 책을 통해 영광스러운 하나님을 접하거나 알 기회를 갖지 못한 채 사라지고 있다. 존 파이퍼는 예수 그리스도의 교회로서 하나님이 선교의 목적-하나님이 전 지구에서 영원토록 영광을 받으심-을 위해 사용하시는 말씀을 더욱 깊이 이해해야 한다는 우리의 소명이 얼마나 절박한 것인지 강렬하게 떠올리게 한다.

_ **마이클 오**(Michael Oh), 국제로잔운동 총재

이 책은 무기력하고 수동적이며 반항적이고 기계적으로 성경을 읽던 사람들(우리 모두 어느 시점에는 이 무리에 해당한다)을 일깨워 성경 속의 보물을 찾아 굶주린 듯 간절한 태도로 질문을 던지며 적극적으로 관찰하고 캐내는 사람이 되라-하나님이 그분의 말씀을 통해 우리를 죽음에서 생명으로, 어리석음에서 지혜로, 저주받을 절망에서 영광스러운 소망으로 데려가실 것을 온전히 기대하면서-고 철저하고 설득력 있게 호소한다.

_ **낸시 거스리**(Nancy Guthrie), 성경교사

성경을 하나님의 영광과 분리시키면, 둘 다 놓치게 된다. 사람들이 성경과 하나님의 영광을 별개로 이야기하는 것을 듣는 것은 얼마나 끔찍한 일인가. 존 파이퍼는 이 둘을 더하여 성경을 놀라울 만큼 귀하게 평가하는 교리와 하나님의 영광에 대한 친밀하고 경험적인 교리를 나란히 전한다. 이 책은 그리스도인의 삶을 구성하는 유용한 활동 중 하나 정도가 아니다. 적절한 상황을 염두에 두고 전체적 시각 아래 놓고 삼위일체 하나님의 살아 있는 음성을 정신 차리고 인정하며 말씀을 받을 때, 성경 읽기는 그리스도인으로서 존재하는 핵심적인 활동이 된다. 시편 119편에 대해 기독교 희락주의가 내놓은 일종의 확장판 주석이라고 할 만한 이 책은 성경 읽기의 기적을 경험해 보라는 초대장이다.

_ **프레드 샌더스**(Fred Sanders), 바이올라대학교토리명예연구소 신학교수

이 책만큼 큰 기대를 품고 성경에 접근하도록 영감을 준 책은 이제껏 없었다. 위험을 감수하고 이 책을 읽으라. 이 책을 읽으면 경건생활에 불이 붙을 것이다. 이를 통해 성경에서 보물을 적극적으로 찾게 될 것이고, 각 구절을 주의 깊게 살피게 될 것이며, 하나님이 친히 우리의 눈을 열어 그분의 영광을 음미하게 해 주시기를 기도하는 동시에 그렇게 될 줄 믿게 될 것이다. 이 책의 두께에 속지 말라. 이 책은 명료하고 이해하기 쉬우며 영감을 불러일으킨다. 성경 읽기에 대하여 내가 지금까지 접한 책 중에서 가장 실제적이고 열정적이며 성경을 읽고 싶게 만드는 책이다. 이 책을 읽으라. 적용하라. 시험하라. 하나님의 말씀에 대한 접근 방식이 달라질 것이다.

_ **버니타 렌덜 리스너**(Vaneetha Rendall Risner), *The Scars That Have Shaped Me* 저자

이책을 읽은 독자들은 성경으로 돌아갈 때 부주의하거나 무심할 수 없을 것이다. 성경에 영감을 주신 하나님, 그 지면에서 발견하고 새롭게 만날 수 있는 영광의 하나님을 만나고 싶은 새로운 욕구에 마음이 부풀 것이다. 하나님과 더욱 깊이 교제하고 싶은 저자의 끝없는 갈망이 전해져서 감동의 깊이가 배가 된다.

_ **테리 비르고**(Terry Virgo), 뉴프런티어스 설립자

내가 성경 안에서

하나님의 영광의 빛을 보도록 도와준

모든 분들에게

Contents

Part 1

성경을 어떻게 읽을 것인가

Part 2

초자연적 성경 읽기, 믿음의 기적을 만든다

Part 3

'자연적 행위'로 이루어지는 초자연적 성경 읽기

영적으로 성경을 이해한다는 것은 마음의 눈이 떠지는 일이다.
성경의 참된 의미 안에 담긴 영광스러운 것들의 놀라운 영적 탁월함,
성경이 기록된 이래로 오랜 시간 그 안에 담긴 탁월함을 보는 일이다.
밝고 환하게 나타난 신적 완전함과 그리스도의 탁월함과 충족함,
그리스도에 의한 구원의 길의 탁월함과 적합성, 그리고 성경의 교훈과
약속의 영적 영광 등을 보는 일이다. 이런 것들은 성경 안에 있고
과거와 현재, 언제나 있었으며, 하나님이 특정한 사람에게 말씀을
주시고 그에게 새롭게 말씀하셔서 의미가 더해지지 않더라도
눈이 멀지만 않았다면 볼 수 있었을 것들이다.[1]

-조나단 에드워즈

프롤로그

하나님께서 내 안에 일게 하신 파문을 나누며

사람들이 성경을 통해 하나님을 더 깊이 알도록 돕기 위해 책을 쓴다는 것은 말씀을 읽는 사람이 다른 사람들의 도움으로 그 책을 이해하고 즐거워하게 되는 것이 하나님의 의도였음을 인정한다는 뜻이다. 책을 쓰고 수업을 하고 설교를 하고 주의 교훈으로 자녀를 양육하는 일은 하나님이 세우신 교사들의 도움으로 성경을 이해하도록 계획하셨다는 것을 전제할 때 가능한 일이다. 이 말을 다르게 표현하면, "하나님은 우리가 홀로 말씀을 읽을 때보다 공동체에서 함께 읽을 때 자신을 더 많이 계시하신다"라는 의미다.

신약성경은 예수 그리스도께서 그분의 교회에 교사들을 세우시고 "성도들을 준비시켜서, 봉사하게 하고, 그리스도의 몸을 세우게 하려"(엡 4:11-12, 새번역) 하신다고 거듭 밝힌다. 그 교사들은 하나님의 영감으로 된 말씀인 성경을 다른 것으로 대체하지 않는다. 교사들은 그저 우리가 성경을 이해하도록 돕는다. 사실, 교사들의 목표는 모든 신자가 스스로 교사가 되는 지점까지 자라도록 돕는 것이다. 꼭 가르치는 공식적인 자리에 있지 않더라도, 하나님의 말씀을 본인과 다른 사람들에게 적용할 수 있는 역량을 갖도록 돕는 것이다.

> 때가 오래되었으므로 너희가 마땅히 선생이 되었을 터인데 너희가 다시 하나님의 말씀의 초보에 대하여 누구에게서 가르침을 받아야 할 처지이니 단단한 음식은 못 먹고 젖이나 먹어야 할 자가 되었도다. 이는 젖을 먹는 자마다 어린 아이니 의의 말씀을 경험하지 못한 자요(히 5:12-13).

그러므로 이 책을 쓴 나는 기독교 공동체를 구성하는 하나님의 측량할 수 없이 복잡하게 얽혀 있는 영향력의 작은 점일 뿐이다. 그러니 이 책의 어떤 내용도 외톨이 성경 독자를 만들어 내는 것을 목적으로 썼다고 해석해서는 안 된다. 이 책은 사람들 마음속 웅덩이에 던져진 돌멩이와 같다. 그 파급 효과는 인간관계를 통해 주변으로 흘러갈 것이다. 이 책의 목표는 하나님이 성자를 위해 아름다운 신부–"교회 … 티나 주름 잡힌 것이… 없이 거룩하고 흠이 없게"(엡 5:27)–를 창조하신다는 전 지구적 목적의 일부이다. 그 신부의 아름다움은 주로 그리스도인들이 겸손과 거룩과 행복과 넘치는 사랑으로 서로를 대하는 것으로 드러난다. 목적이 공동의 영광이라면 그 수단이 공동의 성장임을 놀랄 일이 아니다. 우리는 말씀을 함께 읽고, 목적에 함께 도달한다.

하나님은 지금까지 수백 명의 사람들을 사용하여 내가 성경을 이해하고 사랑하도록 도우셨다. 이제 나는 당신을 돕고 싶다. 당신도 다른 사람들을 도울 수 있으면 좋겠다. 그렇게 되어야 마땅하다. 받은 조명의 나눔이라는 유산은 교회와 세상을 향한 하나님의 뜻이 완성될 때까지 이어져야 한다. 하나님께서 당신 안에 이는 파문이 당신이 아는 소수의 사람들, 그리고 알지 못하는 수천 명의 사람들에게 축복의 파도로 전달되게 하시기를 원한다. 그것을 위해 기도한다.

성경, 자연적 읽기 이상의 것이 필요하다

이 책은 성경을 '초자연적'(Supernaturally)으로 읽는다는 것이 무엇인지에 대하여 다룬다. 이 말이 이상하게 들린다는 것을 나도 잘 알고 있다. 여러분과 나에 대한 분명한 사실은 우리는 모두 자연적이고 평범하고 유한하며 언젠가는 죽을 존재라는 것이다. 우리는 천사도 악마도 아니며 하나님은 더더욱 아니다. 만약 성경이 스스로 주장하는 대로 정말 하나님의 영감을 받은 책이라면, 초자연적인 기원을 갖고 있을 것이다. 그리고 나는 그런 책이 자연적 방식의 읽기 이상의 것을 요구한다는 것을 입증해 볼 생각이다. 사실, 성경은 자연적 읽기를 요구한다. 그러나 그 이상-인간적인 것 너머의 어떤 것-도 요구한다.

이상하게 들리는 모든 주장이 그러하듯, 이 책의 배경이 되는 이야기가 있다. 나는 이 책을 일 년 전에 쓰려고 했었다. 그러나 집필을 시작한 지 며칠 만에 또 다른 주제가 내 머릿속으로 비집고 들어와 먼저 쓸 것을 요구했다. 그래서 나는 이 책을 미루고 《존 파이퍼의 성경과 하나님의 영광》(*A Peculiar Glory*)[1]을 썼다. "성경이 참된가?" 하는 질문에 먼저 대답한 것이다.

어떤 의미에서 이것은 거꾸로 된 진행이다. 어떤 책이 참인지 아닌지 결정할 수 있으려면 물론 먼저 그 책을 읽어야 한다. 그렇다면 성경을 읽는 법에 대한 책이 진리를 다룬 책보다 먼저여야 하는 것 아닐까? 물론 그럴 수도 있다. 그러나 내 경우, 《존 파이퍼의 성경과 하나님의 영광》을 쓰면서 발견한 내용들이 이 책을 쓰는 데 극히 중요한 영향을 끼쳤다. 성경이 참되고 온전히 신뢰할 만하다는 것을 스스로 드러내는 방식은 성경을 읽는 법에 대한 잊어서는 안될 함의를 가진다. 이것은 《존 파이퍼의 성경과 하나님의 영광》을 먼저 쓰면서 내게 훨씬 더 분명해졌다.

물론 이 책을 이해하기 위해서 《존 파이퍼의 성경과 하나님의 영광》을 먼저 읽어야 하는 것은 아니다. 그러나 그 책에 나온 성경의 진리를 지지하는 논증방식을 알면 내가 이 책에서 하는 작업을 분명히 이해하는 데 도움이 될 것이다. 그래서 잠시 그 책을 요약해 보려 한다. 이 책에 속속들이 영향을 준 그 책의 요지는, 성경이 스스로를 입증하는 특별한 신적 영광을 환히 비춤으로써 그 완전한 진리를 드러낸다는 것이다. 내 말이 이상하게 들리기는 마찬가지다. 그러나 비슷한 종류의 성경 속 다른 여러 논증과 비교해 보면 그렇게까지 이상한 것은 아닐 것이다.

모든 피조물이 보여 주는 하나님의 영광

가령, 성경은 모든 인간이 하나님이 존재하신다는 것과 그분이 전능하시고 관대하시며 감사와 영광을 받으셔야 마땅하다는 것을 어떻게 알 것이라 예상할까? 이보다 더 중요한 질문은 없다. 이 질문의 답은 다음과 같다. 성경은 모든 인간이 하나님이 창조하신 우주 안에서 스스로를 입증하는 하나님의 영광을 본다고 예상한다. "하늘이 하나님의 영광을 선포하고 궁창이 그의 손으로 하신 일을 나타내는도다"(시 19:1).

아침에 나는 교회에서 기도회를 마치고 집으로 걸어왔다. 도로를 가로지르는 육교를 건너다 보니 왼쪽 지평선에 해가 막 떠오르는 광경이 보였다. 해가 너무나 밝은 나머지 하얗게 빛났다. 그 빛이 어찌나 찬란한지 똑바로 볼 수가 없었다. 지평선 한쪽 끝에서 다른 쪽 끝 사이에 있는 모든 것이 청명한 대기 속에서 각각의 색깔과 모양으로 빛났다. 자연적인 빛-모든 빛 가운데 가장 밝고 가장 아름다운 빛-이 그렇게 영혼에 상쾌함을 줄 수 있다는 것에 새삼 놀랐다. 그러나 그 아름다움도 자연적 상쾌함일 뿐 하나님의 영광은 아니다. 그것은 '하나님의 영광을 선포'하고 있을 뿐이다. 우리는 범신론자들이 아니다. 하나님의 영광을 보려면 초자연적인 것을 경험해야 한다. 그것은 늘 우리가 볼 수 있는 곳에 있다.

즉, 자연계에 비치는 신적 영광이 존재한다는 뜻이다. 자연적 영광이 전부가 아니다. 신적 영광은 그저 아름다운 해돋이의 영광, 눈의 놀라운 복잡성, 태양계의 영광이 아니다. 그것은 형언할 수 없지만 실재하고 분별이 가능한 것들이다. 우리는 자연적 영광만이 아니라 하나님의 영광을 보아야 한다.

사도 바울은 사람들이 이 신적 영광을 자기 힘으로 볼 수 있는 것이 아님을 깨달았다. 그 이유에 대하여 설명하면서 우리 중 누구도 영적 맹목에 대해 핑계할 수 없는 이유를 설명한다.

> 이는 하나님을 알 만한 것이 그들 속에 보임이라. 하나님께서 이를 그들에게 보이셨느니라. 창세로부터 그의 보이지 아니하는 것들 곧 그의 영원하신 능력과 신성이 그가 만드신 만물에 분명히 보여 알려졌나니 그러므로 그들이 핑계하지 못할지니라. 하나님을 알되 하나님을 영화롭게도 아니하며 감사하지도 아니하고 오히려 그 생각이 허망하여지며 미련한 마음이 어두워졌나니(롬 1:19-21).

이것은 하나님이 모든 사람에게 그분의 능력과 신성과 관대함을 보여 주셨다는 의미다. 만약 우리가 하나님의 영광을 보지 못한다 해도, 그분의 능력과 신성과 관대함을 보고 그것을 가장 영광스러운 것으로 귀하게 여기며 하나님께 감사해야 할 책임은 여전히 있다. 그렇게 하지 않으면 우리가 "핑계하지 못할"것임을 바울은 말한다.

하나님의 영광을 볼 책임

사람들이 예수님의 신성을 알아보았어야 마땅함을 지지하는 이와 유사한 또 다른 논증이 있다. 예수님은 최초의 추종자들이 하나님의 신성한 아들인 자신을 어떻게 알아볼 것이라 예상하셨을까? 대답은 그분의 생활 방식과 온전한 인격, 사역이 스스로를 입증하는 신적 영광을 드러냈다는 것이다. 가까운 곳에서 지켜본 제자는 이렇게 썼다. "말씀이 육신이 되어 우리 가운데 거하시매 우리가 그의 영광을 보니 아버지의 독생자의 영광이요 은혜와 진리가 충만하더라"(요 1:14).

그러나 많은 사람들은 이 영광을 보지 못했다. 유다는 3년 동안 주님 곁에 있었지만 전혀 보지 못했고, 바리새인들도 마찬가지였다. 다른 제자들 역시 영광을 보는 데 더뎠다. 예수님은 그런 사람들에게 말씀하셨다. "내가 이렇게 오래 너희와 함께 있으되 네가 나를 알지 못하느냐"(요 14:9).

예수님은 사람들에게 자신을 충분히 보여 주셨다. 그들은 예수님의 영광을 볼–그래서 그분이 하나님의 아들이심을 알– 책임을 갖고 있었다. 분명히 예수님은 진정한 인간이셨다. 그분은 자연스럽고 평범하고 유한한 존재였다. 그러나 그분은 동시에 처녀의 몸에서 태어난 초자연적인 하나님의 아들이셨다(눅 1:35). 그분에게만 새어 나오는 영광이 있었다. 그분의 가르침을 듣고 사역을 본 사람들은 주님의 영광을 볼 책임이 있었다. 그들은 진리를 깨달아야만 했다.

복음 안에 존재하는 하나님의 영광

영광이 어떻게 진리를 입증하는지 보여 주는 사례를 하나 더 살펴보자. 이 사례는 복음 자체-죄인들을 위한 예수님의 죽음과 부활에 대한 좋은 소식의 핵심-와 관련이 있다. 처음 복음을 듣는 사람들은 그것이 하나님으로부터 나온 것인 줄 어떻게 알까? 이 질문에 사도 바울이 답했다. 복음이 하나님으로부터 나온 것인 줄 그들이 알 수 있는 이유는 복음 안에서 "하나님의 형상"인 "그리스도의 영광의 복음의 광채"(고후 4:4)를 보기 때문이다. 조금 다르게 표현하면, 그들이 복음 안에서 "예수 그리스도의 얼굴에 있는 하나님의 영광을 아는 빛"(고후 4:6)을 보기 때문이다.

그러나 많은 사람들은 복음을 듣고도 신적 영광을 보지 못한다. 왜 그럴까? 하나님의 영광이 실재하지 않아서가 아니다. 하나님의 영광이 복음 안에 있지 않아서가 아니다. 인간의 본성상 "마음의 완고함 때문에 지각이 어두워[졌기]"(엡 4:18, 새번역) 때문이다. 무지 때문이 아니라 주로 완고함 때문이다. 이 완고함은 진리에 대한 극심한 반감이다. 그들은 "진리를 사랑하지 않으므로 구원을 받지 못해 결국 멸망하고 말 것"(살후 2:10, 현대인의성경)이다. '이 세상의 신' 사탄은 이 완고함을 이용한다. 바울은 사탄이 "믿지 않는 자들의 마음을 어둡게 하여서, 하나님의 형상이신 그리스도의 영광을 선포하는 복음의 빛을 보지 못하게 한 것"(고후 4:4, 새번역)이라고 말한다. 그러나 그 영광은 복음 안에 실제로 있다. 충실하고 온전히 전파되는 복음을 듣는 사람은 하나님의 영광을 볼 책임이 있다.

영광은 성경 안에도 있다

《존 파이퍼의 성경과 하나님의 영광》의 요점은 이 세 가지 사례와 비슷한 방식으로 하나님의 영광이 성경이 진리임을 입증한다고 말한다. 우리는 성경을 통해 하나님의 영광을 본다. 사도들은 예수 그리스도 안에서 대면하고 본 것을 성경 말씀을 통해 우리에게 전달한다. "우리가 보고 들은 것을 여러분에게도 전파합니다. 이는 여러분과 우리가 서로 사귐이 있게 하려는 것입니다. 우리의 사귐은 아버지와 그의 아들 예수 그리스도와 함께하는 사귐입니다"(요일 1:3, 우리말성경). 우리는 그들이 그리스도 안에서 보았던 영광을 기록한 말씀을 통해서 볼 수 있다. 인간 예수가 신적인 존재임이 드러난 것처럼, 인간이 쓴 성경의 말씀이 신적인 것임도 드러난다. 모두가 그것을 보지 못했지만 영광은 거기 있었다. 그리고 여기, 성경 안에도 있다.

모든 사람이 하나님을 안다 그러나…

한 가지 사례를 하나 더 들면 인간의 영혼 안에서 이런 일이 실제로 어떻게 이루어지는지 이해하는 데 도움이 될 것이다. 우리는 하나님의 영광을 어떻게 보게 될까? 분명, 자연적 눈과 귀와 뇌가 그 과정의 일부가 된다. 자연적 눈과 귀와 뇌가 없으면 하나님의 영광을 드러내는 자연적인 것들-피조 세계, 성육신, 복음-을 보고 듣고 이해할 수 없다. 그러나 자연적으로 보는 것은 하나님의 영광을 보는 일에서 결정적인 요소가 아니다. "그들이 보아도 보지 못"(마 13:13)한다고 예수님은 말씀하셨다. 자연적 눈과 귀와 뇌를 쓰는 것보다 더한 어떤 일이 이루어져야 한다.

사도 바울이 이 문제를 표현하는 방식은 "너희 마음의 눈을 밝히사 … 너희로 알게 하"(엡 1:18-19)셔야 한다는 것이다. 이것도 이상하다. 마음(heart)에 눈이 있다니! 대부분의 사람들은 심장(heart)을 인간의 가슴 속에서 혈액을 펌프질하는 장기 이상의 것으로 말하는 데 익숙하다. 이런 언어는 우리에게 낯설지 않다. 이 마음은 진짜 우리를 말한다. 우리에게는 살과 뼈 이상의 것이 있음을 직관적으로 안다. 이것을 믿기 때문에 정의와 사랑 같은 것에 대해 말할 수 있는 것이다.

그렇다면 이 비물질적 인격성에다 비물질적 눈 개념-"마음의 눈"-을 덧붙이는 것이 그리 많이 이상한가? 진정한 내면의 인격이 보고 아는 것은 몸의 눈이 볼 수 있는 것과 동일하지 않다. 파스칼은 이렇게 말했다. "마음에는 이성이 모르는 나름의 이유들이 있다. 우리는 천가지 것들에서 그것을 느낀다."[2] 자연적인 보기를 통해 이루어지고 그것을 넘어서는 영적인 보기가 있다. 자연적인 듣기를 통해 이루어지고 그것을 넘어서는 영적 듣기가 있다. 자연적 추론을 통해 이루어지고 그것을 넘어서는 영적 분별이 있다.

마음이 하나님의 영광을 볼 때 벌어지는 일을 어떻게 상상하면 될까? 나는 자연 속에서 하나님의 영광을 아는 지식에 대한 바울의 말에서 단서를 발견했다. 바울은 우리 모두가 "하나님을 안다"라고 말한다. "하나님을 알되 하나님을 영화롭게도 아니하며 감사하지도 아니하고"(롬 1:21).

놀라운 말이다. 모두가 하나님을 안다니! 그러나 다른 곳에서 그는 본성상 사람들이 하나님을 알지 못한다고 힘주어 말한다. “하나님의 지혜에 있어서는 이 세상이 자기 지혜로 하나님을 알지 못하므로”(고전 1:21). “하나님을 모르는 이방인”(살전 4:5). 전에는 “너희가 하나님을 알지 못하더니”(갈 4:8, 살후 1:8, 요일 4:8을 보라).

그럼 바울이 로마서 1장 21절에서 모든 인간이 “하나님을 안다”라고 말한 것은 무슨 의미일까? 이 질문에 대한 답변은 로마서 1장 19-20절을 인용하는 것으로 충분할 것이다. “이는 하나님을 알 만한 것이 그들 속에 보임이라. 하나님께서 이를 그들에게 보이셨느니라. 창세로부터 그의 보이지 아니하는 것들 곧 그의 영원하신 능력과 신성이 그가 만드신 만물에 분명히 보여 알려졌나니.”

다시 말해, 로마서 1장 21절의 “하나님을 아는 지식”은 피조 세계의 증언이 주어져 있고 자연적 눈으로 분명하게 볼 수 있다는 뜻이다. 그러나 이것이 “그들이 하나님을 알되”라는 말이 의미하는 전부일까? 나는 더 심오한 의미가 있다고 생각한다. 로마서 2장 14-15절에서 바울은 하나님의 율법을 들어보지도 못한 사람들이 때로는 율법이 요구하는 바를 행한다고 말한다. 그들의 양심이 하나님의 뜻을 증언한다. 바울은 그것을 이렇게 표현한다. “그런 사람은, 율법이 요구하는 일이 자기의 마음에 적혀 있음을 드러내 보입니다”(새번역).

신적 영광의 형판

그래서 나는 로마서 1장 21절의 “하나님을 아는 것”이 로마서 2장

15절의 더 깊은 마음의 경험을 아우른다고 생각한다. 내게 유용했던 비유는 하나님과 그분의 뜻에 대한 본래 지식을 사람의 마음속에 있는 모종의 형판이나 금형으로 생각하는 것이다. 하나님은 각 사람의 마음에 하나님의 영광에 일치하는 모양이나 형태로 이 형판을 만들어 두셨다. 다시 말해, 마음의 눈으로 하나님의 영광을 보면 그 형판과 완벽하게 들어맞아 그것이 진짜임을 알게 될 것이다. 즉, 인간이 하나님의 영광을 위해 만들어졌음을 알게 될 것이다.

그러므로 바울이 모든 사람들은 "하나님을 안다"라고, 또는 율법이 요구하는 일이 모든 사람의 "마음에 적혀 있다"라고 말한 것은 모든 사람의 마음에 하나님의 영광을 받기를 기다리는 영광 모양의 형판이 있다는 뜻이다. 우리가 하나님의 영광을 위해 만들어졌다는 증언이 마음에 주어져 있다는 의미에서 우리는 "하나님을 안다". 우리 안에는 기대와 갈망이 잠재해 있고 거기에 딱 들어맞는 틀이 영혼 깊숙이 묻혀 있다.

이질적 사랑으로 꽉 들어찬 마음

우리가 하나님의 영광을 보지 못하는 이유는 형판에 문제가 있거나 하나님의 영광이 비치지 않아서가 아니다. 그 이유는 "마음의 완고함"(엡 4:18, 새번역)때문이다. 이 완고함은 하나님에 대한 깊은 혐오감이고, 그에 대응하는 자기를 높이는 사랑이다. 바울은 육신의 마음가짐이 하나님을 대적한다고 말했다(롬 8:7 참조). 그리고 예수님은 "빛이 세상에 왔으되 사람들이 자기 행위가 악하므로 빛보다 어둠을 더 사랑한 것이니라"(요 3:19)

고 말씀하셨다. 우리의 문제는 빛이 부족한 것이 아니라 우리가 어둠을 사랑한다는 것이다. 이것이 마음의 완고함이다.

앞에서 제시한 형판의 비유를 다시 가져와 보자. 우리 마음속 금형은 모든 것을 만족시키는 하나님의 영광에 완벽하게 맞추어져 있지만 그 자리가 다른 것들에 대한 사랑으로 꽉 채워져 있다는 뜻이다. 그래서 하나님의 영광-창조 세계나 성육신이나 예수님이나 복음에서 나온-이 우리 마음에 비춰어도 있을 곳을 찾지 못한다. 제 자리에 딱 들어맞는다는 느낌이 없고 인지하지도 못한다. 자연적인 정신-영광 모양의 금형에 우상들이 꽉 들어차 있는 정신-은 하나님의 영광을 "어리석은 일"(고전 2:14, 새번역)로 여긴다. 그 금형은 하나님의 영광과 맞지 않는다. 마음이 완고한 나머지 살인까지 저지르려 했던 이들에게 예수님이 하신 말씀도 이와 같았다. "내 말이 너희 안에 있을 곳이 없으므로 나를 죽이려 하는도다"(요 8:37).

물론, 그들은 예수님의 말씀을 이해하고 기억할 수 있었다. 그러나 그들은 말씀을 영광스럽거나 강력하고 아름다운 것으로 보지 못했다. 말씀을 들었지만 말씀을 사랑하지 않았다. 대신 그들은 하나님의 빛나는 영광에 맞게 설계된 형판을 가득 채운 어둠을 사랑했다.

마음의 형판을 자르고 비우는 초자연적인 힘

나는 이 책이 성경을 초자연적으로 읽는 일의 의미를 다룬다고 말했는데, 이제 당신도 그 이유를 알 수 있을 것이다. 우리가 제대로 파악했다면, 성경에서 하나님의 영광을 볼 유일한 희망은 하나님의 영광을 대신해 마음의 형판을 꽉 메우고 있는 다이아몬드처럼 단단한 우상숭배적 대체물들을 하나님이 잘라내시는 것이다. 성경은 이 초자연적 행위를 다양한 방식으로 표현한다. 하나님의 영광을 우리 마음에 비춤(고후 4:6), 회개함과 진리를 주심(딤후 2:25), 믿음을 주심(빌 1:29), 죽었던 우리를 살리심(엡 2:5), 말씀으로 거듭남(벧전 1:23, 약 1:18), 성부의 알려 주심(마 16:17)과 성자의 특별 계시(마 11:27), 마음의 눈을 밝히심(엡 1:18), 하나님 나라의 비밀을 아는 것이 허락됨(눅 8:10) 등이 그 사례다.

이 기적이 우리에게 벌어지면, 우리를 죽이는 이질적 사랑의 시멘트를 하나님의 영광이 마음의 형판에서 잘라내고 태우고 녹이고 제거한 후 정당한 자리를 차지한다. 우리는 하나님의 영광을 위해 만들어졌다. 그리고 성경의 진실성에 대한 이 영광의 증언은 우리를 압도한다. 이전에는 어리석음만 보았던 곳에서 이제 우리는 모든 것을 만족시키는 하나님의 아름다움을 본다. 하나님이 이 일을 하셨다–초자연적으로.

성경을 더할 나위 없이 강력하고 모든 것을 만족시키는 인생의 진리로 경험하기로 그냥 결정하는 사람은 없다. 보는 것은 선물이다. 말씀을 자유롭게 받아들이는 것도 선물이다. 하나님의 영이 우리 마음의 눈을 여시면, 한때 지루하거나, 터무니없거나, 어리석거나 신화적인 것으로 보였던 것이 자명한 진실로 다가오게 된다.

그래서 나는 《존 파이퍼의 성경과 하나님의 영광》에서 하나님의 영광이 성경 안에 일관되게 실재하며 객관적이고 스스로 입증하는 실체라고 주장했다. 이것은 성경의 진리성에 대한 근거 있는 믿음의 확고한 토대가 된다. 이 믿음은 어둠 속의 도약이 아니다. 추측이나 도박이 아니다. 우리의 믿음이 추측이나 도박 같은 것이라면 하나님께 영광이 되지 않을 것이다. 동전을 던져서 하나님을 선택하는 일은 그분을 영화롭게 하지 못한다. 미지의 것을 향해 뛰어드는 일은 특별한 영광으로 분명하게 자신을 알리신 분에 대한 찬사가 아니다.

복음의 광채

《존 파이퍼의 성경과 하나님의 영광》을 요약하는 이 지점까지 나는 '특별한'(peculiar)이라는 단어를 강조하지 않았다. 이 단어는 무엇을 함축하는가? 이 단어는 성경이 완전한 참됨을 특별한 영광으로 드러낸다는 것을 함축한다. 다시 말해, 성경이 근거 있는 신뢰를 보증하는 힘은 일반적인 영광으로 만들어지지 않는다. 휘황찬란한 영광으로 만들어지지 않는다. 초자연적 타자성으로 정신을 혼란시켜서 만들어지지 않는다. 우리 눈에 불가피하게 신적으로 보이는 것은 특별한 영광이다. 이 특별한 영광의 중심에는 예수 그리스도의 더할 나위 없는 유일무이한 영광이 자리 잡고 있다.

하나님이 성경 안에서 자신을 영화롭게 하시는 방식에는 본질과 중심과 우세한 특별함이 있다. 그 특별함은 온유함 가운데 계시된 하나님의 위엄과 고통 가운데 드러난 그분의 힘, 자신을 철저히 내어줌에서 드러난 그분의 풍성한 영광이다. 이 특별한 영광이 예수 그리스도의 복음의 핵심에 놓여 있다. 성경에서 볼 수 있는 수많은 현현과 더불어, 이것이 바로 '하나님의 형상'인 "그리스도의 영광의 복음의 광채… (그리스도는 하나님의 형상)"(고후 4:4)가 환히 빛나게 만드는 핵심이다. 이것이 하나님께서 "예수 그리스도의 얼굴에 있는 하나님의 영광을 아는 빛"(고후 4:6)을 비추시는 사람의 마음과 정신에 쏟아지는 광채다.

가장 먼저, 가장 빛나는 영광

이 특별한 찬연함은 성경 전체에서 줄곧 빛나지만 예수 그리스도의 인격과 사역 가운데서 가장 아름다운 광채를 발한다. 성경의 신적 영감과 완전한 진실을 믿게 된 사람들의 절대다수는 예수 그리스도와의 저항할 수 없는 만남을 통해 그런 결론에 이른 것이다. 성경이 진짜임을 입증하는 특별한 영광은 예수님 안에서 가장 먼저, 가장 분명하게 빛난다.

어떻게 이런 일이 일어날까? 때로는 예수님의 특정한 말씀이나 행동이 사람의 마음을 꿰뚫어 그리스도의 아름다움의 빛을 가로막는 완고함을 부수기 시작한다. 그러나 조만간 우리를 정복하고 모든 저항을 이겨내는 것은 예수님에 대한 성경 전체의 초상-십자가 처형과 부활에서 절정에 이르는-이다.

갈라디아교회들이 예수님의 복음에서 떠내려가기 시작했을 때, 바울은 그들에게 편지를 보내 이렇게 말했다. "어리석은 갈라디아 사람들이여, 예수 그리스도께서 십자가에 못 박히신 모습이 여러분의 눈앞에 선한데, 누가 여러분을 홀렸습니까"(갈 3:1, 새번역).

'눈에 선한 모습'은 그림이 아니라 글로 주어졌다. 그러나 그것이 너무나 실제적이고 생생했기 때문에 바울은 눈에 호소한다는 비유를 사용했다. "예수 그리스도[의] 모습이 … 여러분의 눈앞에 선한데."

그들은 복음 설교 안에서 그리스도의 특별한 영광을 보았다. 바울은 복음에서 떠나는 것 같은 갈라디아교회의 모습에 큰 충격을 받은 나머지 그것을 일종의 마술이라 불렀다. "누가 여러분을 홀렸습니까?"

과거 그들은 예수님의 십자가 처형에서 가장 생생하게 드러난 그분의 특별한 영광을 보고 회심했다. 바울은 그의 편지를 통해 사악한 연기를 날려 버리고 그리스도의 영광이 생생하게 회복되기를 바랐다. 대부분의 사람들은 이렇듯 그리스도의 영광을 보고 그분과 말씀에 대한 근거 있는 믿음에 이른다.

성경 속 예수님의 초상

독자는 그리스도에 대한 '성경 전체의 초상'이 무엇인지 분명하게 이해하지 못할 수도 있다. 성경이 묘사하는 그리스도의 모습을 통해 우리의 지성과 마음이 그분에 대한 근거 있는 확신에 이를 수 있다는 생각에 공감하지 못할 수도 있다. 만약 그렇다면, 성경의 묘사를 축소하여 간략히 소개하는 것이 도움이 될 것이다. 목표는 예수님의 언행이라는 환한 별자리를 분명히 드러내는 것이다. 그렇게 해서 그분의 신적 영광이 그 누적적이고 다면적인 유일무이함을 통해 어떻게 빛나는지 독자가 볼 수 있으면 좋겠다.

예수보다 더

예수님은 하나님과 사람을 비할 바 없이 흔들림 없게 사랑하신 분이었다. 그분은 사람들의 불경함으로 하나님이 모욕을 당할 때 분노하셨고(막 11:15-17), 종교가 사람들을 괴롭힐 때(막 3:4-5)도 분노하셨다. 그분은 심령이 가난하고, 온유하고, 의에 주리고, 마음이 청결하고, 긍휼히 여기고, 화평케 하라(마 5:3-9)고 가르치셨다. 그분은 마음으로부터 하나님을 공경하고(마 15:8), 모든 위선을 버리라(눅 12:1)고 촉구하셨다. 그리고 예수님은 가르치신 대로 실천하셨다. 그분은 온유하고 마음이 겸손하셨다(마 11:29). 그분의 인생은 "선한 일을 행하시고 … 고치셨"(행 10:38)다는 말로 요약할 수 있다.

예수님은 어린아이들을 위해 시간을 내셨고 그들을 축복하셨다(막 10:13-16). 사회적 장벽을 넘어서 여자들(요 4장), 외국인들(막 7:24-30), 나병 환자들(눅 17:11-19), 창녀들(눅 7:36-50), 세리들(마 9:9-13), 거지들(막 10:46-52)을 도우셨다. 노예처럼 제자들의 발을 씻기 셨고 섬김을 받기보다 섬기라고 가르치셨다(요 13:1-20).

녹초가 되셨을 때조차 그분은 밀려드는 군중을 불쌍히 여기셨다(막 6:31-34). 제자들이 변덕을 부려 당장이라도 그분을 부인하고 버리려 들 때도 주님은 그들과 함께 있기를 원하셨고(눅 22:15) 그들을 위해 기도하셨다(눅 22:32). 자기 목숨에 대하여 많은 이들을 위한 대속물이라고 하셨고(막 10:45), 처형을 당하는 순간에도 살인자들의 죄를 용서해 달라고 기도하셨다(눅 23:34).

더 없이 참되고 진실한 이

예수님은 하나님과 사람에 대한 사랑으로 충만한 분으로 묘사될 뿐 아니라 더없이 참되고 진실한 분이셨다. 그분은 세상의 찬사를 얻으려고 자기 마음대로 행하지 않으셨다. 그분은 사람들을 하늘 아버지께로 이끄셨다. "자기 마음대로 말하는 사람은 자기가 영광을 받으려고 하는 것이다. 그러나 자기를 보내신 분의 영광을 위해 일하는 사람은 진실하며 그 안에 거짓이 없다"(요 7:18, 우리말성경).

그분에게선 과대망상증 환자나 사기꾼의 정신을 찾아볼 수 없었다. 본인과 하나님과 온전히 평화를 이루셨으며 진실하셨다. 그분의 참됨은 속임수를 꿰뚫어보시는 데서도 분명히 드러난다(마 22:18). 너무나 순결하고 예리하여 논쟁에 걸려 넘어지거나 궁지에 몰리지 않으셨다(마 22:15-22). 특별한 애정을 품은 상대에게도 요구사항에 있어서는 놀랄 만큼 냉정하셨다(막 10:21). 따르는 무리의 수를 늘리거나 지지자들의 비위를 맞추기 위해 의로운 메시지를 완화시키지 않으셨다. 대적들조차 그분이 찬사에 대한 무심함에 놀랐다. "선생님, 우리는 선생님이 진실한 분이시고 아무에게도 매이지 않는 분이심을 압니다. 선생님은 사람들의 지위를 보지 않으시고 하나님의 길을 참되게 가르치십니다"(막 12:14 참조, 존 파이퍼 번역).

그분은 어떤 주장도 철회할 필요가 없었고 책잡힐 만한 잘못을 저지르지 않으셨다(요 8:46).

예수, 오직 예수 이외는 없다

그러나 이 모두를 더욱 놀랍게 만든 것은 예수의 모든 언행에 배어 있던, 야단스럽지 않으면서도 분명한 권위였다. 바리새인들의 아랫사람들이 우리 모두를 대변해 이렇게 말했다. "그 사람이 말하는 것처럼 말한 사람은 이때까지 없었나이다"(요 7:46).

그분에게는 의문의 여지가 없는 차별성이 있었다. "이는 그 가르치시는 것이 권위 있는 자와 같고 그들의 서기관들과 같지 아니함일러라"(마 7:29).

하지만 예수님은 과시할 필요를 느끼지 않으셨다. 그것은 지극히 자연스러운 일이었다. 그분의 주장은 유대인들이 메시아에게 기대했던 세속적 권력의 공개선언이 아니었지만 분명했다. 당시에는 누구도 이해하지 못했지만, 예수님이 "이 성전을 허물어라. 그러면 내가 사흘 만에 다시 세우겠다"(요 2:19, 새번역. 마 26:61 참고)라고 하신 것은 의문의 여지가 없는 말씀이었다. 사람들은 짓는 데 46년이 걸린 건축물을 그분 혼자서 재건하겠다는 것이 터무니없는 주장이라고 생각했다. 그러나 예수님의 말씀은 전형적인 가려진 방식으로, 자신이 죽었다가 살아날 것이라는 주장이었다. 그리고 그분은 자신의 능력으로 일어나실 터였다. "내가 세울 것이다."

예수님은 바리새인들과의 마지막 논쟁에서 이 질문으로 그들의 입을 막으셨다. "너희는 그리스도에 대하여 어떻게 생각하느냐? 누구의 자손이냐?" 그들이 대답했다. "다윗의 자손이니이다." 그 말에 예수님은 시편 110편 1절의 다윗의 말을 인용하여 말씀하셨다. "주께서 내 주께 이르시되 '내가 네 원수를 네 발등상으로 삼을 때까지 내 우편에 앉았으라' 하셨도다."

그 다음 자신의 권위를 상당 부분 드러내며 예수님이 이렇게 물으셨다. "다윗이 그리스도를 주라 칭하였으니 어찌 그의 자손이 되겠느냐"(눅 20:44). 다시 말해, 눈이 있는 사람들은 다윗의 자손-그리고 그 자손보다 훨씬 큰 이-이 바로 그 자리에 있음을 볼 것이라는 뜻이었다.

예수님은 그런 식으로 몇 번이나 말씀하셨다. "성전보다 더 큰 이가 여기 있느니라"(마 12:6). "요나보다 더 큰 이가 여기 있으며 … 솔로몬보다 더 큰 이가 여기 있느니라"(마 12:41-42). 이런 식의 감추어진 주장은 예수님의 모든 언행에서 줄곧 나타난다. 볼 눈이 있고 들을 귀가 있는 사람이라면 상상도 못할 만큼 위대한-그리고 영광스러운- 무엇이 여기에 있음을 알 수 있을 것이다.

충격적인 주장

그 다음으로, 예수님이 전혀 숨김없이 하신 말, 참된 말이 아니라면 참으로 신성 모독적으로 자기를 높이는 것이 될 말들이 있었다. 예수님은 악령들에게 명령하셨고(막 1:27), 모든 자연의 힘에도 명령을 내리셨다(막 4:39). 그리고 그들은 말씀에 순종했다. 죄 용서를 선언하셨는데(막 2:5) 이것은 하나님만 하실 수 있는 일이다(막 2:7). 또한 사람들에게 영생을 얻으려면 모든 것을 버리고 자기를 따르라고 하셨다(막 10:17-22, 눅 14:26-33). 그분은 심판의 날에 서서 누가 천국에 들어가고 누가 못 들어갈지 선언하리라고 하셨다(마 7:23). 그리고 다음과 같은 충격적인 주장을 하셨다. "누구든지 사람 앞에서 나를 시인하면 나도 하늘에 계신 내 아버지 앞에서 그를 시인할 것이요, 누구든지 사람 앞에서 나를 부인하면 나도 하늘에 계신 내 아버지 앞에서 그를 부인하리라"(마 10:32-33). 그분은 스스로 우주의 최후 심판자라고 말씀하셨다.

지극한 사랑과 목적있는 희생

그 다음, 이 모든 능력-지상에서 더없이 즐겁고 명예로운 인생을 살아갈 모든 잠재력-에도 불구하고 그분은 죄인들의 영원한 행복을 위해 모든 것을 희생하신다. 그분은 너무나 단호하게 말씀하신다. "인자가 온 것은 섬김을 받으려 함이 아니라 도리어 섬기려 하고 자기 목숨을 많은 사람의 대속물로 주려 함이니라"(막 10:45).

거듭해서 그분은 제자들에게 어떤 일이 벌어질지 말씀하셨다. 그것이 그분의 계획이었다. "인자가 반드시 많은 고난을 받고, 장로들과 대제사장들과 율법학자들에게 배척을 받아, 죽임을 당하고 나서, 사흘 후에 살아나야 한다"(막 8:31, 새번역).

이 모든 내어줌 안에서 그분은 의도적으로 성경을 성취하고 계셨다. "인자는 자기에 대하여 기록된 대로 가거니와"(막 14:21). 그래서 죽음에 자신을 내어주셨고 하늘 아버지께-그리고 성경의 하나님 말씀에- 자신을 의탁하셨다(요 5:19). 그분은 비극적인 상황의 그물에 걸린 것이 아니었다. 그분은 자의로 목숨을 내어준 것이다. "내가 내 목숨을 버리는 것은 그것을 내가 다시 얻기 위함이니 … 이를 내게서 빼앗는 자가 있는 것이 아니라 내가 스스로 버리노라 나는 버릴 권세도 있고 다시 얻을 권세도 있으니"(요 10:17-18).

그분이 자신을 희생하신 목적은 죄 용서였다. "이것은 죄 사함을 얻게 하려고 많은 사람을 위하여 흘리는 바 나의 피 곧 언약의 피니라"(마 26:28).

이것은 역사상 가장 큰 사랑이었다. 가장 위대한 사람이 자격 없는 이들에게 가장 큰 선물을 주기 위해 희생했기 때문이다. "세상에 있는 자기 사람들을 사랑하시되 끝까지 사랑하시니라"(요 13:1).

바로 그 사람!

예수님은 말씀하신 대로 사흘 만에 부활하신 후(눅 24:6-7) 40일 동안 제자들에게 나타나 자신이 유령이 아니라 그들이 3년 동안 알았던 바로 그 사람–몸과 영혼–이라는 많은 증거를 주셨다(눅 24:39-43, 행 1:3). 그분은 그들에게 모든 민족에서 제자들을 삼으라는 전 지구적 명령을 내리셨고(마 28:19) 자신의 영을 보내어 세상 끝 날까지 그들과 함께하시겠다고 약속하셨다(요 14:26, 마 28:20). 하늘로 올라가신 주님은 하나님의 우편에서(마 22:44, 26:64) 세상을 다스리신다(계 17:14, 벧전 3:22). 그리고 능력과 큰 영광으로 이 땅에 다시 오실 것이며(마 16:27, 24:30) 자기 백성을 영원한 즐거움으로 인도하실 것(마 25:21)이라고 약속하셨다.

이것이 성경이 그려낸 예수님 초상의 간략한 스케치다. 《존 파이퍼의 성경과 하나님의 영광》에서 내가 펼친 주장은 성경에 나오는 하나님의 특별한 영광이 이 예수님 안에서 가장 분명하게 표현된다는 것이다. 예수님의 영광은 그분의 생애와 사역에 대한 성경의 기록을 통해 빛난다. 그 영광은 실재하고, 객관적으로 스스로를 입증한다. 이것은 성경의 진리를 믿을 수 있는 확실한 근거이자 확고한 토대이다.

순환 논증이라는 비난에 답

누군가는 내가 순환논증을 펼치고 있다는 반론을 제기할 수 있을 것이다. 그들은 내가 성경이 묘사하는 예수님 모습이 신뢰할 만하다고 주장하면서도 그 신뢰성을 가정하고 있다(이 모든 본문을 인용함으로써)고 말할 수 있다. 이 반론에는 두 가지로 답할 수 있다. 하나는 학문적 답변이다. 그 내용인즉, 신약성경의 기록에 대한 가장 비판적인 입장을 전제한다 해도, 이런 종류의 묘사가 등장하지 않는 복음서나 (비평학자들의 언어를 써서 말하자면) 전승의 층은 존재하지 않는다는 것이다. 이 예수는 우리가 역사를 통해 아는 바로 그 예수다. 이 예수보다 역사적으로 더 신뢰할 만한 또 다른 예수의 재구성은 없다.[3]

순환 논증이라는 반론에 대한 또 다른 답변은 신약에 나오는 예수님의 초상이 스스로를 입증한다는 것이다. 대부분의 사람들은 복음서의 신뢰성을 지지하는 학문적, 역사적 논증들을 접하기 어렵지만, 그것이 근거 있는 믿음에 장애물이 될 필요가 없다. 신약성경이 묘사하는 예수님의 모습에는 그 묘사가 참되다고 온전히 확신할 수 있는 진품의 특징들이 충분히 담겨 있다. 나는 신약성경 속 예수님의 모습에서 비쳐 나오는 스스로를 입증하는 아름다움을 하나님의 특별한 영광이라고 부른다.

조나단 에드워즈의 답변

사실, 《존 파이퍼의 성경과 하나님의 영광》의 주장 배후에 놓여 있는 핵심 충동 중 하나는 가장 단순한 사람도 복음이 참되다는 근거 있는 확신을 가질 만한 방법이 있어야 한다는 우려이다. 선교사의 입을 통해 복음 이야기를 처음 들은 파푸아뉴기니의 문자를 모르는 산촌 부족민은 어떤가? 여러 해 동안 부모로부터 복음을 들었던 아홉 살배기나 열 살배기 아이는 어떤가? 이 사람들은 신약성경 문서들이 진짜임을 밝혀 줄 역사적 논증을 접할 수 없다. 그들은 복음이 참되고 성경이 신뢰할 만하다는 근거 있는 확신(어둠 속의 도약이 아니라)에 이를 수 있을까?

조나단 에드워즈는 오래전에 이 우려를 공유했다. 그는 뉴잉글랜드 북미 원주민들의 선교사가 되었다. 그는 원주민들이 복음의 진리성에 대한 근거 있는 확신을 갖게 될 방법은 학문적이고 역사적인 논증이 아니라는 것을 알았다. 이 문제에 대한 나의 접근법은 에드워즈의 답변을 기반으로 한다. 그는 이렇게 말했다. "복되신 하나님의 복음은 어떤 이들이 생각하는 것처럼 밖으로 나가 증거를 구걸하지 않는다. 복음은 그 자체 안에 가장 적절한 최고의 증거를 갖고 있다. … 마음은 단 한걸음에 복음의 진리로 올라가며, 그것은 복음의 신적 영광이다."[4]

이 논증을 성경 전체로 확장하는 것-나는 이것을 《존 파이퍼의 성경과 하나님의 영광》에서 설명하고 옹호하려 시도했다. 이것을 달리 표현하자면 《존 파이퍼의 성경과 하나님의 영광》은 웨스트민스터 대요리문답의 내용을 확장 조사하고 설명한 것이라고 할 수 있다. 대요리문답 4문은 이렇게 묻는다.

> 질문: "성경이 하나님의 말씀인 것을 어떻게 아는가?"
>
> 답: "성경 자체가 성경이 하나님의 말씀인 것을 드러낸다. 모든 영광을 하나님께 돌린다는 전체의 목적에 의해서."

다시 말해, 성경 전체가 하나님의 영광을 전달하고 보여 주는 이 신적 목적을 갖고 있으며, 제대로 이해되기만 하면 성경은 이 목적을 수행할 수 있다. 성경의 이 포괄적 목표가 달성되면 하나님이 성경의 인간 저자들을 인도하시는 틀림없는 분이심이 분명하게 드러난다.

성경, 하나님의 책

그러므로 나의 결론은 "신구약 66권으로 구성된 성경이 하나님의 무오한 말씀이며 하나님이 축자적으로 감화하셨고 원문상에 오류가 없다"[5]라는 것이다. 여기에는 성경이 참되고 옳고 아름다운 것에 대한 모든 주장을 시험하는 최고이자 최종적 권위라는 함의도 담겨 있다. 이것은 성경이 분명하게 다루지 않은 문제들에 있어서 무엇이 참되고 옳고 아름다운지는 성경의 가르침과 모순되지 않는 기준에 의해 평가되어야 한다는 뜻이다. 이 모두는 성경이 우리 삶의 모든 영역에서 최종 권위가 있으며, 우리는 모든 사고와 감정과 행동을 성경의 가르침에 일치시키고자 노력해야 한다는 뜻이다.

나는 이런 글을 가볍게 쓰지 않는다. 이 글에는 깜짝 놀랄 만한 주장들이 담겨 있다. 숨이 막힐 지경이다. 그 내용이 참이 아니라면 터무니없다고 해야 할 것이다. 성경은 여러 신앙 공동체 중 하나를 위한 신앙공동체 전용 헌장이 아니다. 성경은 온 세계에 대한 총체적 주장을 내세운다. 세상의 창조주, 소유주, 통치자이신 하나님이 말씀하셨다. 그분의 말씀은 모든 곳의 모든 사람에게 타당하고 구속력이 있다. 이것이 바로 그분이 하나님이시라는 말의 의미다.

놀랍게도, 하나님은 21세기에 무오한 권위를 가지고 말씀하시되 한 권의 책을 통해 말씀하신다. 단 한 권의 책! 많은 책이 아니다. 지금 이 책이 아니다. 바로 성경이다. 기독교 성경은 그런 숨 막히는 선언을 하고 있다. 이 선언에 담긴 함의는 엄청나다. 그리고 여기에는 성경을 읽는 법에 대한 함의도 들어있다.

많은 함의를 가진 두 가지 사실

우리는 성경을 어떻게 읽어야 하는가에 대해 여러 함의를 가진 또 다른 극적인 사실이 있음을 보았다. 첫째, 우주의 창조주께서 성경을 통해 말씀하셨다는 사실이다. 둘째, 하나님이 이 책을 통해 계시된 신적 영광으로 성경이 완전히 참되다는 것을 보이셨다는 사실이다. 이 두 가지 사실 모두 성경을 읽는 법에 대해 여러 함의를 가득 담고 있다. 우선, 성경은 이해해야 할 평범한 인간의 언어로 구성된 책이다. 결국, 이것은 진짜 인간의 책이다. 다른 한편, 성경은 신적 영광의 초자연적 빛으로 빛난다. 이것은 앞에서 말한 대로, 성경이 자연적 방식의 읽기 이상을 요구한다는 뜻이다. 그보다 못한 것이 아니라 더한 것을 요구한다. 자연적 읽기와 초자연적인 읽기 모두를 요구한다. 둘 중 하나라도 없으면 우리는 하나님의 말씀을 오독하게 될 것이다.

이 책은 3부로 이루어져 있다. 1부는 지극히 중요한 질문을 제기한다. "성경은 성경 읽기의 궁극적 목표가 무엇이라고 말하는가?" 나는 여섯 가지 함의가 담긴 하나의 답변을 제안하고 10장을 할애하여 그 함의들을 전개하고 시험할 것이다. 2부는 1부의 내용에서 추론한 결과를 제시하는데, 하나님이 정하신 성경 읽기의 목표를 달성하려면 성경 읽기는 정말 초자연적 행위가 되어야 한다는 주장을 담고 있다. 끝으로 3부는 평범한 인간적 행위로 보이는 읽기-성경을 초자연적으로 읽는 자연적 행위-를 통해 이 주장이 어떻게 현실이 되는지를 다룬다.

READING THE BIBLE SUPERNATURALLY

Part 1

성경을 어떻게 읽을 것인가

도입

어떤 저자들은 자신이 책의 저자임을 알리기 위해 표시를 남기는데 그것은 책의 요지와는 아무런 상관이 없다. 예를 들어 사도 바울의 서신서들이 그런 경우이다. 그는 "나 바울이 친필로 문안합니다. 이것이 모든 편지에 서명하는 표요, 내가 편지를 쓰는 방식입니다"(살후 3:17, 새번역)라고 썼다. 갈라디아서 6장 11절에서는 "내 손으로 너희에게 이렇게 큰 글자로 쓴 것을 보라"고 썼다. 다시 말하지만, 그가 저자임을 밝히는 이 표시들은 그의 서신들의 주요요지가 아니다. 그 안에는 애초에 그가 편지를 쓰게 된 이유, 즉 하나님과 그리스도와 그리스도인의 삶에 대한 비전이 담겨 있지 않다. 그저 단순한 서명일 뿐이다. 서명은 진본 확인을 위해서는 중요하지만, 메시지를 이루는 본질적인 요소는 아니다.

저자가 누구인지 알리는 기능을 하는 고유의 문체를 개발한 이들도 있다. G. K. 체스터턴의 역설 사용, 어니스트 헤밍웨이의 스타카토 문장을 떠올릴 수 있겠다. 찰스 디킨스의 화려한 묘사도 있고, 에밀리 디킨슨의 단순 간결해 보이지만 심오한 운문도 있다. 물론, 이런 문체들은 글의 메시지나 목적과 인위적으로 분리되지 않지만 핵심이라고 할 수도 없다.

아마 모든 저자는 자신의 문체가 저술 목적을 달성하는 데 꼭 필요하다고 말할 것이다. 아마도 "사람들이 내 작품에서 주로 배웠으면 하는 것은 나의 문체"라고 말할 저자는 없을 것이다.

영광의 의미가 신성의 표지다

그러나 하나님과 성경의 관계를 생각하면 상황이 다르다. 하나님은 성경에 그분만의 서명을 남기지 않으셨다. 하나님이 사람들을 감동하여 성경을 쓰게 하셨을 때(딤후 3:16) 인간 저자들의 개인적 문체들을 무효로 만들고 신어(神語)나 천상의 어휘나 신성한 억양과 같은 그분만의 문체를 창조하지 않으셨다. 바리새인들이 보낸 경비병들이 예수님에 대해 "그 사람이 말하는 것처럼 말한 사람은 이때까지 없었나이다"라고 보고했을 때, 그들은 그분의 강세나 어휘나 웅변술을 가리킨 것이 아니었다. 바리새인들은 상황이 어떻게 돌아갈지 알고 "너희도 미혹되었느냐. 당국자들이나 바리새인 중에 그를 믿는 자가 있느냐"(요 7:46-48)라고 물었다. 다시 말해, 그들은 경비병들이 믿음을 일깨우는 무엇인가를 인지하기 시작했음을 알아본 것이다. 그러나 그것은 서명이나 문체를 통함이 아니었다.

하나님이 성경을 인증하는 방식의 다른 점은 그분이 제시하시는 성경의 진리성에 대한 근거가 곧 성경의 중심 메시지이자 목적이라는 데 있다. 하나님의 특별한 영광은 성경이 들려주는 이야기의 핵심이자 증표이다. 하나님이 말씀 안에서 그분의 본성과 목적을 계시하셨기 때문에, 그분의 신성을 알리는 서명이나 문체 같은 별도의 표지를 따로 덧붙일 필요가 없었다. 말씀을 통해 드러나는 그분의 영광이 바로 메시지이며 그분의 표지다.

물론, 하나님은 종종 "표적과 기사(奇事)를 행하게 하여 자기 은혜의 말씀을 증언하"(행 14:3)셨다. 그러나 표적과 놀라운 일들은 결정적인 요인이 아니었다. 표적과 기사가 그분의 말씀과 마찬가지로 완전히 부인되고 왜곡되고 거부될 수 있다는 점은 유다의 생애를 보면 알 수 있다. 예수님이 나사로를 죽은 자들 가운데서 살리신 기적을 보고도 몇몇 사람들은 그분을 죽이려는 자들을 도왔다(요 11:45-53). 그 기적들은 하나님의 말씀과 한데 어우러져 그분의 특별한 영광을 계시하는 융단을 짜냈다. 그 영광이야말로 융단의 궁극적 의미이자 그 신적 실체를 알리는 결정적 표지다.

큰 그림에 대한 함의

만약 이것이 사실이라면, 성경이 초자연적으로 읽어야 할 책이라고 해도 놀랄 일이 아니다. 인간의 글에서 하나님의 영광을 보는 것이 통상적인 책 읽기 방식이 아니기 때문이다. 그러나 우리는 지금 너무 앞서 나가고 있다. 하나님의 특별한 영광이 성경이라는 융단의 궁극적 의미라는 것이 과연 사실일까? 성경을 읽을 때 하나님의 영광을 보는 것을 목표로 삼아야 할까? 이것이 이 책에서 다룰 첫 번째 핵심 질문인 동시에 1부의 내용이다.

나는 이 질문을 이렇게 표현하고 싶다. 성경 자체가 말하는 성경 읽기의 궁극적 목표는 무엇인가? 성경 읽기의 목표가 초자연적으로만 볼 수 있는 것을 보는 것이라고 성경이 분명히 말한다면, 그것은 우리가 성경을 읽는 방식에 함의하는 바가 클 것이다. 그래서 우리는 1부에서 성경이 가르치는 성경 읽기의 궁극적 목표가 무엇인지 살펴보려 한다. 그 다음 2부에서는 이것이 초자연적 성경 읽기를 요구한다는 함의를 검토해 볼 것이다. 끝으로 3부에서 이것이 읽기라는 평범한 인간 행위에 함의하는 바를 제시할 것이다.

성경 읽기의 궁극적 목표

그러면 첫째, 성경이 말하는 성경 읽기의 궁극적 목표는 무엇인가? 이어지는 내용에서 나는 이 질문에 대한 답변을 제안했고 거기에는 여섯 가지 함의가 담겨 있다. 이 책 1부의 목표는 이 제안과 그 함의가 과연 옳은지 살피는 것이다.

성경 자체가 보여 주는 성경 읽기의 궁극적 목표는 하나님의 무한한 존귀함과 아름다움이 각 족속과 방언과 백성과 나라 가운데서 피 흘려 사신 그리스도의 신부가 영원토록 드리는 뜨거운 예배 가운데 높임을 받으시는 것이다. 다시 말해, 우리는 성경을 읽을 때마다 이 목적이 이루어지기를 바라야 한다. 우리가 개인적으로 성경을 읽을 때 이 궁극적 목표에 어떻게 참여하게 되는지는 내가 이 질문에 대한 답변으로 내놓은 제안에 담긴 여러 가지 함의를 설명할 때 분명해진다. 성경 읽기의 궁극적 목표가 하나님의 무한한 존귀함과 아름다움이 그리스도께서 각 족속과 방언과 백성과 나라 가운데서 피 흘려 사신 그리스도의 신부가 영원토록 드리는 뜨거운 예배 가운데 높임을 받으시는 것이라는 말 속에는 다음과 같은 함의가 담겨 있다.

제안.

1. 하나님의 무한한 존귀함과 아름다움은 우주의 궁극적 가치이자 탁월함이다.
2. 하나님의 모든 역사와 말씀의 궁극적 목표는 그분의 존귀함과 아름다움을 찬미하는 지극히 진실하고도 열렬한 예배이다.
3. 우리는 언제나 하나님의 최고의 존귀함과 아름다움을 보기 위해 그분의 말씀을 읽어야 한다.
4. 우리는 하나님의 탁월함을 볼 때마다 그 탁월함을 만물보다 귀하게 음미하는 것을 목표로 삼아야 한다.
5. 하나님의 탁월함을 보고 음미함으로써 변화되어 그분의 아름다움을 본받는 것을 목표로 삼아야 한다.

6. 이 과정을 통해 점점 더 많은 사람들이 하나님을 예배하는 가족의 일원이 되어 마침내 그리스도의 신부–모든 시대와 문화를 아우르는–의 수가 채워지고 아름다움이 온전하게 될 것이다.

이어지는 1부의 각 장들은 이 제안의 각 부분들에 초점을 맞추면서 내가 제안하는 성경 읽기의 목표와 그 함의에 대해 성경 자체는 무엇이라 말하는지 살펴볼 것이다.

1.
왜 성경을 읽는가

"무엇을 하든지
다 하나님의 영광을 위하여 하라"

하나님의 존귀함과 아름다움보다 더 높은 것은 없다. 도입에서 제안한(50쪽) 첫 번째 함의는 바로 이것을 표현한다. 하나님의 무한한 존귀함과 아름다움은 우주의 궁극적 가치와 탁월함에 있다.

그러므로 우리가 첫 번째로 해야 할 일은 성경을 통해 하나님 영광의 의미와 그 지고함을 분명히 아는 것이다. 이 말이 이상하게 들릴 수도 있다. 나는 위의 제안이나 그 안에 담긴 함의에서 '영광'이라는 단어를 사용하지 않았기 때문이다. 그렇지만 '영광'은 분명 그 안에 있고, 그것이 가장 중요하다. 나는 영광이라는 단어 대신에 다른 단어들, 즉 "존귀함과 아름다움", "가치와 탁월함"을 사용했다.

하나님의 영광을 가리키는 단어 찾기

대학 시절 영어 교수였던 클라이드 킬비(Clyde Kilby)는 이런 취지의 말을 했다. "타락이 남긴 큰 비극 중 하나는 우리가 친숙한 영광에 권태를 느끼게 되었다는 것이다."

그 단순한 진술은 나의 의식 깊숙이 자리 잡았다. 그 말을 듣고 나는 아주 슬펐다. 주위의 수많은 경이로운 것들에 대한 내 반응이 얼마나 피상적이고 시큰둥한지 알았기 때문이다. 더 이상 그런 상태에 머물지 말아야겠다는 갈망이 마음을 가득 채웠다. 알프스 산맥에 도착해서 이틀 정도 자연의 경이감에 사로잡혔다가 한 주가 끝날 무렵에는 오두막에 틀어박혀 텔레비전이나 보는 어리석은 사람이 되고 싶지 않았다. 헨델의 할렐루야 합창 도중에 하품을 하는 내 수준에 탄식이 나왔다.

내가 너무나 친숙하거나 진부하거나 틀에 박힌 방식으로 하나님의 영광에 대해 말하는 바람에 듣는 사람에게 어떤 경이감도 일깨우지 못한다고 생각하면 끔찍하다. 물론, 나는 하나님만이 그분의 영광에 대한 참된 경이로움을 일깨우실 수 있음을 안다. 킬비 교수의 말이 맞다. 우리는 타락으로 인해 심각한 정서적 기능장애를 겪게 되었다. 우리는 하찮은 것에 흥분하고 장엄한 것에는 지루해 한다. 하루살이는 걸러내어 감탄하고 영광의 낙타는 삼키고도 삼킨 줄 모른다. 그럼에도 불구하고 나는 할 수만 있다면 하나님의 영광이 무엇인지 아는 데 도움이 될 만한 언어를 사용해 보고 싶다. 그렇게 해서 '영광' 이외의 다른 단어를 찾아보게 되었고 존귀함, 아름다움, 가치, 탁월함 등을 발견했다.

하나님의 영광은 무엇인가

내가 하나님의 영광을 지금처럼 이해하게 된 데는 하나님의 영광과 거룩의 관계를 아는 일이 큰 영향을 주었다. 이사야 6장 1-3절에 둘의 관계가 아주 잘 표현되어 있다.

> 웃시야 왕이 죽던 해에 내가 본즉 주께서 높이 들린 보좌에 앉으셨는데 그의 옷자락은 성전에 가득하였고 스랍들이 모시고 섰는데 각기 여섯 날개가 있어 그 둘로는 자기의 얼굴을 가리었고 그 둘로는 자기의 발을 가리었고 그 둘로는 날며 서로 불러 이르되 거룩하다 거룩하다 거룩하다 만군의 여호와여 그의 영광이 온 땅에 충만하도다 하더라.

선지자는 왜 "거룩하다, 거룩하다, 거룩하다, 만군의 여호와여, 그의 거룩이 온 땅에 충만하도다!"라고 말하지 않았을까? 생각하기는 하나님의 영광이 외부로 드러난 하나님의 거룩이기 때문이다. 하나님의 거룩이 창조계에 비추일 때, 그것을 하나님의 영광이라고 부른다.

하나님의 거룩이란 무엇인가

이제 영광의 의미에 대한 질문은 하나님의 거룩에 대한 질문으로 되돌아간다. 하나님의 거룩은 무엇인가?[1] 거룩에 해당하는 히브리어 '카도시'의 어원은 '구별된다'이다. 이것을 하나님께 적용하면 하나님의 거룩이 하나님이 아닌 다른 모든 것과 구별된다는 뜻이 된다. 다시 말해 하나님의 거룩은 그분이 그야말로 독보적인 존재임을 의미한다. 그리고 희귀한 모든 좋은 것이 그렇듯, 희귀할수록 더욱 가치가 있다. 그러므로 하나님은 최고로 귀한 분이다.

우리는 하나님의 거룩의 이런 의미를 다음 두 사례에서 볼 수 있다. 첫째, 모세가 하나님이 지시하신 대로 반석을 향해 말하지 않고 반석을 쳤을 때, 하나님은 이렇게 말씀하셨다.

> 너희가 나를 믿지 아니하고 이스라엘 자손의 목전에서 내 거룩함을 나타내지 아니한 고로 너희는 이 회중을 내가 그들에게 준 땅으로 인도하여 들이지 못하리라(민 20:12, 27:14 참조).

다시 말해, 모세는 하나님을 신뢰하지 않았고, 홀로 위대한 능력과 신뢰성을 갖춘 분으로 그분을 대우하지 않았다. 자신이 말한 바를 이룰 의향이 없거나 능력이 없는 존재, 그래서 신뢰할 수 없는 그저 그런 보통 사람처럼 하나님을 대했다. 그러나 하나님은 보통의 존재가 아니다. 그분은 다른 이들과 같지 않은 거룩하신 분이다.

둘째, 이사야 8장 12-13절에서 하나님은 이사야에게 말씀하신다.

> 이 백성이 반역자가 있다고 말하여도 너희는 그 모든 말을 따라 반역자가 있다고 하지 말며 그들이 두려워하는 것을 너희는 두려워하지 말며 놀라지 말고 만군의 여호와 그를 너희가 거룩하다 하고 그를 너희가 두려워하며 무서워할 자로 삼으라.

우리가 두려워하고 무서워하는 다른 모든 것과 하나님을 같이 취급하지 말라는 것이다. 오직 그분만을 두려움과 무서움의 대상으로 여기고, 통상적으로 두려워하고 무서워하는 모든 것과 그분을 분리하라는 것이다.

그래서 나는 하나님의 거룩을 다음과 같이 정리했다. 하나님은 모든 것과 완벽히 구별되고 너무나 높으시고 다르시기에 자존하시고 보존하시고 자충족적이시다. 따라서 그분은 무한히 홀로 완전하시고 충만하시고 완벽하시다. 그분은 하나님이 아닌 모든 것과 구별되시고 초월하신다. 그분은 바깥의 다른 것에 의해 생겨나지 않으셨고 자존하신다. 존재를 지속하는 데 있어 다른 어떤 것에도 의존하지 않으시고 스스로 보존하신다. 그러므로 완전히 자기충족적이시다. 완전하고 충만하고 완벽하시다.

성경은 자존하시고 스스로 보존하시며 자기충족적이신 이 하나님이 한 본질 안에 세 위격으로 존재하신다고 분명히 밝힌다. 성부는 성자를 완벽하고 온전하고 무한히 아시고 사랑하시며, 성자는 성부를 완벽하고 온전하고 무한히 아시고 사랑하신다. 그리고 성령은 서로를 향한 성부와 성자의 완전하고 온전하며 무한한 사랑의 표현이다. 이 완전한 삼위일체의 교제는 하나님의 충만함과 완전함에 필수적이다. 어떤 결핍, 부족, 필요도 없다. 오로지 온전한 충만함과 완전함과 자기충족성만 있을 뿐이다.

거룩의 도덕적 차원

하나님의 초월적인 완전함과 자기충족성, 이것이 하나님의 거룩이다. 그러나 거룩에 대한 이 묘사에는 빠진 차원이 있다. 위에서 언급한 대로 하나님의 거룩은 홀로 완전하시다는 그분의 절대적 희소성에서 흘러나온다. 이것은 하나님이 무한히 귀중한 분이라는 의미다. 거룩의 이 측면을 강조하는 것은 매우 중요하다. 성경이 하나님의 거룩을 그분의 초월적 존재와 순결함 내지는 선함으로 연결시키는 이유를 이해하는 데 도움이 되기 때문이다.

다시 말해, 하나님의 무한한 존귀함을 고려하면 하나님의 거룩을 도덕적 범주에서 생각할 수 있게 된다. 우리는 하나님의 거룩을 도덕적 범주에서 생각하는 일에 익숙한 나머지 어떻게 그럴 수 있는지 깊이 생각하지 않는다. 하나님 외에는 그분을 측정할 수 있는 기준이 존재하지 않는데, 어떻게 하나님이 무한히 선하거나 옳거나 순결하다고 생각할 수 있을까? 창조 이전에는 오직 하나님만 존재했다. 그렇다면 그 상황에서 우리는 선을 어떻게 규정할 수 있을까? 어떻게 거룩이 초월성 이상의 의미를 가질 수 있을까? 도덕적 차원을 가진 거룩이 어떻게 존재할 수 있을까?

나는 이렇게 답한다. 거룩의 도덕적 차원은 하나님의 모든 감정, 생각, 행동이 그분의 초월적 충만함의 무한한 가치에 걸맞다는 것이다. 다시 말해, 거룩은 하나님의 초월적 충만함의 무한한 가치인 동시에 하나님의 모든 감정, 생각, 행동 사이에 존재하는 조화이기도 하다. 하나님의 행위와 그분의 무한한 가치의 이 조화를 우리는 '거룩의 아름다움'이라고 부를 수 있다. 스티븐 차녹(1628-1680)은 진기한 문구로 내가 말하려는 내용을 표현했다. 그에 따르면, 하나님의 거룩은 그분이 "그분의 탁월함에 상당하게 일하시는"[2] 것이다. 여기 나오는 단어 '상당(becomingness)하게'는 걸맞게, 어울리게, 합당하게, 조화롭게라는 뜻이다. 하나님의 행함은 이런 방식으로 선하거나 순결하거나 완전하다. 그것은 하나님의 존귀함에 걸맞다–하나님의 존귀함을 완전하게 표현하고, 그것과 조화를 이룬다.

하나님의 거룩의 아름다움인 하나님의 영광

이렇게 되면 하나님의 영광과 거룩의 관계로 돌아가게 된다. 우리는 거룩의 아름다움을 하나님의 영광으로 경험한다. 하나님의 거룩이 세상에 드러날 때–세상을 창조하고 관통할 때– 우리는 그것을 하나님의 영광이라 부른다.[3] 하나님의 거룩함이 바깥으로 흘러나와 세상이 보고 감탄할 수 있는 상태가 하나님의 영광이다. 게하르트 키텔(Gerhard Kittle)은 《신약 신학사전》에서 '영광'에 대해 길게 다루며 하나님의 영광은 "신적이고 천상적 광채를 뜻하는데 … 인간에게 하나님을 인상 깊게 만드는 것이요, 그분의 자기현현이다"[4]라는 결론을 내렸다.

지금 우리는 피조물 가운데 궁극적으로 비교할 상대가 없는 영광을 말하고 있음을 끊임없이 상기해야 한다. '하나님의 영광'은 다른 어떤 것도 존재하기 전에 이미 존재하셨던 위격의 무한한 아름다움과 위대함을 가리키는 표기 방식이다. 다시 말해, 기원이 없고 비교대상이 없으며 유추할 대상도 없고 외적 기준에 의해 판단이나 평가를 받을 수 없는 존귀함과 아름다움과 위대함이다. 모든 것을 규정하는, 존귀함과 위대함과 아름다움의 절대적 원본이다. 창조된 모든 가치와 위대함과 아름다움이 그로부터 나왔고 가리키지만 그것을 포괄적으로나 합당한 방식으로 재현하지 못한다.

'하나님의 영광'은 모든 인간의 감탄, 경이, 외경, 존경, 찬양, 명예, 찬사, 예배가 가리키는 객관적이고 절대적인 실재가 존재함을 말하는 표현법이다. 우리는 무한히 감탄할 만한 것, 즉 하나님의 영광을 감탄하는 것에서 가장 심오한 즐거움을 찾도록 만들어졌다. 하나님의 영광은 인간의 갈망을 현실에 심리적으로 투사한 것이 아니다. 그와 반대로, 위로할 길 없는 인간의 갈망은 인간이 하나님의 영광을 위해 만들어졌다는 증거이다.

하나님의 영광을 보이는 구속의 여섯 단계

그러므로 성경이 하나님의 영광을 그분이 하시는 모든 일의 목표로 제시하는 것은 하나님의 무한한 존귀함과 아름다움—또는 그분의 궁극적 가치와 탁월함—이 우주에 존재하는 지고의 실재임을 달리 표현한 것이다. 그리고 이것이 우리가 성경에서 발견하는 내용이다. 성경의 처음부터 끝까지, 하나님은 그분이 하시는 모든 일의 궁극적인 목표가 세상이 보고 그분의 백성이 감탄하고 즐기고 찬양하도록 그분의 영광을 전달하는 것이라고 말씀하시고 보여 주신다.

우리는 영원한 과거에서부터 시작하여 창조 세계와 역사를 관통하고 영원한 미래까지 이어지는 구속(救贖)의 여섯 단계를 통해 이것을 살펴볼 수 있다. 각 단계마다 하나님은 사람들이 그분의 영광을 알고 찬양하게 하는—즉, 기꺼이 감탄하고 의미 있게 즐기고 진심으로 귀히 여기게 하는— 것이 그분의 목적임을 분명히 밝히신다.

예정

> 찬송하리로다 하나님 곧 우리 주 예수 그리스도의 아버지께서 그리스도 안에서 하늘에 속한 모든 신령한 복을 우리에게 주시되 곧 창세 전에 그리스도 안에서 우리를 택하사 우리로 사랑 안에서 그 앞에 거룩하고 흠이 없게 하시려고 그 기쁘신 뜻대로 우리를 예정하사 예수 그리스도로 말미암아 자기의 아들들이 되게 하셨으니 이는 그가 사랑하시는 자 안에서 우리에게 거저 주시는 바 그의 은혜의 영광을 찬송하게 하려는 것이라(엡 1:3-6).

구속은 영원 전부터 하나님의 마음에서 시작된다. 그분은 한 민족을 예정하여 "예수 그리스도로 말미암아 자기의 아들들이 되게" 하신다. 바울은 이 예정의 가장 깊은 근원과 가장 높은 목표를 들려준다. 그는 그것이 "그 기쁘신 뜻"(엡 1:5)에 근거한다고 말한다. 그리고 그 궁극적인 목표가 "그의 은혜의 영광을 찬송하게 하는 것"(엡 1:6)이라고 말한다.

우리는 이 마지막 진술을 얼마나 빨리 지나치는지 모른다! "우리를 예정하사 … 자기의 아들들이 되게 하셨으니 … 그의 은혜의 영광을 찬송하게 하려는 것이라"에는 누구의 뜻이 표현되어 있는가? 하나님의 뜻이다. 그리고 그 뜻은 무엇인가? 우리가 찬양하게 하려는 것이다. 무엇을 찬양하게 하려는 것인가? 하나님의 영광이다. 은혜의 특별한 영광이다. 그래서 영원 전부터 하나님의 계획은 "예수 그리스도를 통해" 아들로 입양된 한 가족들을 세워 영원토록 그분의 영광을 찬양하게 하는 것이었다. 우리가 이보다 더 중요하게 알아야 할 것은 거의 없다. 우리 영혼의 중심을 파고들기만 한다면, 이보다 우리 삶에 더 큰 영향을 끼칠 것도 거의 없다.

영원 전부터 하나님의 계획은 영원한 미래로 이어지는 찬양이었다. 계획하신 분과 찬양을 받으실 분은 동일한 하나님이시다. 찬양의 초점은 그분의 특별한 영광에 있으며, 그것은 예수님의 인격과 사역 안에 있는 은혜의 영광으로 가장 밝게 빛난다.

창조

> 내가 북쪽에게 이르기를 내놓으라 남쪽에게 이르기를 가두어 두지 말라 내 아들들을 먼 곳에서 이끌며 내 딸들을 땅 끝에서 오게 하며 내 이름으로 불려지는 모든 자 곧 내가 내 영광을 위하여 창조한 자를

오게 하라 그를 내가 지었고 그를 내가 만들었느니라(사 43:6-7).

"내 영광을 위하여"가 무슨 뜻일까? 창조를 통해 하나님의 영광이 생겨난다는 뜻이 아니다. 그분은 이미 영광을 갖고 계신다. 창조는 흘러넘침이다. 창조가 하나님의 영광을 보여 주거나 전시하거나 전달할 거라는 뜻으로 이해하는 게 맞다. 이것이 이스라엘이 창조된 이유이다. 이것이 우리 모두가 창조된 이유이다. 이것이 창세기 1장 27-28절의 취지이다.

> 하나님이 자기 형상 곧 하나님의 형상대로 사람을 창조하시되 남자와 여자를 창조하시고 하나님이 그들에게 복을 주시며 하나님이 그들에게 이르시되 생육하고 번성하여 땅에 충만하라 … 하시니라.

아주 위대한 존재가 자신의 형상을 70억 개 만들어 세상을 가득 채운다면, 그 목적이 무엇이겠는가? 자신의 위대함이 알려져 존경받는 것일 터이다. 그러나 물론, 죄가 들어온 세상에서 인간은 하나님의 영광이 아니라 자신의 영광을 위해 살고 싶어 한다. 그렇기 때문에 하나님은 구속의 역사를 계획하셨다. 그리스도께 소망을 둔 사람들이 "그의 영광의 찬송이 되게 하려"(엡 1:12)는 것이었다. 우리는 하나님의 영광을 위해 창조되면서 첫 번째로 태어났다. 그리고 그분의 영광을 위해 그리스도를 통해 다시 태어났다—새로운 피조물로 새롭게 만들어졌다. 인간의 존재는 하나님의 영광을 위한 것이다. 바로 이것을 위해 하나님은 세상(시 19:1)과 인류(창 1:27-28)를 창조하셨고, 그리스도 안에서 새 인류를 창조하셨다.

성육신

> 말씀이 육신이 되어 우리 가운데 거하시매 우리가 그의 영광을 보니 아버지의 독생자의 영광이요 은혜와 진리가 충만하더라(요 1:14).

영원한 하나님의 아들–"하나님과 함께 계셨으니 … 곧 하나님"(요 1:1) 이셨던 말씀–의 성육신은 하나님의 영광을 이전에 없던 방식으로 새롭게 드러냈다. "우리가 그의 영광을 보니 아버지의 독생자의 영광"이었다. 이것이 하나님이 그리스도를 보내신 이유다.

바울은 빌립보서 2장 6-11절에서 이 점을 지적한다. 그는 성육신을 다음과 같이 묘사한다.

> 그는 근본 하나님의 본체시나 … 사람들과 같이 되셨고 … 사람의 모양으로 나타나사 … 죽기까지 복종하셨으니 … 이러므로 하나님이 그를 지극히 높여 … 모든 무릎을 예수의 이름에 꿇게 하시고 … 모든 입으로 예수 그리스도를 주라 시인하여 하나님 아버지께 영광을 돌리게 하셨느니라.

여기 담긴 생각의 흐름을 신중히 따라가 보면, 하나님이 그리스도를 높이신 이유가 그가 사람의 모양을 입고 죽기까지 복종하셨기 때문임을 알 수 있다. 그는 복종하는 사람이었고, 하나님은 그를 높이셨다. 성육신과 결과로 나타난 높임의 목표는 하나님이 영광을 받으시는 것이었다.

"이러므로 하나님이 그를 지극히 높여 … 하나님 아버지께 영광을 돌리게 하셨느니라."

따라서 성자의 성육신 목표는 그리스도의 성육신과 사역을 통해 성부의 특별한 영광을 드러내는 것이라고 볼 수 있다.

화목제물

> "지금 내 마음이 괴로우니, 무슨 말을 하여야 할까? '아버지, 이 시간을 벗어나게 하여 주십시오' 하고 말할까? 아니다. 나는 바로 이 일 때문에 이 때에 왔다. 아버지, 아버지의 이름을 영광스럽게 드러내십시오." 그때에 하늘에서 소리가 들려왔다. "내가 이미 영광되게 하였고, 앞으로도 영광되게 하겠다"(요 12:27-28, 새번역).
>
> "아버지여 때가 이르렀사오니 아들을 영화롭게 하사 아들로 아버지를 영화롭게 하게 하옵소서"(요 17:1).

예수께서 말씀하시는 시간은 자신의 죽음 순간이다. 그분은 죽기 위해 오셨다. "나는 양을 위하여 목숨을 버리노라"(요 10:15).

그렇게 해야 하는 이유는 모든 인류가 하나님의 진노 아래 있기 때문이다. 화목제물-즉, 하나님의 진노를 제거할 희생제물- 없이는 누구도 소망이 없다. 예수께서는 자신을 그 희생제물로 주신다. 그 결과, "아들을 믿는 자에게는 영생이 있고 아들에게 순종하지 아니하는 자는 영생을 보지 못하고 도리어 하나님의 진노가 그 위에 머물러 있"(요 3:36)게 된다. 우리에겐 두 가지 선택지밖에는 없다. 믿고 하나님의 진노를 피하거나, 믿으라는 명령에 불순종하여 하나님의 진노 아래 머무르거나. 예수께서는 우리에게 피할 길을 제공하여 하나님께 영광을 돌리러 왔다고 하셨다. "내가 이를 위하여 이 때에 왔나이다. 아버지여, 아버지의 이름을 영광스럽게 하옵소서"(요 12:27-28).

사도 바울은 그리스도의 죽음의 이 측면이 실제로 어떻게 작동하는지 보다 자세히 설명했다. 그는 로마서 3장 25-26절에서 이렇게 적었다.

> 이 예수를 하나님이 그의 피로써 믿음으로 말미암는 화목제물로 세우셨으니 이는 하나님께서 길이 참으시는 중에 전에 지은 죄를 간과하심으로 자기의 의로우심을 나타내려 하심이니 곧 이 때에 자기의 의로우심을 나타내사 자기도 의로우시며 또한 예수 믿는 자를 의롭다 하려 하심이라.

바울은 하나님이 그리스도를 화목제물로 보내신 이유가 "하나님의 의로우심을 나타내려" 함이었다고 두 번 말한다. 또한 그는 그 목적이 "자기도 의로우시려" 함이라고 말한다. 그는 예수의 죽음이 하나님의 의로우심을 입증한다고 세 번 말한 셈이다.

나는 '패션'(Passion)이라는 학생모임에서 "그리스도께서는 우리를 위해 죽으셨나 하나님을 위해 죽으셨나?"라는 제목으로 설교한 적이 있다. 로마서 3장 25-26절이 성경 본문이었다. 이 질문에 대한 답은 그리스도께서 하나님의 영광을 위해 죽으셨기 때문에 그분의 죽음이 우리의 구원으로 간주되었다는 것이었다. 그리스도께서 죽으심으로 "하나님의 의로우심을 나타내"야 할 필요가 있었을까? 그분이 죽으셔서 하나님이 죄인들을 의롭다고 선언하시고 자기도 의로우실 필요가 있었을까? 답은 분명하다. "하나님께서 길이 참으시는 중에 전에 지은 죄를 간과하"셨기 때문이다. 하나님은 구약 성도들의 죄를 벌하지 않으셨다. 그 죄들을 간과하셨다. 예수님을 믿는 모든 이들의 죄를 지금도 간과하시는 것처럼 말이다.

그러나 바울은 바로 앞인 로마서 3장 23절에서 이 죄들이 하나님의 영광을 함부로 대한다고 말한 바 있다. "모든 사람이 죄를 범하였으매 하나님의 영광에 이르지 못하더니." 누군가가 죄를 지을 때, 그는 하나님 외의 다른 것을 더 좋아한다고 고백하는 것과 같다. 그는 하나님과 그분의 길이 죄의 길보다 만족스럽지 못하다고 말하는 것이다. 이것은 하나님께 대한 지독한 모욕이다. 우리는 하나님의 영광을 다른 영광으로 대체하고 있다(롬 3:23).

그러므로 죄를 짓는 것은 하나님의 영광의 가치를 깎아내리는 일이다. 하나님이 이런 태도와 행동을 간과하신다면, 그래서 그분의 영광이 무한히 값진 것이 아닌 것처럼 행동하신다면, 그것은 불의한 일이 될 것이다. 하나님보다 다른 것들을 더 원해야 한다는 데 동의하시는 것과 같으므로 그것은 불의하다. 거짓된 일이다.

그럼에도 불구하고, 하나님은 바로 그런 일을 하셨다. 사람들이 전에 지은 죄를 간과하셨다. 그분이 불의해 보인다. 그리고 바울은 이것이 바로 하나님이 그리스도를 그의 피로써 화목제물로 세우신 이유라고 말한다. 그리스도께서는 하나님이 그분의 영광을 하찮게 여기는 자들을 모르는 체하지 않으신다는 것을 하나님의 영광을 위한 자신의 죽음을 통해(요 12:27) 세상에 보여 주셨다. 하나님은 그분을 무시하는 죄를 덮어두지 않으신다. 하나님은 그분의 영광이 무한한 가치가 있음을 그리스도의 죽음을 통해 보여 주신다. 그분은 불의하지 않으시다. 자신의 영광을 무가치하게 여기지 않으신다. 하나님이 그리스도 때문에 죄를 간과하시는 것은 하나님의 영광이 무시해도 좋은 하찮은 것이라서가 아니라 그리스도 안에서 하나님의 영광의 존귀함이 무한히 드러났기 때문이다. 이것을 모든 피조 세계에 보여 주신다. "내가 이를 위하여 이 때에 왔나이다. 아버지여, 아버지의 이름을 영광스럽게 하옵소서"(요 12:27-28).

그러므로 우리는 그리스도께서 하나님의 영광을 위해 죽으셨음을 안다. 그리스도께서는 하나님의 진노를 누그러뜨릴 화목제물로 자신을 내어주셨고, 그로 인해 하나님을 가볍게 여긴 죄들을 간과하신 하나님의 의로우심을 입증하셨다. 그리고 죽음과 부활 가운데 하나님이 장엄하게 드러내신 그분의 특별한 영광의 일부가 되셨다.

성화(聖化)

> 내가 기도하노라 너희 사랑을 지식과 모든 총명으로 점점 더 풍성하게 하사 너희로 지극히 선한 것을 분별하며 또 진실하여 허물 없이 그리스도의 날까지 이르고 예수 그리스도로 말미암아 의의 열매가 가득하여 하나님의 영광과 찬송이 되기를 원하노라(빌 1:9-11).

> 우리도 항상 너희를 위하여 기도함은 우리 하나님이 너희를 그 부르심에 합당한 자로 여기시고 모든 선을 기뻐함과 믿음의 역사를 능력으로 이루게 하시고 … 우리 주 예수의 이름이 너희 가운데서 영광을 받으시…게 하려 함이라(살후 1:11-12).

하나님이 자신의 백성을 거룩하게 만드시는–그들을 성화시키시는–이유는 영광을 드러내시기 위해서이다. 그분은 우리 안에 "의의 열매가 가득하"게 하고자 일하신다. 우리가 "하나님의 영광과 찬송이 되"게 하기 위함이다. 우리는 바울이 빌립보서 1장 9-11절에서 하나님께 기도하고 있다는 사실을 놓치기 쉽다. 그는 하나님이 자신의 백성을 의롭게 하심으로 자신을 영광스럽게 하시길 청하고 있는 것이다. 이것은 단순히 바울의 뜻, 바울이 하는 일이 아니라 하나님의 뜻이고 하나님이 하시는 일이다.

데살로니가후서 1장 11-12절에서도 바울은 신자들이 모든 선행을 수행할 수 있게 되어 "우리 주 예수의 이름이 너희 가운데서 영광을 받으시"게 되기를 기도한다. 선행은 그리스도의 영광을 위한 일이다. 그리고 그리스도를 통해 하나님이 영광을 받으시기 위한 일이다. 하나님이 우리를 그분의 영광을 위해 예정하셨고 창조하셨으며, 구원하시고자 죽으셨다면 이것은 능히 예상할 만한 일이다. 구속 역사의 각 단계마다 하나님은 모든 것이 합력하여 그분의 영광을 드러내어 백성이 그 영광을 누리게 하고자 일하신다.

완성

> 이런 자들은 주의 얼굴과 그의 힘의 영광을 떠나 영원한 멸망의 형벌을 받으리로다. 그날에 그가 강림하사 그의 성도들에게서 영광을 받으시고 모든 믿는 자들에게서 놀랍게 여김을 얻으시리니(살후 1:9-10).

예수님은 마지막 날에-우리가 아는 역사가 끝날 때- 이 땅으로 돌아오실 것이다. 성경 말씀이 제시하는 이유는 "그의 성도들에게서 영광을 받으시고 모든 믿는 자들에게서 놀랍게 여김을 얻으시"기 위해서이다. "영광을 돌린다"라는 단어는 "영광스럽게 만든다"라는 뜻이 아니라 영광의 대상임을 보여 준다-영광스러운 것으로 찬사를 보낸다, 찬양한다, 높인다, 확대한다-는 뜻이다.

확대한다. 그렇다, 이것은 '영광을 돌리다'에 해당하는 좋은 단어다. 그러나 뜻이 모호하다. 우리는 현미경이 대상을 확대하듯 하나님을 확대하지 않는다. 우리는 망원경이 확대하는 방식으로 그분을 확대한다. 현미경은 작은 물체들이 실제보다 커 보이게 만들지만, 망원경은 아주 작게 보이는 거대한 물체가 실제 모습에 가깝게 보이도록 한다. 이것이 그리스도께서 다시 오시는 이유다. 사람들이 마침내 그분의 실제 모습을 보고 알고 누리게 하기 위함이다.

뜨거운 예배를 위하여

그래서 성경은 하나님이 만물을 통해 이루시는 궁극적 목표가 영원부터 영원까지-예정, 창조, 성육신, 화목제물, 성화, 완성-그분의 영광을 계시하고 드높이는 것임을 분명히 밝힌다. 이것을 통해 하나님의 영광은 존재하는 그 어떤 것보다 귀한 최고의 보물이라는 사실이 분명히 드러난다. 즉, (첫 번째 함의가 밝힌 대로) 하나님의 무한한 존귀함과 아름다움은 우주의 궁극적 가치이자 탁월함이다.

하지만 내가 제안하는 성경 읽기의 궁극적 목표는 하나님의 영광-하나님의 존귀함과 아름다움-이 계시되고 드러나는 것에 그치지 않는다. 거기서 더 나아가, 하나님의 무한한 존귀함과 아름다움이 영원토록 드리는 뜨거운 예배를 통해 높임을 받게 되는 것이다. 그리고 이것은 하나님의 모든 역사와 말씀의 궁극적 목표가 그분의 존귀함과 아름다움이 최고로 진실하고 열렬한 예배의 대상이 되는 것임을 암시한다. 다시 말해, 성경 읽기의 궁극적 목표는 하나님의 존귀함이 세계 전역에서 높임을 받는 것만이 아니라, 그분의 백성이 드리는 예배 안에서 뜨겁게 높임을 받는 것이다. 다음 장에서 이 부분을 자세히 이야기하려 한다. 하나님은 신자의 예배에서 나타나는 유쾌한 환희라는 방식으로 그분의 영광을 드높이기로 계획하셨다.

2.
뜨거운 예배를 지향하는 성경 읽기

"네가 이같이 미지근하니
내 입에서 너를 토하여 버리리라"

1장에서 우리는 "성경 읽기의 궁극적인 목적이 무엇인가"라는 질문을 다루었다. 이에 대한 답은 다음과 같다. 성경을 읽을 때 우리는 하나님의 무한한 존귀함과 아름다움이 그리스도께서 각 족속과 방언과 백성과 나라 가운데서 피 흘려 사신 그리스도의 신부가 영원토록 드리는 뜨거운 예배 가운데 높임을 받으시는 것을 궁극적 목표로 삼아야 한다.

이 답변을 확고히 뒷받침하는 첫 번째 단계를 지난 장에서 거쳤다. 하나님의 무한한 존귀함과 아름다움이 우주의 궁극적 가치와 탁월함을 성경을 통해 보인 것이었다. 우리는 하나님이 성경의 처음부터 끝까지 그분의 영광을 만물의 최고 목적으로 높이신다는 것을 보았다. 만약 그보다 더 큰 가치나 탁월함이 있다면, 하나님은 우상숭배자로 보일 것이다. 가장 영광스럽다고 할 수 없는 대상에 가장 큰 영광을 돌리도록 이끄시는 존재가 되기 때문이다. 그러나 하나님은 우상숭배자가 아니시다. 그분은 의로우신 분이다. 그러므로 하나님의 존귀함과 아름다움은 참으로 우주의 궁극적 가치이자 탁월함이다. 그보다 더 귀하고 아름다운 것은 없다.

모든 것이 예배하기 위함이다

두 번째 함의(50쪽 제안 참조)는 첫 번째 함의에서 나온다. 하나님의 존귀함과 아름다움에 대한 지극히 진실하고 열렬한 예배가 그분의 모든 말씀과 일하심의 궁극적 목표다. 이것은 첫 번째 함의에 내포되어 있고, 성경이 분명히 드러내는 것이기도 하다. 하나님이 자신을 우주 최고의 가치이자 탁월함으로 계시하신다면, 우리는 그 최고의 존귀함과 아름다움으로 인해 그분을 예배해야 한다. 그것도 대충이 아니라 뜨거운 헌신으로 예배해야 한다는 결론이 나온다. 사람들은 자신이 귀하게 여기는 것을 예배한다. 그것이 예배의 특성이기 때문이다.

두 번째 함의도 성경에 분명히 나와 있다. 예수님은 하나님이 예배하는 자를 찾으신다고 분명히 말씀하신다. "아버지께 참되게 예배하는 자들은 영과 진리로 예배할 때가 오나니 곧 이때라 아버지께서는 자기에게 이렇게 예배하는 자들을 찾으시느니라"(요 4:23). 그렇다면 하나님을 그 최고의 존귀함에 걸맞게 예배하라는 하나님의 명령이 전혀 놀랍지 않다.

> 너희 권능 있는 자들아 영광과 능력을
> 여호와께 돌리고 돌릴지어다.
> 여호와께 그의 이름에 합당한 영광을 돌리며
> 거룩한 옷을 입고 여호와께 예배할지어다(시 29:1-2).

그분의 이름에 속한 영광이 있다. "그의 이름에 합당한"(2절) 영광이다. 앞서 만물의 목적으로 하나님의 영광을 높이려는 하나님의 열심에서 이 사실을 보았다. 그리고 이 영광에 부합하는 반응이 예배라는 점이 이 구절에 분명히 나온다. 하나님이 영광을 높이시는 이유는 바로 우리 예배를 받으시기 위함이다. 하나님이 하나님을 높이심은 우리가 하나님을 기뻐하게 하시기 위함이다.

구속(救贖)을 이루는 단계

성경은 우리가 앞 장에서 살펴본 구속사의 여섯 단계 모두와 관련하여 이 부분을 분명히 밝히고 있다. 목표는 예배이다.

① 예정–"우리를 예정하셨으니 이는 … 그의 영광을 찬송하게 하려는 것"(엡 1:3-6)이다. 그의 영광을 아는 것뿐 아니라 찬양하게 하기 위해서다. 목표는 예배다.

② 창조–권능 있는 자들(천상의 존재들)은 "우리 주 하나님이여 영광과 존귀와 권능을 받으시는 것이 합당하오니 주께서 만물을 지으신지라"(계 4:11)고 소리친다. 하나님이 만물을 창조하심에 대한 반응으로 하늘에서 영원한 예배가 드려진다.

③ 그리스도의 성육신과 구원의 죽음–하늘의 천사들이 외친다. "죽임을 당하신 어린양은 능력과 부와 지혜와 힘과 존귀와 영광과 찬송을 받으시기에 합당하도다!"(계 5:12). 그리스도의 구원 사역의 영광은 영원히 경배받을 것이다.

④ 화목과 하나님의 진노를 제거하는 그리스도의 위대한 결정적 대속 사역–새 노래로 드리는 천상의 예배는 이렇게 찬양한다. "두루마리를 가지시고 그 인봉을 떼기에 합당하시도다. 일찍이 죽임을 당하사 각 족속과 방언과 백성과 나라 가운데에서 사람들을 피로 사서 하나님께 드리[셨도다]"(계 5:9).

⑤ 하나님 백성의 성화–바울은 "의의 열매가 가득"한 상태의 목적은 이를 통해 "하나님의 영광과 찬송이"(빌 1:11) 되게 하려는 것이라고 말한다. 영광만이 아니라 찬송도 되게 하려는 것이다. 우리는 그리스도인에게 거룩의 목적은 하나님이 예배를 받으시게 하는 것임을 분명히 알 수 있다.

⑥ 그리스도의 재림에 이루어질 만물의 완성–이 일의 목표는 그리스도의 영광이 온 천하에 드러나는 것과 그분이 "모든 믿는 자들에게서 놀랍게 여김을 얻으시"(살후 1:10)는 것이다.

성경은 하나님의 모든 행위의 목표가 그분의 지고의 존귀함과 아름다움으로 인해 우리가 그분을 찬양하고 예배하는 것이라고 분명히 밝히고 있다.

이 시점에서 두 가지 질문에 대답이 필요하다. 첫째, 성경은 하나님이 하시는 모든 일과 말씀의 궁극적 목적이 예배라고 말한다. 그렇다면 예배란 무엇인가? 둘째, 이런 예배를 요구하시는 하나님은 과대망상증 환자가 아닐까? 이 두 질문을 동시에 제기하는 것은 첫 번째 질문에 대한 답이 두 번째 질문에 답하는 열쇠가 되기 때문이다.

C. S. 루이스의 신앙의 장애물

나는 이 두 질문의 관계를 C. S. 루이스의 도움으로 처음 인지하게 되었다. 루이스가 그리스도인이 되기 전, 하나님이 예배를 요구하신다는 것이 그에겐 신앙의 큰 장애물로 작용했다. 그는 그 모습이 마치 "찬사를 갈구하는 허영심 많은 여인"처럼 보였다고 말했다. 그러나 예배의 본질을 알게 된 순간 하나님이 허영심(또는 과대망상증 환자)이 가득한 분일까 하는 의문은 풀렸다. 그는 이렇게 썼다.

> 그런데 저는 이상하게도 찬양-하나님에 대해서건, 다른 무엇에 대해서건-에 대한 아주 분명한 사실 한 가지를 놓치고 있었습니다. 저는 찬양을 찬사나 인정이나 경의를 표하는 일로만 생각했습니다. 찬양은 기쁨이 자연스럽게 넘치는 일이기도 하다는 사실을 전혀 깨닫

지 못했습니다. … 세상은 온통 찬양으로 가득합니다. 사랑하는 여인을 찬양하는 소리, 좋아하는 시인을 찬양하는 소리, 여행지의 풍경을 찬양하는 소리, 좋아하는 게임을 찬양하는 소리, 날씨, 포도주, 음식, 배우, 자동차, 말, 대학, 나라, 위인, 아이, 꽃, 산, 진귀한 우표, 희귀한 딱정벌레, 심지어 정치인이나 학자들을 찬양하는 소리까지 말입니다.

하나님을 찬양하는 것에 대한 저의 거부감은, 이렇듯 다른 모든 가치 있는 것들에 대해서는 기쁘게 하고 있는—실로 하지 않을 수 없는—일을 하나님이라는 최상의 가치 있는 존재에 대해서는 어리석게도 거부했던 데 있었습니다.

저는 우리가 우리에게 즐거움을 주는 것들을 찬양하기 좋아하는 까닭은, 찬양이 단순히 우리의 즐거움을 표현하는 데 그치는 것이 아니라 기쁨의 완성이기 때문이라고 생각합니다. 연인들이 서로에게 거듭거듭 아름답다고 말하는 것은 단순히 찬사를 표하기 위함이 아닙니다. 그렇게 표현하지 않으면 그들의 즐거움이 완전할 수 없기 때문입니다.[1]

다시 말해, 진실하고 충심에서 우러난 찬양은 기쁨 위에 인위적으로 더해지는 것이 아니다. 그것은 기쁨 자체의 완성이다. 우리가 아름답거나 귀한 어떤 것에 대해 갖는 기쁨은 모종의 찬양으로 표현하기 전까지는 완전하지 않다.

허영 혹은 과대망상 환자?

루이스는 이것이 하나님을 예배하라는 허영에 찬 것으로 보이는 하나님의 명령에 어떤 의미를 갖는지 알게 되었다. 그리고 그 명령이 허영이나 과대망상이 아님을 알게 되었다. 그것은 사랑이었다. 하나님은 최고 즐거울만한(enjoyable) 것, 즉 하나님 자신 안에서 우리의 기쁨(joy)이 완성되기를 구하신 것이었다.

하나님이 겸손을 명목으로 지고의 존귀함을 깎아내리신다면, 피해를 보는 쪽은 하나님이 아닌 우리일 것이다. 하나님은 자기높임이 최고의 덕이 되는 우주의 유일한 존재이시다. 우주에 단 하나 있는 최고로 아름다운 존재시다. 우주에는 모든 것을 만족시키는 유일한 인격자가 계신다. 그분의 높은 아름다움과 위대함은 시편 기자가 시편 16편 11절에서 말하는 다음의 내용을 고백하게 만든다. "주의 앞에는 충만한 기쁨이 있고 주의 오른쪽에는 영원한 즐거움이 있나이다."

하나님이 그분의 아름다움과 위대함을 숨기시거나 부인하신다면 겸손해 보일지는 몰라도, 우리를 영원토록 행복하게 만들어 줄 바로 그것을 숨기시는 일이 될 것이다. 그러나 하나님이 성경의 말씀대로 우리를 사랑하신다면, 우리에게 최선의 것을 주실 것이다. 아마도 그 최선의 것은 바로 하나님 자신이다. 하나님이 우리를 온전히 사랑하신다면, 우리의 즐거움을 위해 하나님 자신을 주실 것이며 그보다 못한 것을 주시지 않을 것이다. 그러나 우리의 즐거움이 찬양으로 완성되기 전까지 온전하지 않다면, 우리를 사랑하시는 하나님은 찬양에 무심하실 수 없을 것이다. 그분이 하시는 모든 일에서 우리의 찬양을 추구하지 않으신다면, 그것은 우리의 충만한 만족을 추구하시지 않는 일이 될 것이다. 그것은 또한 하나님이 우리를 사랑하지 않는다는 의미가 될 것이다.

그러므로 이런 결론을 내릴 수 있다. 성경 곳곳에 있는 하나님의 자기높임은 사랑이 부족한 모습이 아니라 무한한 영광으로 가득한 하나님의 사랑 방식이라는 것이다. 그분이 주시는 가장 큰 사랑의 선물은 하나님이 그 탁월함 가운데 누리시는 만족에 우리도 참여하게 하시고, 그 만족이 찬양 가운데 더없이 온전하게 완성되도록 하는 것이다. 하나님의 존귀함과 아름다움을 지극히 진실하고 열렬히 예배하는 것이 그분이 하시는 모든 일과 모든 말씀의 궁극적인 목적이라고 내가 주장하는 이유다.

지극히 진실하고 열렬한

'지극히 진실하고 열렬한'이라는 말은 어떤가? '뜨거운 예배'라는 표현은 어떨까? 나는 줄곧 성경 읽기의 궁극적 목표가 하나님의 무한한 존귀함과 아름다움이 영원토록 뜨거운 예배 가운데 높임을 받으시는 것이라고 주장했다. '뜨거운 예배'라는 표현을 쓰면서 '지극히 진실하고 열렬한'이라는 표현의 본능적 함의를 끌어내고 있다. 이 표현이 중요한 이유는 예배의 강렬한 정도와 하나님의 영광의 가치를 드러내는 정도 사이에는 상관관계가 있기 때문이다. 하나님에 대한 감정이 미지근하다면 그분이 주시는 기쁨이 그저 그렇다는 인상을 받게 된다. 하나님은 평범한 기쁨을 주시는 분이 아니다. 그분은 무한한 기쁨을 주신다. 우리가 강렬하게 기뻐하지 않는다면 용서와 치유가 필요한 상태라고 봐야 한다. 물론,

그것이 우리의 상태이다.

우리가 이것을 아는 이유는 예수님이 라오디게아 교회를 향해 "네가 이같이 미지근하여 … 내 입에서 너를 토하여 버리리라"(계 3:16)고 말씀하셨기 때문이다. 바울은 예수님을 향한 미지근한 감정과 정반대의 것을 로마서 12장 11절에서 명령한다. "부지런하여 게으르지 말고 열심을 품[으라]." 원문의 '열심'에 해당하는 단어는 '끓는다'라는 뜻이다. 예배의 열렬함은 중요하다. 예수님은 당대의 위선을 꾸짖으시며 이렇게 말씀하셨다. "이 백성이 입술로는 나를 공경하되 마음은 내게서 멀도다"(마 15:8).

진정한 예배는 입술만이 아니라 마음에서 나온다.

나뉘지 않고 강렬한

마음의 예배를 가늠하는 두 가지 핵심 척도는 진실하고 열렬한가, 아니면 나뉘고 미지근한가이다. 진실함은 '나뉘지 않은, 진정한, 진짜의, 신실한, 꾸밈없는'을 뜻한다. 열렬함은 '에너지, 활기, 열정, 정열, 열심'을 함축한다.

성경은 하나님의 일과 말씀에서 어떤 종류의 예배를 목표로 삼으시는지 우리가 모르도록 방치하지 않는다. 하나님은 진실하고 온전한 마음으로 예배하라고 거듭 촉구하신다. "네 마음을 다하며 목숨을 다하며 힘을 다하며 뜻을 다하여 주 너의 하나님을 사랑하라"(눅 10:27).

우리는 "마음을 다하고 뜻을 다하여 그를 찾"(신 4:29)아야 하고, "마음을 다하고 뜻을 다하여 네 하나님 여호와를 섬기고"(신 10:12), "전심으로 여호와께 돌아"(삼상 7:3)와야 하며, "마음을 다하여 여호와를 신뢰"(잠 3:5) 하고, "전심으로 기뻐하며 즐거워"(습 3:14)해야 하고 "전심으로 여호와께 감사"(시 9:1)해야 한다. 하나님과 맞설 경쟁자는 없다. 무성의한 감정은 설자리가 없다.

또한 성경은 하나님이 어떤 수준의 열렬한 예배를 원하시는지도 분명히 밝히고 있다. 베드로는 소아시아 교회들에 편지를 쓰면서, 말할 수 없는 기쁨이 예외적인 것이 아니라 전형적인 것이라고 여겼다. "예수를 너희가 보지 못하였으나 사랑하는도다. 이제도 보지 못하나 믿고 말할 수 없는 영광스러운 즐거움으로 기뻐하니"(벧전 1:8).

시편 기자는 이런 기쁨을 맛보았고 그것을 평생토록 추구했다. "하나님이여 사슴이 시냇물을 찾기에 갈급함 같이 내 영혼이 주를 찾기에 갈급하니이다. 내 영혼이 하나님 곧 살아 계시는 하나님을 갈망하나니"(시 42:1-2).

"하나님이여 주는 나의 하나님이시라 내가 간절히 주를 찾되 물이 없어 마르고 황폐한 땅에서 내 영혼이 주를 갈망하며 내 육체가 주를 앙모하나이다"(시 63:1).

초기 그리스도인들도 이와 비슷하게 자기 앞에 놓인 기쁨을 맛보았고, 감옥에 갇힌 교우들과 함께 고난을 당하도록 부름을 받았을 때 지상의 보화를 잃어버리는 것까지도 기꺼이 감수함으로써 하늘의 보화를 얼마나 귀하게 여기는지 보여 주었다. "너희가 갇힌 자를 동정하고 너희 소유를 빼앗기는 것도 기쁘게 당한 것은 더 낫고 영구한 소유가 있는 줄 앎이라"(히 10:34, 11:24-26, 12:2 참고).

하나님은 미지근한 예배가 아니라, 지극히 진실하고 열렬한 예배-영원하고 뜨거운 예배-를 원하신다. 그 예배는 끝나지 않을 것이다. "보좌에 앉으신 이와 어린양에게 찬송과 존귀와 영광과 권능을 세세토록 돌릴지어다!"(계 5:13).

뜨겁게 끝없이 드리는 예배. 이것이 창조와 구속의 목표다.

못 미치는 슬픔

물론 이 타락한 시대의 큰 슬픔 중 하나는 우리가 매일 그 정도의 진실함과 열렬함에 미치지 못한다는 것이다. 하나님은 우리 체질을 아시며 우리가 먼지일 뿐임을 아신다(시 103:14). 그분은 자기 자녀들을 아신다. 흠이 있어도 참된 예배를 구분하신다. 그리고 우리를 좌절하게 하는 깨어진 상태에 영원히 내버려두지 않으신다. 예수님은 우리가 이 세상의 어두움과 기능장애를 넘어 그분의 영광을 보게 해 달라고 기도하셨고(요 17:24), 그분을 향한 우리의 사랑이 순수해지고 상상할 수 없을 만큼 열렬해지게 해 달라고 기도하셨다. "[아버지, 기도하오니] 나를 사랑하신 사랑이 그들 안에 있고 나도 그들 안에 있게 하[옵소서]"(요 17:26).

언젠가 우리는 성부 하나님이 성자 하나님께 보이신 바로 그 사랑으로 예수님을 사랑하게 될 것이다. 이것은 말 그대로 상상할 수 없다. 성부께서는 성자를 무한한 사랑-그 진실성과 열렬함이 측정 불가능한 사랑-으로 사랑하시기 때문이다. 그러니 그분을 마땅히 사랑해야 할 만큼 사랑하려고 노력하되 도중에 낙심하지 말아야 한다. 우리가 그분을 있는 그대로 보게 될 날이 오고 있다. 우리는 변화될 것이다. 상상도 못할 사랑으로 그분을 사랑하게 될 것이다. 그것은 지극히 진실하고 지극히 열렬한 사랑일 것이다.

영과 진리로 드리는 예배

하나님이 세상을 창조하시고 다스리시는 것은 그분의 피조물들이 모든 것을 만족시키는 그분의 영광을 누리게 하시기 위함이다. 그 목적은 하나님 백성의 뜨거운 예배를 이끌어내기 위함이다. 지금까지 예배의 진실성과 열렬함을 강조했다. 진리와 감정은 둘 다 예배에 필수적이다. 교리와 기쁨은 분리할 수 없다. "아버지께 참되게 예배하는 자들은 영과 진리로 예배할 [것이다]"(요 4:23).

진리는 중요하다. 진리 없이는 진짜 예배가 이루어질 수 없다. 그리고 우리가 하나님을 알지 못한다면 열렬한 감정은 하나님을 향한 참된 감정이 아니다. 우리의 상상 속에서 왜곡된 하나님에 대한 감정에 불과하다.

바울에 따르면, 이보다 심각한 것이 없다. 그는 하나님을 향한 열심을 가지고도 구원받지 못할 수 있다고 말했다. "형제들아 내 마음에 원하는 바와 하나님께 구하는 바는 이스라엘을 위함이니 곧 그들로 구원을 받게 함이라. 내가 증언하노니 그들이 하나님께 열심이 있으나 올바른 지식을 따른 것이 아니니라"(롬 10:1-2).

참된 신관에 근거하지 않은 하나님에 대한 열정은 구원을 가져다주지 못한다. 미지근한 애정과 잘못된 교리는 둘 다 죽음을 불러온다. 우리에겐 어느 쪽이건 불장난인 셈이다. 하나님은 우리가 죽기를 원하지 않으신다. 그래서 하나님은 우리가 모든 것을 만족시키는 즐거움을 얻게 하시고자 모든 일에서 그분의 영광을 높이신다.

경이를 보지 않고는 찬양도 없다

이번 장의 요점은 하나님의 존귀함과 아름다움을 지극히 진실하고 열렬히 예배하는 것이 그분이 하시는 모든 일과 말씀의 궁극적인 목적이라는 것이다. 이것이 사실이라면 하나님의 존귀함과 아름다움을 지극히 진실하고 열렬히 예배하는 일은 성경-과 성경 읽기-의 궁극적 목적이기도 할 것이다. 우리는 성경을 읽을 때마다 하나님이 말씀을 통해 우리를 그분의 무한한 존귀함과 아름다움을 기리는 영원하고 뜨거운 예배의 중요한 부분으로 만드시기를 지향하고 바라고 기도한다. 성경을 읽으면서 이런 일이 어떻게 일어날까? 이것이 우리가 다음 장에서 다룰 내용이다. 이 일은 성경 속 하나님의 존귀함과 아름다움을 봄으로써 일어난다. 하나님의 경이를 보지 않고는 예배 가운데 드리는 찬양이 있을 수 없다.

3.

그리스도의 비밀을 깨닫는 성경 읽기

"읽으면 내가 그리스도의 비밀을 깨달은 것을
너희가 알 수 있으리라"

창조와 구속에 있어서 하나님의 궁극적인 목표가 모든 것을 만족시키는 그분의 아름다움을 보고 뜨거운 감정으로 그분을 예배하는 한 가족을 이루시는 것이라면, 그 가족의 일원이 되는 것은 하나님의 아름다움을 보는 눈을 갖는 것임이 분명하다. 육체의 눈이 아니라 바울이 말한 "마음의 눈"(엡 1:18)으로 가능하다. 시각장애인으로 태어난 사람이 눈이 멀쩡한 사람보다 예수님의 복음 안에서 천 배나 많은 영광을 볼 수도 있다. 찬송가 작사가 패니 크로스비가 바로 그런 경우였다. 어린 시절 시력을 잃은 그녀는 5천 편이 넘는 노래를 써서 예수님 안에서 자신이 본 영광을 찬양했다. 육체의 눈은 없었지만 그녀는 하나님의 큰일을 보았다.

그 큰일을 행하신 주께 영광
이 세상을 사랑해 주 오셨네
우리 죄를 위하여 죽으시사
저 영원한 생명 문 여시었네

주를 찬양, 주를 찬양
땅이여, 그 음성을 들으라!
우리 주 높이세 귀한 말씀 듣고
우리 주를 높이세 모두 기뻐하세!
주 예수님 힘입어 하나님께
그 큰일을 행하신 주께 영광[1]

한결같은 목적

이후 세 장(3-5장)에 걸쳐 무엇보다 중요한 삶의 목적인 하나님의 영광을 보는 것에 초점을 맞출 것이다. 우리가 이해하고 확립하려는 요점은 세 번째 함의(50쪽 제안 참조)에 표현되어 있다. 우리는 언제나 하나님의 최고의 존귀함과 아름다움, 즉 그분의 영광을 보기 위해 말씀을 읽어야 한다. 나는 하나님의 영광을 보는 일이 하나님 말씀을 읽을 때 일어나며,

그것을 목표로 삼고 성경을 읽어야 한다고 말하는 것이다. 우리가 하나님의 말씀을 찾는 데에는 100가지 실용적 이유가 있을 수 있고 좋은 이유일 것이다. 그러나 하나님의 영광을 본다는 목표가 그 모든 이유에 한결같이 자리 잡고 있어야 한다.

본격적으로 시작하기에 앞서 사도 요한과 사도 바울의 증언에 주목해 보자. 요한은 후대 사람들이 그리스도의 영광을 보는 일에 대해 분명한 관심을 표명한다. 바울은 자신이 쓴 내용을 읽음으로써 우리도 그가 보았던 영광을 볼 수 있다고 분명히 밝히고 있다.

모든 것의 중심인 그리스도의 영광

사도 요한은 자신의 역할이 후대 사람들을 돕는 것이라고 분명히 밝혔다. 그는 후대의 그리스도인들이 최초의 목격자들처럼 그리스도의 영광을 영적으로 볼 수 있을지 의아해 할 거라는 점을 알고 있었다. 그는 그들이 그럴 수 있다고, 그가 쓴 글을 통해 그런 일이 일어날 거라고 믿었다. 요한은 복음서를 쓰면서 하나님 아들의 영광을 전면과 중심에 배치했다. 요한복음은 이렇게 시작된다. "말씀이 육신이 되어 우리 가운데 거하시매 우리가 그의 영광을 보니 아버지의 독생자의 영광이요 은혜와 진리가 충만하더라"(요 1:14).

그는 예수님의 영광을 드러내는 것이 그분이 여러 표적을 행하신 목적이었고 이 영광이 믿음의 근거가 됨을 보여 주었다. 가령, 요한은 예수님이 물을 포도주로 바꾸신 사건을 소개하며 이렇게 썼다. "예수께서 이 첫 표적을 갈릴리 가나에서 행하여 그의 영광을 나타내시매 제자들이 그를 믿으니라"(요 2:11).

죽었던 나사로를 살리신 일 역시 하나님의 영광이 드러난 일로 묘사했다. "내 말이 네가 믿으면 하나님의 영광을 보리라 하지 아니하였느냐"(요 11:40).

예수의 영광을 보다

그러나 이후 세대 사람들 즉, 주님을 직접 보지 못한 사람들은 어떨까? 그들은 어떻게 하나님의 영광을 보고 믿을 수 있을까? 요한의 대답은 성령께서 오셔서 그를 포함한 목격자들이 본 내용을 글로 적게 하셨고(요 14:26, 16:13), 사람들은 그것을 읽음으로써 그리스도의 영광을 보고 믿고 그로 인해 영생을 얻을 수 있다는 것이었다. 보지 않고 믿는 것을 요한이 자신의 글과 연결시키는 방식을 보면 그의 생각을 알 수 있다. 후대 사람들은 예수님을 직접 목격한 이들과 달리 그분의 육체적 모습을 직접 보지는 못한다. 그러나 그들은 여전히 믿고 영생을 얻을 수 있다. 어떻게 가능한 일인가? 그들이 사도의 증언을 읽을 때 일어나는 일이다. 그들은 말씀을 읽으면서 그리스도의 영광을 본다.

> "보지 못하고 믿는 자들은 복되도다" 하시니라. 예수께서 제자들 앞에서 이 책에 기록되지 아니한 다른 [영광을 계시하는] 표적도 많이 행하셨으나 오직 이것[영광을 계시하는 표적들]을 기록함은 너희로 예수께

> 서 하나님의 아들 그리스도이심을 믿게 하려 함이요 또 너희로 믿고 그 이름을 힘입어 생명을 얻게 하려 함이니라(요 20:29-31).

영생은 예수님을 믿음으로 주어진다. 믿음은 기록된 것을 읽음으로 얻게 된다. 기록된 것을 읽는 일이 그리스도의 영광을 보게 하는 창이기 때문이다. 성령은 예수님의 영광을 분명하게 드러낸다는 구체적 목표를 가지고 사도들의 글쓰기를 인도하셨다. 예수님은 요한복음 16장 14절에서 이것을 암시하셨다. "진리의 성령이 오시면 … 그가 내 영광을 나타내리니 내 것을 가지고 너희에게 알리시겠음이라."

신약을 완성하는 데 있어서 성령의 역사는 그리스도의 영광을 계시하는 것이었다. 이 영광은 읽음으로 보게 된다.

우리가 본 것을 전하노니

요한은 첫 번째 서신에서 이 연관성-그가 그리스도의 영광의 증인으로서 본 것과 그것을 직접 보지 못한 이들을 위해 쓴 내용과의 연관성-을 더욱 분명히 드러냈다. 그의 서신은 이렇게 시작된다.

> 태초부터 있는 생명의 말씀에 관하여는 우리가 들은 바요 눈으로 본 바요 자세히 보고 우리의 손으로 만진 바라. 이 생명이 나타내신 바 된지라. 이 영원한 생명을 우리가 보았고 증언하여 너희에게 전하노니 이는 아버지와 함께 계시다가 우리에게 나타내신 바 된 이시니라.

> 우리가 보고 들은 바를 너희에게도 전함은 너희로 우리와 사귐이 있게 하려 함이니 우리의 사귐은 아버지와 그의 아들 예수 그리스도와 더불어 누림이라. 우리가 이것을 씀은 우리의 기쁨이 충만하게 하려 함이라(요일 1:1-4).

그는 여섯 번이나 "본" 것이나 "나타내신" 것을 언급한다. 그리고 자신이 본 것을 이제 "증언하고" "전하고" "쓴다"라고 네 번 말한다. 그가 그리스도의 영광을 봄으로써 받은 믿음과 생명을 서신의 수신자들도 받게 하려는 것이다. 그들은 요한이 본 것-영감 된 글을 통해 비취는 그리스도의 영광-을 봄으로써 이 믿음과 생명을 얻게 된다.

읽으면 내가 본 것을 너희도 볼 수 있나니

요한의 증언에서 바울의 증언으로 넘어가도 우리는 동일한 확신을 발견하게 된다. 그런데 바울은 사람들이 그의 글을 읽는 일에 대해 구체적으로 설명한다. 그는 에베소서 3장 4절에서 자신의 서신서를 읽는 목적을 보기 드물지만 중요하게 언급하고 있다.

> 곧 계시로 내게 비밀을 알게 하신 것은 내가 먼저 간단히 기록함과 같으니 그것을 읽으면 내가 그리스도의 비밀을 깨달은 것을 너희가 알 수 있으리라. 이제 그의 거룩한 사도들과 선지자들에게 성령으로 나타내신 것 같이 다른 세대에서는 사람의 아들들에게 알리지 아니하

셨으니 이는 이방인들이 복음으로 말미암아 그리스도 예수 안에서 함께 상속자가 되고 함께 지체가 되고 함께 약속에 참여하는 자가 됨이라. 이 복음을 위하여 그의 능력이 역사하시는 대로 내게 주신 하나님의 은혜의 선물을 따라 내가 일꾼이 되었노라. 모든 성도 중에 지극히 작은 자보다 더 작은 나에게 이 은혜를 주신 것은 측량할 수 없는 그리스도의 풍성함을 이방인에게 전하게 하려 하심이라(엡 3:3-9).

바울은 자신이 에베소 교인들에게 쓴 편지를 그들이 어떻게 읽을지 곰곰이 생각하면서 그들의 관심을 "그리스도의 비밀을 깨달은 것"(엡 3:4)에 모이게 한다. 그는 이렇게 적고 있다. "계시로 내게 비밀을 알게 하신 것은 내가 먼저 간단히 기록함과 같으니 그것을 읽으면 내가 그리스도의 비밀을 깨달은 것을 너희가 알 수 있으리라."

이것이 성경의 큰 패턴이다.

계시의 패턴

첫째, 신비가 있다. 여기서 신비란 이해할 수 없는 것이 아니라 알려지지 않은 것, 하나님의 마음에 감추어져 있던 것이다. 그 신비가 하나님이 선택하신 대변자들에게 계시되었다. 그들은 그 신비의 계시를 글로 썼는데 에베소서가 그것이다. 그 다음은 사람들이 영감 된 글을 읽는 일이 일어난다. 독자들은 바울의 글을 읽고 그가 계시된 신비를 "깨달은 것을 알게 된다. 즉, 읽음으로써 그들은 하나님이 바울에게 보여 주신 것을 "보"거나 엿볼 수 있다. 그리고 거기에서 그리스도인의 삶의 다른 요소들 -믿음, 소망, 사랑, 변화된 관계, 새로운 공동체, 세상에 미치는 영향-이 흘러나온다.

보는 일이 읽는 일에서 비롯된다면, 이런 질문을 떠올리게 된다. "바울은 에베소 교회의 수신자들에게 무엇을 보라고 말한 걸까?" 그는 그들이 자신의 서신을 읽고 자신이 "그리스도의 비밀"(엡 3:4)을 깨달았음을 알게 될 거라고 말했다. 이 비밀은 바울에게 어떤 풍성한 의미로 다가왔을까?

측량할 수 없는 그리스도의 풍성함

그는 "그리스도의 신비"라는 구절을 6절에서 이렇게 정의한다. "이[이 신비]는 이방인들이 복음으로 말미암아 그리스도 예수 안에서 함께 상속자가 되고 함께 지체가 되고 함께 약속에 참여하는 자가 [된다]"는 것이다. 바울의 독자들이 바로 그 이방인들이다(엡 2:11, "너희는… 이방인이요").

그들에게 이것은 놀라운 소식이다. 유대인과 이방인을 나누던 담이 죄인을 위한 그리스도의 죽음으로 허물어졌다. "원수 된 것 곧 중간에 막힌 담을 자기 육체로 허[무]"(엡 2:14)셨다. 그래서 이방인들은 "이제부터 … 외인도 아니요 나그네도 아니요 오직 성도들과 동일한 시민이요 하나님의 권속이"(엡 2:19)다. 바울이 계시한 신비는 이스라엘과 그 메시아에게 주어진 약속이 이제 "그리스도 예수 안에"(엡 2:13) 있는 이방인들에게도 해당한다는 것이었다. 그들은 온전히 "동일한 시민", 온전한 "하나님의 권속의 일원"이 되었다. 하나님의 권속이 물려받는 모든 것을 그들도 받게 될 것이다.

이것이 '바울은 에베소 교인들이 그의 글을 읽음으로써 무엇을 보기 원했는가?'라는 질문에 대한 첫 번째 답변이다. 바울은 이방인들이 그리스도 안에서 이스라엘과 온전히 공동 상속자라는 신비를 보기 원했다. 이제 "바울은 이 신비가 이방인들에게 가져다주는 놀라운 혜택을 어떻게 요약했는가?"로 질문은 변한다. 두 절 후에 그는 이렇게 표현한다. "나에게 이 은혜를 주신 것은 측량할 수 없는 그리스도의 풍성함을 이방인에게 전하게 하"(엡 3:8)려는 것이다. 바울의 글을 읽은 독자들이 그가 그리스도의 신비를 깨달은 것을 알아볼 수 있을 거라고 말하면서 그가 염두에 둔 것은 바로 이 측량할 수 없는 그리스도의 풍성함이다.

하나님의 영광의 풍성함

바울이 계시한 신비와 그리스도의 풍성함은 어떤 관련이 있을까? 바울은 이방인들이 "함께 상속자"가 되었다는 것이 신비의 내용이라고 말했다. '상속자'라는 단어에 주목하라. 그는 에베소서 1장 18절에서 이미 하나님이 "너희 마음의 눈"을 밝혀 주셔서 그들이 물려받을 "그 기업의 영광의 풍성함"을 (마음의 눈으로) 보게 해 달라고 기도한 바 있다. 그러므로 우리는 이방인들이 그리스도를 함께 상속받게 될 거라고 바울이 말했을 때 그가 주로 염두에 둔 것이 "측량할 수 없는 그리스도의 풍성함"(엡 3:8에서 언급된)이라고 분명하게 추론할 수 있다. 그리고 그리스도의 이 풍성함이 "영광의 풍성함"-하나님의 영광-으로 불린다(엡 1:18에서).

이 신비에 담긴 영광의 풍성함

다시 말해, 독자들이 "읽으면 알"게 될 신비는 하나님의 영광의 풍성함을 보여 주는 계시, 즉 "측량할 수 없는 그리스도의 풍성함"이다. 하나님의 영광의 풍성함과 그리스도의 측량할 수 없는 풍성함의 관계는 병행구절인 골로새서 1장 27절에서도 확인할 수 있다. 거기서 바울은 다음과 같이 말한다. "하나님이 그들로 하여금 이 비밀의 영광이 이방인 가운데 얼마나 풍성한지를 알게 하려 하심이라."

에베소서에서 이방인들이 누리는 "그리스도의 풍성함"이 골로새서에는 이방인들이 누리는 "영광의 풍성함"으로 나온다. "영광의 풍성함"과 "측량할 수 없는 그리스도의 풍성함"은 동일한 것을 가리킨다. 이것은 이제 함께 상속자가 된 이방인들에게 하나님이 그리스도 안에서 드러내시는 모든 면모를 가리키는 포괄적 용어들이다.

기쁨이 솟아오른다

나는 하나님이 바울을 통해 에베소서 3장 4절에서 성경 읽기에 대한 이 숨 막히는 사실, 즉 하나님의 영광의 풍성함을 성경 읽기를 통해 알 수 있다는 사실을 더할 나위 없이 분명하게 밝히신 것이 그저 경이로울 뿐이다. 읽기는 너무나 평범한 행위인 반면, 측량할 수 없는 그리스도의 풍성함은 너무나 비범하기 때문이다. 그것은 마치 숨을 쉬는 것만으로 에베레스트 산 정상에 오를 수 있다고 말하는 것과 같다. 성경을 읽음으로써 하나님의 영광을 볼 수 있다니! 가장 평범한 행동을 통해 가장 경이로운 실재를 볼 수 있다. 이 사실을 생각하면 기쁨이 솟아오른다. 오 주님, 제 마음이 허영이 아니라 이 책으로 향하게 하소서! 이것이 나의 기도다. 나를 위한 기도이자 당신을 위한 기도이다.

그러나 내가 전달하려는 요점을 놓쳐서는 안된다. 우리는 하나님의 최고의 존귀함과 아름다움을 보기 위해 그분의 말씀을 읽어야 한다. 이 지점에서 우리는 에베소서 3장 4-8절을 근거로 바울이 우리에게 그 방향으로 가도록 강하게 권면했다는 정도까지는 말할 수 있다. 그리스도 안에 있는 하나님의 영광의 풍성함을 접하고 싶은가? 그 풍성함을 "알아보고" 싶은가(엡 3:4). 그 풍성함을 "알고" 싶은가(엡 1:18). 그 영광에 힘을 얻어 "그리스도의 사랑의 너비와 길이와 높이와 깊이가 어떠한지를 깨달을 수 있게 되고, 지식을 초월하는 그리스도의 사랑을 알게 되기"(엡 3:16-19, 새번역)를 원하는가? 그렇다면 읽으라! 바울은 말한다. 내가 쓴 것을 읽으라. 이는 성경을 가리키는 말이다.

어떤 것도 그리스도의 영광과 별도로 보지 말라

물론, 이렇게 말하는 사람도 있을 수 있다. "에베소서에는 다른 내용도 아주 많이 있어요! 그런 내용들을 모두 무시하고 하나님의 영광의 풍성함에만 초점을 맞추라는 말인가요?"

정당한 지적이다. 에베소서가 우리 일상에 중요한 수십 가지의 문제를 다룬다는 것은 분명한 사실이다. 겸손, 온유, 오래 참음, 용납(4:2), 세례(4:5), 교회 직분(4:11), 사랑(4:16), 마음의 완고함(4:18), 의와 거룩함(4:24), 분노(4:26, 31), 떳떳한 노동(4:28), 탐욕(5:5), 성령(5:18), 결혼(5:22-23), 영적 전쟁(6:10-20) 등이다.

하나님의 영광을 보기 위해 읽어야 한다-언제나 그렇게 읽어야 한다-는 말은 우리 앞에 놓여 있는 삶의 문제들을 외면하라는 의미가 아니다. 오히려 정반대다. 어떻게 해서든 그 문제들을 보라! 그 모두를 보라. 바울이 의도한 대로 그것들 사이의 관계를 꼼꼼하고 명료하게 살피라. 그러나 하나님의 영광과 별도로 보는 일은 결코 없게 하라. 측량할 수 없는 그리스도의 풍성함과 별도로 그것들을 보지 말라.

삼위일체 하나님의 영광은 다른 항목들과 나란히, 또는 별도로 봐야 할 일개의 항목이 아니다. 모든 것을 아우르고 모든 것에 배어들어 있는 실재이다. 그것은 삶의 여러 문제들의 목록을 이루는 한 가지가 아니다. 하나님의 영광은 종이이자 잉크이고 종이에 비친 빛이고 단어들의 의미이다. 모든 것의 근거이자 목적이다. 그러므로 다른 것들을 통해 하나님의 영광을 보는 일이 없도록 해야 한다. 언제나 모든 것들 안에서, 모든 것들을 통해 하나님의 영광을 보아야 한다.

바울이 "너희가 먹든지 마시든지 무엇을 하든지 다 하나님의 영광을 위하여 하라"(고전 10:31)고 말한 것은 모든 것을 하나님의 영광과 연관지어 보라는 뜻이다. 먹는 것과 마시는 것 같은 가장 평범한 일에서부터 그렇게 하라. 그 다음에는 모든 것을 하나님의 영광과의 관계 안에서 그 참된 의미가 드러나는 방식으로 대하라. 모든 것을 그 안과 위에 있는 하나님의 영광의 최고 가치가 드러나는 방식으로 대하고 다루도록 하라.

이제 에베소서 3장 4-8절을 근거로 결론을 내려 보자면, 성경 읽기는 하나님의 영광의 풍성함, 측량할 수 없는 그리스도의 풍성함을 보도록 하나님이 정하신 수단이다. 이것이 하나님이 바울을 감동하셔서 성경을 쓰게 하신 이유이다. 이것이 그가 쓴 이유이다. 이것이 우리가 성경을 읽을 때 보아야 할 내용이다.

읽기를 통해 하나님을 보라

요한과 바울 모두 그리스도(하나님의 형상이신 분)의 영광을 그들의 글의 전면에 배치한다. 두 사람 다 자신들이 쓴 글을 읽는 일에 큰 중요성을 부과한다. 두 사람은 예수님을 목격하지 못하고 예수님을 따르는 사람들이 자신들의 글을 읽음으로써 그리스도의 영광을 참으로 보고 영생을 얻을 수 있다고 믿었고 가르쳤다. 이것이 성경의 경이로움이다.

사도들이 예수님의 모습에서 보았던 신적 영광을 그들이 쓴 글을 통해 우리도 볼 수 있다. 그들은 우리가 바로 그것을 보기를 원했다. 우리가 보아야 할 가장 중요한 것이었다. "그리스도의 영광의 복음의 광채"(고후 4:4).

하나님의 말씀을 읽을 때는 언제나 이것을 보는 것을 목표로 삼아야 한다.

4.

구약의 옛 영광을 얻는 성경 읽기

"언제든지 주께로 돌아가면
그 수건이 벗겨지리라"

사도 바울은 책을 통해 호흡했다. 로마에 투옥되어 있을 때, 그는 디모데에게 편지를 써서 책을 가져오라고 요청했다. "그대가 올 때 드로아 가보의 집에 두고 온 내 겉옷을 가져오고 책은 특별히 양피지에 쓴 것을 가져와라"(딤후 4:13, 우리말성경).

물론 그가 말한 책은 우리가 생각하는 300쪽 분량의 깔끔하게 제본된 얇은 종이 책이 아니다. 그는 1세기의 인물이다. 지금 우리가 아는 최초의 책들은 코덱스라고 불렸다. 양피지나 파피루스, 가죽, 나무 등을 여러 장 꿰매거나 묶어서 만든 책이었다. 그 이전에는 긴 분량의 문서의 경우 두루마리에 적어 말아서 보관했다. 역사상 첫 번째 코덱스가 언제 만들어졌는지는 아무도 모른다. 기원후 2세기만 해도 기독교인들 사이에서 코덱스가 드물지 않았다.[1] 그러니 바울이 꿰맨 책들을 소유했을 가능성은 있다. 형태가 어떤 것이었든, 바울은 로마의 감옥에서 책을 원했다.

회심하기 전의 바울은 바리새인이었다(빌 3:5). 모세 율법서의 전문가였다는 뜻이다. 그때 그에게 책이라는 단어는 모세 율법을 의미했다. "누구든지 율법 책에 기록된 대로 모든 일을 항상 행하지 아니하는 자는 저주 아래에 있는 자라"(갈 3:10).

그는 당시 최고의 훈련을 받았으며 이 율법을 엄격하게 배웠다고 말했다. "나는 유대인으로 길리기아 다소에서 났고 이 성에서 자라 가말리엘의 문하에서 우리 조상들의 율법의 엄한 교훈을 받았고 오늘 너희 모든 사람처럼 하나님께 대하여 열심이 있는 자라"(행 22:3).

바울의 복음 전도 전략은 도시의 중심지에 있는 유대교 회당을 출발점으로 삼는 것이었다. 이것은 전략적인 계획이었다. 유대인들은 하나님의 구속 계획에서 특별한 자리를 차지했기 때문(롬 1:16, 행 3:26)이고, 회당에는 바울이 사랑하고 신뢰했던 거룩한 책들이 있었기 때문이다. 그것이 바울과 그들 사이의 공통기반이었다. 그곳에서는 안식일마다 이 성경을 공개적으로 읽었다. 베드로는 사도행전 15장 21절에서 예루살렘 공회를 향해 이렇게 말했다. "예로부터 각 성에서 모세를 전하는 자가 있어 안식일마다 회당에서 그 글을 읽음이라."

바울은 회당에 들어갈 때면 늘 같은 장면이 펼쳐질 거라고 예상할 수 있었다. 회당의 사람들은 그가 통달했던 책을 펼쳐 일부를 읽을 터였다. 바울은 바리새파 출신이었다. 매주 성경을 읽는 유대 민족을 상대하면서 바울은 읽기에 대해 깊이 생각하게 되었다. 그들은 바울과 같은 책을 읽었지만 바울이 본 것을 보지 못했다. 그들은 바울과 달리 하나님의 영광을 보지 못했다. 그리고 바울이 옛 언약과 새 언약의 연관관계를 보여 주어도 그와 달리 그 경이로움을 깨닫지 못했다. 이 지점에서, 이렇게 묻는 것이 상황을 이해하는 데 도움이 될 것이다. "바울은 이 비극적 상황을 어떻게 이해했고 그것이 성경 읽기의 목적에 대해 말하는 바는 무엇인가?"

포괄적이고 날카로운 본문

읽기를 통해 하나님의 영광을 보는 것에 대해 가장 포괄적이고 날카롭게 지적한 성경 본문 중 하나는 고린도후서 3장 7절-4장 6절이다. 포괄적이라 함은 옛 언약시대 전체를 거슬러 올라가 하나님이 시내산에서 율법을 주신 일부터 몇 세기에 걸쳐 모세 율법을 읽어 온 역사를 가로지르고 마침내 그 모두와 그리스도의 새 언약과 복음과의 관계까지 아우르기 때문이다. 하나님이 일해 오신 역사를 그렇게 많이 담아낸 대목은 드물다. 게다가 이 대목은 포괄적인 데 그치지 않고 날카롭기까지 하다. 옛 언약과 새 언약 모두에서 하나님의 영광을 구체적으로 다룬다.

이 대목이 길다는 것은 알지만 전체를 다 인용할 생각이다. 특정 구절들을 언급할 때 독자가 쉽게 확인할 수 있게 돕기 위해서다.

돌에 써서 새긴 죽게 하는 율법 조문의 직분도 영광이 있어 이스라엘 자손들은 모세의 얼굴의 없어질 영광 때문에도 그 얼굴을 주목하지 못하였거든 하물며 영의 직분은 더욱 영광이 있지 아니하겠느냐? 정죄의 직분도 영광이 있은즉 의의 직분은 영광이 더욱 넘치리라. 영광되었던 것이 더 큰 영광으로 말미암아 이에 영광될 것이 없으나 없어질 것도 영광으로 말미암았은즉 길이 있을 것은 더욱 영광 가운데 있느니라.

우리가 이같은 소망이 있으므로 담대히 말하노니 우리는 모세가 이스라엘 자손들에게 장차 없어질 것의 결국을 주목하지 못하게 하려고 수건을 그 얼굴에 쓴 것 같이 아니하노라. 그러나 그들의 마음이 완고하여 오늘까지도 구약을 읽을 때에 그 수건이 벗겨지지 아니하고 있으니 그 수건은 그리스도 안에서 없어질 것이라. 오늘까지 모세의 글을 읽을 때에 수건이 그 마음을 덮었도다. 그러나 언제든지 주께로 돌아가면 그 수건이 벗겨지리라. 주는 영이시니 주의 영이 계신 곳에는 자유가 있느니라. 우리가 다 수건을 벗은 얼굴로 거울을 보는 것 같이 주의 영광을 보매 그와 같은 형상으로 변화하여 영광에서 영광에 이르니 곧 주의 영으로 말미암음이니라.

그러므로 우리가 이 직분을 받아 긍휼하심을 입은 대로 낙심하지 아니하고 이에 숨은 부끄러움의 일을 버리고 속임으로 행하지 아니하며 하나님의 말씀을 혼잡하게 하지 아니하고 오직 진리를 나타냄으로 하나님 앞에서 각 사람의 양심에 대하여 스스로 추천하노라. 만일 우리의 복음이 가리었으면 망하는 자들에게 가리어진 것이라. 그중에 이 세상의 신이 믿지 아니하는 자들의 마음을 혼미하게 하여 그리스도의 영광의 복음의 광채가 비치지 못하게 함이니 그리스도는 하나님의 형상이니라. 우리는 우리를 전파하는 것이 아니라. 오직 그리스도 예수의 주 되신 것과 또 예수를 위하여 우리가 너희의 종 된 것을 전파함이라. 어두운 데에 빛이 비치라 말씀하셨던 그 하나님께서 예수 그리스도의 얼굴에 있는 하나님의 영광을 아는 빛을 우리 마음에 비추셨느니라(고후 3:7-4:6).

사라진 옛 언약의 영광

바울은 여기서 영광이라는 단어를 15번 쓰고 있다. 하나님의 영광–먼저는 모세 율법, 그 다음에는 그리스도의 복음과 관련한–이 그의 주된 관심사라는 것을 분명히 알 수 있을 것이다. 모세와 관련해서 볼 때 요점은, 새 언약의 영광에 비교하면 옛 언약의 영광은 사실상 사라진 것과 같다는 것이다. 창문으로 햇빛이 비추면 다른 빛이 사라진다. 고린도후서 3장 10절에서는 이 사라짐을 매우 대담하게 표현했다. "영광되었던 것이 더 큰 영광으로 말미암아 이에 영광될 것이 없[다]"(고후 3:10).

이것은 놀라운 진술이다. 바울은 이보다 조금 앞서 "돌에 써서 새긴 죽게 하는 율법 조문의 직분도 영광이 있어 이스라엘 자손들은 모세의 얼굴의 없어질 영광 때문에도 그 얼굴을 주목하지 못하였"(고후 3:7, 출 34:30 참조)다고 말했기 때문이다. 옛 언약에는 영광이 있었다. 그것은 하나님의 영광이었다. 그때도 지금도 무시할 만한 것이 아니었다. 그 영광을 보지 못하고 그것을 귀하게 여기지 않는 것은 옛 언약의 의미-와 새 언약의 탁월한 가치-를 놓치는 일이다. 그러나 옛 언약의 영광은 일시적인 것이었지 길이 남을 것이 아니었다. 그것은 하나님이 정하신 바였다. "없어질 것도 영광으로 말미암았은즉 길이 있을 것[복음, 새 언약]은 더욱 영광 가운데 있느니라"(고후 3:11).

하나님은 그분의 영광을 때와 상황에 따라 때로는 더 많이, 때로는 더 적게 계시하신다. 그러나 어느 쪽이든 그것은 언제나 그분의 영광이다! 결코 가볍지 않다. 결코 사소하지 않다. 절대 무시할 수 없다. 언제나 무한한 탁월함을 어느 정도 담고 있다. 언제나 보고 알고 사랑할 가치가 있다.

복음의 빛 앞에서 빛을 잃은 초신성

그러나 복음의 영광에 비하면, 모세 율법의 영광은 사실상 사라진 것과 같다. 텔레비전과 은행 계좌와 직업적 성공이라는 20와트 전구에 비하면, 모세 언약-그렇다, 모세 언약이다-의 영광은 초신성처럼 빛난다. 복음의 영광에 비하면 시내산의 영광은 그 빛이 바래지만, 시내산의 영광을 줄이는 것은 복음의 영광도 줄이는 일이니 그렇게 하지 않도록 주의해야 한다. 요점은 예수님이 오실 때 촛불이 꺼진다는 것이 아니라, 복음 앞에서는 초신성들이 촛불처럼 희미해져 버린다는 것이다. 그러나 초신성들은 아무 것도 아닌 것이 아니다. 눈이 먼 상태가 아니라면 구약성경을 읽을 때는 아마도 보안경을 써야 할 것이다.

영광과 읽기의 연결고리

안타깝게도, 바울 당시의 유대인들은 대부분이 영적으로 눈이 먼 상태였다. 여기서 바울은 하나님의 영광과 읽기를 연결시킨다. 바울은 당대의 유대인 독자들을 시내산에서 율법을 받았던 세대와 비교한다. 그리고 시내산의 상황을 두 가지 다른 방식으로 자신의 상황에 맞추어 설명한다. 출애굽기 34장 34-35절을 보자.

> 모세가 여호와 앞에 들어가서 함께 말할 때에는 나오기까지 수건을 벗고 있다가 나와서는 그 명령하신 일을 이스라엘 자손에게 전하며 이스라엘 자손이 모세의 얼굴의 광채를 보므로 모세가 여호와께 말하러 들어가기까지 다시 수건으로 자기 얼굴을 가렸더라.

바울은 당시 대다수 유대인 독자들을 시내산에서 영광을 보지 못했던 사람들과 비교한다. "오늘까지도 구약을 읽을 때에 그 수건이 벗겨지지 아니하고 있으니"(고후 3:14).

그러나 한편으로는, 동일한 독자들을 모세와 비교하기도 한다. 모세는 회막에서 주님께로 돌아갈 때 수건을 벗었다. "[사람이] 언제든지 주께로 돌아가면 그 수건이 벗겨지리라"(고후 3:16).

내가 강조하고 싶은 점은 하나님의 영광을 보는—또는 보지 못하는—계기가 성경을 읽는 행위라는 것이다. "[그들이] 구약을 읽을 때"(14절), "오늘까지 [그들이] 모세의 글을 읽을 때"(15절)에 중요한 일이 벌어진다. 바로 그 시점-모세를 읽는 순간-에서 그들은 하나님의 영광을 보아야 했다. 그 영광을 보지 못한 이유는 "그들의 마음이 완고"(3:14)해졌기 때문이다. 수건이 덮인 것처럼 말이다. 그렇기 때문에 바리새인들은 구약성경을 그렇게 잘 알았으면서도 참된 하나님의 영광을 볼 수가 없었다. 그들은 "보아도 보지 못"(마 13:13)했다. 수건, 완고한 마음이 하나님의 특별한 영광을 가로막았다.

완고함과 올바른 성경 읽기의 큰 필요성

모세는 하나님의 영광이 크게 나타났는데도 활개 치던 이런 마음의 완고함을 이미 알고 있었다. 신명기 29장 2-4절을 보라.

> 모세가 온 이스라엘을 소집하고 그들에게 이르되 여호와께서 애굽 땅에서 너희의 목전에 바로와 그의 모든 신하와 그의 온 땅에 행하신 모든 일을 너희가 보았나니 곧 그 큰 시험과 이적과 큰 기사를 네 눈으로 보았느니라. 그러나 깨닫는 마음과 보는 눈과 듣는 귀는 오늘 여호와께서 너희에게 주지 아니하셨느니라.

이스라엘의 역사 내내(사 6:9-10, 63:17, 요 8:43, 행 28:26, 롬 11:8-10) 보고, 믿은 '남은 자'들이 있었다. 대부분은 영적으로 눈먼 상태였는데, 이는 하나님이 정하신 일이요 이방 민족들에게 구원의 문을 열기 위함이었다. 바울은 이 신비를 로마서 11장 11-32절에서 드러냈다. "그들이 넘어짐으로 구원이 이방인에게 이르"(롬 11:11)렀다. "이방 사람의 수가 다 찰 때까지 이스라엘 사람들 가운데서 일부가 완고해진 대로 있으리라"(롬 11:25, 새번역).

우리는 바울이 그의 동족 이스라엘 백성을 위해 바친 기도에 진심을 담아 충실하게 동참해야 한다. "형제들아 내 마음에 원하는 바와 하나님께 구하는 바는 이스라엘을 위함이니 곧 그들로 구원을 받게 함이라"(롬 10:1). 그는 자신의 기도와 사역을 통해 "혹 내 골육을 아무쪼록 시기하게 하여 그들 중에서 얼마를 구원하"(롬 11:14)게 되기를 바랐다. 그리고 그는 이방인의 충만한 수가 돌아오면 "온 이스라엘이 구원을 받으리라"(롬 11:26)고 장담했다.

다시 말해, 이스라엘의 눈에 덮인 수건과 그들이 하나님의 특별한 영광의 참된 본질을 보지 못하게 막았던 완고함(고후 3:14-15)은 바울 당대에만 나타난 현상이 아니었다. 그 일은 신명기 29장 4절에도 이미 등장했고, 바울이 살던 시대에도 있었다(고후 3:15). 그리고 오늘날에도 존재한다(롬 11:25). 이것은 유대인과 이방인 모두에게 절실히 필요한 것이 무엇인지 선명하게 드러내 준다. 우리는 하나님의 영광을 보는 방식으로 성경을 읽을 필요가 있다.

수건이 벗겨지는 초자연적인 경험

바울은 한걸음 더 나아가 자신의 사역을 모세의 경험과 대비시킨다. "우리는 … 아주 대담하게 처신합니다. 모세는 … 그 얼굴에 너울을 썼지만, 그와 같은 일은 우리는 하지 않습니다"(고후 3:12-13, 새번역).

대담함에 해당하는 단어는 개방성, 솔직함, 분명함의 의미도 갖고 있다. 여기에 나타난 대조는 모세의 사역에서는 하나님의 영광이 수건으로 가려졌지만 바울의 사역에서는 하나님의 영광을 가리던 수건이 벗겨졌다는 것이다.

그 다음 바울은 모세와 모든 그리스도인을 비교한다. 그리스도인은 주 예수께로 돌아서서 수건이 벗겨진 주님의 영광을 본 사람이다. 사람이 "언제든지 주께로 돌아가면 그 수건이 벗겨지리라 … 우리가 다 수건을 벗은 얼굴로 … 주의 영광을 보매 …"(고후 3:16-18).

다시 말해, 모든 신자는 회막에 들어갈 때의 모세처럼 "주께로 돌아"섰다. 모든 그리스도인의 이 경험은 초자연적인 것이다. 단순한 인간적 힘에서는 나오지 않는다. 예수께로 돌아설 때, 신자들은 성령의 역사를 경험한다. 이것은 바울의 다음 말에 함축되어 있다. "주는 영이시니 주의 영이 계신 곳에는 자유가 있느니라"(고후 3:17).

성령께서는 맹목과 완고함의 속박에서 우리를 해방시키신다. 주께로 돌아서는 것과 주를 보는 것은 하나다. 눈을 뜨는 것과 빛을 보는 것은 순차적으로 이루어지지 않는다. 동시에 이루어진다. 빛으로 돌아서는 것과 빛을 보는 것은 동일한 행동이다. 영적 맹목에서 해방되는 이 큰 기적은 선물이다. "이것은 영이신 주님께서 하시는 일입니다"(고후 3:18, 새번역).

성경을 읽음으로 주의 영광을 보다

바울은 우리의 초점을 옛 언약에서 새 언약으로-모세 율법에서 그리스도의 복음으로- 옮겨 놓았다. 수건에 가려진 일시적인 영광에서 수건이 벗겨진 길이 남을 영광을 바라보게 한 것이다. 그의 주된 논점은 수건이 벗겨질 때-완고함과 맹목이 제거될 때- 우리가 "주의 영광"을 본다는 것이다. "우리가 다 수건을 벗은 얼굴로 거울을 보는 것 같이 주의 영광을 보매 … 변화하여"(고후 3:18).

주의 영광을 보는 것이 옛 언약의 부분적이고 빛이 바래가는 경험이었다면, 이제 수건이 벗겨지면서 새 언약의 더 크고 밝은 경험이 드러났다. 하나님의 영광을 보는 일은 예나 지금이나 제일 중요하다.

한때 사람들은 하나님의 영광과 접촉하는 방법이 모세의 글을 읽는 것이라고 생각했다(고후 3:14-15)는 사실을 기억하라. 읽기! 그들은 이것이 하나님의 영광을 보는 방법이라고 굳게 믿었다. 이것이 달라졌을까? 아니다. 우리가 "읽기"라고 부르는 이 창은 어떤 비판도 받지 않았고 폐기되지도 않았다. 그러므로 우리는 이 창의 가치가 여전하다고 생각할 수 있다.

차이가 있다면 한때는 수건을 쓰고 성경을 읽었다는 것이다. 이제는 수건을 벗고 읽는다. 한때는 커튼이 드리워진 창이 있었지만, 이제는 커튼이 걷혔다. 하지만 에베소서 3장 4절에서 본 것처럼, 읽기라는 창은 그대로다. 읽기를 통해 하나님이 그분의 영광을 계시하신다는 계획은 그대로다. 지난날에는 성경을 읽을 때 주님의 영광이 수건으로 가려져 있었지만 이제는 주님의 영광을 가리던 수건이 벗겨졌다. "수건을 벗은 얼굴로 … 주의 영광을 보"(고후 3:18)는 일은 읽기를 통해 이루어진다. 성령의 조명으로 옛 언약을 새롭게 읽는 일과 그리스도의 복음을 읽는 일(또는 듣는 일)이 모두 같은 결과를 만들어낸다.

무엇이 마음을 어둡게 했는가

바울은 고린도후서의 이 구절에서 옛 언약이 아니라 복음 안에 있는 하나님의 영광을 보는 일에 초점을 맞춘다. 그러나 그는 모두가 복음 안에서 주님의 영광을 보는 것은 아니라고 인정한다. "우리는 구원받는 자들에게나 망하는 자들에게나 하나님 앞에서 그리스도의 향기니 이 사람에게는 사망으로부터 사망에 이르는 냄새요 저 사람에게는 생명으로부터 생명에 이르는 냄새라"(고후 2:15-16).

또 바울은 고린도후서 4장 3-4절에서 이렇게 말한다. "우리의 복음이 가려 있다면, 그것은 멸망하는 자들에게 가려 있는 것입니다. 그들의 경우를 두고 말하면, 이 세상의 신이 믿지 않는 자들의 마음을 어둡게 하여서"(새번역).

그들의 마음은 무엇에 대해 어두워졌을까? 복음 안에 있는 하나님의 영광-그리스도의 영광-이다. "이 세상의 신이 믿지 않는 자들의 마음을 어둡게 하여서, 하나님의 형상이신 그리스도의 영광을 선포하는 복음의 빛을 보지 못하게 한 것"(4:4, 새번역)이다. 다시 말해, 이스라엘이 모세 율법에서 하나님의 특별한 영광을 보지 못하도록 막았던 눈먼 상태가 여전히 작동하여 사람들이 복음 안에 있는 그리스도의 영광을 보지 못하게 한다.

하나님의 주권적 비추심

이 눈먼 상태에 대한 해결책은 6절에 나와 있다. "'어두운 데에 빛이 비치라' 말씀하셨던 그 하나님께서 예수 그리스도의 얼굴에 있는 하나님의 영광을 아는 빛을 우리 마음에 비추셨느니라." 하나님은 친히 전능한 한마디 말씀으로 창조의 그날처럼 눈먼 자들에게 "그리스도의 얼굴에 있는 하나님의 영광을 아는 빛"을 주신다. 하나님은 복음 안에서 그분의 영광을 보는 시력을 창조하신다. 마음의 완고함을 제거하신다. 눈먼 상태를 제하신다. 수건을 벗겨내신다.

무엇을 보게 하기 위해서 인가? 4절과 6절의 유사한 구절에 주목하라.

> "그리스도의 영광의 복음의 광채 … 그리스도는 하나님의 형상"(4절)
> "예수 그리스도의 얼굴에 있는 하나님의 영광을 아는 빛"(6절)

4절은 그리스도의 영광을 가리킨다. 6절은 하나님의 영광을 가리킨다. 그러나 그리스도의 영광이 언급되는 대목에서 그리스도는 "하나님의 형상"이라고 불린다. 그리고 하나님의 영광이 언급되는 대목에서 영광은 "그리스도의 얼굴에"서 드러난다. 그러므로 두 개의 영광이 아니라 하나의 영광이다. 한쪽은 그리스도의 영광이고 또 한쪽은 하나님의 영광이지만, 둘은 하나다. 그리스도는 하나님의 형상이기 때문이다. 그리고 그리스도의 얼굴에서 하나님을 알게 된다.

읽고 들음으로 보는 영광

이 영광은 복음 안에서 비추는 일종의 영적 빛으로 보인다(4:4, 새번역). 그렇기 때문에 그 영광은 "그리스도의 영광의 복음의 광채"라고 불린다. 이 복음-그리스도께서 죄를 위하여 죽고 부활하신 이 소식(고전 15:3-5)-은 큰 소리로 선포되고(고전 9:14, 갈 2:2) 기록되며 사람들이 그것을 듣고 읽는다.

바울은 복음이 읽으라고 기록된-들으라고 선포될 뿐 아니라- 것이라고 생각했다. 우리가 앞서 본대로, 그는 복음이라는 용어를 에베소서 3장 6절에서 사용하면서 에베소 교인들이 읽을 수 있는 것으로 묘사하고 있기 때문이다. "그것을 읽으면 내가 그리스도의 비밀을 깨달은 것을 너희가 알 수 있으리라"(엡 3:4).

이어서 그는 "그 비밀의 내용인즉 이방 사람들이 복음을 통하여 … 유대 사람들과 공동 상속자"(6절, 새번역)가 된 것이라고 말했다. 바울은 에베소서 6장 19절에서 이것을 "복음의 비밀"이라고 불렀다.

그러므로 바울이 고린도후서 4장 4-6절에서 하나님이 신자들에게 "그리스도의 영광의 복음의 광채"를 볼 수 있게 하신다고 말할 때, '보는 것'은 복음을 듣는 것에 그치지 않고 읽음으로써도 이루어진다는 것을 알 수 있다. 고린도후서 3장 18절의 경우도 마찬가지이다. 이 대목에서 바울은 "우리가 다 수건을 벗은 얼굴로 … 주의 영광을 보매"라고 말하는데, 이렇게 영광을 보는 일은 복음을 읽음으로써도 이루어진다.

사도들의 증언 전체가 그 영광을 계시한다

이것을 보면 하나님의 영광을 보게 하는 창은 '복음'이라 불리는 바울의 글의 일부를 읽는 일뿐 아니라 그의 영감 된 글 전체를 읽는 일은 아닐까? 사도 바울이 그의 서신들 중 일부만을 "하나님의 영광을 아는 빛"(고후 4:6)으로 의도했다고 말하는 것은 지나치게 작위적이지 않을까? 그는 자기 서신들의 초자연적 기원과 영향력을 그런 식으로 제한하지 않았다. 오히려 그는 자신의 사도적 가르침 전체가 이런 초자연적 목적을 갖고 있다고 말했다.

> 우리가 온전한 자들 중에서는 지혜를 말하노니 이는 이 세상의 지혜가 아니요 … 오직 은밀한 가운데 있는 하나님의 지혜를 말하는 것으로서 … 우리가 … 오직 하나님으로부터 온 영을 받았으니 … 우리가 이것을 말하거니와 사람의 지혜가 가르친 말로 아니하고 오직 성령께서 가르치신 것으로 하…느니라(고전 2:6-13).

사도인 그는 자신의 모든 글을 이런 식으로 보았다. 이것이 그가 가진 권위의 근거였다. 심지어 그는 본질적이지 않은 문제들에 대해서조차도 이렇게 말하게 되었다. "누구든지 자기가 예언자이거나 성령을 은사로 받은 사람이라 생각하거든 내가 여러분에게 써 보내는 이 글이 주님의 명령이라는 것을 알아야 합니다. 누구든지 이것을 인정하지 않으면 그 사람도 인정을 받지 못할 것입니다"(고전 14:37-38, 새번역).

바울의 서신 전부–실로 신약성경의 사도들의 증언 전부–가 이런 신적 권위의 흔적을 갖고 있다. 이 글들 전체가—복음이라 불리는 단편만이 아니라— 하나님의 영광을 보게 하는 창이다. 그리고 우리는 이 창을 통해 읽음으로 하나님의 특별한 영광을 본다.

5.
그리스도를 온전히 누리는 성경 읽기

내 눈이 "만군의 여호와이신
왕을 뵈었음이로다!"

이번 장에서는 내 제안의 세 번째 함의(50쪽 제안 참조)에 있는 '언제나'라는 단어에 초점을 맞추려 한다. "우리는 언제나 하나님의 최고의 존귀함과 아름다움을 보기 위해 그분의 말씀을 읽어야 한다." 앞서 두 장에 걸쳐 우리는 에베소서 3장 4-8절, 고린도후서 3장 7절-4장 6절 속 바울의 글을 자세히 살폈다. 이 구절들은 우리가 하나님의 영광을 본다는 목적하에 영감 된 성경을 읽어야 한다는 사실을 보여 주었다. 그런데 이중 어느 구절도 하나님의 영광을 보는 것이 언제나 성경 읽기의 목적이 되어야 한다고 분명히 말하고 있지는 않지만, 그 의미가 내포되어 있다고 생각한다. 이 진리가 만물을 향한 하나님의 계획의 본질에 자리 잡고 있음을 드러내고 확증해 주는 논거가 존재한다.

분리된 상태에서는 이해가 없다

이 문제를 해결해 주는 논거는 하나님과 만물의 관계이다. 하나님과 연관해서 보지 않고는 어떤 것도 제대로 이해할 수 없다는 것이 이 논거의 내용이다. 하나님은 우리가 성경을 올바로 이해하기를 원하시므로, 우리는 언제나 성경의 모든 것을 하나님과의 관계에서 바라보도록 힘써야 한다.

우리는 1장과 2장에서 하나님의 궁극적 목표가 우주에서 가장 큰 존귀함과 아름다움을 가진 분으로 알려지고 우리가 그것을 누리는 것임을 보았다. 그렇다면 성경의 모든 내용을 올바로 이해하기 위해서는 그 모두와 하나님의 존귀함과 아름다움-하나님의 영광-의 관계도 아울러야 한다는 결론이 나온다. 성경의 어떤 저자도 "내 책의 내용을 하나님의 존귀함 및 아름다움과 관련해서 본다면 내가 전달하려는 내용을 왜곡하게 될 것"이라고 말하지 않을 것이다. 그 관계를 보는 것은 본문의 의미를 왜곡하는 일이 아니라 완성하는 일이다.

그렇다면 나는 왜 성경의 어떤 것도 하나님의 영광과 분리된 상태에서는 올바르게 이해할 수 없다고 생각할까? 여기 나의 답변이 있다.

하나님은 만물의 기원이자 근거이시다.

- 만물이 주에게서 나오고 주로 말미암고 주에게로 돌아감이라 그에게 영광이 세세에 있을지어다 아멘(롬 11:36).
- 만물이 그로 말미암은 이(히 2:10).
- 모든 것이 주께로 말미암았사오니(대상 29:14).
- 주께서 만물을 지으신지라 만물이 주의 뜻대로 있었고 또 지으심을 받았나이다(계 4:11).

하나님이 만물을 소유하신다.

- 하늘이 주의 것이요 땅도 주의 것이라 세계와 그 중에 충만한 것을 주께서 건설하셨나이다 (시 89:11).
- 땅과 거기에 충만한 것과 세계와 그 가운데에 사는 자들은 다 여호와의 것이로다(시 24:1).

하나님은 만물이 존재하도록 붙드신다.

- 그의 능력의 말씀으로 만물을 붙드시며(히 1:3).
- 만물이 그 안에 함께 섰느니라(골 1:17).
- 우리가 그를 힘입어 살며 기동하며 존재하느니라(행 17:28).

하나님은 만물의 목적을 설계하신다.

- 여호와께서 온갖 것을 그 쓰임에 적당하게 지으셨나니(잠 16:4).

하나님은 만물을 그분의 뜻에 따라 다스리신다.

- 모든 일을 그의 뜻의 결정대로 일하시는 이(엡 1:11).
- 만물이 주의 종이[니이다](시 119:91).

창조 세계에서 하나님의 목적은 만물을 새롭게 하는 것이다.

- 보라 내가 만물을 새롭게 하노라(계 21:5).

하나님이 그분의 아들을 만물의 상속자로 정하셨다.

- 아들을 통하여 우리에게 말씀하셨으니 이 아들을 만유의 상속자로 세우시고(히 1:2).

하나님은 만물의 목적이자 목표이다.

- 만물이 그를 위하고(히 2:10).
- 만물이 주에게서 나오고 주로 말미암고 주에게로 돌아감이라(롬 11:36).

안타까울 만큼 편협한 관점

이런 사실들에 비추어 볼 때, 나는 어떤 것에 대해서건–성경에 있는 것이건 다른 곳에 있는 것이건– 하나님과의 관계와 상관없이 갖게 된 이해라면 모두 실패한 이해라고 말할 수 있다. 세속적인 문화 속에서 사는 우리는 하나님 없는 공기를 계속 호흡하게 된다. 하나님은 사회적 의식의 일부가 아니다. 서글픈 일이지만, 그리스도인들도 별반 사정이 다르지 않다. 이런 상황이 자기를 높이는 우리의 경향과 결합하면 하나님이 인간보다 백만 배 넘게 중요하고, 그분의 영광이 만물의 궁극적 의미라는 분명한 사실을 보는 데만도 한참 시간이 걸리게 된다.

세상 사람들은 인간이 달에 가고 여러 질병을 치료하고 마천루를 짓고 대학을 세울 수 있으니 하나님 없이도 세상을 이해할 수 있다고 생각한다. 그러나 이것은 안타까울 만큼 편협한 관점이다. 물질적 우주는 크고 하나님은 작다고 가정하고 있기에 편협하고, 하나님에 대해 눈먼 상태에 있으면서 물질을 가지고 여러 가지를 할 수 있는 것이 대단하다고 생각하기 때문에 편협하다. 하나님이 중심이 되는 성경적 공기를 들이마시며 조금만 생각해 보면 물질적 우주는 "우주 전체에서 무한히 작은 부분"[1]이라는 사실을 깨닫게 된다.

인용한 문구는 조나단 에드워즈의 놀라운 말이다. 물질적 우주에는 감탄하면서 하나님께 감탄하지 않는 것은 미네소타의 스키장 벽힐을 보고 놀라워하면서 콜로라도의 로키산맥에는 지루해하는 꼴이다. 하나님이 주머니가 있는 코트를 걸치신다면, 우주를 땅콩처럼 주머니에 넣어 다니실 것이다. 하나님의 위엄을 감안하지 않고 그 땅콩의 의미를 생각하는 것은 바보짓이다.

그래서 하나님을 묘사하는 성경의 대목들은 우리가 언제나 하나님의 영광을 본다는 목적을 가지고 성경을 읽기를 요구한다. 바울은 "만물이 주에게서 나오고 주로 말미암고 주에게로 돌아감이라"(롬 11:36)고 말했다. 이 말은 "성경에 나오는 것들을 제외한 모든 것"을 의미하는 것이 아니다. 말 그대로 만물을 의미한다. 이어서 그는 "그에게 영광이 세세에 있을지어다"라고 덧붙였다. 하나님의 영광이 만물의 시작과 중간과 끝이 되어야 한다는 뜻이다. 다름 아닌 하나님의 영광이 만물의 기원, 근거, 목표가 되어야 한다. 하나님의 영광이 만물의 알파와 오메가-그리고 그 사이의 모든 글자-가 되어야 한다. 그분의 영광이 곧 만물의 의미다. 그렇다면 이 영광스러운 하나님이 만물의 궁극적 의미에 못 미치는 분이라고 말하는 것은 신성모독이 아니겠는가?

궁극적 목표

성경의 하나님이 그분의 최고의 존귀함과 아름다움을 보는 것을 목표로 그분의 말씀을 읽으라고 하실 때는 성부 하나님과 성자 하나님과 성령 하나님의 존귀함과 아름다움을 다 의미하는 것이다. 성령의 최고 사역이 성자에게 영광을 돌리는 것이요(요 16:14), 성부와 성자는 서로에게 영광을 돌리는 데 전념하시므로(요 17:1, 4-5), 성경을 읽을 때 우리는 성령의 능력에 힘입어 성부의 영광과 성자의 영광, 즉 단일한 영광을 보는 것을 목표로 삼아야 한다.

우리는 고린도후서 4장 4절과 4장 6절에서 이 영광의 단일성을 보았다. 하나님의 특별한 영광은 복음-죽음과 부활을 통해 우리의 구원을 이루신 성부와 성자의 큰 일- 안에서 가장 밝게 빛난다. 고린도후서 4장 4절은 이 영광을 "그리스도의 영광의 복음의 광채 … 그리스도는 하나님의 형상"이라고 묘사한다. 고린도후서 4장 6절은 이 영광이 "예수 그리스도의 얼굴에 있는 하나님의 영광을 아는 빛"이라고 말한다. 그리스도의 얼굴에서 빛나는 하나님의 영광과 하나님의 형상으로 빛나는 그리스도의 영광은 한 영광이다. 이것이 우리가 성경을 읽을 때 보려고 힘써야 하는 영광이다. 그리고 바울은 이렇게 보는 것이 "주의 영으로 말미암음이니라"(고후 3:18)고 말한다.

이것이 의미하는 바는 성경의 처음부터 끝까지 분명히 드러나 있는 하나님의 영광이 삼위일체 하나님의 영광-성부와 사람이 되신 성자와 계시하시는 성령의 영광-이라는 것이다. 그러므로 성경의 창조와 구속의 역사에서 하나님의 영광이 비쳐 나오는 모든 대목은 성부의 영광이자 성자의 영광이기도 하다.

이사야가 본 예수님의 영광

사도 요한은 이사야 6장에 계시된 하나님의 영광이 예수님의 영광이기도 하다고 말했다. 우선 그는 예수님의 말씀을 들으려고 모였던 사람들의 불신을 지적한다(요 12:29). 그들은 그분의 표적을 보았지만 믿지 않았다. "이렇게 많은 표적을 그들 앞에서 행하셨으나 그를 믿지 아니하니"(요 12:37).

그러자 예수님은 그 불신이 이사야 예언의 성취라고 말씀하셨다. "곧 이사야가 다시 일렀으되 '그들의 눈을 멀게 하시고 그들의 마음을 완고하게 하셨으니 이는 그들로 하여금 눈으로 보고 마음으로 깨닫고 돌이켜 내게 고침을 받지 못하게 하려 함이라' 하였음이더라"(요 12:40).

요한은 이어서 놀라운 말을 한다. "이사야가 이렇게 말한 것은 주의 영광을 보고 주를 가리켜 말한 것이라"(요 12:41).

다시 말해, 요한은 이사야가 이사야 당대 사람들의 눈먼 상태에 대해 한 말을 영원하신 하나님의 아들 예수님을 알아보지 못했던 당시 사람들에게 적용한 것이다.

이사야는 "주께서 높이 들린 보좌에 앉으"신 것을 보았고 스랍들이 "만군의 여호와여 그의 영광이 온 땅에 충만하도다"하는 것을 들었다. 그 후 이사야는 이렇게 외쳤다. "만군의 여호와이신 왕을 뵈었음이로다!"(사 6:1-5). 그가 본 것은 하나님의 아들의 영광이었다. 헨리 알포드는 이 구절에 이런 주석을 달았다. "참으로, 엄격히 따져볼 때, 이사야가 본 영광은 어느 누구도 본 적이 없던 성부의 '아파우가스마 테스 독세스'(ἀπαύγασμα τῆς δόξης["영광의 광채"(히 1:3)])일 수밖에 없었다.[2] 그러므로 요한복음 12장 36-43절이 함축하는 바는 성경에 등장하는 하나님의 빛나는 영광은 성부의 영광일 뿐 아니라 성자의 영광이기도 하다는 것이다. 둘은 한 영광이기 때문이다.

곧 그리스도의 영광

성경이 성부의 영광과 성자의 영광의 단일성을 제시하는 또 다른 사례는 빌립보서 2장 5-11절에 등장한다. 바울은 성자께서 사랑에 이끌려 자기를 낮추신 것과 하늘에서 누리셨던 충만한 신적 영광을 묘사한다. "그는 근본 하나님의 본체시나 하나님과 동등됨을 취할 것으로 여기지 아니하시고 오히려 자기를 비워"(빌 2:6-7).

이런 자기 비움 가운데 성자께서는 범죄자로 십자가 처형을 당하는 낮은 치욕의 자리로 자진해서 내려가셨다. 이것이 바로 예수님이 자기를 비우시던 나날동안 이렇게 기도하신 이유이다. "아버지여 창세 전에 내가 아버지와 함께 가졌던 영화로써 지금도 아버지와 함께 나를 영화롭게 하옵소서"(요 17:5).

예수님은 큰 영광을 내려놓으셨다. 그런데 예수님이 "십자가에 죽으심"(빌 2:8)으로 우리 구원의 큰 역사를 이루셨을 때, 바울은 그리스도의 영광에 대해 놀라운 말을 한다. 그리스도의 영광과 성부 하나님의 영광이 하나라는 취지였다.

> 이러므로 하나님이 그를 지극히 높여 모든 이름 위에 뛰어난 이름을 주사 하늘에 있는 자들과 땅에 있는 자들과 땅 아래에 있는 자들로 모든 무릎을 예수의 이름에 꿇게 하시고 모든 입으로 예수 그리스도를 주라 시인하여 하나님 아버지께 영광을 돌리게 하셨느니라(빌 2:9-11).

처음에는 예수님을 "모든 이름 위에 뛰어나"게 높이시는 것이 그저 성부께서 영광을 받으시는 수단으로만 보일 수 있다. 11절을 보면 "하나님 아버지께 영광을 돌리게 하셨느니라"고 나와 있지 않은가. 그러나 이것은 그렇게 간단하지가 않다. 바울이 예수님이 높임을 받으시는 것을 묘사하면서 사용한 표현, 즉 모두가 무릎을 꿇고 모든 입이 충성을 맹세하는 것은 이스라엘의 하나님 여호와를 두고 이사야 45장 23절에서 나온 표현이다. "내가 나를 두고 맹세한다. 나의 입에서 공의로운 말이 나갔으니, 그 말이 거저 되돌아오지는 않는다. '모두가 내 앞에 무릎을 꿇을 것이다. 모두들 나에게 충성을 맹세할 것이다'"(새번역).

N. T. 라이트는 바울이 예수님과 관련하여 인용한 이사야 45장 23절이 등장하는 문맥의 요점이 "참되신 한분 하나님은 자신의 영광을 다른 누구와도 나누지 않고, 나눌 수도 없고 나눌 뜻도 없다"는 것임을 보여 준다. "그 영광은 그분만의 것이다. 하지만 바울은 이 한분 하나님이 자신의 영광을 예수님과 공유하셨다고 선언한다. 어떻게 이런 일이 있을 수 있을까?"

라이트의 답변은 이렇다. "물론, 이것은 우리의 모든 범주구분을 깨뜨리고 넘어선다. 그러나 바울의 말을 있는 그대로 받아들인다면 그런 결론을 피할 수 없다. 바울에게 '하나님'이라는 단어의 의미는 예수, 구체적으로는 십자가에 못 박힌 예수를 포함한다."[3]

그리스도의 영광을 보기 위하여

우리의 목적상, 이사야 45장 23절이 예수님에 대한 분명한 예언은 아니지만 예수님에게 적용된다는 사실에는 엄청난 의미가 담겨있다. 이 구절에는 메시아에 대한 분명한 언급이 없다. 이 구절은 하나님의 하나님 중심성을 내세우는 구약의 많은 위대한 주장들 중 하나이다. "내가 나를 두고 맹세한다. … '모두가 내 앞에 무릎을 꿇을 것이다. 모두들 나에게 충성을 맹세할 것이다.'" 바울이 이 구절을 예수님께 적용했다는 사실은 하나님의 영광과 예수님의 영광이 하나의 영광이라는 것을 보여 준다. 이것은 성경이 그 사실을 분명히 드러내는 대목에도 해당하지만, 여기처럼 예수님을 분명하게 언급하지 않는 대목에도 해당한다. 그러므로 우리가 하나님의 영광을 보기 위해 성경을 읽어야 한다는 말 속에는 그리스도의 영광을 보기 위해-언제나 어디서나- 성경을 읽어야 한다는 의미가 포함된다고 보아야 한다.

연합된 성부, 성자의 영광

신약성경이 그리스도의 신성에 대해 말하는 내용을 고려하면 다르게 이해할 여지가 없다.

- 태초에 말씀이 계시니라 이 말씀이 하나님과 함께 계셨으니 이 말씀은 곧 하나님이시니라 … 말씀이 육신이 되어 우리 가운데 거하시매 우리가 그의 영광을 보[았다](요 1:1, 14절).
- 예수께서 이르시되 진실로 진실로 너희에게 이르노니 아브라함이 나기 전부터 내가 있느니라 하시니(요 8:58).
- 아들에 관하여는 하나님이여 주의 보좌는 영영하…니이다 [하였고](히 1:8).
- 우리는 복스러운 소망과 우리의 크신 하나님 구주 예수 그리스도의 영광이 나타나심을 기다린다(딛 2:13).
- 그는 근본 하나님의 본체시나 하나님과 동등됨을 취할 것으로 여

기지 아니하시고 오히려 자기를 비워(빌 2:6-7).

- 조상들도 그들[이스라엘 백성]의 것이요 육신으로 하면 그리스도가 그들에게서 나셨으니 그는 만물 위에 계셔서 세세에 찬양을 받으실 하나님이시니라 아멘(롬 9:5).

예수님이 "나와 아버지는 하나이니라"(요 10:30)고 하신 말씀 안에는 성경 읽는 법에 대한 엄청난 함의가 담겨 있다. 이 말씀은 하나님의 아들의 임재와 영광이 하나님의 임재와 영광만큼이나 모든 관계에서 두루 퍼져있다는 것을 함의한다. 하나님의 영광이 보이는 곳에서는 어디서나 그리스도의 영광이 보인다는 뜻이다. 모든 것을 아우르는 창조의 섭리 안에서 자기 영광을 높이시는 하나님이 바로 언제나 성부, 성자, 성령의 삼위일체 하나님이시다.

이것은 삼위의 위격의 구분이나 역사와 구원사역에서 삼위의 구별된 역할을 무시하자는 말이 아니다. 성부는 성자가 아니시다. 성자도 성부가 아니시다. 성령은 성부도 성자도 아니시다. 모두가 단일한 신적 본성을 가진 세 위격이시고, 곧 한 분 하나님이시다.

그럼에도 불구하고 삼위 하나님의 단일성–그들이 단일한 신적 본성을 공유함–은 우리가 신적 삼위의 어느 위격이라도 진정으로 보거나 사랑하면 다른 위격들도 보고 사랑하게 됨을 의미한다. 성령이 성부의 영광을 보게 하실 때 우리는 성자의 영광도 보고, 성자의 영광을 보게 하실 때는 성부의 영광도 본다. 그러므로 하나님의 존귀함과 아름다움을 보기 위하여 성경을 읽을 때, 우리는 그 영광이 성령 안에서 온전히 연합된 성부와 성자의 영광이라는 점을 언제나 인식하고 있어야 한다.

피조 세계의 존재 이유

사도 바울은 창조사역에서 성부와 성자께서 감당하신 역할을 구분할 수 있었다. "우리에게는 한 하나님 곧 아버지가 계시니 만물이 그에게서 났고 우리도 그를 위하여 있고 또한 한 주 예수 그리스도께서 계시니 만물이 그로 말미암고 우리도 그로 말미암아 있느니라"(고전 8:6).

하지만 다른 각도에서는 성자께서 성부와 같은 역할을 하시는 것도 볼 수 있다.

> 그[그리스도]는 보이지 아니하는 하나님의 형상이시요 모든 피조물보다 먼저 나신 이시니 만물이 그에게서 창조되되 … 만물이 다 그로 말미암고 그를 위하여 창조되었고 또한 그가 만물보다 먼저 계시고 만물이 그 안에 함께 섰느니라(골 1:15-17).

즉, 성부께서는 성자를 통해, 성부와 성자를 위하여 만물을 창조하신다. 골로새서 1장 16절의 "그를 위하여"(εἰς αὐτὸν[에이스 아우톤]-그리스도)와 고린도전서 8장 6절의 "그를 위하여"(εἰς αὐτὸν[에이스 아우톤]-성부)를 보면 내가 입증하려 하는 바를 분명하게 확인할 수 있다. 만물의 목적은 성부와 성자를 중히 여기는 것-성부와 성자에게 영광을 돌리는 것이다. 우리가 그 영광을 높이고 확대하려면 그 영광을 보아야 한다. 그러므로 성경 읽기의 목표에는 언제나 삼위 하나님의 영광을 보는 것이 들어있다.

온전히 누리라

이번 장의 요지는 신약성경이 분명하고 구체적인 어떤 방식으로 구약성경에서 그리스도를 찾아내는지 소개하는 것이 아니다. 이번 장의 핵심은 명확한 예언(미가 5:2=마 2:6, 사 53:7-8=행 8:32-33)과 그림자(히 8:5, 10:1), 모형(롬 5:14, 고전 10:6), 언약의 전환(렘 31:31, 눅 22:20, 고후 3:6, 히 8:8), 문맥상의 함축에 의한 암묵적 예언(시 16:8-11=행 2:25-31) 등에서 예수님을 보는 법을 다루는 것이 아니다. 이 모두는 성경 연구의 핵심적 측면이다. 성경을 잘 읽게 되면 그리스도를 이런 방식으로 보는 일에 점점 더 눈을 뜨게 된다.

예수님은 이렇게 말씀하셨다. "너희가 성경에서 영생을 얻는 줄 생각하고 성경을 연구하거니와 이 성경이 곧 내게 대하여 증언하는 것이니라"(요 5:39).

부활하신 후에는 엠마오로 가던 제자들에게 이렇게 말씀하셨다. "'미련하고 선지자들이 말한 모든 것을 마음에 더디 믿는 자들이여!' … 이에 모세와 모든 선지자의 글로 시작하여 모든 성경에 쓴 바 자기에 관한 것을 자세히 설명하시니라"(눅 24:25-27).

그리고 사도 바울은 가장 경이롭고 포괄적인 진술 중 하나를 내놓는다. "하나님의 모든 약속은 그리스도 안에서 '예'가 됩니다"(고후 1:20, 새번역).

그리스도 안에 있으면-어떤 인종이건 상관없이- 구약성경에서 약속된 모든 혜택의 상속자가 된다는 의미이다. 그리스도께서는 그 혜택들의 총합이시고 그분이 모든 값을 다 치루셨기 때문에 우리는 그 혜택들을 누릴 수 있다. 더 정확히 말하면, 그리스도께서 값을 다 치루셨기에 우리는 그분의 모든 혜택 안에서, 그리고 그 너머에서 그리스도를 온전히 누릴 수 있다!

세부 사항들에 담긴 영광

그러나 이번 장은 구약성경이 그리스도에 대해 어떤 식으로 구체적으로 예언하거나 전조를 제시했는지 다루지 않았다. 이번 장의 요점은 그보다 더 포괄적인 주장, 즉 우리가 성경-구약과 신약-에서 발견하는 모든 세부적이고 구체적인 내용 안에서 성경 읽기의 목표는 언제나 하나님의 존귀함과 아름다움을 보는 것이라는 주장이다. 내가 "모든 세부적이고 구체적인 내용 안에서"라고 말한 것에 주목하라. 그 영광을 볼 수 있는 다른 방법은 없다.

하나님의 위대함은 가스처럼 성경 위에 둥둥 떠다니지 않는다. 그것은 단어와 문장의 의미에서 동떨어진 숨겨진 장소에 도사리지 않는다. 하나님의 위대함은 본문의 의미 안에서, 그 의미를 통해서 보인다. 여기에 대해서는 3부에서 자세히 다룰 것이다.

이번 장의 요점은 우리가 성경을 읽을 때마다-단어와 문법과 논리와 문맥에 필요한 주의를 기울일 때마다- 하나님의 영광을 발견하지 못하고 그와 관련한 다른 모든 것을 보지 못한다면, 최고로 중요한 것을 놓치게 될 거라는 점이다. 그러므로 우리는 성경을 읽는 매 순간마다 하나님의 영광을 보는 것을 목표로 삼아야 한다.

정말 보지 않고는 제대로 음미하지 못한다

하나님의 영광을 보기 위해 성경을 읽을 필요성을 이토록 많은 분량(3-5장)을 할애해 다루는 데는 특별한 이유가 있다. 하나님의 존귀함과 아름다움을 참으로 본 데서 나온 열매가 아니라면 성경에 대한 어떠한 감정적 반응도 결국엔 무가치하기 때문이다. "믿음을 따라 하지 아니하는 것은 다 죄니라"(롬 14:23).

하나님을 본 경험에서 우러나지 않은 하나님을 향한 감정은 그분께 영광이 될 수가 없다. 바울은 "하나님께 열심이 있으나 올바른 지식을 따른 것이 아"(롬 10:2)닌 열심이 있다고 경고했다. 경건해 보이지만 실상은 그렇지 않은 감정과 애정이 있다는 뜻이다. 그리스도 안에서 하나님의 영광을 참으로 본 경험이 그 근저에 놓여 있지 않기 때문이다.

그래서 나는 이 세 장(3-5장)을 할애하여 내가 앞으로 하나님을 '음미함'이라고 부를, 하나님에 대한 정서적 반응의 토대를 쌓았다. 하나님의 영광을 참으로 보지 않고는 하나님의 영광을 음미하는 일이 있을 수 없다. 그리고 음미함-기뻐함, 애지중지함, 누림, 소중히 여김-없이는 하나님의 형상을 닮아가는 참된 변화도 없을 것이다. 하나님의 백성이 그리스도의 형상을 본받아-영광에서 영광으로- 변화되지 못하면, 하나님의 궁극적인 뜻은 이루어지지 못할 것이다.

그러나 그런 결과는 있을 수 없다. 하나님은 그분의 궁극적 목적을 반드시 이루신다. 그러므로 우리가 그리스도를 비추고 높이는 가족의 일원이 되고자 한다면, 성경 안에서 그분의 영광을 보아야 한다. 그 이후에는 그 어떤 것보다 귀하게 그분을 음미해야 한다. 이것이 우리가 다음 장에서 다룰 주제이다.

6.
영혼의 깨어짐을 경험하는 성경 읽기

"너희가 여호와의
인자하심을 맛보았도다"

나는 성인이 된 후 인생의 사실상 전부를 사람들이 하나님 안에서 최고의 만족을 추구하도록 격려하는 일을 하며 보냈다.[1] 나는 예수 그리스도에 대한 구원얻는 믿음이 기쁨의 열매를 맺을 뿐 아니라, 더욱 심오하게도, 그 자체가 기쁨의 일종이라고 주장했다. 구원얻는 믿음은 근본적으로 하나님이 예수님 안에서 우리에게 드러내시는 모든 면모에 만족한다는 뜻이다.[2] 나는 조지 뮬러(George Müller)[3]—위대한 기도의 용사이자 고아들에게 사랑을 베푼 이—가 성경에 접근하는 방식을 높이 평가한다. 그는 이렇게 말했다. "내가 매일 주의해야 할 가장 크고 첫째가는 과업은 내 영혼이 주님 안에서 행복을 누리는 것임을 그 어느 때보다 분명하게 깨달았다."[4] 그는 개혁신학을 강하게 신봉하는, 교리에 충실한 사람이었지만[5] 성경에서 교리를 발견하는 일에 만족하지 않았다. 특별한 일이 생겨서 어쩔 수 없었던 경우를 제외하면, 그는 성경에서 본 내용을 음미하게 되기 전에는 기도하던 자리에서 일어서지 않으려 했다.

감정보다 앞선 참된 조명

뮬러는 보는 것이 음미하는 것보다 앞선다는 찰스 스펄전의 생각에 분명히 동의했다. 우리는 성경을 읽을 때 올바른 감정에 앞서 올바른 이해력을 갖게 되도록 부지런히 추구해야 한다.

> 읽기의 혜택은 분명 이해의 방식으로 영혼에 주어져야 한다. … 신적 대상에 대한 적절한 감정이 일어나려면 먼저 마음이 조명을 받아야 한다. … 하나님을 향한 사랑이 있으려면 먼저 하나님에 대한 지식이 있어야 한다. 성경이 계시해주는 신성한 것들에 대한 지식이 먼저 있어야 그것들을 누릴 수 있다.[6]

그렇다. 조명이 근거보다 앞서고 감정에 영향을 끼친다. 뮬러는 "수많은 옛 믿음의 순교자들이" 맛보았던 영혼의 "기막힌 기쁨과 환희"가 "그리스도의 영광을 봄으로써" 찾아왔다[7]고 말한 존 오웬에게도 동의했다.

그러니까 오웬도 스펄전도 뮬러도 그리스도의 영광에 대한 "단순한 개념"에 만족하지 않은 것이다. 그들은 보기 위해서 뿐 아니라 음미하기 위해서도 성경을 읽었다. 오웬은 그것을 이렇게 표현했다.

> 우리가 그리스도의 영광에 대한 교리적 개념과 추측에 만족한다면, 그리스도의 영광이 주는 변화의 능력 또는 효능을 발견하지 못할 것이다. … 빛이 감정을 앞서는 곳에서 그 빛은 결국 형식주의나 무신론으로 끝난다. 감정이 빛보다 앞서 나가면 미신의 수렁에 빠지고 이미지와 그림 등에 매이게 된다.[8]

지성주의와 감정주의라는 위험

이들은 지성주의와 감정주의라는 이중의 위험을 이해했다–우리도 이해해야 한다. 지성주의는 지성의 활용과 그것의 발견을 강조하되 그 발견에 따라와야 하는 온갖 감정은 일깨우지 않는다. 감정주의는 진리를 보증하고 안내하는 진리와 동떨어진 채 격렬히 흔들리는 감정을 강조한다. 오웬은 마음의 감정들이 어떻게 (지성이 성경에서 발견하는) 진리에 뿌리내리고 그 진리의 영향을 받아야 하는지에 대해 건전한 조언을 한다.

> 지성이 받아들이는 교리의 주형에 마음이 부어질 때,–진리의 증거와 필연성이 우리 안에 거할 때,–말의 의미가 머릿속에 자리 잡고 상황의 의미가 마음에 자리 잡을 때,–우리가 지지하는 교리 안에서 하나

님과 교제할 때,-그때 우리는 하나님의 은혜로 보호를 받아 인간들의 온갖 공격에 맞서게 될 것이다.[9]

나는 우리가 진리를 추구하고 진리를 위해 싸운다는 이 비전을 사랑한다. "우리가 지지하는 교리 안에서 하나님과 교제"하는 것은 아름다운 전망이 아닌가? 우리가 성경을 읽고 깨닫는 내용이 하나님과 나누는 진정한 교제로 달콤해진 다음에야 그에 대해 말하기로 한다면 우리의 성경 읽기와 토론은 얼마나 달라질까.

이번 장의 목표: 음미하기를 추구함

이번 장의 요점은 하나님의 영광을 더욱 더 많이 보려고 노력하는 가운데 우리가 보는 하나님을 음미하는 것을 목표로 삼는 것이다. 즉, 지성으로 영적 진리를 보고 그 영향으로 깨어난 영적 감정들을 마음에서 경험하는 것을 언제나 목표로 삼는다. 우리는 조나단 에드워즈가 자신의 설교에 대해 세웠던 다음의 목표를 받아들여 성경 읽기에 적용해야 한다.

나는 내 설교의 청중들이 오로지 진리에 영향을 받고 그 진리의 본질에 알맞은 감정에 영향을 받는 전제하에 청중들의 여러 감정을 최대한 높이 고양시키는 것이 나의 의무라고 생각한다.[10]

우리는 '감정을 고양시키기' 위해 성경을 읽는다. 그렇다. 그러나 목표는 진리에 의해 영향을 받는 것이다. 그리고 우리의 감정이 성경에서 발견한 진리의 본질과 일치하는 것이다.

우리가 성경을 읽는 궁극적 목표에 대하여-성경 자체에 따르면-하나님의 무한한 존귀함과 아름다움이 각 족속과 방언과 백성과 나라 가운데서 피 흘려 사신 그리스도의 신부가 영원토록 드리는 뜨거운 예배 가운데 높임을 받으시는 것이라고 제안했다. 그리고 이 제안을 성경으로 설명하고 시험하기 위해 지금 그 여섯 가지 함의(50쪽 제안 참조)에 초점을 맞추고 있다. 이번 장과 다음 장에서는 네 번째 함의(50쪽 제안 참조)에 초점을 맞춘다. 우리가 보는 모든 것에서 만물보다 뛰어난 그분의 탁월함을 음미하는 것을 목표로 삼아야 한다. 이 네 번째 함의의 요점은 성경을 읽을 때 하나님의 영광을 보는 것에서 멈추어서는 안 된다는 것이다. 우리는 보기 위해 읽으며 음미하기 위해 본다. 누리기 위해 통찰력을 구한다. 사랑하기 위해 지식을 추구한다. 기쁨을 위해 교리를 추구한다. 마음의 눈은 마음이 느끼는 감정을 섬긴다.

쓴맛과 단맛을 겸하여 음미하기

'음미하다'의 의미를 명확하게 하려면 즉시 한 가지를 바로잡아야 한다. 나는 '음미하기'의 내용이 모두 긍정적인-누리기와 사랑하기와 기뻐하기- 것처럼 다루었다. 하나님의 특별한 영광은 바로 그런 식으로 가장 심오한 변화의 역사를 이루어내기 때문이다. 우리는 하나님의 영광을 보고 그 결과로 심오한 만족을 얻는다. 그리고 그 만족에 의해 존재의 뿌리부터 변화된다.

그러나 성경은 하나님이 그분의 영광을 봄으로써 갖게 되는 유쾌한 감정뿐 아니라 고통스러운 감정들도 사용하신다는 것을 분명히 말해 준다. 우리가 성경에서 하나님의 영광을 볼 때 때로는 고통스러운 감정도 느끼게 된다. 그런 감정도 나름의 방식으로 변화를 가져오게 되어 있다. 그것은 보다 간접적인 방식의 변화이고 우리를 파괴적인 죄에서 멀어지게 만들려는 것인데, 그로 인해 우리가 하나님의 거룩이라는 더 우월한 만족에 확실히 이끌리게 되기를 바라는 뜻이 거기 숨어 있다.

하나님은 그분의 자녀들을 징계하실 때도 여전히 영광스러우시다. 하지만 그 영광은 먼저 우리를 슬픔으로 이끌고 그 이후에야 슬픔과 회개를 통해 기쁨으로 이끈다.

> 주께서 그 사랑하시는 자를 징계하시고 그가 받아들이시는 아들마다 채찍질하심이라 하였으니 … 무릇 징계가 당시에는 즐거워 보이지 않고 슬퍼 보이나 후에 그로 말미암아 연단 받은 자들은 의와 평강의 열매를 맺느니라(히 12:6, 11절).

하나님의 목표는 "평강의 열매"이지 고통이 아니다. 그러나 그분은 평강이라는 유쾌한 경험을 위해 고통을 일으키실 수도 있다.

하나님은 죄에 얽매인 자들에게 다음과 같이 말씀하실 때도 여전히 영광스러우시다. "슬퍼하며 애통하며 울지어다. 너희 웃음을 애통으로, 너희 즐거움을 근심으로 바꿀지어다. 주 앞에서 낮추라. 그리하면 주께서 너희를 높이시리라"(약 4:9-10).

하나님의 목표는 우리가 "주께서 너희를 높이시는" 경험을 하는 것이다. 그러나 그 과정에서 하나님이 쓰시는 전략은 꾸지람이 될 수도 있다. 이것은 합당한 일이다. 모든 하나님의 방법과 뜻이 그렇듯 그것도 하나님의 특별한 영광의 일부이다. 이렇게 말하면 언어의 통상적 의미를 벗어나는 것일 수도 있지만, 우리는 이것도 음미해야 한다. "내 형제들아, 너희가 여러 가지 시험을 당하거든 온전히 기쁘게 여기라. 이는 너희 믿음의 시련이 인내를 만들어 내는 줄 너희가 앎이라"(약 1:2-3).

쓴맛과 단맛을 잘 섞어 단맛을 더 풍성하게 만드는 음식들이 있다. 이것이 우리의 성경 읽기에 의미하는 바는 하나님의 영광을 보는 것이 때로는 그분의 존귀함과 아름다움이라는 달콤함을 먼저 일깨우지 않을 수도 있다는 것이다. 하나님의 영광을 본 후 죄가 기억나고 우리 마음에 남아있는 부패를 인식하게 되면서 슬픔을 느끼게 될 수 있다. 이 고통스러운 진실을 음미한다는 것은 그것을 부정하거나 왜곡하지 않고 환영함을 뜻할 것이다. 꾸지람과 징계가 감사함과 더불어 참회와 겸손이라는 온전한 결과를 낳을 수 있음을 뜻할 것이다. 그리고 그것의 인도를 받아 하나님의 자비하심에 이르고 그리스도 안에 있는 구원의 은혜가 주는 달콤한 안도에 이르게 됨을 뜻할 것이다.

언제나 열정을 추구하며

그래서 우리는 하나님의 영광을 보기 위해서만 성경을 읽는 것이 아니라는 원리는 유효하다. 교리적 진리를 배우기만 하거나 알기만 하거나 쌓기 위해서만 성경을 읽지 않는다. 우리는 언제나 성경 안에서 본 진리에 적합한 감정, 느낌, 정서, 열정을 추구하면서 보고 배우고 안다. 성경 읽기의 반응으로 나타나는 감정의 범위는 계시된 진리의 종류만큼이나 폭넓다. 그 진리는 베들레헴에서 유아들이 학살된 일처럼 끔찍한 것일 수도 있고(마 2:16) 그럴 경우 우리는 혐오감과 분노와 슬픔을 느낄 것이다. 또 그 진리는 말로 표현할 수 없이 값질 수도 있는데, 평생 강도로 살아온 사람이 죽기 직전에 들은 예수님의 말씀이 대표적인 경우이다. "오늘 네가 나와 함께 낙원에 있으리라"(눅 23:43).

이때 우리의 감정에는 경이감과 감사와 소망이 있어야 한다. 성경에 나타난 하나님의 손가락은 우리 영혼이라는 하프의 모든 줄을 튕기도록 되어 있다. 우리는 그저 알기 위해서만 읽지 않는다.

성경은 이것을 어떻게 가르치는가?

우리는 성경을 읽으면서 하나님의 영광을 보고 그것을 통하여 하나님의 영광을 음미하는 데 이르러야 한다. 성경은 이 사실을 어떻게 드러내는가? 답변은 두 단계로 주어질 수 있다.

첫 번째 단계, 일반적으로 성경은 하나님 안에서 기쁨을 추구하라고 촉구한다. 두 번째 단계, 성경은 기쁨의 추구를 성경 자체와 분명하게 연결시킨다. 이번 장에서는 첫 번째 단계를 다룰 것이고, 다음 장(7장)에서는 두 번째 단계를 다룰 것이다.

바로 앞에서 나는 필요할 경우 하나님이 그분의 백성에게 고통스러운 감정들을 겪게 하신다고 말했지만, 여기서는 긍정적인 감정들에 초점을 맞추려 한다. 사실은 이것이 우리의 감정에 대한 궁극적 목표이기 때문이다. 하나님은 그분의 존귀함과 아름다움을 뜨겁게 예배하기 위해 인간의 감정을 창조하셨다. 우리는 이 궁극적 경험을 통해 최고의 만족을 느낄 것이고 하나님은 최고로 영광을 받으실 것이다. 그래서 나는 우리가 보통 '기쁨'이라 부르는 하나님을 음미함에 초점을 맞추려 한다. 여기에는 감사와 감탄과 소망과 즐거움 같은 다양한 긍정적 감정들이 포함될 수 있다. 그러니 이어지는 내용에서 기쁨에 대해 말할 때, 하나님이 예수님 안에서 우리에게 드러내시는 모든 면모를 크고 중요하게 긍정적으로 음미함을 말하고 있음을 잊지 말자.

첫째, 우리는 하나님을 기뻐하라는 명령을 받았다.

하나님 안에서 기쁨을 추구해야 하는 가장 분명한 성경적 근거는 우리가 그런 명령을 받았다는 것이다. 한 친구가 내게 우리가 추구해야 할 것은 하나님에 대한 순종이지 그분 안에서 누리는 기쁨이 아니라고 훈계했다. 나는 그의 말이 "우리가 추구해야 할 것은 과일이지 사과가 아니다"라는 말과 같다고 대답했다. 사과는 과일이다. 그리고 하나님 안에서 기쁨을 추구함은 하나님께 순종하기를 추구하는 것과 같다. 우리는 하나님 안에서 기쁨을 추구하라는 명령을 받았기 때문이다. 명령 받은 대로 행하는 것이 순종이다.

가령, 시편에는 이런 말씀이 있다. "또 여호와를 기뻐하라 그가 네 마음의 소원을 네게 이루어 주시리로다"(시 37:4).

"너희 의인들아 여호와를 기뻐하며 즐거워할지어다. 마음이 정직한 너희들아 다 즐거이 외칠지어다"(시 32:11).

"온 땅이여, 여호와께 즐거운 찬송을 부를지어다. 기쁨으로 여호와를 섬기며 노래하면서 그의 앞에 나아갈지어다(시 100:1-2). 신약성경에도 기뻐하라는 명령이 드물지 않다. "주 안에서 항상 기뻐하라 내가 다시 말하노니 기뻐하라"(빌 4:4. 참고 마 5:12, 롬 12:12, 빌 3:1, 살전 5:16).

이중 어떤 구절도 주님을 기뻐하기 위해 성경을 읽으라고 명시적으로 말하지 않지만 우리는 그렇게 해야 한다. 이 사실은 잠시 후 분명해질 것이다. 그런데 놀라운 점은 하나님이 우리에게 선택지를 주지 않으신다는 것이다. 하나님은 우리가 행복하길 원하신다. 얼마나 많은 선량한 기독교인들이 이 말에 자동적인 거부감을 보이는지 나는 놀랍다. 지난주만 해도 나는 어느 선량한 사람에게 야단을 맞았다. 하나님이 우리의 행복을 추구하신다고 말했다는 이유였다. "그것은 성경적이지 않아요. 하나님은 우리의 거룩을 추구하시지요."

나는 그에게 대답했다. "나를 밀어내지 마세요. 우리는 같은 편이에요. 물론 하나님은 우리의 거룩을 추구하시지요. 그러나 신령한 사람들은 거룩이 자신에게 기쁨이 된다는 것을 알게 됩니다."

사실, 거룩은 하나님의 존귀함과 아름다움이 너무나 귀하게 여겨져 다른 모든 세속성이 매력을 잃는 것이 아닌가? 그것이 아니라면 도대체 거룩이 무엇인가? 하나님이 가장 큰 행복으로 다가오지 않는 곳에서 거룩 같은 것은 없다고 나는 말하겠다. 내가 볼 때 하나님이 우리의 행복을 추구하신다는 말에 자동적인 반감을 갖는 사람들은 행복이라는 단어가 피상적이고 상황의존적이라는 생각을 갖고 있기 때문이다–바닐라보다 초콜릿을 좋아하는 것처럼 말이다. 그것을 얻지 못하면 그는 '행복할' 수 없다. 이것이 행복의 의미라면, 나는 그들에게 동의한다. 하나님은 우리가 언제나 초콜릿을 받게 해 주려고 일하시지 않는다. 아멘.

그러나 성경은 '행복'이라는 단어를 그런 식으로–행복은 피상적이고 세속적인 반면, 기쁨은 하나님을 추구하는 데서 오는 심오한 것이라는 식으로– 쓰지 않는다. 랜디 알콘의 책 《행복》은 내가 아는 한 성경이 제시하는 행복과 기쁨을 가장 포괄적으로 다루고 있다. 그는 20장에서 29장에 걸친 한 구간 전체를 '행복에 해당하는 성경의 단어들'이라는 주제에 할애한다. 그리고 행복을 가리키는 성경의 단어들이 놀랄 만큼 다양하고, 삶과 하나님을 긍정적으로 경험하는 마음의 모든 차원을 아우른다는 것을 보여 준다.

나는 영어표준역(ESV)에서 이 단어들이 나오는 대목을 다 찾아봤다. 행복, 기쁨, 즐기다, 기뻐하다, 기뻐함, 즐거운, 기꺼움, 복락, 축하, 쾌활한, 기쁘게 하다, 유쾌한, 웃다, 웃음, 미소, 환희에 찬, 희년, 긴장을 풀다, 안식, 잔치, 축제, 환희. 이 단어들 및 관련 단어들은 1700번 이상 등장한다. '행복한'이라는 의미의 단어들을 번역하는 데 '복된'이라는 단어를 쓴 회수까지 더하면 합계는 2천 번에 이른다.[11]

그러므로 하나님이 우리의 온전하고 영구적인 행복을 추구하신다는 말에 자동적으로 반감을 갖는 이들은 하나님 백성의 행복에 관한 성경의 방대한 언어에 푹 젖어보면 좋을 것 같다. 그러고도 그들이 하나님이 우리에게 행복을 추구하라고 명하신 것을 인정하지 않는다면, 그들이 의미하는 행복은 하나님 안에서의 행복이 아니라 물건들 안에서 누리는 우상숭배적 행복이라는 점을 분명히 해야 한다.

행복을 추구하라는 하나님의 명령에 대해 말할 때 나는 하나님의 피조 세계가 아니라 하나님 그분을 통해 얻는 행복에 초점을 맞춘다. 하나님의 선물을 받을 때 우리는 행복을 느낀다(딤전 4:4, 딤전 6:17). 그러나 내가 말하고자 하는 것은 하나님 그분 안에 있는 행복–우리가 이런저런 것들을 누리는 과정과 그 너머에서 경험하는 행복이요, 다른 것들을 누리는 것이 우상숭배가 되지 않게 막아주는 행복–이다. "그런즉 내가 하나님의 제단에 나아가 나의 큰 기쁨의 하나님께 이르리이다"(시 43:4).

"나는 여호와로 말미암아 즐거워하며 나의 구원의 하나님으로 말미암아 기뻐하리로다"(합 3:18). "우리가 하나님의 영광을 바라고 즐거워하느니라"(롬 5:2).

이것이 바로 그리스도인들의 기쁨이 고난 가운데서도 꺾이지 않는 이유이다. 하나님의 선물이나 우리의 상황이 아니라 하나님 그분이 친히 우리의 기쁨이 되시기 때문이다. "우리가 환난 중에도 즐거워하나니 이는 환난은 인내를, 인내는 연단을, 연단은 소망–즉, 하나님의 영광이 고통 없이 영원히 함께하실 것에 대한 소망–을 이루는 줄 앎이로다"(롬 5:3-4). "생각하건대 현재의 고난은 장차 우리에게 나타날 영광과 비교할 수 없도다"(롬 8:18).

둘째, 하나님은 우리가 행복을 구하지 않으면 끔찍한 일이 닥칠 거라고 으름장을 놓으신다.

하나님은 우리가 그분 안에서 만족을 추구하지 않으면 하나님은 어려움이 닥칠 거라고 으름장을 놓으신다. “네가 모든 것이 풍족하여도 기쁨과 즐거운 마음으로 네 하나님 여호와를 섬기지 아니함으로 말미암아 네가 주리고 목마르고 헐벗고 모든 것이 부족한 중에서 여호와께서 보내사 너를 치게 하실 적군을 섬기게 될 것이니”(신 28:47-48).

하나님은 마지못한 섬김을 원하지 않으신다. 그분은 즐거운 섬김을 원하신다. 그래서 사도 바울은 “하나님은 즐겨 내는 자를 사랑하시느니라”(고후 9:7)고 말했고 베드로는 장로들에게 맡은 일을 자원함으로 기꺼이 –즉 즐겁게– 감당하라고 말했다. “너희 중에 있는 하나님의 양 무리를 치되 억지로 하지 말고 하나님의 뜻을 따라 자원함으로 하며 더러운 이득을 위하여 하지 말고 기꺼이 하며”(벧전 5:2). 시편 100편 2절은 “기쁨으로 여호와를 섬기”라고 말했고 그 명령은 폐지된 적이 없다.

셋째, 구원받는 믿음에는 하나님 안에서 누리는 기쁨이 들어있다.

구원받는 믿음의 본질과 필연성은 우리가 하나님 안에서 기쁨을 추구해야 한다는 것을 보여 준다. 사도 요한은 구원받는 믿음이 본질적으로 영접하는 것임을 분명히 밝힌다. 그는 요한복음 1장 11-12절에서 이렇게 말한다. “[그분이] 자기 땅에 오매 자기 백성이 영접하지 아니하였으나 영접하는 자 곧 그 이름을 믿는 자들에게는 하나님의 자녀가 되는 권세를 주셨으니.” 요한은 “그 이름을 믿음”과 “그를 영접함”을 동격으로 두고 있다. 둘은 본질적으로 같다.

그렇다면 문제는 이렇게 바뀐다. 어떤 존재로 영접하는가? 복음이 제시하는 공통된 답변-그리고 영광스럽고 참된 답변-은 개인의 구주와 주로 영접하라!는 것이다. 그러나 성경이 구원받는 믿음은 설명할 때 그리스도를 최고의 보화보다는 못한 존재로 영접하라고 말한 적이 있는가? 그분을 주님으로 영접하되 소중한 주님으로는 영접하지 말라고 말한 적이 있던가? 그분을 구세주로 영접하되 귀중한 구세주로는 영접하지는 말라고 말한 적이 있던가?

없다. 그리스도를 있는 그대로 영접함은 그분을 최고의 보화로 영접함을 뜻한다. 보화에 대한 예수님의 비유는 왕과 접촉하는 일의 본질을 묘사하지 않는가? "천국은 마치 밭에 감추인 보화와 같으니 사람이 이를 발견한 후 숨겨 두고 기뻐하며 돌아가서 자기의 소유를 다 팔아 그 밭을 사느니라"(마 13:44).

그 한 절 비유의 요점은 천국을 살 수 있다는 것이 아니라 천국-왕이 계신 곳-에 들어가는 것보다 더 큰 보화는 없다는 것이다. 그래서 구원받는 믿음은 예수님을 그분의 참된 모습 그대로 영접한다. 예수님은 그분을 영접하는 모든 사람들에게 최고의 보화이시다. 예수님은 이런 영접함이 얼마나 본질적인지 다음의 말씀으로 알려 주신다. "아버지나 어머니를 나보다 더 사랑하는 자는 내게 합당하지 아니하고 아들이나 딸을 나보다 더 사랑하는 자도 내게 합당하지 아니하며"(마 10:37).

예수님을 마음의 두 번째 자리에 두는 사람은 구원받을 수 없다. 구원받는 믿음은 예수님을 실제 모습 그대로, 즉 우주의 최고 보화로 영접하는 것을 포함하기 때문이다. 예수님이 요한복음 6장 35절에서 하신 말씀에서도 이런 믿음관을 볼 수 있다. “나는 생명의 떡이니 내게 오는 자는 결코 주리지 아니할 터이요 나를 믿는 자는 영원히 목마르지 아니하리라.” 영혼의 허기를 채우러 예수님께 가는 일과 영혼의 갈증을 채우러 예수님을 믿는 일이 유사하다는 데 주목하라. 나는 이 둘이 같은 것을 말하는 두 가지 방식이라고 생각한다. 영혼의 허기와 갈증은 구분될 수 없기 때문이다. 그러므로 믿음이란 영혼의 가장 깊은 갈망을 채우기 위해 예수님께 나가는 것을 뜻한다. 구원받는 믿음은 예수님 안에서 온전한 만족을 추구하고 발견하는 일보다 더 클지언정 결코 그보다 작지 않다.

히브리서 저자 역시 같은 방향을 가리킨다. 구원받는 믿음을 가진 사람은 하나님이 더없이 만족스러운 상을 주시는 분이라고 믿는다. “믿음이 없이는 하나님을 기쁘시게 하지 못하나니 하나님께 나아가는 자는 반드시 그가 계신 것과 또한 그가 자기를 찾는 자들에게 상 주시는 이심을 믿어야 할지니라”(히 11:6).

구원받는 믿음을 가진 사람은 하나님께 나가는 것이 호의를 베푸는 일인 양 선의를 과시하지 않는다. 그는 하나님에게 굶주려 갈망을 가지고 그분께 나가고 그분이 믿음의 큰 보상이심을 알게 된다. 그래서 나는 구원받는 믿음이 그 본질과 필연성에 의거해 우리에게 하나님 안에서 만족을 찾으라고 가르친다는 결론을 내리게 된다. 구원받는 믿음은 영생에 필수적이고(요 3:15) 그 믿음의 본질은 우리영혼에 최종적이고 최고의 만족을 주시는 예수님 안에서 안식하는 일까지 포함한다. 그러므로 구원받는 믿음은 모든 사람을 불러 하나님 안에서 기쁨을 추구하도록 촉구한다.

넷째, 악은 하나님 안에서의 행복을 버리는 것이다.

우리는 악의 본질에서 하나님 안에서 행복을 추구해야 한다는 가르침을 얻을 수 있다. 예레미야는 이 점을 분명하게 드러내는 악의 두 가지 특성을 제시한다.

> 너 하늘아, 이 일로 말미암아 놀랄지어다.
> 심히 떨지어다. 두려워할지어다. 여호와의 말씀이니라.
> 내 백성이 두 가지 악을 행하였나니
> 곧 그들이 생수의 근원되는
> 나를 버린 것과
> 스스로 웅덩이를 판 것인데 그것은
> 그 물을 가두지 못할 터진 웅덩이들이니라(렘 2:12-13).

두 가지 악이 무엇인가? 하나는 모든 것을 만족시키고 생명을 주는 물의 근원이신 하나님을 버린 것이다. 다른 하나는 그들이 땅을 파서 다른 것으로 하나님을 대체하려고 절박하게 시도한다는 것이다. 이것은 악이라는 동전의 양면이다. 악의 본질은 다른 곳에서 더 나은 것을 찾기를 바라면서 모든 것을 만족시키는 보화이신 하나님에게서 돌아서는 것이다. 바울이 로마서 1장 22-23절에서 밝힌 대로, 악한 자들은 "스스로 지혜 있다 하나 어리석게 되어 썩어지지 아니하는 하나님의 영광을 썩어질 사람과 새와 짐승과 기어 다니는 동물 모양의 우상으로 바꾸었"다. 이 맞바꿈이 모든 악의 핵심이다. 모든 악은 하나님말고 다른 것을 선호하는 이 뿌리에서 나온다. 그러므로 악을 피하려 하면, 하나님 안에서 가장 큰 만족을 추구하는 것이 우리 삶의 중심 과제가 된다.

다섯째, 그리스도 안에서 누리는 기쁨이 줄어들게 만드는 일체의 안락을 불허하라.

자기부인을 촉구하는 예수님의 말씀은 하나님 안에서 만족을 추구하라고 가르친다. 이것은 우리의 직관에 어긋나는 것으로 보일 수 있다. 사실, 여러 해에 걸쳐 내가 내세우는 요점-성경은 하나님 안에서 기쁨을 추구하라고 가르친다-에 대한 가장 흔한 반론이 바로 이것이다. 예수님은 그와 정반대로 우리에게 자기를 부인하라고 가르치시지 않느냐는 것이다. 그러나 자기를 부인하라는 말씀을 예수님이 실제로 어떻게 논증하시는지 살펴보면, 최고의 기쁨을 이 세상이 아닌 하나님 안에서 찾으라고 촉구하고 계심을 보게 된다. 여기 그분의 말씀을 소개한다.

> 누구든지 나를 따라오려거든 자기를 부인하고 자기 십자가를 지고 나를 따를 것이니라. 누구든지 자기 목숨을 구원하고자 하면 잃을 것이요, 누구든지 나와 복음을 위하여 자기 목숨을 잃으면 구원하리라. 사람이 만일 온 천하를 얻고도 자기 목숨을 잃으면 무엇이 유익하리요? 사람이 무엇을 주고 자기 목숨과 바꾸겠느냐(막 8:34-36).

예수께서는 내가 기독교 희락주의(Christian Hedonism)[12]라고 부르는 것을 거부하시기는커녕, 그것을 토대로 논증을 펼치신다. 그분은 목숨을 잃고 싶어 하는 사람은 아무도 없음을 전제하신다. 그런 생각을 가진 사람이 있어서는 안 될 것이다. 우리가 예수님과 영원히 함께 하는 기쁨을 원하지 않는다면, 그분께 그것은 모욕적인 일이 될 것이다. 그래서 예수님은 우리에게 목숨을 잃지 않는 법을 알려 주신다. "누구든지 자기 목숨을 구원하고자 하면 잃을 것이요." 그리고 우리 목숨을 구원하는 법을 알려 주신다. "누구든지 나와 복음을 위하여 자기 목숨을 잃으면 구원하리라."

예수님의 논증은 목숨을 잃고 싶지 않은 우리의 욕구를 인정하시면서 진행된다. 물론, 자기부인은 실제로 존재한다. 영원한 생명을 얻기 위해 지상의 생명을 잃는 경우도 있다. 예수께서는 요한복음 12장 25절에서 이렇게 말씀하신 바 있다. "자기의 생명을 사랑하는 자는 잃어버릴 것이요 이 세상에서 자기의 생명을 미워하는 자는 영생하도록 보전하리라."

"이 세상에서"라는 문구에 주목하라. 이 대목은 자기 부인이 이 세상에서 많은 상실을 초래할 수 있음을 암시한다. 모세의 경우가 그와 같았다.

> 모세는 … 도리어 하나님의 백성과 함께 고난 받기를 잠시 죄악의 낙을 누리는 것보다 더 좋아하고 그리스도를 위하여 받는 수모를 애굽의 모든 보화보다 더 큰 재물로 여겼으니 이는 상 주심을 바라봄이라 (히 11:25-26).

예수께서는 친히 이와 동일한 사고방식을 견지하여 자신을 지키셨다. “믿음의 주요 또 온전하게 하시는 이인 예수를 바라보자. 그는 그 앞에 있는 기쁨을 위하여 십자가를 참으사 부끄러움을 개의치 아니하시더니 하나님 보좌 우편에 앉으셨느니라”(히 12:2).

크디 큰 장래의 기쁨은 이곳 이생에서 그보다 작은 기쁨들을 거부할 수 있는 힘을 준다. 그러나 무엇인가를 위해 하나님을 궁극적으로 즐거워함을 희생하라는 말은 성경 어디에서도 들을 수 없다. 그리스도와 함께 누리는 참된 삶을 향한 갈망이 얼마나 큰지는 그것을 얻기 위해 기꺼이 포기할 수 있는 세상 위안들의 크기를 보면 알 수 있다. 하나님 존전에서 누리는 영생의 선물은 그것을 얻기 위해 기꺼이 “이 세상에서 자기 생명을 미워하는” 경우에 영화롭게 된다. 바로 여기에 하나님 중심의 자기부인의 가치가 놓여 있다.

C. S. 루이스는 상황을 정확하게 보았다. 그는 이렇게 말했다.

> 신약성경은 자기부인에 대해 많이 말하지만, 자기부인 자체를 목적으로 제시하지는 않습니다. 그리스도를 좇기 위해 자기를 부인하고 자기 십자가를 지라고 합니다. 그리고 그렇게 할 때 뒤따라오는 바람직한 결과에 대한 설명에는 거의 언제나 욕망에 호소하는 내용이 담겨 있습니다.[13]

일부 사람들이 자기부인에 대한 예수님의 가르침이 우리의 기쁨 추구와 모순된다고 생각하는데, 그것은 그분 말씀의 역설을 깊이 생각해보지 않았기 때문이다. 성 어거스틴은 그 역설을 이렇게 포착했다.

자기 영혼을 사랑하면, 그것이 파괴될 위험이 있다. 그러므로 우리는 그것을 사랑해서는 안 된다. 그것이 파괴되기를 원하지 않기 때문이다. 그러나 그것이 파괴되기를 원하지 않음으로써 우리는 자기 영혼을 사랑한다.

그러므로 우리가 자기 영혼을 사랑하는 방식에 모든 것이 달려 있다. 만약 우리가 이 세상에서 최대한 많은 위안거리를 확보하기를 원하는 식으로 우리 영혼을 사랑한다면, 자기부인은 넘을 수 없는 장애물이 될 것이다. 그러나 하나님 안에서 영원토록 이어지는 최고의 행복을 추구하는 방식으로 자기 영혼을 사랑한다면, 자기부인은 장애물이 아니라 길이 된다. 그래서 예수께서는 자기부인에 대한 가르침으로 하나님 안에서 최고의 기쁨을 계속 추구하라고 우리를 재촉하신다.

여섯째, 사람들을 향한 사랑이 우리가 하나님 안에서 기쁨을 추구하도록 계속 촉구한다.

사람들을 사랑하라는 요구는 우리에게 하나님 안에서 만족을 추구하라고 가르친다. 이 책 8장과 9장의 토대가 되는 이 주장의 요지는 그리스도의 영광을 음미함이 우리를 변화시켜 그분을 닮게 한다는 것이다. 여기서 몇 마디 언급하는 것이 이 부분을 이해하는 데 도움이 될 것이다. 일부 사람들에게는 자기부인이 기쁨을 추구하는 데 있어 장애물로 보이는 것처럼, 자기희생적인 사랑으로 다른 사람들을 사랑하라는 명령 또한 우리 자신의 기쁨을 추구하는 일을 가로막는 비슷한 장애물로 보인다. 그들은 킹제임스역본 고린도전서 13장 5절의 문자적인 (그리고 정확한) 번역을 가리킨다. "[사랑은] 자신의 것을 구하지 않는다." 그리고 그들은 묻는다. "다른 사람을 사랑함으로써 '자신의 것[기쁨]'을 구한다면 어떻게 다른 사람을 참으로 사랑할 수 있겠는가? 그것은 그저 그들을 이용하는 일이 아닌가?"

문제가 되는 것처럼 보이는 이 상황에 대한 해결책은 이것이다. 바울은 "자신의 것을 구함"이 모든 의미에서 잘못이라고 말하는 것이 아니라는 것이다. 그가 고린도전서 13장 3절에서 사랑을 옹호하는 방식을 보면 이것을 이해할 수 있다. 그는 이렇게 말한다. "내가 내게 있는 모든 것으로 구제하고 또 내 몸을 불사르게 내줄지라도 사랑이 없으면 내게 아무 유익이 없느니라."

진정한 사랑은 자기의 유익에 눈길을 두지 않는다고 한다면, 바울이 우리에게 사랑이 없으면 '유익'을 빼앗기고 말 거라고 경고하는 것이 이상하지 않은가? 그러나 바울은 3절에서 바로 그렇게 말하고 있다. "진짜 사랑이 없으면 진짜 유익도 없을 것이다."

그러므로 "사랑은 자신의 것을 구하지 않는다"는 바울의 말이 의미하는 바는, 사랑은 다른 이들을 희생시키면서 자신의 사적 이득을 구하지 않는다는 것이다. 히브리서 12장 2절이 보여 주는 예수님의 모습처럼, 하나님 안에서 자신의 선을 구하는 일이 다른 이들을 위해 자기 목숨을 내놓게 만든다면, 자기의 기쁨을 추구함은 사랑에 반대되는 것이 아니라 오히려 사랑의 힘이 된다.

사도행전 20장 35절 같은 성경구절에서 사랑은 우리에게 자신의 기뻠을 추구하라고 촉구한다. 바울은 에베소 장로들에게 이렇게 말했다.

> 범사에 여러분에게 모본을 보여 준 바와 같이 수고하여 약한 사람들을 돕고 또 주 예수께서 친히 말씀하신 바 "주는 것이 받는 것보다 복이 있다" 하심을 기억하여야 할지니라.

이 구절에서 특히 주목해야 할 것은 '기억하라'는 단어이다. 바울은 이렇게 말하지 않는다. "관대하고 자기를 내어주는 사랑을 실천하되, 그것에 얼마나 큰 보상이 따르는가에 대한 예수님의 말씀은 반드시 잊어버려야 한다. 주는 행위로 인해 복 받기를 구하는 일체의 생각을 머릿속에서 내어 쫓아야 한다."

그와 반대로, 바울은 "기억하라!"고 말한다. 오늘 관대할지 사랑을 베풀지를 고민이 될 때는, 예수님이 말씀하신 상을 기억하라. 축복을 기억하라. "주는 것이 받는 것보다 복이 있다"는 것을 기억하라.

예수님은 우리가 자신의 기쁨, 자신의 상, 자신의 복을 추구하는 것이 사랑을 오염시킨다고 생각하지 않으시는 것이다. 오히려 그것이 사랑에 본질적이라고 생각하신다. 왜 그런가? 두 가지 이유가 있다. 첫째, 사람들은 우리가 그들을 위해 마지못해 선을 행할 때 사랑받는다고 느끼지 않기 때문이다. 그들은 우리가 흔쾌히 사랑의 행위를 실천할 때 사랑받는다고 느낀다. "하나님은 즐겨 내는 자를 사랑하시느니라"(고후 9:7).

그래서 우리가 사랑하면서 그리고 사랑함을 통해서 기쁨을 발견하는 일은 진정한 사랑의 한 부분이다. 기쁨 추구가 사랑에 본질적인 두 번째 이유는 사랑할 때 우리의 목표는 우리가 사랑하는 사람들도 우리가 받기 원하는, 모든 것을 만족시키는 상을 함께 받게 되길 바라기 때문이다. 누군가 나를 가리켜 하나님을 더욱 많이 누리기 위해 어떤 이들에게 선을 행함으로써 그들을 사랑한다고 주장하는 것은 그들을 부당하게 이용하는 것이라고 비난한다면, 나는 이렇게 대답하겠다. "아닙니다. 나는 그들을 부당하게 이용하지 않습니다. 내가 목표하고 기도하는 바는 나의 선행으로 인해 그들도 나와 함께 하나님의 임재를 영원히 즐거워하게 되는 것입니다."

사실, 예수님이 사랑을 베푸는 사람들에게 약속하시는 "복"을 추구하지 않는 사람은 진정으로 사랑을 베풀고 있는 것이 아니다. 그는 다른 사람을 이끌어 상상할 수 있는 최고의 기쁨을 맛보게 하는 즐거움을 추구하지 않기 때문이다. 그러므로 이웃을 사랑하라는 성경의 명령은 내가 제시하는 요점을 방해하는 것이 아니라 오히려 뒷받침한다. 진정한 사랑은 다른 사람들이 하나님을 영원히 즐거워하게 만들려는 즐거운 노력이다. 진정한 사랑은 하나님을 추구하고 즐거워하는 자리로 최대한 많은 사람을 끌어오기 위해 고통과 죽음까지도 기꺼이 감수한다.

일곱째, 우리가 하나님 안에서 만족할 때 하나님은 우리 안에서 영광을 받으신다.

범사에 하나님께 영광을 돌리라는 성경의 명령은 하나님 안에서 만족을 추구하라고 가르친다. 이것은 매우 중요한 주장이다. 이 주장은 우리를 3-5장과의 연관성으로 돌아가게 한다. 거기서 나는 모든 성경 읽기가 하나님의 영광을 보는 것을 목표로 삼아야 한다고 주장했다. 그리고 지금은 우리가 보는 것에 안주해서는 안 되고 언제나 본 것을 음미해야 한다고 주장하고 있다. 우리는 언제나 음미하기 위해 보아야 한다. 이것이 내가 보이려는 내용이다. 우리가 성경을 읽을 때마다 하나님을 기뻐함을 추구하는 것이 바로 성경이 요구하는 바이다.

지금 우리가 펼치는 주장은 우리가 하나님 안에서 만족할 때 하나님은 우리 안에서 영광을 받으신다는 것이다. 이것은 성경이 우리에게 주는 가장 근본적인 깨달음 중 하나이다. 바울이 빌립보서 1장 20-21절에서 한 말에서 이것을 볼 수 있다.

> 나의 간절한 기대와 소망은, 내가 전혀 부끄러워하지 아니하고 지금도 언제나처럼 온전히 담대하여 살든지 죽든지 내 몸에서 그리스도가 존귀하게 되는 것이라. 이는 내게 사는 것이 그리스도니 죽는 것도 유익함이라(존 파이퍼 번역).

여기서 우리가 봤으면 하는 내용은, 바울이 그리스도가 어떤 식으로 그의 몸에서 존귀하게 되고 영광을 받게 될 거라고 믿는가 하는 점이다. 바울은 자신이 살든지 죽든지 그리스도가 자기 몸에서 존귀하게 될 거라고 확신한다는 데 주목하라. 그 다음 그의 말의 근거에 대한 설명이 나온다. "내게 사는 것이 그리스도니 죽는 것도 유익함이라." 이제 대응하는 두 구절 "살든지 죽든지 그리스도가 존귀하게 되게"와 "사는 것이 그리스도니 죽는 것도 유익함이라"를 더해 보자. 그리스도에 대해 사는 것과 살면서 그리스도를 존귀하게 하는 것이 대응하는 것을 보게 된다. 그리고 죽음을 유익으로 경험하는 것과 죽음으로 그리스도를 존귀하게 하는 것이 대응한다.

마지막 쌍, 죽음으로 그리스도를 존귀하게 하는 것과 죽음을 유익으로 경험하는 것에 대해 같이 생각해보자. 그 일은 어떻게 이루어질까? 바울이 죽음을 유익으로 경험할 때 왜 그리스도가 존귀하게 될까? 답변은 23절에 부분적으로 나타나 있다. “차라리 세상을 떠나서 그리스도와 함께 있는 것이 훨씬 더 좋은 일이라.” 죽는 것은 떠나서 그리스도와 함께 있는 것이기에 죽는 것이 유익이다. 바울은 그것이 이 땅에서 사는 것보다 “훨씬 나은 일”이라고 말한다.

이 내용을 정리하면 이렇다. 그리스도께서 바울의 죽음으로 존귀하게 되는 이유는 바울이 죽음을 통해 그리스도와 함께 함을 큰 유익으로 경험하기 때문이다. 그리고 이것은 바울이 그리스도 안에서 최고의 만족을 얻는다는 것 외에 다른 어떤 의미겠는가. 그리스도가 이생에서의 삶보다 훨씬 낫다. 바울은 이것이 그리스도를 존귀하게 한다고 말한다. 그러므로 나는 바울이 그리스도 안에서 가장 큰 만족을 얻기 때문에 그리스도께서 바울 안에서 가장 존귀하게 된다는 결론에 이른다. 바울이 그리스도를 생명보다 귀하게 여기는 일이 그리스도를 대단하게 보이게 만든다.

그래서 다시 말하지만, 우리가 하나님 안에서 최고의 만족을 추구하며 성경을 읽어야 하는 주된 이유는 우리가 하나님께 최고로 만족할 때 하나님이 최고로 영광을 받으시기 때문이다. 하나님의 영광을 보는 것에서 하나님의 영광을 음미함으로 옮겨가는 것은 그분이 우리 안에서 영광을 받으시는 멋진 방법이다.

조나단 에드워즈는 이에 대해 내가 아는 어느 누구보다 더욱 깊이 있고 설득력 있는 글을 썼다. 그는 이런 식으로 하나님을 영화롭게 하는 것이 하나님의 본성에 깊숙이 뿌리내리고 있다고 주장한다. 그의 결론은 이렇게 펼쳐진다.

> 하나님이 피조물들에 대해 자신을 영화롭게 하시는 방식은 두 가지가 있다. 1. 그들의 … 이해력에 나타나심으로써. 2. 하나님이 자신을 그들의 마음에 전하실 때, 하나님의 나타나심은 그들이 좋아하고 기뻐하고 즐거워함으로써. … 하나님은 사람들이 그분의 영광을 볼 때만 아니라 그분을 기뻐할 때 더 큰 영광을 받으신다. 사람들이 하나님의 영광을 보기만 할 때보다 그것을 즐거워할 때 더 영광을 받으신다. … 하나님의 영광에 대한 자기 생각을 증언하는 사람이 그것을 인정하고 그에 대한 기쁨을 증언하는 사람보다 더 하나님을 영화롭게 [하지는 못]한다.[14]

이 핵심 문장을 다시 한 번 읽어 보라. "하나님은 사람들이 그분의 영광을 보는 것만이 아니라 그분을 기뻐할 때 영광을 받으신다."

나는 바울이 빌립보서 1장 20-21절에서 암시한 내용이라고 바로 이것이라고 생각한다. 하나님의 영광을 보기 위해서이자 그것을 음미하기 위해 성경을 읽는 일이 꼭 필요한 이유이다. 하나님의 영광은 그분을 보는 영혼 안에서뿐 아니라 그분을 참으로 보고 합당하게 음미하는 영혼 안에서 가장 밝게 빛난다.

하나님의 영광을 음미하는 삶

그래서 나는 성경 자체가 하나님 안에서 기쁨을 추구하고 그분의 영광을 볼 때마다 그것을 음미하길 권장한다는 결론을 내린다. 우리는 생각하고 행하는 모든 것 가운데, 하나님이 그분의 영광을 계시하시고 우리 마음이 그분의 존귀함과 아름다움에 눈떠서 그분의 영광을 세상의 그 어떤 보물보다 더 귀한 것으로 음미하게 하시기를 바라고 추구하고 기도해야 한다. 우리가 지금까지 살펴본 성경 본문들은 무슨 일을 하든 하나님 안에서 행복을 구하라고 가르쳤다. 그러나 그 본문들이 우리의 기쁨 추구와 성경 읽기를 분명하게 연결시킨 것은 아니다. 다음 장에서는 이 부분에 대해 다룰 생각이다.

7.

영적 각성으로 기쁨을 회복하는 성경 읽기

"내가 세상에서 이 말을 하옵는 것은
그들로 내 기쁨을 … 가지게 하려 함이니이다"

이번 장에서 우리는 성경을 읽을 때마다 "하나님의 탁월함을 그 무엇보다 귀하게 음미하기를"(50쪽의 네 번째 함의를 보라) 추구해야 한다는 주장을 성경을 통해 계속 시험하려 한다. 즉, 우리는 성경을 읽으면서 감정적으로 깨어나기를 기도하고 소망하고 그것을 위해 노력해야 한다. 구체적으로 말하면, 우리는 성경에서 보는 실재에 상응하는 마음의 감정을 경험하는 것을 목표로 삼아야 한다. 이 목표의 배후에는 보기만 하고 음미하지 않으면 "결국 형식주의나 무신론으로 끝나게 되고", "변화의 능력이

나 효능을 갖지 못한다"는 확신이 놓여 있다.[1] 그러므로 보기만 하고 음미하지 못하면 하나님의 백성을 향한 그분의 궁극적 목적-하나님의 무한한 존귀함과 아름다움을 영원히 뜨겁게 예배함-을 향해 나아갈 수 없다.

영적 감정은 물리적인 것이 아니다

지난 장에서 나는 '음미함'이라는 단어에 온갖 폭넓은 감정이 함축되어 있다고 설명했다. 하나님의 거룩한 진노를 음미하는 감정과 하나님의 부드러운 자비를 음미하는 감정은 같지 않다. 그런데 이 지점에서 분명히 해 두면 도움이 될 만한 두 가지가 더 있다.

첫째, 내가 '정서'나 '감정'이나 '느낌'-이 모두가 우리가 성경에서 보는 내용을 "음미함"에 함축되어 있다-에 대해 말할 때는 땀에 젖은 손, 후들거리는 무릎, 가쁜 심장, 떨리는 입술, 눈물 젖은 눈 같은 물리적 경험을 가리키는 것이 아니다. 그런 것들은 신체의 반응이다. 물론 그것은 진정한 감정에 대한 반응으로 나온 것일 수도 있다-그래서 참으로 귀중한 것일 수도 있다. 또, 음악이나 집단적 열광, 절박한 상황, 또는 성령에게서 나지 않은 수십 가지 다른 것에 대한 반응에 불과할 수도 있다. 여하튼 나는 그런 물리적 경험에 대해 말하고 있는 것이 아니다.

감정이라는 말로 내가 의미하는 것은 감사, 소망, 기쁨, 만족, 평안, 욕구, 긍휼, 두려움, 증오, 분노, 슬픔 같은 것이다. 이것들은 물리적인 것만이 아니다. 천사나 마귀, 세상을 떠나 몸이 없는 성도들이 이런 '감정'을 느낄 수 있다. 성경에 따르면 하나님도 분노(렘 15:14), 근심(엡 4:30), 증오

(시 5:5), 긍휼(호 11:8), 원함(약 4:5), 기쁨(습 3:17)을 경험하신다. 이런 것들은 물리적 사건이 아니다. 성령에 의해 이런 감정들이 깨어나고 형성될 때, 성경은 그 상황을 영적(고전 2:13)이라고 부른다. 신체가 있어야만 이 감정들을 경험할 수 있는 것은 아니다.

조나단 에드워즈는 그리스도인이 경험하는 이 감정들에 대해 성경을 제외하면 가장 중요하다고 할 수 있는 책을 썼다. 《신앙감정론》이다. 이 감정들에 대한 그의 정의는 "영혼의 경향과 의지가 더욱 활발해지고 감지될 수 있게(sensible)[2]이다. 다시 말해, 정말 중요한 느낌은 신체적 감각이 아니라 모종의 보물이나 위협을 감지한 영혼의 흔들림이다. 의지가 어떤 것을 강하게 받아들이거나 거부하는 것이 바로 에드워즈가 말하는 감정이다.[3]

물론 영혼의 느낌과 몸의 감각 사이에는 연관성이 있다. 에드워즈에 따르면, 이것은 "창조주께서 영혼과 몸에 정해 두신 연합 법칙" 때문이다. 다시 말해, 진심으로 감사한 마음이 들면 눈물이 날 수 있다. 하나님에 대한 경외 때문에 몸이 떨릴 수 있다. 단순한 몸의 물리적 작용으로서의 눈물과 떨림은 중요하지 않다. 그러나 감사와 경외는 그리스도인의 삶에서 본질적인 것이다. 그런 감정이 영적이라면, 거기에 따라오는 눈물과 떨림도 같은 가치를 공유한다. 그렇기 때문에 하나님은 이렇게 말씀하실 수 있었다. "무릇 마음이 가난하고 심령에 통회하며 내 말을 듣고 떠는 자 그 사람은 내가 돌보려니와"(사 66:2).

감정은 본질적이다

감사와 경외가 그리스도인의 삶에서 본질적이라고 말할 때 나는 그 단어를(본질적) 조심스럽게 사용한다. 성경은 많은 사람들이 생각하는 것보다 우리의 감정에 훨씬 많은 비중을 둔다. 부정적인 감정을 보자면, 사도 바울은 다툼, 시기, 분냄, 질투와 같은 옛날 방식으로 살아가는 사람들은 "하나님의 나라를 상속받지 못할 것"(갈 5:20-21, 새번역)이라고 말한다. 이런 것들도 모두 감정이다. 이런 감정들은 변한다는 것이 본질이다. 긍정적인 감정을 보자면, 그리스도인들은 기쁨(빌 4:4), 소망(시 42:5), 두려움(눅 12:5), 평강(골 3:15), 열심(롬 12:11), 슬픔(롬 12:15), 사모함(벧전 2:2), 친절히 대함(엡 4:32), 슬퍼함과 애통함(약 4:9) 같은, 하나님을 높이는 감정을 가지라는 명령을 받는다. 이런 감정들은 그리스도인의 삶의 장식 정도가 아니라 본질을 이룬다.

바리새인들이 주는 가장 큰 교훈은 삶의 물리적 외부는 깨끗이 하면서 내면의 감정들은 변화되지 않은 채로 있는 것이 치명적이라는 것이다.

> 화 있을진저, 외식하는 서기관들과 바리새인들이여 잔과 대접의 겉은 깨끗이 하되 그 안에는 탐욕과 방탕으로 가득하게 하는도다. 눈먼 바리새인이여, 너는 먼저 안을 깨끗이 하라. 그리하면 겉도 깨끗하리라(마 23:25-26).

우리는 "탐욕과 방탕"을 몰아내고 만족할 줄 알아야 하고(히 13:5-6) 이 세상의 안락한 것들보다 그리스도를 귀하게 여겨야 한다(빌 3:8). 이것이 본질적이다. 그런데 바리새인들은 이것을 볼 수 없었다.

그러므로 성경을 읽으면서 하나님의 영광을 보는 것에서 그 영광을 음미함으로 옮겨가는 것은 주변적 문제가 아니라 본질적이라고 할 수 있다. 그렇기 때문에 나는 위에서 소개한 네 번째 함의, 즉 우리가 보는 모든 것에서 하나님의 탁월함을 만물보다 귀하게 음미하는 것을 목표로 삼아야 한다고 주장하는 것이다.

성경 말씀 배후에 놓인 실재

이 네 번째 함의에 대한 옹호를 이어가기에 앞서 두 번째로 분명히 해두어야 할 것이 있다. 보기에서 음미하기로, 또는 성경을 통해 진리를 보는 일에서 우리가 보는 대상을 음미함으로 옮겨간다고 할 때는 성경에 적힌 문장만이 아니라 글 배후의 실재를 음미함을 의미한다는 점이다. 어쩌면 뻔한 이야기일 수도 있다. 하지만 경험적으로 볼 때 나는 방금 발견한 본문의 구조에만 흥분할 위험이 있음을 안다. 나는 어떤 본문의 논리를 마침내 파악했다는 이유만으로 흥분하거나, 이 새로운 깨달음으로 논쟁에서 이길 수 있을 거라고 생각하고 흥분하는 위험을 경험했다. 다시 말해, 성경을 읽을 때 우리는 피상적인 방식, 심지어 악한 방식으로 행복한 감정을 경험할 수 있다.

그러나 이것은 내가 요구하는 바가 아니다. 나는 위의 네 번째 함의에서 우리가 보는 모든 것에서 하나님의 탁월함을 만물보다 귀하게 음미하는 것을 목표로 삼아야 한다고 말했는데, 여기서의 탁월함은 글의 탁월함만이 아니라 하나님 그분의 탁월함을 의미한다. 물론, 문학적 아름다움과 논리적 명료성을 사랑하는 것은 전혀 잘못된 일이 아니다. 다만 문학적 아름다움과 논리적 명료함을 음미한 것에 스스로 속아 자신이 그 글 배후의 신적 실재를 실제로 음미하고 있다고 생각할 미묘한 위험이 있을 뿐이다. 불신자들도 성경을 문학작품으로 음미할 수 있다. 그러나 거기에는 영적이라 할 만한 요소가 없다.

하나님은 이사야 29장 13절에서 이런 종류의 음미함에 대해 경고하셨다.

> 이 백성이 입으로는 나를 가까이 하며
> 입술로는 나를 공경하나
> 그들의 마음은 내게서 멀리 떠났나니
> 그들이 나를 경외함은 사람의 계명으로 가르침을 받았을 뿐이라.

이것은 예배할 때도 나타날 수 있고, 성경을 읽을 때도 나타날 수 있다. 그 와중에 진짜 감정-이사야에 따르면 심지어 일종의 "하나님을 경외함"-이 생겨날 수도 있지만 그것은 살아 계신 하나님에 대한 반응이 아닌 성경의 계명에 대한 반응에 불과하다. 아마 독자들은 이것의 무게-와 어려움-를 느낄 수 있을 것이다. 우리가 성경을 읽음으로써만 발견할 수 있는 하나님의 영광들이 있다. 그래서 단어와 언어적 구조와 명제의 논리적 배열이 중요하다. 그러나 우리는 하나님이 저 너머에 있는 실재를 우리가 넘어갈 수 있게 하시고자 설계하신 바로 그 다리에서 길을 잃을 수 있다.

이미지를 바꿔 표현하면, 먹이를 가리키는 손가락만 보고 좋아서 꼬리를 흔드는 개와 비슷하게 될 수 있다. 또, 창의 모양과 위치와 깨끗함에 감탄한 나머지 그 너머의 산을 보지 못하는 사람처럼 될 수 있다.

논증의 어디쯤에 있는가

분명히 해 둘 것 두 가지를 살피는 일은 여기까지 하자. 이제 주요 논증으로 돌아가 보자. 앞서 우리가 보는 모든 것에서 하나님의 탁월함을 만물보다 귀하게 음미하는 것을 목표로 삼아야 함을 성경이 어떻게 가르치는지 물었다. 그렇다면 성경을 읽을 때마다 하나님의 영광을 보는 것을 통해 하나님의 영광을 음미하는 것으로 옮겨가야 한다는 것이 어떤 식으로 분명하게 드러날까? 나는 두 가지 방식이 있다고 밝혔다. 첫째는 6장에서 다룬 바 있는데, 성경은 우리에게 일반적으로 하나님 안에서 기쁨을 찾으라고 촉구하며, 따라서 성경 읽기에서 기쁨을 찾으라고 암시한다는 것이다. 이번 장에서는 그 두 번째 방식을 다룬다. 성경은 하나님의 영광을 음미함과 성경 읽기 자체를 분명하게 연결시킨다.

말씀을 통해 주시는 선물, 예수님의 기쁨

예수님은 우리가 그분의 기쁨을 공유할 수 있게 하려고 말씀을 주셨다고 두 번 말씀하셨는데, 한번은 가르치시는 중이었고 한번은 기도하시는 중이었다. "내가 이것을 너희에게 이름은 내 기쁨이 너희 안에 있어 너희 기쁨을 충만하게 하려 함이라"(요 15:11).

"지금 내가 아버지께로 가오니 내가 세상에서 이 말을 하옵는 것은 그들로 내 기쁨을 그들 안에 충만히 가지게 하려 함이니이다"(요 17:13).

반응 1

예수님이 우리에게 말씀하신 이유가 그분의 기쁨을 공유하게 하려는 것이라는 그분의 말씀과 기도에 우리는 어떻게 반응해야 할까? 첫 번째 반응은 예수님이 말씀하신 의도-우리의 읽기에 대한 그분의 의도-에 동의하는 것이다! "그렇습니다. 주님, 그렇습니다! 주의 말씀을 기뻐하겠습니다. 주님의 말씀을 읽을 때 주께서 하신 말씀을 무시하지 않겠습니다. 주님의 진리를 배울 때 반드시 주님의 기쁨을 느끼려고 하겠습니다. 주께서는 저의 기쁨을 위해 말씀을 주셨습니다. 그러니 주의 말씀을 분석할 때 반드시 기쁨을 구하겠습니다."

반응 2

두 번째 반응은 예수님이 그분의 말씀을 읽을 때 추구해야 한다고 말씀하신 기쁨이 바로 그분의 기쁨이라는 점을 깨닫는 것이다. "내가 이것을 너희에게 이름은 내 기쁨이 너희 안에 있게 하려 함이라." 이것이 얼마나 엄청난 일인지는 예수님이 이렇게 말씀하신다고 가정해 보면 알 수 있다. "내가 이것을 너희에게 이름은 기쁨이 너희 안에 있게 하려 함이라." 이것만으로도 충분히 대단한데, 예수님은 말씀하시는 목적이 우리가 읽기를 통해 하나님의 아들의 기쁨과 동일한 기쁨을 경험하게 하는 것이라고 하셨다. 그리스도께서는 성령으로 우리 안에 거하신다. 이것은 예수님의 약속이자 기도였다. "내가 그들 안에 있고 아버지께서 내 안에 계시어 그들로 온전함을 이루어 하나가 되게 하려 함은 아버지께서 나를 보내신 것과 또 나를 사랑하심 같이 그들도 사랑하신 것을 세상으로 알게 하려 함이로소이다"(요 17:23).

그리스도께서는 그분의 영으로 친히 우리 안에 계신다. 아버지께서 "또 다른 보혜사를 너희에게 주[시]리니 … 진리의 영이라 … 너희는 그를 아나니 그는 너희와 함께 거하심이요 또 너희 속에 계시겠음이라"(요 14:16-17).

이 영은 기쁨의 열매를 맺으시고(갈 5:22) 그 기쁨은 그리스도의 영의 기쁨이다.

반응 3

예수님이 요한복음 15장 11절과 7장 13절에서 하신 말씀에 대해 우리가 보여야 할 세 번째 반응은 하나님의 아들의 기쁨이 궁극적이고 최종적으로 성부 하나님의 기쁨이라는 사실에 놀라는 것이다. 예수님은 "내가 아버지를 사랑한다"(요 14:31)라고 하셨고 아버지의 뜻을 행하는 것이 본인의 양식이라고 말씀하셨다. 이 말씀의 의미는 아버지가 사랑하기 어려운 분이라도 되는 듯 무심한 사랑으로 그분을 대한다는 것이 아니었다. 아버지를 최고로 기뻐하신다는 뜻이었다. 영원 전부터 삼위일체의 교제 가운데 아버지를 향해 가졌던 그 기쁨이었다. 성부와 성자 사이의 이 사랑과 기쁨이 성령에 의해 우리 안에 있고, 우리의 사랑과 기쁨이 지금도 어느 정도는 성부를 향한 성자의 사랑에 참여하고 있다는 것을 생각하면 우리는 깜짝 놀라야 마땅하다. 이 기쁨을 최대한 많이 누려야겠다는 마음이 열렬하게 일어나야 마땅하다.

반응 4

그리고 그 마음은 예수님의 말씀에 대한 네 번째 반응, 즉 이 신적 기쁨이 예수님의 말씀, 곧 성경 읽기를 통해 우리에게 전해진다는 것에 대한 경이로움으로 이어져야 한다. 초자연적 기쁨이 읽기라는 자연적 행위를 통해 우리 안에 만들어진다. 그러나 그것은 자동적으로 이루어지지 않는다. 그것이 얼마나 큰 기적인지, 우리가 어떻게 그것을 구해야 하는지는 나중에 살펴볼 것이다. 지금은 그 경이로움을 잘 새겨 두자. 세상에서 가장 위대한 경험 중 하나–하나님의 아들의 기쁨으로 하나님을 기뻐함–를 누릴 기회가 예수님의 말씀을 통해 우리에게 주어진다. "내가 이것을 너희에게 이름은 내 기쁨이 너희 안에 있게 하려 함이라." 이 기회는 읽기를 통해 우리에게 제시된다.

반응 5

예수님의 말씀에 대한 다섯 번째 반응은 "충만하게"라는 단어에 더욱 놀라는 것이다. "내가 이것을 너희에게 이름은 내 기쁨이 너희 안에 있어 너희 기쁨을 충만하게 하려 함이라"(요 15:11).

하나님이 정하신 성경의 목표는 우리가 그것을 읽고 적당한 기쁨을 얻는 것이 아니라 우리의 기쁨-우리 안에 있는 그리스도의 기쁨-이 충만하게 되는 것이다. 충만하다는 것은 이 기쁨이 너무나 강력해서 그와 경쟁하는 일체의 우상숭배적 즐거움들을 우리 마음에서 몰아낸다는 뜻일 것이다. 이기심이 끝났다는 뜻일 것이다. 우리는 겁 많고 궁핍한 싱크홀에서 벗어나 생명의 샘-받는 자가 아니라 주는 자-이 될 것이다. 이것이 바로 예수님이 "내가 주는 물은 그 속에서 영생하도록 솟아나는 샘물이 되리라"(요 4:14)고 하신 말씀의 의미이다. 우리는 그 물을 예수님의 말씀을 통해 들이켠다. 그러므로 예수님이 약속하시는 넘치는 기쁨은 읽기를 통해 주어진다고 할 수 있다. 나는 예수님의 직접적인 영광을 목격하기 전까지는 도달할 수 없는 충만한 신적 기쁨이 존재한다고 확신한다(요 17:24-26, 요일 3:1-2). 그러나 우리가 하나님의 말씀에 전폭적으로 자신을 맡기면 이 타락한 세상에서도 하나님 안에서 어느 정도의 기쁨을 누릴 수 있을지 누가 알겠는가?

이제 언급할 예수님의 말씀에 대한 마지막 반응은 이 다섯 가지에서 나온다. 그 반응은 우리가 큰 기대를 갖고 성경을 읽어야 하고, 성경을 읽을 때는 언제나 하나님의 존귀함과 아름다움을 만물보다 귀하게 음미하는 것을 목표로 삼아야 한다는 것이다.

음미함과 믿음은 말씀을 들음에서 나온다

구원 얻는 믿음은 하나님이 예수님 안에서 우리에게 드러내시는 모든 면모에 만족하는 것 이상이지 이하가 아니라고 나는 6장에서 주장했다. 다시 말해, 진정한 믿음은 변화된 마음 없이 의지력만으로 내릴 수 있는 인간의 결단이 아니다. 그것은 마음의 눈을 떠서(엡 1:18) 예수님을 다른 무엇보다 더 귀한 분으로 바라보는 것이다. 그러므로 믿음의 의미는 이번 장에서 우리가 말하는 내용-하나님의 존귀함과 아름다움을 만물보다 귀하게 음미하려는 목표-과 겹친다. 그 음미함이 구원받는 믿음의 일부이다.

우리는 구원얻는 믿음을 만들어내고 보존하고 강화시키는 것이라면 무엇이건 전심으로 추구해야 한다. 사도 바울은 그것이 무엇인지 말해준다. 그리스도의 말씀이다.

> 누구든지 주의 이름을 부르는 자는 구원을 받으리라. 그런즉 그들이 믿지 아니하는 이를 어찌 부르리요? 듣지도 못한 이를 어찌 믿으리요 전파하는 자가 없이 어찌 들으리요? 보내심을 받지 아니하였으면 어찌 전파하리요 … 그러므로 믿음은 들음에서 나며 들음은 그리스도의 말씀으로 말미암았느니라(롬 10:13-17).

이 들음은 설교를 통해 이루어질 수 있고, 읽기를 통해 이루어질 수도 있다. "그리스도의 말씀"이 어느 쪽으로 찾아오건, 요점은 같다. "말씀을 통해" 믿음이 생겨나고 보존된다는 것이다. 믿음은 하나님이 그리스도 안에서 우리에게 드러내시는 모든 면모에 만족함을 포함하기 때문에, 우리는 이 만족-복음과 그리스도의 인격 안에 드러난 하나님의 영광을 음미함-이 "말씀을 통해" 주어진다는 것을 안다. 그러므로 우리는 이 말씀이 전하는 그리스도의 아름다움을 보고 음미하겠다는 열정을 품고 말씀에 몰두해야 한다.

읽고 보고 음미하고 믿게 하고자 기록된

요한은 바울과 동일한 주장을 하는데, 바울이 설교를 언급하는 반면 요한은 책과 쓰기를 언급한다는 차이가 있을 뿐이다.

> 예수께서 제자들 앞에서 이 책에 기록되지 아니한 다른 표적도 많이 행하셨으나 오직 이것을 기록함은 너희로 예수께서 하나님의 아들 그리스도이심을 믿게 하려 함이요, 또 너희로 믿고 그 이름을 힘입어 생명을 얻게 하려 함이니라(요 20:30-31).

성경이 우리 믿음을 돕기 위해 기록되었다는 사실은 이제 분명해졌다. 그리고 믿는다는 것은 예수님을 생수와 생명의 떡으로 영접하여 기쁨을 원하는 우리 영혼의 갈망이 채워지는 것을 의미한다(요 6:35). 그러므로 성경은 우리가 그리스도의 영광을 음미하게 하기 위해 기록되었다고 할 수 있다. 그렇다면 우리가 어떻게 실용적 지침과 교리적 해설을 얻기 위해서 성경에 다가갈 수 있겠는가? 아니다. 우리는 "사슴이 시냇물을 찾기에 갈급함 같이"(시 42:1) 성경을 대해야 할 것이다. 우리는 먹고 마시기 위해 성경을 읽을 것이다. 하나님이 예수님 안에서 우리에게 드러내시는 그분의 모든 면모의 영광을 보고 음미하기 위해 읽을 것이다. 즉, 우리 믿음을 굳건하게 하고자 성경을 찾을 것이다.

너희로 구원에 이르도록

사도 베드로는 모든 그리스도인에게 하나님의 말씀을 강하게 사모하라고 명령한다. 그 안에서 우리가 주님의 선하심을 맛보기 때문이다. 우리는 말씀 안에서 하나님의 선하심의 영광을 발견하고 기뻐하게 된다. 다시 말해, 베드로는 말씀 안에서 하나님의 선하심의 영광을 보고 음미하는 것을 그리스도인의 순종의 문제로 제시하고 있다. 핵심구절은 베드로전서 1장 23절-2장 2절이다.

> 너희가 거듭난 것은 썩어질 씨로 된 것이 아니요 썩지 아니할 씨로 된 것이니 살아 있고 항상 있는 하나님의 말씀으로 되었느니라. 그러므로 "모든 육체는 풀과 같고 그 모든 영광은 풀의 꽃과 같으니 풀은 마르고 꽃은 떨어지되 오직 주의 말씀은 세세토록 있도다" 하였으니 너희에게 전한 복음이 곧 이 말씀이니라. … 갓난아기들 같이 순전하고 신령한 젖을 사모하라. 이는 그로 말미암아 너희로 구원에 이르도록 자라게 하려 함이라.

생각의 흐름에 주목하자. 먼저 베드로는 신자가 "살아 있고 항상 있는 하나님의 말씀으로" 거듭났음을 상기시킨다. 그 다음 "너희에게 전한 복음이 곧 이 말씀이니라"고 말하고 이어서 "순전하고 신령한 젖을 사모하라"고 말한다–명령한다. 이런 흐름 속에서 우리는 1장 23절의 갓난아이에서 2장 2절의 유아로 옮겨간다. 갓난아이는 "하나님의 말씀"으로 태어났고 유아는 "순전하고 신령한 젖을 사모하라"는 말을 듣는다. 그러므로 "젖"이 말씀이라는 데 대해서는 별다른 의문의 여지가 없다.

그러나 말씀만을 뜻하는 것은 아니다. 베드로는 너희가 구원에 이르도록 자라려면 이 젖을 사모하라고 말하고는 바로 이렇게 덧붙이기 때문이다. "너희가 주의 인자하심을 맛보았으면 그리하라." 그는 "너희가 젖을 맛보았으면 그리하라"고 말하지 않는다. 물론 맛본다는 단어는 젖과 연결이 되지만, 우리가 맛보는 것은 말씀의 젖만이 아니라 말씀 안과 그 배후에 있는 주의 인자하심이다.

그래서 베드로는 하나님이 크신 긍휼과 선하심으로(1:3) 우리를 거듭나서 그리스도인으로 존재하게 하셨다고 말한다. 하나님은 "살아 있고 항상 있는 하나님의 말씀[을 통해]"(1:23) 이 기적을 일으키는 선하심을 우리에게 베푸셨다. 우리는 이 말씀으로 이미 주의 인자하심을 "맛본" 것이다. 이제 우리가 새 생명을 보존하고 "구원에 이르도록 자라"는 길은 말씀의 젖을 통해 주어진 주의 인자하심에 대한 갈망을 결코 잃지 않는 것이다.

이 구절의 핵심문구는 "사모하다"이다. "순전하고 신령한 젖을 사모하라."

베드로는 그저 성경 읽기를 몸에 익도록 훈련하라고 말하는 것이 아니다. 그는 말씀에 대한 열망을 기르라고 말하고 있다. 말씀을 갈망하라. 갈구하라. 사모하라. 이것은 음미함을 말하는 언어이다. 그리고 우리가 음미하는 대상은 하나님의 말씀 안에서 우리에게 전해지는 그분의 선하심의 존귀함과 아름다움이다. 그러므로 베드로는 우리에게 교리와 지침을 얻기 위해서만이 아니라 "여호와의 선하심을 맛보아 알"기 위해서 성경을 읽으라고 말하고-명령하고- 있는 것이다. 그는 우리가 말씀을 생생하게 경험하여 시험하는 것을 넘어 맛보기에 이르기를 원한다. 아는 것을 넘어 사랑하기에 이르고, 교리를 넘어 기쁨에 이르며, 보는 것을 넘어 음미함에 이르기를 원한다.

말할 수 없고 영화롭게 된 기쁨

베드로전서 1장 8절로 돌아가 보면 베드로가 이 맛보는 것에 얼마나 큰 열정을 품고 있는지 느낄 수 있다. 그는 그리스도에 대해 이렇게 언급한다. "예수를 너희가 보지 못하였으나 사랑하는도다. 이제도 그를 보지 못하나 믿고 말할 수 없고 영화롭게 된 즐거움으로 기뻐하니"(존 파이퍼 번역). 그는 어떤 의미에서 우리가 예수 그리스도를 보지 못한다는 점을 인정한다. 그분은 죽었다가 살아나시고 하늘에 오르시고 하나님 우편에 계신다(벧전 3:22). "예수를 너희가 보지 못하였으나 … 이제도 보지 못하나 …." 그럼에도 불구하고 신자들은 예수의 존귀함과 아름다움을 "맛보았다"(2:3).

그들은 이것을 어떻게 맛보았는가? 베드로는 1장 6절에서 "그러므로 … 크게 기뻐하는도다"라고 말한다. 그는 바로 앞 3-5절에서 쓴 내용을 가리키고 있다. 그들은 하나님의 크신 자비로 예수의 부활을 통해 거듭났고, 그리스도께서 다시 오시는 날에 낡아 없어지지 않는 유산을 받게 되리라는 것이다. "그러므로" 그들은 기뻐한다. 그들은 여기에서 그리스도의 존귀함과 아름다움을 맛보았다. 사실, '맛보다'라는 단어는 그들이 경험한 것에 훨씬 못 미친다. 여기서 베드로는 신약성경의 다른 어느 대목에서도 비길 수 없는 단어들을 사용한다. 그는 신자들이 물리적 눈으로 예수님을 볼 수는 없지만 그럼에도 "너희가 그를 사랑하"고 그 때문에 "말할 수 없고 영화롭게 된 즐거움"으로 기뻐한다고 말한다(1:8).

왜 이 기쁨을 "영화롭게 된"(ESV "영광으로 가득 찬."[개역개정 "영광스러운"]) 기쁨이라 부를까? 나는 요한복음 15장 11절에서 우리의 기쁨에 대해 보았던 내용을 답변으로 제안하고 싶다. 예수님은 그분의 기쁨이 우리 안에 있게 하고자 우리에게 말씀하셨다. 예수님은 영광스러우시다. 이제 그분은 세상이 창조되기 전에 아버지와 함께 누리셨던 영광 속으로 들어가셨다(요 17:24). 우리의 기쁨이 그분의 기쁨이다. 그러므로 어느 정도는, 우리의 기쁨이 영화롭게 되신 예수님의 바로 그 기쁨이라고 할 수 있다.

조금 다른 각도에서 대답을 찾아볼 수도 있을 것 같다. 바울은 고린도후서 3장 18절에서 이렇게 말한다. "우리가 다 수건을 벗은 얼굴로 거울을 보는 것 같이 주의 영광을 보매 그와 같은 형상으로 변화하여 영광에서 영광에 이르니 곧 주의 영으로 말미암음이니라." 이 본문은 베드로전서 1장에서 그리스도인들이 베드로의 영감 된 말씀을 통해 예수님의 영광을 보고, 그로 인해 그들도 어느 정도 영광스럽게 된-"그와 같은 형상으로 변화하여 영광에서 영광에 이르"게 된-상황을 암시하는 것 같다. 그러므로 그들의 기쁨은, 어느 정도는, 영화롭게 된 기쁨이다. 그 기쁨은 그리스도의 영광을 반영하고 있다.

베드로는 베드로전서 1장 8절에서 그리스도인들의 이 경험을 묘사하면서 이것이 당시의 그리스도인들에게만 독특한 것이라고는 전혀 암시하지 않았다. 이것은 모든 그리스도인들이 경험하는 내용이며 우리의 모습이기도 하다. 우리가 바로 말씀–이 경우에는 베드로전서 1장 3-7절–으로 나아가 그 안에서 주의 인자하심을 맛보는 자들이다. 우리는 마음의 눈으로 그리스도의 영광을 보고 "말할 수 없고 영화롭게 된 기쁨"을 경험한다.

이것이 성경에서 하나님의 존귀함과 아름다움을 음미한다는 말의 의미다. 그리고 베드로는 자신이 쓴 내용을 통해 이런 일이 일어나기를 의도한 것이 분명하다. "그러므로 너희가…크게 기뻐하는도다"(벧전 1:6). 그러므로 성경에 다가갈 때는 우리가 보는 모든 것에서 하나님의 탁월함을 만물보다 귀하게 음미하는 것을 목표로 삼아야 한다.

음미함의 본보기 시편

시편을 보다 보면 우리가 성경에 다가갈 때 하나님과 그분의 말씀을 누리려는 분명한 목적을 갖고 있어야 한다는 것을 보여 주기 위해 기록된 책이라는 인상을 피할 수 없다. 물론, 하나님의 말씀을 우리가 온전히 누리려면 먼저 그 말씀 앞에서 처참히 부서지는 경험을 해야 할 수도 있다. 그러나 시편이 하나님의 영광–시편 기자들이 하나님의 말씀에서 보았던 것–을 음미하고 기뻐하는 법을 본으로 보여 준다는 점을 놓치기는 힘들 것 같다.

여호와의 율법을 즐거워하여

이런 결론의 가장 강력한 증거는 시편의 첫 번째 시와 가장 긴 시(119편) 모두가 하나님의 말씀을 음미하는 일에 분명하게 할애되어 있다는 것이다. 시편을 하나로 묶어낸 사람들이 마치 이렇게 말하는 것 같다. "첫 번째 시와 가장 긴 시를 하나님의 기록된 말씀을 소중히 여기고 누리고 숙고하라는 분명한 신호로 세우자."

시편 1편은 이렇게 시작된다.

> 복 있는 사람은
> 악인들의 꾀를 따르지 아니하며
> 죄인들의 길에 서지 아니하며
> 오만한 자들의 자리에 앉지 아니하고
> 오직 여호와의 율법을 즐거워하여
> 그의 율법을 주야로 묵상하는도다.
> 그는 시냇가에 심은 나무가
> 철을 따라 열매를 맺으며
> 그 잎사귀가 마르지 아니함 같으니
> 그가 하는 모든 일이 다 형통하리로다(1-3절).

율법이라는 단어는 "가르치다"에 해당하는 히브리어 '토라'(시 119:33을 보라)에서 나왔다. 이 단어는 의미의 폭이 아주 넓다. 영어 단어 law가 흔히 의미하는 것처럼 법만을 가리키는 것이 아니다. 법을 의미할 수 있다. 그러나 하나님의 계시 전부–인류에게 주시는 그분의 "가르침" 전체–를 가리킬 수도 있다. 신약성경에서 율법에 해당하는 단어(그리스어 νόμος[노모스])는 시편 자체(요 15:25)나 선지서들(고전 14:21)을 가리키기도 한다. 그러므로 시편 1편 2절이 "오직 여호와의 율법을 즐거워하여 그의 율법을 주야로 묵상하는도다"라고 할 때 율법을 "법"적인 내용으로만 제한해선 안 된다. 여기서는 하나님의 계시 전체–하나님의 가르침 전체–를 즐거워하는 것이다.

150편의 시를 모은 이 선집이 우리에게 전달하는 첫 번째 교훈은 의인과 악인 사이에 심오한 차이가 있다는 것이다. "무릇 의인들의 길은 여호와께서 인정하시나 악인들의 길은 망하리로다"(시 1:6).

의인과 악인의 이 차이점에서 중요한 것은 의로운 사람이 하나님의 말씀을 즐거워하고 그것을 밤낮으로 묵상한다는 것이다. 이것은 시편 전체의 주된 메시지–시편 전체에 걸쳐진 현수막–이고 아주 중요하다. 이 메시지는 시편의 시 전체에 걸쳐 현수막처럼 펄럭인다. 시편 1편의 문을 열고 시편 전체로 걸어 들어가면, 우리 모두는 이런 권고를 받게 된다. "와서 보고 (묵상[4]을 통해) 이 위대한 신적 교훈에 계시된 하나님의 경이로움을 (기쁨으로) 음미하라." 이것이 하나님의 말씀을 읽는 우리의 목표이자 기도가 되어야 한다. "내 눈을 열어서 주의 율법에서 놀라운 것을 보게 하소서"(시 119:18).

시편 사이에서 우뚝 솟은 세쿼이아

그런데 시편의 나머지 149편의 시 사이에서 거대한 세쿼이아(레드우드, 미국삼나무라고도 한다. 세계에서 가장 키 큰 나무로 50-100미터에 이른다-역주)처럼 우뚝 솟은 시가 있다. 시편에서 가장 긴 시인 119편이다. 그 다음으로 긴 다른 시보다 두 배 이상 길다(78편은 72절, 119편은 176절로 되어 있다). 이 놀라운 길이는 그 구조에서 기인한 것이다. 시편 119편은 알파벳 시다. 여덟 절로 구성된 각 행이 히브리어 알파벳의 각기 다른 글자로 시작한다. 히브리어 알파벳에는 스물두 글자가 있으니 22×8=176이다.

시편 119편의 시인이 무엇을 하고 있는지는 분명하다. 그는 하나님의 말씀을 기뻐함으로써 하나님을 기뻐하고 있다. 그는 영적 눈으로 하나님의 계시라는 다이아몬드의 모든 절단면을 음미하고 있다. 그는 이 계시를 하나님의 율법, 증언, 법도, 증거, 계명, 율례(또는 "규례"), 말씀, 약속이라 부른다. 그러나 그가 하고 있는 일에 대한 확실한 증거는 하나님의 계시를 가리키는 단어들보다는 그 계시에 대한 자신의 즐거운 경험을 묘사할 때 사용한 단어들에서 주로 나온다. 그 부분이 그가 우리를 끌어들이려는 지점이다. 하나님의 율법에 대한 사랑의 언어의 샘플을 살펴보라.

> 내가 모든 재물을 즐거워함 같이
> 주의 증거들의 도를 즐거워하였나이다(14절).
> 주의 율례들을 즐거워하며
> 주의 말씀을 잊지 아니하리이다(16절).
> 주의 규례들을 항상 사모함으로

내 마음이 상하나이다(20절).

주의 증거들은 나의 즐거움이요

나의 충고자니이다(24절).

나로 하여금 주의 계명들의 길로 행하게 하소서

내가 이를 즐거워함이니이다(35절).

내가 주의 법도들을 사모하였사오니

주의 의로 나를 살아나게 하소서(40절).

내가 사랑하는 주의 계명들을

스스로 즐거워하며(47절).

또 내가 사랑하는 주의 계명들을 향하여 내 손을 들고

주의 율례들을 작은 소리로 읊조리리이다(48절).

그들의 마음은 살져서 기름덩이 같으나 나는 주의 법을 즐거워하나이다(70절).

주를 경외하는 자들이 나를 보고 기뻐하는 것은

내가 주의 말씀을 바라는 까닭이니이다(74절).

주의 긍휼히 여기심이 내게 임하사 내가 살게 하소서

주의 법은 나의 즐거움이니이다(77절).

주의 법이 나의 즐거움이 되지 아니하였더면

내가 내 고난 중에 멸망하였으리이다(92절).

내가 주의 법을 어찌 그리 사랑하는지요!

내가 그것을 종일 작은 소리로 읊조리나이다(97절).

주의 말씀의 맛이 내게 어찌 그리 단지요

내 입에 꿀보다 더 다니이다(103절).

주의 증거들로 내가 영원히 나의 기업을 삼았사오니

이는 내 마음의 즐거움이 됨이니이다(111절).

내가 두 마음 품는 자들을 미워하고

주의 법을 사랑하나이다(113절).

주께서 세상의 모든 악인들을 찌꺼기 같이 버리시니

그러므로 내가 주의 증거들을 사랑하나이다(119절).

그러므로 내가 주의 계명들을

금 곧 순금보다 더 사랑하나이다(127절).

내가 주의 계명들을 사모하므로

내가 입을 열고 헐떡였나이다(131절).

주의 말씀이 심히 순수하므로

주의 종이 이를 사랑하나이다(140절).

환난과 우환이 내게 미쳤으나

주의 계명은 나의 즐거움이니이다(143절).

내가 주의 법도들을 사랑함을 보옵소서!

여호와여 주의 인자하심을 따라 나를 살리소서(159절).

고관들이 거짓으로 나를 핍박하오나

나의 마음은 주의 말씀만 경외하나이다(161절).

사람이 많은 탈취물을 얻은 것처럼

나는 주의 말씀을 즐거워하나이다(162절).

나는 거짓을 미워하며 싫어하고

주의 율법을 사랑하나이다(163절).

주의 법을 사랑하는 자에게는 큰 평안이 있으니
그들에게 장애물이 없으리이다(165절).

내 영혼이 주의 증거들을 지켰사오며
내가 이를 지극히 사랑하나이다(167절).

여호와여 내가 주의 구원을 사모하였사오며
주의 율법을 즐거워하나이다(174절).

시편 119편만 논거로 삼아도 나의 논증을 충분히 마칠 수 있을 것 같다. 그렇다, 우리는 성경 안에서 보는 모든 것(하나님의 말씀에 대한 모든 묵상)에서 하나님의 탁월함을 만물보다 귀하게 음미하는 것을 목표로 삼아야 한다. 그렇다, 음미함은 필수불가결하다. 이것이 보는 것의 목적이다.

누구를 위한 즐거움인가

시편 119편이 다루는 것이 말씀 안에 계시된 하나님의 영광이라기보다는 말씀을 즐거워하는 것 자체가 아니냐고 생각하는 사람에게는 데릭 키드너가 올바른 답을 제시해 준다.

> [말씀 사랑에 대한] 시편 기자의 지칠 줄 모르는 강조를 보고 어떤 이들은 그가 주님이 아니라 말씀을 섬긴다고 비난했다. 그러나 여기서 성경에 대한 모든 언급은 분명 예외 없이 성경의 저자와 연결되어 있다.

> 4절부터 끝까지 모든 절이 그분에게 바치는 기도 내지 고백이다. 이것이 참된 경건이다. 연구하는 과정에서 건조해지지 않고 오히려 새롭게 되고 현명하고 풍성한 하나님에 대한 사랑이다…
>
> 132절은 "주의 이름을 사랑하는 자"라는 표현으로 문제의 본질을 다룬다. 우리가 하나님을 계시하는 글을 사랑하는 것은 하나님 때문이다. 시편 기자가 즐거운 맛("주의 말씀의 맛이 … 꿀보다 더 다니이다", 103절), 숨 가쁜 절박함("내가 입을 열고 헐떡였나이다", 131절)으로 그려내는 사모함(20, 40절)의 대상은 문맥이 드러내는 것처럼 하나님 그분이다. 103절 바로 앞에서 강조해서 나오는 주(thou)와 132절에 이어서 나오는 "내게 돌이키사…"라는 기도에 주목하라. 참고. 2절에서 "여호와를" 구함, 4절에서 강조해서 나오는 "주", 무엇보다 151절 "주님, 당신은 내가 원하는 전부십니다"(TEV[현대영역성서]가 풀어 옮긴 것).[5]

성경 어디에도 눈에 보이는 미적 효과 때문에 하나님의 말씀을 추구하거나 즐거워한다는 암시는 없다. 물론 그런 효과는 실재한다. 그리고 성경에는 감탄스러운 문학적 특성들이 가득하다. 그러나 그것이 성경 저자들이 가장 큰 즐거움을 느끼며 기념하는 대목은 아니다. 문학적 걸출함은 하나님과 그분의 길의 걸출한 영광이라는 목적을 위한 수단일 뿐이다. 하나님의 말씀을 받은 이들을 전율하게 한 것은 하나님 그분이 그 말씀을 통해 "나타나셨다"는 사실이었다. "여호와께서 실로에서 다시 나타나시되 여호와께서 실로에서 여호와의 말씀으로 사무엘에게 자기를 나타내시니라"(삼상 3:21).

이것은 참으로 커다란 경이요 커다란 기쁨이다. 우리는 성경을 "볼" 때마다 "음미하기"를 목표로 삼는다. 우리가 보는 것이 음미할 만한 대상이기 때문이다. 시편 119편은 천 쪽에 걸쳐 묵상할 가치가 있다. 하나님의 말씀에 대한 길고 깊이 있고 행복한 묵상의 영감을 준다.

찰스 브리지스는 이 시편으로 5백 쪽 분량의 책을 썼다.[6] 토마스 맨턴은 이 시로 190편의 설교를 했고 총 1677쪽 분량에 이르는 세 권의 책으로 펴냈다.[7] 이 시는 그 정도의 가치가 있다. 그러나 나의 제한된 목적상, 여기서의 요점은 간단하다. 하나님의 기록된 말씀에서 가장 긴 장이 하나님의 기록된 말씀을 음미하는 법을 본보기로 보여 주는 데 할애되어 있다. 이 본을 따르지 않는다면 우리의 성경 읽기는 미진한 상태에 머물 것이다.

하나님의 탁월함

시편 19편이 말하는 대로 주님의 계명들이 빛을 비추고 주님의 교훈이 기쁨을 준다면(8절), 우리가 성경을 읽을 때마다 그 빛을 보고 그 기쁨을 음미하기를 구하지 않는 것은 말씀을 향한 하나님의 계획을 거스르는 일이 되지 않겠는가? 그분의 말씀이 금보다 더 사모할 만하다면, 입에 꿀보다 영혼에 더 달다면(10절), 하나님의 영광의 금을 얻기 위해 성경의 모든 절을 캐내고 성경에서 보는 모든 내용을 입에 꿀보다 더한 영혼의 큰 기쁨으로 음미하는 것이 모든 그리스도인의 소명이 분명하다. 그러므로 우리 제안의 네 번째 함의가 옳다는 것이 나의 결론이다. 우리는 모든 성경 읽기를 통해 하나님의 탁월함을 만물보다 귀한 것으로 보고 더 나아가 음미함을 목표로 삼아야 한다.

8.

마음이 변화되는 성경 읽기

"우리가 다 … 주의 영광을 보매
그와 같은 형상으로 변화하여 영광에서 영광에 이르니."

성경에 대한 하나님의 목적은 우리가 그분의 영광을 보고 음미하는 것으로 끝나지 않는다. 이 말은 내가 좋아하는 구호인 "우리가 하나님 안에서 가장 만족할 때 하나님이 우리 안에서 가장 영광을 받으신다"와 모순되는 것처럼 들릴 수 있다. 이런 의문이 들 수 있을 것이다. 그래, 우리가 하나님 안에서 가장 만족할 때–즉, 하나님의 영광을 온전히 음미하고 있을 때– 하나님이 우리 안에서 가장 영광을 받으신다면 왜 그것이 하나님의 목적의 종착점이 아니지?

여기에는 숨은 문제가 있다. “우리가 하나님 안에서 가장 만족할 때 하나님이 우리 안에서 가장 영광을 받으신다”는 말은 “우리가 오직 하나님 안에서 가장 만족하기 때문에 하나님이 우리 안에서 가장 영광을 받으신다”는 말과 다르다는 것이다. 하나님이 우리 안에서 “가장 영광을 받으시”려면 우리가 갖추어야 할 다른 사실들도 있을 것이다.

“우리가 하나님 안에서 가장 만족할 때 하나님이 우리 안에서 가장 영광을 받으신다”는 말의 요점은, 하나님 안에서 만족을 추구하는 것이 얼마나 필수불가결한 일인지 강조하는 데 있다. 그 추구는 결코 무시할만한 것이 아니다. 그것은 언제나 본질적이다. 우리가 하나님 안에서 마음의 만족을 구하지 않는다면, 하나님을 “가장” 영화롭게 하려는 목표에 늘 미치지 못할 것이다. 우리 마음이 하나님이 아닌 다른 어떤 사람이나 어떤 것에 더 만족한다면 우리가 어떤 일을 하건 하나님을 가장 영화롭게 하겠다는 목표는 달성하지 못할 것이다. 우리는 사실상 “하나님은 나를 만족시키기에는 부족하다”고 늘 말하고 있을 테니 말이다. 이렇게 되면 하나님이 받으셔야 마땅한 영광을 탈취하는 꼴이 된다. 겉으로 보이는 행동이 아무리 그럴싸해도 이 사실엔 변함이 없다.

실재를 창조하신 이유

다시 말하지만, 성경에 대한 하나님의 목적은 우리가 그분의 영광을 보고 음미하는 것에서 끝나지 않는다. 그 이유는 마음(영적 음미가 이루어지는 유일한 장소)속에서 하나님을 음미하는 것은 다른 사람들에게는 보이지 않기 때문이다. 오직 하나님만이 마음을 보시고(삼상 16:7) 하나님은 그분 안에서 만족하는 마음을 기뻐하신다. 다른 누구도 이것을 볼 수 없다. 하지만 하나님은 보이지 않는 영계 뿐 아니라 물질적 우주도 창조하셨다. 그 이유는 그분의 영광이 수백만 가지 방식으로 드러나게 하시기 위해서이다. 하나님은 "하늘이 하나님의 영광을 선포"(시 19:1)한다고 말씀하실 뿐 아니라, "너희 빛이 사람 앞에 비치게 하여 그들로 너희 착한 행실을 보고 하늘에 계신 너희 아버지께 영광을 돌리게 하라"(마 5:16)고도 말씀하신다.

하나님이 세상을 창조하신 것은 그분의 영광이 눈에 보이게 하려 하심이었고, 그리스도인들을 재창조하신 것은 그분의 영광을 향한 우리의 열정이 눈에 보이게 하려 하심이었다. 먼저 만물-인간을 포함해-이 하나님의 영광을 위해 창조되었다(사 43:6-7). 그리고 이후 모든 그리스도인들이 재창조되었다. 사람들이 하나님의 영광에 관심을 갖게 만드는 삶을 살게 하기 위해서였다. "우리는 그가 만드신 바라 그리스도 예수 안에서 선한 일을 위하여 지으심을 받은 자니 이 일은 하나님이 전에 예비하사 우리로 그 가운데서 행하게 하려 하심이니라"(엡 2:10).

이것이 바로 사람들이 "보고" "하늘에 계신 너희 아버지께 영광을 돌리게" 만드는 "착한 행실"이다(마 5:16).

어떤 변화를 원하는가

이번 장과 다음 장에서는 우리가 하나님의 영광을 보고 하나님의 영광을 음미하고 그리스도를 본받아 변화되-안팎으로-는데 까지 이끌고 가는 일을 성경이 어떻게 수행하는지 설명하고 논증해 볼 것이다. 내가 제안하는 성경 읽기의 궁극적 목표에 담긴 다섯 번째 함의는 "이렇게 보고 음미함으로써 변화를 받아 그분의 아름다움을 본받는 것을 목표로 삼아야 한다"는 것이다. 우리는 이제 창조와 구속에 대한 하나님의 목적이 그분의 영광을 눈에 보이는 방식으로 분명하게 전시하는 것-우리가 우리 마음에서 하나님에게 가장 만족할 때 하나님을 영화롭게 하는 일이 이루어질 뿐 아니라-임을 알게 되었다.

외적 거룩함을 이루는 내적 음미의 열매

그러므로 하나님이 염두에 두신 성경 읽기의 목적은 우리가 그분의 영광을 보고 그분의 영광을 음미하는 데에서 그치지 않고 그것을 통해 변화되는 것이요, 그렇게 해서 보이고 들리고 만질 수 있는 우리의 삶으로 하나님의 존귀함과 아름다움을 드러내는 것이다. 물론, 이것은 단순히 도덕적으로 더 나은 일들을 하려고 시도하는 것과는 많이 다르다. 예수님은 나무는 그 열매를 보아서 안다고 가르치셨다. 즉, 내면의 삶은 외적인 삶으로 드러난다.

> 나무도 좋고 열매도 좋다 하든지 나무도 좋지 않고 열매도 좋지 않다 하든지 하라. 그 열매로 나무를 아느니라. 독사의 자식들아! 너희는 악하니 어떻게 선한 말을 할 수 있느냐? 이는 마음에 가득한 것을 입

으로 말함이라. 선한 사람은 그 쌓은 선에서 선한 것을 내고 악한 사람은 그 쌓은 악에서 악한 것을 내느니라(마 12:33-35).

그런데 많은 사람들이 여기서 요점의 절반을 놓친다. 그들은 내면의 삶의 목표가 더 나은 외적 생활이라는 절반의 말만 듣는다. 그래서 외적 생활을 도덕적으로 꾸리는 것이 정말 중요하다고 생각한다. 그들은 마음을 무시하고 겉모습에 힘을 쏟는다. 그러나 예수님은 마음으로 하나님을 음미하지 않으면서 도덕적 외양만 그럴싸하게 유지하려 했던 자들을 가차 없이 비판하셨다.

> 화 있을진저, 외식하는 서기관들과 바리새인들이여! 잔과 대접의 겉은 깨끗이 하되 그 안에는 탐욕과 방탕으로 가득하게 하는 도다. 눈먼 바리새인이여, 너는 먼저 안을 깨끗이 하라. 그리하면 겉도 깨끗하리라(마 23:25-26).

하나님은 성경이 이런 식으로 작동하도록 만드셨다. 성경은 먼저 하나님의 영광을 드러내어 우리가 볼 수 있게 하신다. 이렇게 보는 것이 새 마음의 첫 번째 행위이고, 새 마음은 하나님의 영광을 다른 어떤 것보다 귀하게 음미한다. 이것은 하나님을 높이는 온갖 외적 행동에 앞서는 진정한 마음의 경험이다. 성경은 위선자-"회칠한 무덤 … 겉으로는 아름답게 보이나 그 안에는 죽은 사람의 뼈와 모든 더러운 것이 가득하도다"(마 23:27)-를 만들어내는 것을 목표로 하지 않는다. 성경의 목표는 하나님께 깊이 만족하여 그분이-돈, 권력, 명성, 성적 쾌락, 가족, 교회, 심지어 질병 없는 천국도 아니고- 자신이 가진 최고의 보화임을 외적 행동으로 드러내는 진실한 사람들을 만들어내는 것이다. 그들의 마음속에서는 하나님이 최고의 자리를 차지하고, 그로 인해 모든 것이 달라진다.

평범한 외적 도덕

흉악한 범죄만 피하는 외적 도덕은 세상에 어떤 인상도 남기지 못한다. 그리스도인인 내가 살인을 저지르지 않고 횡령하지 않고 간음을 저지르지 않았다고 해서 불신자들이-이 문제에서는 신자들도- 감동하여 하나님을 찬양하는 경우는 드물다. 그렇다면 예수님(마 5:16에서)과 베드로(벧전 2:12)가 우리에게 말한 바, 곧 선한 일을 해서 다른 사람들이 그것을 보고 하나님께 영광을 돌리게 하라고 한 것은 무엇을 염두에 둔 것일까?

이 질문에 대한 답은 하나님의 영광을 음미함이 외적 변화의 근거가 되는 것이 얼마나 중요한지 보여 준다. 우선, 그 대답으로 하나님이 우리 마음의 최고의 보화이자 만족이 되셔야 한다는 것이 드러날 것이다. 그 다음, 하나님 안에서 누리는 이 깊고 흔들림 없는 기쁨으로 인해 사람들에게 하나님의 존귀함과 아름다움을 보여 주는 행동들이 열매를 맺는다는 사실이 드러날 것이다.

예수님이 제시하신 답은 마태복음 5장 11-16절에서 볼 수 있다. 베드로가 내놓은 답은 베드로전서 3장 13-17절에서 드러난다. 한 번에 하나씩 살펴보자. 먼저, 우리는 지금 사람들이 하나님께 영광을 돌리도록 이끄는 특정한 선한 일들의 비결을 찾고 있음을 기억하자.

어떤 종류의 선한 일

마태복음 5장 11-16절로 시작해 보자.

> 나로 말미암아 너희를 욕하고 박해하고 거짓으로 너희를 거슬러 모든 악한 말을 할 때에는 너희에게 복이 있나니 기뻐하고 즐거워하라. 하늘에서 너희의 상이 큼이라. 너희 전에 있던 선지자들도 이같이 박해하였느니라. 너희는 세상의 소금이니 소금이 만일 그 맛을 잃으면 무엇으로 짜게 하리요 후에는 아무 쓸 데 없어 다만 밖에 버려져 사람에게 밟힐 뿐이니라. 너희는 세상의 빛이라. 산 위에 있는 동네가 숨겨지지 못할 것이요 사람이 등불을 켜서 말 아래에 두지 아니하고 등경 위에 두나니 이러므로 집 안 모든 사람에게 비치느니라. 이같이 너희 빛이 사람 앞에 비치게 하여 그들로 너희 착한 행실을 보고 하늘에 계신 너희 아버지께 영광을 돌리게 하라.

예수님은 제자들이 세상의 소금(13절)이고 빛(16절)이라고 말씀하시기에 앞서 그들이 욕을 듣고 박해받고 비방을 받을 때 기뻐하고 즐거워하라고 하신다(11-12절). 고난을 받으면서도 이렇게 기뻐할 수 있는 근거는 "하늘에서 너희의 상이 [크기 때문]"(12절)이다. 다시 말해, 제자들은 내세에서 그들을 맞아주실 하나님으로 인해 지극히 행복하여 이 세상에서의 어떤 슬픔도 그들이 하나님 안에서 누리는 행복을 앗아갈 수 없을 정도가 되어야 한다는 것이다. 예수님은 제자들이 천국에서 그분의 영광을 볼 수 있게 해 달라고 기도하셨다(요 17:24). 그리고 그들이 천국에서 그분의 기쁨을 누리게-"네 주인의 즐거움에 참여"(마 25:21)하게- 될 거라고 말씀하셨다. 그들은 죽음도 유익임을 잘 알고 있었다. "그리스도와 함께"(빌 1:23) 있게 될 것이기 때문이었다. 또한 그들은 하나님 앞에는 "충만한 기쁨"과 "영원한 즐거움"이 있을 것임을 알고 있었다(시 16:11).

하나님 안에서 누리는 이 불멸의 기쁨을 토대로, 예수님은 제자들에게 통상적인 인간의 경험에 완전히 배치되는 일을 명령하신다. 그들이 그 명령에 순종한다면, 보통 사람에게는 도무지 설명할 수 없는 일이 될 것이다. 충격적이고 놀랍고 경이로울 것이다. 무미건조하고 지루하고 평범한 삶이 하루아침에 놀랍고 매력적이고 흥미로운 삶으로 바뀌는 것과 같을 것이다. 맛없는 고기에 소금을 뿌리는 일과 같고, 어두컴컴한 방에 불을 켜서 모든 것이 아름답게 보이는 것과 같을 것이다. 우리의 직관에 완전히 어긋나는 이 일은 바로 사람들이 "나로 말미암아 너희를 박해하고 거짓으로 모든 악한 말을 할" 때 "기뻐하고 즐거워 하"는 것이다. 사람들이 더없이 못되게 굴 때 행복해하는 것이다.

내가 생각할 때는 이것이 바로 예수님이 소금과 빛이라고 하신 말씀의 의미다. 그분은 우리에게 인간적으로 불가능하고 직관에 전혀 맞지 않는 일을 명하시고는—박해를 받을 때 즐거워하라— "너희는 세상의 소금이니 … 너희는 세상의 빛이라"고 말씀하신다. 예수님의 말씀은 우리가 하나님 안에서 누리는 불멸의 기쁨이라는 도무지 설명할 수 없는 정신으로 행하는 선한 일들에는 모종의 풍미가 있어서 사람들이 그 기쁨에 대한 설명을 찾게 될 거라는 뜻이다. 그리고 그 설명은 우리의 기쁨의 근원이 세상이 기뻐하는 것들이 아니라 바로 하나님이라는 사실일 것이다. 그리고 하나님이 은혜를 주신다면, 그들이 "너희 착한 행실을 보고 하늘에 계신 너희 아버지께 영광을 돌리게"(마 5:16) 될 것이다. 하나님을 다른 무엇보다 귀한 분으로 음미함이 선한 일들로 하나님께 영광을 돌리는 비결로 드러나게 될 것이다.

고난이 복이다

이것이 "사람들이 하나님께 영광을 돌리게 만드는 '선한 일들'의 비결은 무엇인가?"라는 질문에 대한 나의 답이다. 곧, 우리가 보는 하나님의 영광을 이 세상이 줄 수 있는 그 무엇보다 귀하게 음미하는 것이다. 베드로전서 3장 13-17절에서도 이와 같은 생각을 볼 수 있다.

> 또 너희가 열심으로 선을 행하면 누가 너희를 해하리요? 그러나 의를 위하여 고난을 받으면 복 있는 자니 그들이 두려워하는 것을 두려워하지 말며 근심하지 말고 너희 마음에 그리스도를 주로 삼아 거룩하게 하고 너희 속에 있는 소망에 관한 이유를 묻는 자에게는 대답할 것을 항상 준비하되 온유와 두려움으로 하고 선한 양심을 가지라. 이는 그리스도 안에 있는 너희의 선행을 욕하는 자들로 그 비방하는 일에 부끄러움을 당하게 하려 함이라. 선을 행함으로 고난 받는 것이 하나

님의 뜻일진대 악을 행함으로 고난 받는 것보다 나으니라.

15절에서 베드로는 "너희 속에 있는 소망에 관한 이유를 묻는 자에게는 대답할 것을 항상 준비"해야 한다고 말한다. 그들의 질문이 우리의 소망과 명백히 관련되어 있다는 데 주목하라. 왜 그럴까? 그들이 우리의 행동을 보면 우리가 그들과 같은 것을 소망하지 않는다는 인상을 어떤 식으로건 받기 때문임이 분명하다. 보통 사람과 똑같이 행동하는 사람에게 "무슨 소망이 있기에 그렇게 했습니까?"라고 묻지는 않는 법이다.

우리는 우리의 보화가 지상이 아니라 하늘에 있음을 보여 주는 방식으로 행동해야 한다. 우리가 안전과 영구적 만족을 얻기 위해 소망을 두는 대상은 돈, 방범시설, 좋은 이웃, 멋진 직업, 충실한 건강보험, 든든한 여유자금, 금슬 좋은 부부관계, 평판, 또는 이 세상의 다른 어떤 것이 아니다. 핵심은 14절에 있다. "의를 위하여 고난을 받으면 복 있는 자니." 이것은 예수님이 마태복음 5장 12절에서 하신 약속과 정확히 동일한 내용이다. 베드로는 베드로전서 4장 13절에서 이 내용을 더욱 분명히 밝혔다. "너희가 그리스도의 고난에 참여하는 것으로 즐거워하라. 이는 그의 영광을 나타내실 때에 너희로 즐거워하고 기뻐하게 하려 함이라."

예수님도 베드로도, "그의 영광을 나타내실 때에" 큰 상이 있을 거라고 보셨다. 영광으로 가득한 이 상은 너무나 큰 만족을 주기에-베드로전서 1장 8절에 따르면 말할 수 없이 만족스럽기에- 우리의 소망과 기쁨은 확고부동하다. 우리 마음의 감정들에 찾아온 이런 혁명적 변화는 우리 안에 깊게 넓게 스며들어 사람들이 "당신이 정말 무엇을 소망하는 것입니까? 당신은 무슨 상을 바라고 사는 겁니까?"라고 묻게 만들 만한 선택과 희생적 모험을 감수하도록 이끈다. 우리는 이런 식으로 "[그들이] 너희 선한 일을 보고 하나님께 영광을 돌리게"(벧전 2:12) 되기를 기도한다. 그러므로 하나님께서 영광을 받으시게 만드는 선한 일들의 비결은 하나님이 주신 축복의 약속에서 얻는 깊고 근본적인 만족이고, 그 만족은 사랑의 이름으로 세상이 이해하지 못하는 위험을 기꺼이 감수할 자유를 가져다준다. 다시 말해, 무엇보다 귀하게 하나님을 음미하는 것이 근본적 변화로 이어지는 것이다.

성경은 어떻게 변화를 돕는가

성경이 인간의 변화와 하나님의 영광에 기여하도록 하나님이 계획하신 방식은 이렇다. 우선 성경이 하나님의 영광을 드러낸다. 하나님이 허락하시면, 성경을 읽는 사람들이 이 영광을 본다. 영광을 보는 것이 하나님의 은혜를 덧입어 다른 무엇보다 하나님을 음미-하나님을 귀하게 여김, 하나님께 소망을 둠, 하나님을 우리 최고의 상으로 느낌, 모든 것을 만족시키는 선으로 그분을 맛봄-하도록 이끈다. 그리고 이 음미함이 우리 삶을 변화시킨다—이기심의 노예상태에서 우리를 해방시키고 흘러넘치는 사랑으로 다른 이들에게 다가가게 한다. 여기에 하나님의 은혜가 더해지면 기쁨으로 유지되고 하나님을 높이는 이 사랑의 변화를 다른 사람들이 보고 그들이 하나님께 영광을 돌리게 된다. 이 과정은 신실한 그리스도의 사람들과 새롭게 하시는 하나님의 자비를 따라 역사를 관통하여

오르내리며 이어져 왔다.

변화를 가장 잘 설명해 주는 본문

하나님의 영광을 보는 것과 하나님을 닮은 모습으로 변화되는 것을 분명하게 연결시키는 성경구절은 고린도후서 3장 18절-4장 6절이다. 내 경험에 따르면, 이 본문은 성경에서 가장 중요한 구절 중 하나로 손꼽을 만하다.

> 우리가 다 수건을 벗은 얼굴로 거울을 보는 것 같이 주의 영광을 보매 그와 같은 형상으로 변화하여 영광에서 영광에 이르니 곧 주의 영으로 말미암음이니라. 그러므로 우리가 이 직분을 받아 긍휼하심을 입은 대로 낙심하지 아니하고 이에 숨은 부끄러움의 일을 버리고 속임으로 행하지 아니하며 하나님의 말씀을 혼잡하게 하지 아니하고 오직 진리를 나타냄으로 하나님 앞에서 각 사람의 양심에 대하여 스스로 추천하노라. 만일 우리의 복음이 가리었으면 망하는 자들에게 가리어진 것이라. 그 중에 이 세상의 신이 믿지 아니하는 자들의 마음을 혼미하게[어둡게] 하여 그리스도의 영광의 복음의 광채가 비치지 못하게 함이니 그리스도는 하나님의 형상이니라. 우리는 우리를 전파하는 것이 아니라 오직 그리스도 예수의 주되신 것과 또 예수를 위하여 우리가 너희의 종 된 것을 전파함이라. "어두운 데에 빛이 비치라" 말씀하셨던 그 하나님께서 예수 그리스도의 얼굴에 있는 하나님

의 영광을 아는 빛을 우리 마음에 비추셨느니라.

우리는 그리스도의 영광이 복음 안에서 계시된다는 사실을 입증하는 데 고린도후서 4장 4-6절이 얼마나 중요한 역할을 하는지 이미 보았다. 바울은 하나님이 우리 눈을 뜨게 하시고 우리를 구원하시는 새 창조의 사역을 하실 때, 우리가 "예수 그리스도의 얼굴에 있는 하나님의 영광을 아는 빛"(6절), 또는 그가 4절에서 말하는 대로 "그리스도의 영광의 복음의 광채 … (그리스도는 하나님의 형상이니라)"를 본다고 말한다. 이 구절에서 "그리스도의 영광"의 압도적 중요성이 돋보이는 이유는 복음이 "그리스도의 영광의 복음"이라고 불리기 때문이다. 다시 말해, 그리스도께서는 죽음과 부활을 통해 그분의 영광을 잔혹하고 아름답게 드러내셨다. 그뿐 아니라, 그 영광을 드러내는 행위 자체를 통해, 우리가 그것을 영원히 누릴 수 있는 권리를 사셨다.

이것이 그리스도께서 우리를 위해 죽으신 목적이었다. "그리스도께서도 단번에 죄를 위하여 죽으사 의인으로서 불의한 자를 대신하셨으니 이는 우리를 하나님 앞으로 인도하려 하심이라"(벧전 3:18).

십자가의 수많은 혜택들은 우리를 하나님 앞으로 인도하는 것으로 이어진다. 이것이 십자가의 본질과 목적이다. 하나님 앞에는 충만한 기쁨과 영원한 즐거움이 있기 때문이다(시 16:11). 그래서 바울은 복음을 "영광의 복음"이라 부른다. 그리스도께서 구속 사역 안에서 최고로 영광스러우시기 때문이고 그 구속의 목적이 우리가 하나님 앞으로 나아가 그 영광을 영원토록 누리게 하는 것이기 때문이다. 그리스도의 복음이 '영광의 복음'인 이유는 그 수단이 영광스럽고 그 목적은 영광이기 때문이다.

구원을 주는 것과 변화를 얻는 것

고린도후서 3장과 4장의 장 구분은 고린도후서 3장 18절과 4장 6절의 중요한 연관성을 흐려놓을 가능성이 있다.

> 우리가 다 주의 영광을 보매 그와 같은 형상으로 변화하여 영광에서 영광에 이르니(3:18).
>
> "어두운 데에 빛이 비치라" 말씀하셨던 그 하나님께서 예수 그리스도의 얼굴에 있는 하나님의 영광을 아는 빛을 우리 마음에 비추셨느니라(4:6).

3장 18절의 "주의 영광을 보[는 것]"은 하나님이 4장 6절에서 일으키시는 기적으로 인해 이루어진다. 4장 4절은 사탄이 불신자들의 눈을 어둡게 한다고 말한다. 사탄은 그들이 "그리스도의 영광의 복음의 광채"를 보지 못하게 막고 있다. 사람들의 눈을 어둡게 하는 사탄의 활동은 6절에 등장하는 창조주 하나님의 능력으로 극복된다. "빛이 있으라!" 하신 분이 우리 마음에 빛을 비추셨다.

하나님이 우리 마음에 하신 일의 결과는 "예수 그리스도의 얼굴에 있는 하나님의 영광을 아는 빛"을 주신 것이다. 이 "빛"은 물리적, 자연적인 것이 아니다. 조나단 에드워즈의 표현을 빌면, 그것은 "신성하고 초자연적인 빛"[1]이다. 그가 유명한 설교에서 말한 대로, "하나님이 영혼에 즉각적으로 전해주시는 신령하고 신성한 빛이 있는데, 그것의 본질은 자연적 수단으로 얻는 그 어떤 것과도 다르다."[2]

비추는 영적 빛

이것이 바울이 에베소서 1장에서 기도한 내용, 즉 우리 마음의 눈이 밝아지게 해달라는 것이었다. 이 눈은 머리에 달린 눈이 아니다. 그러므로 시각도 자연적 시각이 아니라 "신성하고 초자연적인" 시각이다. 바울은 이렇게 기도했다.

> 너희 마음의 눈을 밝히사 그의 부르심의 소망이 무엇이며 성도 안에서 그 기업의 영광의 풍성함이 무엇이며 그의 힘의 위력으로 역사하심을 따라 믿는 우리에게 베푸신 능력의 지극히 크심이 어떠한 것을 너희로 알게 하시기를 구하노라.

고린도후서 4장 4절에서 사탄은 "너희 마음의 눈"으로 보는 이 "밝혀진" 시각을 방해했고 하나님은 고린도후서 4장 6절에서 이 시각을 허락하셨다. 마음의 눈으로 신적 영광을 보는 이 기적은 중생 또는 신생과 같은 것이다. 오, 하나님이 이 신적 조명의 순간에 하시는 일을 깨닫는 것이 얼마나 중요한지 모른다. 존 오웬은 이렇게 말했다. "하나님은 영적 빛으로 마음을 비추어주시고, 마음은 그 빛에 힘입어 영적인 것들의 영광을 분별할 수 있게 된다."[3]

이 기적은 그리스도인의 삶에서 벌어지는 다른 모든 일에서도 절대적으로 결정적인 역할을 한다. 이 기적은 새로운 영적 감각 또는 의식 또는 분별력-인간의 물리적인 눈에 보이지 않는 신적 아름다움을 알아보고 그것에 매료되는 새로운 영적 능력-을 창조한다. 에드워즈는 고린도후서 4장 6절의 창조를 이렇게 설명했다. "중생에서 하나님의 능력이 마음에 미치는 첫 번째 효과는 신적 입맛 또는 감각을 주는 것이다. 마음이 신적 본성이 가진 지극히 탁월한 사랑스러움과 달콤함을 아는 기호를 갖게 만드는 것이다."[4]

그림이 아닌 그리스도의 영광

이제 고린도후서 4장 6절과 3장 18절의 연관관계를 제대로 알아볼 준비가 되었다. 우리가 이제 초자연적으로 볼 수 있게 된 영광(4:6)은 고린도후서 3장 18절에 나온 주님의 영광이고, 이 영광이 우리를 변화시켜 영광에서 그 다음 영광으로 이르게 한다. "우리가 다 수건을 벗은 얼굴로 주의 영광을 보매 그와 같은 형상으로 변화하여 영광에서 영광에 이르니."

이제 분명한 것은 "이 영광을 보[는 것]"이 마치 우리가 어떤 위대한 사람을 우연히 또는 무심하게 본 것처럼 그저 중립적인 시각이 아니라는 것이다. 사실, 이것이 바로 고린도후서 4장 6절의 기적 이전에 불신자들이 그리스도와 그분의 복음을 바라보는 방식이다. 그러나 그 기적 이후에는, 빛이 창문을 통해 비치듯 그리스도의 영광의 빛이 복음을 통해 비추게 된다. 한때 복음은 벽에 걸린 시시한 그림이었다. 그러다 어느 순간 갑자기, 우리는 그것이 그림이 아니라 그리스도의 영광이라는 히말라야 산맥을 보여 주는 창임을 처음으로 깨닫고 경이감에 사로잡힌다. 복음의 창을 통해 "그리스도의 영광의 복음의 광채"(고후 4:4)가 비친다.

변화가 일어나는 순간

고린도후서 4장 6절의 기적이 벌어지면, 누구도 복음의 창을 통해 비치는 그리스도의 영광을 중립적으로 보지 않는다. 이 새로운 보기는 이전의 보기와 같지 않다. 이것은 음미함이 더해진 보기다. 에드워즈가 말한 대로, 마음은 이제 새로운 입맛(벧전 2:3을 기억하라), 새로운 감각, "지극한 탁월한 사랑스러움과 달콤함을 아는 기호"를 갖게 된다. 이렇게 해서 우리는 고린도후서 3장 18절이 말한 대로 "주의 영광을 본다." 그리고 이것이 바로 영광을 보면 영광스럽게 되는 이유이다. 무심하고 시큰둥하게 영광을 엿보는 것으로는 변화가 생기지 않는다. 그러나 이렇게 보는 것은 변화를 가져온다. "주의 영광을 보매 [우리가] 그와 같은 형상으로 변화하여 영광에서 영광에 이르니."

우리가 변화하는 이유는 보기만 하던 것을 음미하며 보게 되었기 때문이다. 즐거워하면서 분별하고. 사랑하면서 바라보고, 만족하면서 느끼게 되었기 때문이다. 그리스도의 아름다움-과 그분 안에서 하나님이 우리에게 드러내시는 모든 면모-은 우리와 무관한 종교적 개념이나 단순한 교리적 진리가 아니라 지극히 귀한 보화로 우리 마음속에 우뚝 선다. 우리는 영광을 영광으로 본다. 아름다움을 아름다움으로 본다. 지극한 가치를 지극한 가치로 본다. 보는 일은 이제 음미함과 함께 이루어진다. 보는 일이 우리를 변화시킨다.

영광을 보는 것과 영광스러워지는 것

그래서 바울은 우리 자신의 영광에 대해 말한다. "주의 영광을 보매 [우리가] 그와 같은 형상으로 변화하여 영광에서 영광에["점점 더 큰 영광에"(새번역)] 이르니."

우리는 그리스도를 새롭게 봄으로써-그분을 다른 무엇보다 귀하게 여김으로써- 이제 영광스럽게 되어간다. 이것은 주님이 오심으로 우리가 새로운 부활의 몸을 입고(고전 15:43) 새롭고 영광스러운 창조세계 안에서(롬 8:18-25) 죄로부터 완전히 자유롭고 부활하신 그리스도와 완전히 같은 모습으로(요일 3:2) "영광을 받게" 될 때(롬 8:17, 살후 1:12) 온전히 누리게 될 영광과는 아직 거리가 있다. 그렇지만 이것은 진짜다. 이제 뭔가가 변하고 있다. 주의 영광을 보는 것을 통해서 그리스도의 영광이 어느 정도 우리에게 전해지고 있다. 그 일은 어떤 식으로 일어날까?

그 대답을 알기 위해서는 다음과 같이 물어야 한다. "하나님의 영광 안에서 드러나는 우리의 부족함은 무엇일까?" 우리 신체와 정신능력의 타락함을 잠시 제쳐놓는다면 우리의 타락한 모습에는 무엇이 더 있을까? 영광스럽게 될 필요가 있는 추악함은 무엇이 있을까? 바울은 로마서 1-3장에서 답을 내놓는다. 그는 로마서 3장 23절에서 이렇게 말한다. "모든 사람이 죄를 범하였으매 하나님의 영광에 이르지 못하더니."

"이르지 못한다"에 해당하는 단어(그리스어 ὑστεροῦνται[휘스테룬타이])는 부족하다, 결핍되어 있다는 뜻이다. 이것은 표적이 있는데 맞추지 못했다는 의미보다는 보물이 있는데 잃어버렸다-탕진했다-는 의미에 더 가깝다.

바울은 이 단어를 사용하여 우리가 하나님의 영광을 상실한 것에 대해 말한다. 우리는 하나님이 아닌 다른 것을 더 귀하게 여긴 것이다. 우리는 하나님의 영광보다 피조 세계의 영광을 더 음미했다. "스스로 지혜 있다 하나 어리석게 되어 썩어지지 아니하는 하나님의 영광을 썩어질 사람과 새와 짐승과 기어 다니는 동물 모양의 우상으로 바꾸었느니라"(롬 1:22-23).

우리의 타락한 상태의 본질은 터무니없게도 하나님의 영광보다 세상의 영광-우리 자신의 영광을 포함하여-을 더 좋아한 것이다. 이것이 모든 죄의 본질이다. 모든 죄의 뿌리에는 다른 것들을 좋아하느라 하나님을 평가 절하한 일이 놓여 있다. 이것은 우리가 반사해야 할 하나님의 광채를 잃어버리는 것이다. 우리의 내적 영광, 도덕적 영적 아름다움은 하나님을 또렷이 보고 그분의 존귀함을 온전히 느끼며 그분을 우리가 가진 최고의 보물로 여기는 마음에 있다. 어디건 우리 마음이 하나님을 최고 보물로 여기는 곳에서는 로마서 1장 23절에서 그려진 맞바꾸기가 뒤집어진 것이다.

영광에서 영광으로 이르는

이것이 바로 우리가 "주의 영광을 볼" 때 고린도후서 3장 18절에서 말하는 상황이 발생하는 것이다. "변화하여 영광에서 영광으로 이르는" 일이 벌어지는 것이다. 그리스도의 최고의 존귀함과 아름다움을 음미하는 일이 우리 마음속에서 하나님과 경쟁하는 모든 욕망들을 서서히 몰아내는 것이다. 그리스도인의 영광은 예수 그리스도가 우리의 영광이라는 데 있다. 우리의 영광은 본질적으로 우리 자신에게 있지 않고 우리의 창조주와 구속자의 영광을 보고 음미하는 능력이 실현되는 데 달려 있다. 그러므로 변화를 받아 "영광에서 영광으로 이르는" 것은 모든 것을 만족시키는 그리스도의 영광 안에서 누리는 탁월한 기쁨에 점점 더 자신을 맡기는 일이다.

마음의 영

바울은 에베소서 4장 22절에서 우리의 옛 자아가 "거짓된 욕망을 따라 … 썩고 있"(우리말성경)었다고 말한다. 다시 말하면, 우리는 다른 것들이 하나님보다 더 바람직하다고 느끼도록 속았다는 것이다. 바울이 말하는 해결책은 "마음의 영을 새롭게 하"(엡 4:23, 새번역)는 것–그저 마음을 새롭게 하는 것이 아니라 마음의 영이 새로워지는 것–이다. 그리스도인의 새로움은 새로운 사고방식만을 뜻하는 것이 아니다. 새로운 영, 새로운 취향, 새로운 사랑, 새로운 보물이 우리의 생각을 관통해야 한다.

내가 고린도후서 3장 18절과 관련하여 이 부분을 언급하는 데는 이유가 있다. 그리스도의 영광을 보는 데서 나오는 정서적 변화를 언급하지 않고도 우리가 어떻게 변화되는지 기술하는 본문으로 로마서 12장 2절을 떠올릴 그리스도인들이 있을 것 같아서다. 바울의 말을 먼저 들어보자.

> 너희는 이 세대를 본받지 말고 오직 마음[mind, 정신, 지성]을 새롭게 함으로 변화를 받아 하나님의 선하시고 기뻐하시고 온전하신 뜻이 무엇인지 분별하도록 하라(롬 12:2).

바울이 고린도후서 3장 18절에서 변화의 과정을 어떻게 기술하는지 알지 못하면, 우리는 로마서 12장 2절을 근거로 하여 변화는 지적인 문제일 뿐이라고 추론하게 될 것이다. 새로운 사고방식을 받아들이고 행동을 시험하고 최고의 행동을 선택하는 것을 전부로 알 것이다. 그러나 그것은 그리스도인의 삶을 얼마나 어설프게 모방한 모습이 되겠는가! 바울이 로마서 12장 2절에서 말한 "마음을 새롭게 함"은 에베소서 4장 23절의 "마음의 영을 새롭게 [함]"을 포함한다. 이 새로운 "마음의 영"이 "거짓된 욕망"(엡 4:22, 우리말성경)의 해결책이다. 새롭게 되지 않은 옛 마음은 그 '영'이 하나님의 영광을 여러 우상으로 바꿔치운 마음이었다. "[그들은] 그 생각이 허망하여지며 미련한 마음이 어두워졌나니 스스로 지혜 있다 하나 어리석게 되어 썩어지지 아니하는 하나님의 영광을 썩어질 사람과 새와 짐승과 기어 다니는 동물 모양의 우상[형상]으로 바꾸었느니라"(롬 1:21-23).

로마서 12장 2절에서 바울이 마음을 새롭게 함을 촉구하는 대목은 단순한 지적 변화 이상의 훨씬 많은 것을 의미한다. 그는 생각할 뿐 아니라 느끼는 영혼의 능력의 혁신-마음의 영의 혁신-을 의미하고 있는 것이다. 우상들이 하나님보다 더 바람직하다고 느끼게 만든 허망과 어두움과 미련함이 제거되어야 한다는 뜻이다. 마음(mind)은 마음(heart)의 기적적인 봄과 음미함으로써 "하나님의 뜻이 무엇인지 분별"하는 능력이 끊임없이 새로워져야 한다.

보고 음미하고 변화를 받으라

그러므로 우리를 변화시키는 가장 근본적인 일은 주의 영광을 우리가 가진 최고의 보물이자 모든 것을 만족시키는 보물로 대하는 것이다. 마음을 새롭게 함은 예수님의 존귀함과 아름다움을 보는 이 초자연적인 시각에 우리의 모든 생각을—거듭거듭—맞추는 것을 뜻한다. 이렇게 해서 우리는 영광에서 더 큰 영광으로 옮겨간다. 이렇게 해서 우리는 그리스도의 아름다움을 비춘다. 그리고 이렇게 해서 세상이 볼 때 설명할 수 없는 방식으로 선한 일들이 이루어진다. 그런 선한 일들은 세상이 알지 못하고 느낄 수도 없는—고린도후서 4장 6절의 기적이 그들에게 벌어지기 전에는 - 하나님에 대한 심오한 만족으로부터 솟아나는 것이기 때문이다. 이것이 그리스도를 닮은 형상으로 변화하고 있는 모든 사람들의 기도이자 목표이다.

여기까지가 앞서 50쪽의 다섯 번째 함의, 즉 우리는 주님의 영광을 보고 음미함으로써 그리스도의 아름다움을 닮은 모습으로 변화하는 것을 목표로 삼아야 한다는 것을 설명하고 정당화하는 첫 번째 부분이다.

그 영광은 주님의 말씀에서 비쳐 나온다. 그러므로 우리의 모든 성경 읽기의 목표는 성경에 계시된 영광을 보고 음미하고 그로 인해 변화를 받는 것이다.

9.

삶이 변화되는 성경 읽기

"그들의 넘치는 기쁨 …
이 그들의 풍성한 연보를 넘치도록 하게 하였느니라"

지난 장에서 우리는 그리스도인이 변화하여 "점점 더 큰 영광에 이르게"(고후 3:18, 새번역) 되는 길을 예수님과 베드로와 바울이 놀랍도록 유사하게 설명하는 것을 보았다. 예수님은 이 변화의 근원을 우리가 받을 '큰 상'으로 누리는 흔들림 없는 기쁨에서 찾으셨고, 이 기쁨이 우리를 보복에서 자유롭게 하고 하나님을 영화롭게 하는 선한 일로 사랑의 모험을 감수하게 한다고 말씀하셨다(마 5:11-16). 베드로는 변화의 근원을 하나님이 약속하신 축복으로 누리는 흔들림 없는 기쁨으로 보았다. 그리고 이 기쁨이 악을 악으로 갚으려는 우리의 성향을 극복하게 하고 심지어 고난 중에도 선을 행할 힘을 주어 다른 사람들이 우리 안에 있는 "소망에 관한 이유"(벧전 3:9, 13-17절, 4:13)를 묻기에 이른다고 보았다. 바울은 이 변화의 근원이 "주의 영광을 보[는 것]"이라고 보았는데, 거기에 그분의 존귀함과 아름다움을 새롭게 음미하는 일이 더해져 우리가 변화하고 "영광에서 영광에 이르"(고후 3:18)게 된다고 말했다.

이 모두는 하나님의 선물인 '보는 것'에서 시작된다. 보다보면 음미하게 되고, 이 음미함은 하나님보다 다른 것이 더 만족스럽다고 생각하도록 우리를 속이는 거짓된 욕망을 몰아낸다. 그리고 무엇보다 중요한 그 보는 일은 하나님 말씀을 읽는 중에 일어난다. 그렇다면, 사실상 예수님과 베드로와 바울은 진정한 변화의 근원이 영감 된 성경을 읽는 가운데 그리스도의 영광을 최고의 보화로 보고 음미하는 것이라 여겼다.

기쁨을 통한 변화의 놀라운 사례

그 통일성은 놀랍다. 그것은 믿음을 불러일으키는 성경의 영광의 일부이다. 그러나 내게 더욱 놀라웠던 것은, 바울이 고린도후서 8장 1-2절에서 묘사한 고린도 교인들의 삶이다. 이 구절에는 이 과정이 작동하는 모습이 잘 담겨있다. 그리스도인의 변화를 담아낸 이 장면은 매우 놀랍다. 이 장면은 하나님께 최고로 만족하는 것이 어떻게 급진적 사랑의 열매를 맺는지 엿보게 해준다. 또, 누군가를 회심으로 이끌고 하나님께 영광을 돌리게 만드는 "선한 일"(마 5:16, 벧전 2:12)이 어떤 것인지 보여 준다.

바울은 자신이 예루살렘의 가난한 성도들을 위해 모으고 있는 헌금에 관대하게 참가하라고 고린도 교인들을 독려하고 있다(롬 15:25-33, 고전 16:3, 고후 8:18-19). 그는 이방인들 사이에서 이 교회 저 교회를 다니며 "이방인들은 유대인들로부터 영적인 복을 나누어 가졌으므로, 물질적인 것으로써 유대인들에게 나누어줄 의무가 그들에게 있"(롬 15:27, 쉬운성경)다고 주장한다.

여기 고린도후서 8장에서도 그는 마게도냐(빌립보와 데살로니가가 위치한 그리스 북부 지역) 교인들의 사례를 들어가며 고린도 교인들의 관대한 마음을 구하고 있다. 바로 이 마게도냐 교인들의 사례가 하나님의 영광스러운 은혜 안에서 누리는 기쁨이 어떻게 이기심의 뿌리를 잘라내고 사랑의 급진적 모험과 희생을 감수하게 하는지 보여 주는 놀라운 본보기이다.

> 형제들아, 하나님께서 마게도냐 교회들에게 주신 은혜를 우리가 너희에게 알리노니 환난의 많은 시련 가운데서 그들의 넘치는 기쁨과 극심한 가난이 그들의 풍성한 연보를 넘치도록 하게 하였느니라(1-2절).

살아 있는 본보기

여기서 우리는 몇 장 앞인 고린도후서 3장 18절에서 제시한 변화의 살아있는 본보기를 보게 된다. 바울은 마게도냐로 가서 복음을 전한 바 있었다. 그가 1절에서 말한 대로, 그때 하나님은 은혜를 베푸셨다—"하나님께서 마게도냐 교회들에게 주신 은혜"가 있었다. 나는 이것이 적어도 하나님이 그들에게 고린도후서 4장 6절의 기적을 행하셨고 그들이 그리스도께로 회심했다는 뜻이라고 이해한다. 하나님은 "예수 그리스도의 얼굴에 있는 하나님의 영광을 아는 빛을 우리 마음에 비추셨"다. 그들은 하나님의 은혜의 영광을 보았고 경험했다.

그 결과는 매우 놀라웠다-인간적으로 설명할 수 없는 것이었다. 그것은 고린도후서 8장 2절에 이렇게 묘사되어 있다. "환난의 많은 시련 가운데서 그들의 넘치는 기쁨과 극심한 가난이 그들의 풍성한 연보를 넘치도록 하게 하였느니라."

은혜의 경험이 가져온 실제적이고 가시적인 결과는 "풍성한 연보를 넘치도록 하게 [된 것]"이었다. 그들은 예루살렘의 가난한 사람들을 위한 바울의 호소에 비범할 만큼 아낌없는 연보로 반응했다. 그 일이 비범하다고 말하는 이유는 첫째 그 희생적 액수와 열렬함 때문이다. 이 부분에 대한 내용은 3-4절에서 볼 수 있다. "그들이 힘대로 할 뿐 아니라 힘에 지나도록 자원하여 이 은혜와 성도 섬기는 일에 참여함에 대하여 우리에게 간절히 구하니."

그들은 더 내게 해 달라고 간청했고 그들의 물질적 형편을 넘어서까지 바쳤다. 2절에서 말하는 대로 그것은 "풍성한 연보"였다.

환난과 가난 중에 느끼는 해방의 기쁨

그러나 이것이 그들의 연보가 비범하다고 보는 주된 이유는 아니다. 주된 이유는 2절에 나온다. 그들의 연보는 "환난의 많은 시련 가운데서"

이루어졌고 극심한 가난에서 나온 것이었다. 인간적으로 볼 때 그들은 아무 것도 내놓지 않을 이유가 충분했다. 체면치레만 하는 정도에서 그칠 이유는 분명했다. 그들은 극도로 가난했고 새로 갖게 된 기독교 신앙 때문에 새로운 환난들을 겪고 있었다. 상상할 수 있겠지만, 하나님이 자신들을 돌보지 않는다—그들이 박해를 받고 가난하도록 방치하셨다—고 불평하는 이들이 많을 법한 상황이었다. 하지만 이 그리스도인들은 충격적일 만큼 달랐다. 자기연민의 암시조차 없다. 오히려 풍성한 연보가 있다. 바울이 7-8절에서 분명히 밝히고 있다시피, 이런 관대함을 가리키는 이름은 사랑이다. 그는 이렇게 말한다. "너희는 … 이 은혜에도 풍성하게 할지니라. 내가 명령으로 하는 말이 아니요 오직 다른 이들의 간절함을 가지고 너희의 사랑의 진실함을 증명하고자 함이로라."

설명할 수 없는 희생의 근원

이제 결정적인 질문은 이것이다. 이 마게도냐 교인들의 무엇이 환난과 가난 한복판에서도 인간적으론 설명할 수 없는 희생적인 관대함을 보이게 만든 것일까? 대답은 분명하고 확실하다. "그들의 넘치는 기쁨…이 그들의 풍성한 연보를 넘치도록 하게 하였느니라."

마게도냐 교인들을 근본적으로 관대하고 사랑이 많은 사람들로 변화시킨 것이 무엇이었는지 이보다 더 분명히 말할 수는 없을 것이다. 그것은 그들의 기쁨이었다. 주의 깊게 살펴보라. 그들이 관대하게 연보했을 때 기쁨이 동시에 있었다는 것이 아니다. 그들의 관대함에 기쁨이 따라왔다는 정도도 아니다. 기쁨이 원인이었다. 기쁨 자체가 "연보를 넘치게 하게 하도록" 만들었다. 기쁨은 샘이었고 관대함은 개울이었다. 기쁨은 뿌리였고 관대함은 열매였다.

이 기쁨은 적당한 선에서 머물지 않았다는 것도 주목하라. 그것은 "풍성한 기쁨"(그리스어 "헤 페리세이아 테스 카라스")이었다. 거대했다. 외적 상황에 근거한 것이 결코 아니었다. 그들은 "환난의 많은 시련"(그리스어 "엔 폴레 도키메 들 세오스") 가운데 있었고 "극심한 가난"(그리스어 "헤 카타 바투스 프톡세이아")에 처해 있었다. 바울은 그들의 기쁨이 외적 상황에 의해 생겨나거나 유지되지 않았음을 분명히 밝히는 언어를 구사하고 있다. 그렇다면, 그 어려운 상황에서 마게도냐 사람들은 무엇 때문에 그렇게 행복했던 것일까?

결국 꺾이지 않는 기쁨의 근원

대답은 1절에 "하나님께서 마게도냐 교회들에게 주신 은혜"로 나와 있다. 우리가 주의 은혜에 대해 이런 종류의 기쁨으로 반응하지 않는다면, 아직 죄와 진노와 지옥과 십자가와 부활과 죄 용서와 그리스도와 영광의 소망을 제대로 알지 못하고 있다는 뜻이다. 마게도냐 교인들에게 하나님의 은혜의 영광(엡 1:6)은 세상에 존재하는 그 어떤 부나 위안거리보다도 아름답고 귀하고 만족스러운 것이었다. 하나님은 눈을 어둡게 하는 사탄의 영향을 극복하셨고 그들의 마음의 눈을 열어 "그리스도의 영광의 복음의" 찬란한 "광채"를 보게 하셨다. 하나님은 "예수 그리스도의 얼굴에 있는 하나님의 영광을 아는 빛을 우리 마음에 비추셨"다. 그 어떤 것도! 그 무엇도 그들이 예수 그리스도 안에서 보고 받아들인 것의 가치를 능가할 수 없었다. 어떤 환난, 어떤 가난도 그들의 기쁨을 앗아갈 수 없었다.

그들은 "주의 영광을 보"았고, 이기심에서 해방되어 자신들의 기쁨이 다른 사람들의 삶으로 확대되기를 구하는 가운데 점점 더 영광스럽게 변화되고 있었다. 이것이 무한히 아름답고 무한히 풍성한 그리스도의 영광 안에 있는 기쁨의 본질이다. 이 기쁨은 밖으로 향하는 충동을 갖고 있다. 그 본성은 확장하는 데 있다. 다른 사람들이 하나님 안에서 누리는 기쁨을 더하는 식으로 자기를 확대하기를 추구한다. 다시 말해, 하나님의 영광 안에서 기쁨을 추구하면 자신에게 몰두하게 되는 것이 아니라 다른 사람들이 하나님을 영원히 즐거워하게 만드는 일을 원하게 된다. 하나님 안에서 그들이 누리는 기쁨은 우리 기쁨의 확장이자 완성이다.

새로운 사랑의 힘

마게도냐 교인들을 통해 놀랍도록 분명하고 신선하게 드러난 진리가 있다. 예수님 안에서 최고의 기쁨을 찾는 것이 월등한 만족의 힘으로 죄의 뿌리를 잘라낸다는 것이다. 토마스 차머스가 말한 대로, 우리의 이기심은 새로운 사랑의 내쫓는 힘에 의해 물러난다.

> 실천적 도덕가가 사람의 마음에서 세상을 향한 사랑을 쫓아내는 두 가지 방법이 있다. 하나는 세상의 허망함을 보여 주어 가치가 없는

> 대상에서 눈길을 거두도록 마음을 설득하는 것이고, 또 하나는 다른 대상, 즉 하나님을 애착을 둘 만한 가치 있는 존재로 제시하여 미래가 없는 옛 애정을 포기하고 새 애정으로 옛 애정을 대신하도록 마음을 설득하는 것이다. 나의 목적은 우리 본성의 구조로 볼 때 첫 번째 방법이 전적으로 무능하고 비효율적임을 보이고, 두 번째의 방법만이 마음을 그릇된 감정의 압제로부터 구출하여 회복시킬 충분한 힘이 있다는 점을 보여 주는 것이다.[1]

경고와 두려움의 자리

우리의 변화를 위한 하나님의 일하심에는 우리가 불순종의 길을 고집할 때 찾아올 심각한 일들에 대한 다양한 경고도 들어있다. "전에 너희에게 경계한 것 같이 경계하노니 이런 일을 하는 자들은 하나님의 나라를 유업으로 받지 못할 것이요"(갈 5:21).

그러나 두려움의 역할은 언제나 부차적이다. 우리는 하나님의 자녀이지 노예가 아니다.

> 너희는 다시 무서워하는 종의 영을 받지 아니하고 양자의 영을 받았으므로 우리가 "아빠 아버지"라고 부르짖느니라. 성령이 친히 우리의 영과 더불어 우리가 하나님의 자녀인 것을 증언하시나니(롬 8:15-16).

두려움의 기능은 생명의 근원을 등지고 쓸모없는 웅덩이를 파는 것이 정신 나간 일임을 깨닫게 하는 것이다(렘 2:12-13). 그러나 변화의 결정적인 수단은 두려움이 아니라 즐거움이다. 성경 곳곳에 등장하는 "여호와를 경외하라"는 촉구는 이것과 모순되지 않는다. 우리가 주님을 올바르게 두려워하면, 그것이 우리의 기쁨이 되기 때문이다! "주여 구하오니 귀를 기울이사 … 주의 이름을 경외하기를 기뻐하는 종들의 기도를 들으…소서"(느 1:11, 사 11:3)

변화를 위한 성경 읽기

지난 장과 이번 장 두 장에 걸쳐 우리는 나의 제안(50쪽을 보라)의 다섯 번째 함의에 초점을 맞추었다. 8장에서는 예수님과 베드로와 바울이 그리스도인의 변화의 근원을 하나님이 예수님 안에서 우리에게 드러내시는 모든 면모를 보고 음미함에서 찾는 것을 보았다. 이 보고 음미함에 의해 우리는 변화하여 영광에서 영광에 이른다.

이번 장에서는 마게도냐 신자들의 삶을 통해 그 변화의 실제 사례를 보았다. 그들이 하나님의 은혜로 누리는 "풍성한 기쁨"-즉, 그들이 하나님의 은혜의 영광을 음미함-은 확장하는 충동을 가졌다. 그 기쁨은 자기에게 몰두하고 자기를 보호하고 높이던 우리를 그리스도를 닮은 종으로 변화시켜 다른 이들의 현실적인 유익과 영원한 유익을 갈망하게 만든다.

이것은 우리의 성경 읽기가 결코 보기만을 위한 것이 아니고, 배움과 교리만을 위한 것이 아니라는 뜻이다. 우리가 음미하는 것이 다른 사람들과의 관계에서 우리를 변화시키지 않는 사적인 것을 의미한다면 성경 읽기는 음미함만을 위한 것도 아니다. 우리는 우리를 변화시켜 그리스도와 닮게 만드는 보기와 음미함을 경험하기 위해 성경을 읽는다-언제나 성경을 읽는다.

지금껏 우리는 변화 받는 것에 대해 전부 성경 안에서 살펴보았다. 독자가 이 책의 요지를 놓칠까봐 뻔한 이야기를 하자면, 나는 하나님의 궁극적 목적에 대한 일반적인 이야기를 쓰고 있는 것이 아니다. 하나님이 그분의 궁극적 목적을 한권의 책, 성경을 통해 어떻게 추구하시는지에 대해 쓰고 있다. 성경은 하나님이 그분의 궁극적 목적을 어떻게 추구하시는지 보여 주는 책이다. 그리고 성경은 성경 자체가 하나님의 계획에서 필수불가결하다는 것을 보여 준다.

몇 가지 해명

이번 장을 마무리하기 전에 한 가지 해명할 필요가 있을 것 같다. 하나님의 영광은 언급하지 않지만 우리가 변화를 추구하는 데는 도움이 되는 수백 개의 성경구절은 어떻게 되는 것일까? 나는 하나님의 영광을 무엇보다 귀하게 여기는 것이 그리스도를 높이는 변화의 결정적인 수단이라고 말하지만, 그 수백 개의 성경 말씀 중 어느 하나도 무효로 만들거나 축소하거나 왜곡시킬 의도는 없다. 나는 변화를 촉구하는 그런 성경구절들을 희석시키거나 변경하지 않고 있는 그대로 진지하게 받아들이는 법을 다룬 책을 여러 권 썼다.[2]

변화를 추구하게 하는 성경구절 중 어느 하나도 거기서 촉구하는 한 가지 행동으로 중요한 것을 전부 표현한 것처럼 고립시켜서는 안 된다. 성경의 모든 부분은 전체에 기여하는 기능을 갖고 있다. 그리고 성경에는 나머지 전체에 빛을 비춰주는 매우 중심적이고 포괄적인 계시들이 있다. 나는 고린도후서 3장 18절-4장 6절이 그런 부류의 계시라고 생각한다. 고린도후서 4장 6절이 말하는 기적의 필요성은 세상 모든 곳 모든 사람에게 보편적으로 유효하다.

모든 이에게 필수불가결한 이 기적은 이어지는 고린도후서 3장 18절의 기적을 가능하게 만든다—"주의 영광을 보매 [우리가] 그와 같은 형상으로 변화하여 영광에서 영광에 이르니."

이것은 교회의 어느 한 부분에만 해당하는 진리가 아니다. 교회의 어느 한 시기에만 해당하는 진리도 아니다. 모든 장소 모든 시간의 모든 그리스도인에게 해당하는 진리다. 그리스도인의 변화의 모든 측면에 유효하다. 변화를 추구하게 만드는 성경 말씀의 모든 측면과 연관되어 있다.

그러므로 성경이 모종의 사랑의 행위를 권면하고자 약속이나 경고를 내세울 때, 우리는 약속된 복이나 경고된 해가 하나님의 영광과 무관하게 우리 마음에 작용한다고 생각해서는 결코 안 된다. 만약 우리가 하나님이 약속하시는 어떤 것의 바람직함에 너무나 매력을 느낀 나머지 그것을 하나님을 즐거워할 계기와 통로로 삼지 않고 그것 자체만 누리기를 바란다면, 우리는 하나님의 약속을 우상숭배의 유혹으로 바꾸어놓고 있는 것이다.

만족을 약속하신 하나님

예를 들어, 바울은 빌립보 교인들에게 "나의 하나님이 그리스도 예수 안에서 영광 가운데 그 풍성한 대로 너희 모든 쓸 것을 채우시리라"(빌 4:19)고 약속했는데, 빌립보 교인들은 기본 생활비를 충당하는 데 필요한 돈이 채워지는 것에만 관심이 있다면, 이는 바울의 의도와 반대되는 일일 것이다. 바울은 쓸 것을 충분히 채우신다는 이 약속이, 모든 것을 만족시키는 하나님의 위대함에 대해 그가 말한 다른 내용과 분리되기를 바라지 않았다. 그는 이렇게 말한 바 있다. "나는 비천에 처할 줄도 알고 풍부에 처할 줄도 알아 모든 일 곧 배부름과 배고픔과 풍부와 궁핍에도 처할 줄 아는 일체의 비결을 배웠노라"(빌 4:12).

다시 말해, 하나님이 충분히 채워주실 거라고 바울이 장담한 의도는 그 채우심으로 인해 빌립보 교인들이 보화이신 하나님에 대해 뭔가를 보게 되길 바란 것이었다. 그리고 그들이 하나님 때문에 그 약속을 귀하게 여기게 되는 것이었다. 어거스틴이 기도한 대로, "무엇이건 당신 때문이 아니라 당신과 겸하여 사랑하는 사람은 당신을 너무 적게 사랑하는 자입니다."[3]

가장 빛나는 광채

하나님은 우리에게 그분 자신과 함께 많은 좋은 것들–우리가 쓰고 누리라고 창조하신 좋은 것들–을 약속하신다(딤전 4:1-4, 6:17). 하나님이 물질계를 창조하신 이유는 그저 우상 후보들로 우리를 시험하기 위해서가 아니었다. 우리는 하나님이 만드신 모든 선한 것은 그분의 어떤 부분을 전해준다는 인식을 갖고 감사한 마음으로 그것들을 사용하고 누려야 한다.

그러므로 우리는 언제나 하나님의 영광을 보고 음미하기 위해 성경을 읽어야 한다고 내가 말할 때는, 하나님의 영광을 성경의 모든 피조물들과 수백 가지 약속 및 경고와 분리된 하나의 '항목' 정도로 보는 것이 아니다. 하나님의 영광은 창조된 모든 실재와 성경의 온갖 약속과 경고 안에서 그 모두를 통해서 전해지는 하나님의 광채, 하나님의 아름다움, 하나님의 위대함이다. 사실, 우리는 하나님의 영광이 그 모든 실재의 핵심에 해당한다는 것을 보았다. 하늘이 하나님의 영광을 선포한다고 말할 때는, 그것이 하늘의 핵심이라는 의미다. 하늘에 대해 연구해야 할 항목이 만 가지는 되겠지만, 하나님의 영광을 선포한다는 것이 하늘의 가장 중요한 점이다. 창조된 모든 실재가 다 이와 같다. 거룩과 사랑을 추구하는 모든 성경적 동기에 대해서도 동일하게 말할 수 있다.

어거스틴의 변화

앞에서 어거스틴의 말을 인용했으니, 그가 하나님의 말씀 안에서 그분의 영광을 음미함을 통해 변화한 이야기로 이번 장을 마무리하는 것이 적절할 듯하다. 어거스틴은 역사상 가장 위대한 신학자 중 한 사람이다(354-430). 그러나 그는 본인이 인정하는 바처럼, 서른한 살이 될 때까지 성적 죄에 매여 있었다. 그는 십오 년 동안 첩을 두었다. 그러다 이탈리아

밀라노의 한 정원에서 모든 것이 달라졌다. 어거스틴이 자신의 몸부림과 변화를 적은 이야기를 소개한다.

> 나는 스스로에게 이렇게 물으며 마음에 밀려드는 쓰라린 슬픔 때문에 줄곧 울고 있었습니다. 그때였습니다. 갑자기 이웃집에서 들려오는 말소리가 있었습니다. 그 말소리가 소년의 것인지 소녀의 것인지는 확실히 알 수 없었으나 계속 반복되었던 후렴구는 "들고 읽어라" "들고 읽어라"는 것이었습니다. 나는 곧 고개를 들고 어린아이들이 어떤 놀이를 할 때 저런 노래를 부르는지 곰곰이 생각해보았습니다. 그러나 아무리 생각해도 전에 그런 노랫소리를 들었던 기억이 나지 않았습니다. 나는 흘러나오는 눈물을 닦고 일어섰습니다. 나는 그 소리를 성서를 펴서 첫눈에 들어온 구절을 읽으라는 하나님의 명령으로밖에 생각할 수 없었습니다. …
>
> 그래서 알리피우스가 있는 곳으로 급히 돌아갔습니다. 그곳을 떠나오면서 거기에다 바울의 서신들을 놔두고 온 까닭입니다. 나는 그 책을 집어 들자마자 펴서 첫눈에 들어온 구절을 읽었습니다. "방탕과 술 취하지 말며 음란과 호색하지 말며 쟁투와 시기하지 말고 오직 주 예수 그리스도로 옷 입고 정욕을 위하여 육신의 일을 도모하지 말라"(롬 13:13-14-역주).
>
> 나는 더 이상 읽고 싶지 않았고 읽을 필요도 없었습니다. 그 구절을 읽자 즉시 확실성의 빛이 내 마음에 쏟아져 들어와 의심의 어두운 그림자를 전부 몰아냈습니다.[4]

하나님의 말씀이 어두움을 쫓아낸 어거스틴의 경험은 그의 성적 죄에 놀랄 만큼 적절했던 단순한 우연의 일치에 불과한 피상적인 경험이 아니었다. 우리는 그것이 그보다 깊이 있는 경험이었음을 안다. 그것이 남긴 영속적 결과와 실제로 벌어진 일에 대해 어거스틴이 보여 준 통찰력 때문이다. 이후 그는 그 순간에 시작된 일과 남은 평생 이어진 일을 알려 주었다.

> 이전에 내가 그렇게 놓기 두려워했던 것을 놓아버린 일이 이제 나에게 얼마나 큰 기쁨이 되는지요! … 참되시고 가장 좋으신 당신께서 그것들을 내 안에서 쫓아 주셨습니다. 당신이 그것들을 쫓아내시고 그 자리를 차지하셨습니다. … 오 나의 주 나의 하나님, 나의 빛, 나의 부(富), 나의 구원이시여.[5]

이런 식으로 하나님은 성경이 그분의 백성을 변화시키도록 계획하셨다. 그리스도의 영광이 드러난다. 눈이 열린다. 그리스도를 "나의 빛, 나의 부, 나의 구원"으로 보고 음미한다. 그리고 그렇게 봄으로써 생겨난 "주권적 기쁨"이 "허망한 기쁨들"을 몰아내고 그 자리를 대신한다. 어거스틴은 주의 말씀을 읽음으로 주의 영광을 보고 변화를 받아 영광에서 영광에 이르렀다.

10.

하나님 나라 완성을 추구하는 성경 읽기

"각 족속 … 가운데에서 사람들을 사서
하나님께 드리시고"

눈이 있는 사람들은 기독교의 성경이 하나님의 영광을 발산하는 것을 본다. 성경의 영감 된 증언에는 신적이고 초자연적인 빛이 스며있다. 성경의 어느 부분을 읽건, 그 안에 있는 것을 정말 본다면, 하나님이 예수님 안에서 우리에게 드러내시는 모든 면모에 담긴 영광을 볼 수 있다. 그리고 하나님의 영광을 보면 음미함이 깨어난다. 음미함이 없다면 진짜 보았다고 할 수 없다. 예수님은 음미하지 못하고 보는 것을 "보지 못함"이라 부르셨다. "보아도 보지 못하"(마 13:13)는 것이다. 하나님의 영광을 최고로 아름답게-귀중하게, 만족스럽게, 지고의 보화로- 보는 것이 참된 보기이다. "이것은 영이신 주님께서 하시는 일"(고후 3:18, 새번역)이다.

8장과 9장에서 이 보기와 음미하기가 심오한 변화를 가져온다는 것을 살펴보았다. "주의 영광을 보매 [우리가] 그와 같은 형상으로 변화하여 영광에서 영광에 이르니"(3:18). 인간의 영혼이 하나님 그분을 최고의 보물로 모시게 되면 우리를 속여 하나님보다 더 바람직한 것이 있다고 믿게 만드는 죄의 "거짓된 욕망"이 쫓겨나간다. 하나님의 영광을 보고 음미하면 이기심의 뿌리가 잘려나가고 우리는 사랑의 길에 들어서게 된다.

그래서 하나님은 영감 된 성경을 가지고 그분의 궁극적 목적을 추구하신다. 하나님은 성경을 통해 우주에 대한 계획과 그리스도 안에서 행하시는 구원사역과 그분이 행하시는 모든 방식의 영광을 계시하신다. 그리고 이 계시를 통해 하나님은 예배자들로 이루어진 가족을 창조하시고 모으시고 변화시키시고 마침내 완전하게 하셔서 다가올 새 땅을 주님의 영광으로 채우신다.

그리스도의 신부가 영원토록 드리는 예배

나는 지금 성경 읽기의 궁극적 목표가 하나님의 무한한 존귀함과 아름다움이 그리스도께서 각 족속과 방언과 백성과 나라 가운데서 피 흘려 사신 그리스도의 신부가 영원토록 드리는 뜨거운 예배 가운데 높임을 받으시는 것이라고 제안한 뒤 그 내용을 설명하고 그것이 옳다고 주장하고 있다. 그리고 이제 우리는 이 제안의 여섯 번째 함의(50쪽 제안 참조)에 이르렀다. 그리스도의 영광을 보고 음미함으로써 변화된 한 무리의 백성을 통해 점점 더 많은 사람들이 하나님을 예배하는 가족의 일원이 될 것이고, 마침내 그리스도의 신부–모든 시대와 문화를 아우르는–의 수가 다 채워지고 그 아름다움이 완성될 것이다.

아름다운 신부를 위한 준비

하나님의 궁극적 목적이 하나님의 아들의 아름다운 신부가 될 변화된 새 백성의 창조를 포함한다니 너무나 놀랍다. 물론, 이 내용을 성경에 계시하신 하나님은 우리가 성부와 성자와 이런 식으로 친밀한 가족이 된다는 사실에 담긴 짜릿한 함의를 황홀해하기를 바라신다. 이것이 우리의 영광과 기쁨에 어떤 의미가 있을지는 상상할 수도 없다. 그러나 이것이 우리가 하나님의 말씀에 머물면서 그것을 묵상하는 이유이고 시를 쓰고 노래를 짓는 이유이며, 예배하고 한데 모여서 각자가 본 영광을 나누며 서로를 격려하는 이유다.

우리는 하나님의 아들의 신부를 준비하는 일이 처음부터 하나님의 계획이었음을 안다. 바울은 그리스도와 교회의 관계를 아담과 하와의 결혼과 연결지음으로써 이것을 분명히 밝힌다. 먼저, 그는 남편들에게 아내 사랑하기를 "그리스도께서 교회를 사랑하시고 그 교회를 위하여 자신을 주심 같이 하라"(엡 5:25)고 말한다. 그 다음에는 십자가에서 이루신 그리스도의 구원사역이 아름다운 신부를 창조하기 위한 것이었음을 설명한다.

> 그리스도께서 이렇게 하신 것은 말씀을 통해 교회를 물로 씻어 깨끗하게 해서 거룩하게 하시고 티나 주름이나 다른 지저분한 것들이 없이 교회를 자기 앞에서 영광스러운 모습으로 서도록 해서 오직 거룩하고 흠이 없게 하기 위한 것입니다(엡 5:26-27, 우리말성경).

이것이 우리가 8장과 9장에서 초점을 맞추었던 변화시키는 사역이다. 그리스도께서는 말씀을 통해 그분의 영으로 이 사역을 수행하신다.

이어서 바울은 그리스도와 교회의 결혼을 아담과 하와의 결혼과 연결시킨다. 그는 창세기 2장 24절을 인용한다. "이러므로 남자가 부모를 떠나 그의 아내와 합하여 둘이 한 몸을 이룰지로다."

끝으로, 바울은 창세기 2장 24절의 적용을 분명하게 한다. "이 비밀이 크도다. 나는 그리스도와 교회에 대하여 말하노라"(엡 5:25-32).

다시 말해, 하나님은 아담과 하와의 결혼을 새로운 가족 안에서 이루는 서로 간의 언약으로 정하셨을 때, 그리스도의 신적 결혼을 염두에 두고 그것을 바탕으로 인간의 결혼을 만드신 것이다.

우회적인 하나님의 신부 예비 방식

그 다음 하나님은 지구상의 모든 민족 집단 중에서 구속받고 변화된 사람들로 구성된 공동체를 택하여 하나님 아들의 신부로 세울 계획을 추진하셨다. 하나님은 통상적인 인간의 기대로 보자면 너무나 우회적이고 당혹스러운 방식으로 이 일을 하셨기에 바울은 그 이야기를 마치면서 이렇게 말했다. “깊도다 하나님의 지혜와 지식의 풍성함이여, 그의 판단은 헤아리지 못할 것이며 그의 길은 찾지 못할 것이로다”(롬 11:33).

하나님은 창세기에서 대위임령을 내려 모든 민족을 모으시는 대신, 유대민족이라는 하나의 민족을 선택하여 구원 사역의 초점으로 삼으셨다. “당신들은 주 당신들의 하나님의 거룩한 백성이요, 주 당신들의 하나님이 땅 위의 많은 백성 가운데서 선택하셔서, 자기의 보배로 삼으신 백성”(신 7:6, 새번역)이다. 그리고 하나님은 이스라엘을 그분의 “보배”로 삼으시면서 자신을 그의 남편이라 칭하셨다. “너를 지으신 이가 네 남편이시라. 그의 이름은 만군의 여호와이시며 네 구속자(救贖者)자는 이스라엘의 거룩한 이시라. 그는 온 땅의 하나님이라 일컬음을 받으실 것이라”(사 54:5).

하나님은 구약성경에서도 손꼽히는 생생한 어휘를 사용하여, 이스라엘을 선택하신 것을 피 흘리며 버려진 아이와 약혼하신 일로 묘사하셨다.

> 내가 네 곁으로 지나갈 때에 네가 피투성이가 되어 발짓하는 것을 보고 네게 이르기를 너는 피투성이라도 살아 있으라 다시 이르기를 너는 피투성이라도 살아 있으라 하고 내가 너를 들의 풀 같이 많게 하였더니 네가 크게 자라고 심히 아름다우며 유방이 뚜렷하고 네 머리털이 자랐으나 네가 여전히 벌거벗은 알몸이더라. 내가 네 곁으로 지나며 보니 네 때가 사랑을 할 만한 때라. 내 옷으로 너를 덮어 벌거벗은 것을 가리고 네게 맹세하고 언약하여 너를 내게 속하게 하였느니라

(겔 16:6-8).

일부 예외(룻과 에스더와 요나 이야기와 열국을 호출했던 일부 시편 같은)를 제외하면, 하나님은 특별계시를 하나의 민족 집단인 이스라엘에게 집중하셨다. 그렇지만 그분이 처음부터 좀 이상한 방식으로(바울은 이것을 에베소서 3:6에서 비밀이라 부른다[개역성경에서 3:4에 나오는 '비밀'을 "이는"이라는 대명사로 받고 있다-역주]) 이스라엘에게 이렇듯 집중하신 것은 결국 세계의 모든 민족들을 포함하기 위한 계획의 일환이었다. 이스라엘로의 집중은 아브람(나중에 아브라함이라 불린다)과 더불어 시작되었다. 그에게 주어진 약속 중에는 이런 것도 있었다. "땅의 모든 족속이 너로 말미암아 복을 얻을 것이라"(창 12:3).

이스라엘에서 열방으로의 초점 변화

결과적으로 보면, 이스라엘은 하나님의 목적을 완성하기에 적합한 방식으로 하나님께 순종하지 않았다. 분명, 이스라엘 안에는 언제나 하나님께 신실했던 남은 자들이 있었다(사 10:22-23, 롬 9:27). 그러나 대체로 이스라엘 민족은 반역을 일삼았다. 메시아 예수께서 오셔서 하나님 나라를 선포하셨을 때, 이스라엘 중 소수의 사람들만이 그들의 왕을 받아들였다. 십자가에 못 박힌 메시아는 대부분의 이스라엘 사람들에게 거리끼는 존재였다(고전 1:23).

그래서 예수님은 자신이 거부당하는 일을 비유로 들려주시고 그것을 이스라엘에 대한 무서운 경고의 말씀으로 해석하셨다. "하나님의 나라를 너희는 빼앗기고 그 나라의 열매 맺는 백성이 받으리라"(마 21:43). 마태복음 8장 11-12절에서는 동일한 심판을 이렇게 선언하셨다. "동서로부터 많은 사람이 이르러 아브라함과 이삭과 야곱과 함께 천국에 앉으려니와 그 나라의 본 자손들은 바깥 어두운 데 쫓겨나 거기서 울며 이를 갈게 되리라."

그러니까 하나님은 특별 계시와 변화의 직접적이고 특별한 초점을 이스라엘에게서 거두시고 그분의 구원 사역을 모든 나라에서 사람들을 불러 모아 하나의 가족을 이루는 데 집중하셨다. 바울은 예수님을 믿음으로써 이방인이 "아브라함의 씨"(갈 3:16, KJV)와 연합될 수 있고, 그렇게 해서 신실한 이스라엘에게 주어진 모든 약속의 온전한 수혜자가 될 수 있음을 지적했다. 하나님의 한 백성-유대인과 이방인 모두에서 나온-밖에 없는 경위에 대한 바울의 탁월한 설명을 여기 소개한다.

> 너희가 다 믿음으로 말미암아 그리스도 예수 안에서 하나님의 아들이 되었으니 누구든지 그리스도와 합하기 위하여 세례를 받은 자는 그리스도로 옷 입었느니라. 너희는 유대인이나 헬라인이나 종이나 자유인이나 남자나 여자나 다 그리스도 예수 안에서 하나이니라. 너희가 그리스도의 것이면 곧 아브라함의 자손이요 약속대로 유업을 이을 자니라(갈 3:26-29).

한 민족을 모으시는 신비롭고 우회적인 방법

하나님이 특별계시의 직접적이고 특별한 초점을 이스라엘에게서 거두셨다고 말한 것은 그분이 모든 민족 중에서 한 백성을 모으시는 일에 새롭게 초점을 맞추시면서 유대인들을 배제하신다는 뜻이 아니다. 사실, 바울은 전도사역을 통해 복음이 "먼저는 유대인에게요 그리고 헬라인에게"(롬 1:16) 전해져야 한다는 본을 보여 주었다. 그는 유대인 동포들이 구원받기를 간절히 기도했다(롬 10:1). 그리고 이렇게 말했다. "내가 이방인의 사도인 만큼 내 직분을 영광스럽게 여기노니 이는 혹 내 골육을 아무쪼록 시기하게 하여 그들 중에서 얼마를 구원하려 함이라"(롬 11:13-14).

그러나 그의 복음전도에 대한 이스라엘의 반응은 크지 않았고(예수님에 대한 반응과 마찬가지로), 예수님이 예루살렘을 두고 우셨던 것처럼(눅 19:41-44) 바울은 그의 동포 유대인들이 "저주를 받아 그리스도에게서 끊어"졌다는 데 대해 "큰 근심…과 마음에 그치지 않는 고통"을 느꼈다(롬 9:2-3).

바울은 이스라엘이 메시아를 받아들이지 않는 것이 세계 모든 민족에게 구원을 전하게 하시려는 하나님의 계획의 신비로운 일부라고 보았다. 그리고 그는 예수님이 말씀하신 "이방인의 때"(눅 21:24)에 이방인들을 모으는 일이 이스라엘의 완고함이 제거되는 일로 이어져 결국 이스라엘 안에서도 많은 사람이 그리스도께 돌아가는 일이 일어날 거라고 보았다. 그래서 바울은 이렇게 말했다. "그들을 버리는 것이 세상의 화목이 되거든 그 받아들이는 것이 죽은 자 가운데서 살아나는 것이 아니면 무엇이리요?"(롬 11:15).

몇 절 후에는 이렇게 말했다. “너희가 스스로 지혜 있다 하면서 이 신비를 너희가 모르기를 내가 원하지 아니하노니 이 신비는 이방인의 충만한 수가 들어오기까지 이스라엘의 더러는 우둔하게 된 것이라”(롬 11:25). 이후, 민족들의 그 충만한 수가 들어올 때, “온 이스라엘이 구원을 받”(롬 11:26)을 것이다.[1] 그 다음, 바울은 “깊도다 하나님의 지혜와 지식의 풍성함이여”(롬 11:33)라고 외치기 직전에 하나님이 한 민족을 모으시는 신비롭고 우회적인 방법을 요약하며 말한다.

> 너희[이방인들]가 전에는 하나님께 순종하지 아니하더니 이스라엘이 순종하지 아니함으로 이제 긍휼을 입었는지라. 이와 같이 이 사람들이 순종하지 아니하니 이는 너희[이방인들]에게 베푸시는 긍휼로 이제 그들[유대인들]도 긍휼을 얻게 하려 하심이라. 하나님이 모든 사람[유대인과 이방인]을 순종하지 아니하는 가운데 가두어 두심은 모든 사람에게 긍휼을 베풀려 하심이로다(롬 11:30-32).

이방인의 때

우리는 지금 역사 중에서도 하나님이 세계의 모든 민족 가운데 값 주고 사신 그분의 백성을 모으기로 정하신 시기를 살고 있다. 예수님은 지상에서 사시는 동안에는 계속 이스라엘에게 초점을 맞추셨다. 그분은 “나는 이스라엘 집의 잃어버린 양 외에는 다른 데로 보내심을 받지 아니하였노라”(마 15:24)고 말씀하셨다. 그러나 이스라엘이 예수님을 결정적으로 거부한 후, 예수님은 다음과 같은 의미심장한 말씀으로 지상에서의 시간을 마무리하셨다.

> 하늘과 땅의 모든 권세를 내게 주셨으니 그러므로 너희는 가서 모든 민족을 제자로 삼아 아버지와 아들과 성령의 이름으로 세례를 베풀고 내가 너희에게 분부[명령]한 모든 것을 가르쳐 지키게 하라. 볼지어다, 내가 세상 끝 날까지 너희와 항상 함께 있으리라(마 28:18-20).

이 대위임령-우리는 성경을 통해서만 아는-이 우리 시대를 규정한다. 모든 권세. 모든 민족. 예수님이 명령하신 모든 것. 이것이 우리의 과제이다. 우리는 예수님의 권세를 받들어 모든 민족에게 복음을 전파한다. 우리는 성경과 성령의 도움을 입어 예수님이 명령하신 모든 것을 지키는 한 백성을 모으고 변화시키는 일을 추구한다.

신부여, 준비하라!

우리가 예수님의 권세로 이 일을 한다는 말은 예수님이 선교를 승인하셨다는 의미만이 아니다. 예수님이 선교사역에서 결정적인 역할을 하신다는 뜻이다. 예수님은 자신의 피로 신부를 사셨고 모든 민족에서 그녀를 모으고 계신다. 예수님은 이렇게 말씀하셨다. "내가 내 교회를 세우리니 음부의 권세가 이기지 못하리라"(마 16:18).

예수님이 세우고 계신다-오늘! 예수님은 이렇게도 말씀하셨다. "나에게는 이 우리에 속하지 않은 다른 양들이 있다. 나는 그 양들도 이끌어 와야 한다. 그들도 내 목소리를 들을 것이며, 한 목자 아래에서 한 무리 양 떼가 될 것이다"(요 10:16, 새번역).

오늘날 선교에 친히 참여하시는 예수님의 권세를 보라. "나는 그 양들도 이끌어와야 한다." "그들도 내 음성을 들을 것이[다]." "한 무리 양떼가 될 것이다."

예수님은 "그 민족만 위할 뿐 아니라 흩어진 하나님의 자녀를 모아 하나가 되게 하기 위하여"(요 11:52) 죽으셨다. "흩어진"이란 세계 온 민족들 가운데 흩어져 있다는 뜻이다. 우리가 그렇게 해석하는 이유는 동일한 저자(요한)가 그리스도께서 값 주고 사신 이들의 범위와 다양성을 이렇게 찬양했기 때문이다. "두루마리를 가지시고 그 인봉을 떼기에 합당하시도다. 일찍이 죽임을 당하사 각 족속과 방언과 백성과 나라 가운데에서 사람들을 피로 사서 하나님께 드리시고"(계 5:9).

예수님이 사람들을 피로 사신 일은 분명 그 목적을 완전히 달성할 것이다. 요한은 이 사신바 된 자들이 하나님과 함께 미래 세계를 상속받을 거라고 말한다. 그는 환상 속에서 그것을 보았다. "이 일 후에 내가 보니 각 나라와 족속과 백성과 방언에서 아무도 능히 셀 수 없는 큰 무리가 나와 흰 옷을 입고 손에 종려 가지를 들고 보좌 앞과 어린양 앞에 서 [있었다]"(계 7:9).

세계 온 나라에서 온 구속받은 이들이 어린양 예수 그리스도의 신부이다.

> 기뻐하고 즐거워하며 하나님께 영광을 돌리자. 이는 어린 양의 결혼식이 이르렀고 그의 신부가 혼인 준비를 갖추었으며 그녀는 밝고 깨끗한 고운 삼베를 입을 것을 허락받았기 때문이다. 이 고운 삼베는 성도들의 의로운 행실들이다(계 19:7-8, 우리말성경).

그 수가 다 채워질 날이 올 것이다. 바울이 말한 대로 "충만함"이 이루어질 것이다. 그리스도의 재림은 그 충만한 수가 회개하는 날까지 미뤄지고 있다(벧후 3:9). 그리스도의 신부는 그 수와 아름다움에 있어서 하나님이 보시기에도 완전해질 것이다.

믿음으로 하나님의 백성이 되는 일

신부의 수와 아름다움은 성경에 의해 완성된다. 신부 없이는 하나님의 백성을 모으는 일이 없을 테고, 성경 없이는 신부가 아름다워지지 않을 것이다. "믿음은 들음에서 나며 들음은 그리스도의 말씀으로 말미암았느니라"(롬 10:17).

그러므로 누구든 믿음으로 하나님의 백성이 되는 일은 말씀으로 이루어진다. 우리가 8장과 9장에서 본 대로, 하나님의 백성이 아름답게 되는 일(즉 변화)도 마찬가지다. 신부는 주의 말씀 안에서(고후 4:4) 주의 영광을 봄으로써(고후 3:18) 아름답게 된다. 그리고 그 변화 자체가 점점 더 많은 사람들이 하나님의 영광을 보고 그분의 구원의 실재에 눈뜨게 하는 도구가 된다.

우리가 8장과 9장에서 집중적으로 다룬, 말씀이 붙들어주는 변화(또는 아름답게 됨)의 과정은 그리스도께서 오심으로 완성될 때까지 이어진다. 주님이 오실 때, 신부는 그 수가 다 차고 아름다움도 완전해질 것이다. 이 완성은 하나님의 궁극적 목적-하나님의 무한한 존귀함과 아름다움이 그리스도께서 각 족속과 방언과 백성과 나라 가운데서 피 흘려 사신 그리스도의 신부가 영원토록 드리는 뜨거운 예배 가운데 높임을 받으시게 한다는 목적-만큼이나 확실하다.

선한 일을 시작하신 분께서

그러나 이 확실성은 우연성과 병행한다. 즉, 하나님이 예배 받으시기 위해 그분의 신부의 수를 다 채우시고 신부의 아름다움을 완성하실 것은 확실하지만, 이 완성이 인간적 수단에 의존하는 것도 사실이다. 성경을 읽는 것도 인간적 수단 중 하나이다. 하나님의 목적은 그분의 말씀 없이는 이루어지지 못할 것이다. 하나님이 그렇게 정하셨다.

한편으로 바울은 하나님의 백성이 아름다워짐이 확실히 완성될 거라고-그들의 최종적 거룩과 흠 없음과 사랑이 확실하다고- 선포한다.

> 평강의 하나님이 친히 너희를 온전히 거룩하게 하시고 또 너희의 온 영과 혼과 몸이 우리 주 예수 그리스도께서 강림하실 때에 흠 없게 보전되기를 원하노라. 너희를 부르시는 이는 미쁘시니 그가 또한 이루시리라(살전 5:23-24).

> 너희가 … 우리 주 예수 그리스도의 나타나심을 기다림이라. 주께서 너희를 우리 주 예수 그리스도의 날에 책망할 것이 없는 자로 끝까지 견고하게 하시리라. 너희를 불러 그의 아들 예수 그리스도 우리 주와 더불어 교제하게 하시는 하나님은 미쁘시도다(고전 1:7-9).

> 선한 일을 여러분 가운데서 시작하신 분께서 그리스도 예수의 날까지 그 일을 완성하시리라고, 나는 확신합니다(빌 1:6, 새번역).

그러나 다른 한편으로는, 우리 거룩함의 완성이 인간의 행동 여하에 따라 좌우되는 우연적인 일이라는 것도 분명히 밝힌다. 하나님이 보장하시는 일이므로 이루어질 것이 확실하지만, 인간도 제몫을 확실히 해야 하므로 우연적이기도 하다. 하나님의 행하심은 결정적이다. 그러나 우리의 행동은 실질적인 역할을 한다. 이런 일이 가능한 이유는 하나님이 우리 행위 안에서 우리 행위를 통해 일하시기 때문이다. "너희 안에서 행하시는 이는 하나님이시니 자기의 기쁘신 뜻을 위하여 너희에게 소원을 두고 행하게 하시나니"(빌 2:13).

하나님은 우리가 "그분의 뜻을 행할 수 있도록 모든 선한 것"을 갖추게 하시고 "그분에게 기쁨이 되는 것을 우리 안에서 행하[신다]"(히 13:21, 우리말성경).

끝까지 견디는 자

하나님의 궁극적 목적을 추구함에 있어서 우리는 실질적인 역할을 한다는 것을 다음 성경구절이 말해준다. 그리스도께서 “너희를 이제는 그의 육체의 죽음으로 말미암아 화목하게 하사 너희를 거룩하고 흠 없고 책망할 것이 없는 자로 그 앞에 세우고자 하셨으니 만일 너희가 믿음에 거하…면 그리하리라”(골 1:21-23).

우리의 거룩과 책망할 것 없음의 완성은 우연적이다. 만약 우리가 믿음에 계속 거하면 완성된 모습으로 드러날 것이다. 그러나 하나님은 신실하시고 친히 일하실 것이기에 그것은 확실한 일이기도 하다(살전 5:24).

여기서의 ‘만약’은 진짜이다. “믿음에 거할” 것인가? 끝까지 견딜 것인가? “끝까지 견디는 자는 구원을 얻으리라”(마 24:13). “우리가 … 포기하지 아니하면 때가 이르매 거두리라”(갈 6:9). “우리가 소망의 확신과 자랑을 끝까지 굳게 잡고 있으면 우리는 그의 집이라”(히 3:6).

성경을 통해 하나님의 목표를 추구할 것인가

이 문제는 관련된 질문을 제기한다. “이것[거룩함]이 없이는 아무도 주를 보지 못”할 것인데 “거룩함을 추구”(히 12:14)할 의향이 있는가? 즉, 하나님이 아들의 신부를 아름답게 만드는 과정에서 정해놓으신 수단을 사용할 의향이 있는가? 구체적으로 말해, 하나님의 말씀을 읽고 들을 생각인가? 주를 보고 음미함으로써 변화를 받기 위해 거듭거듭 성경으로 되돌아가서 주의 영광을 볼 생각인가(고후 3:18)? 보는 것이 말씀에 의해 이루어지기 때문에, 말씀을 우리 마음에 간직할 의향이 있는가(시 119:11)? 우리 마음을 하나님의 증거들로 향하게 해달라고 하나님께 부르짖을 의향이 있는가(시 119:36)? 주님의 율법을 주야로 묵상할 의향이 있는가(시 1:2)?

하나님의 궁극적 목적-수가 다 채워지고 아름다움이 완성된 구속받은 백성이 뜨거운 감정으로 드리는 예배를 받으신다-은 "모든 일을 그의 뜻의 결정대로 일하시는 이"(엡 1:11)에 의해 성취될 것이다. 그것에 대해서는 의문의 여지가 없다. 하나님은 실패하실 수 없다. 그리고 하나님은 그분의 영으로, 그분의 말씀을 통해 그 일을 하실 것이다. 성경 읽기를 통해 그 일을 하실 것이다.

새 하늘과 새 땅

누군가가 이런 좋은 질문을 던진다고 해보자. "하나님의 궁극적 목적을 말하면서 왜 새 하늘과 새 땅은 언급도 하지 않습니까?" 나는 성경 읽기의 궁극적 목표가 하나님의 무한한 존귀함과 아름다움이 그리스도께서 각 족속과 방언과 백성과 나라 가운데서 피 흘려 사신 그리스도의 신부가 영원토록 드리는 뜨거운 예배 가운데 높임을 받으시는 것이라는 제안을 구상하면서 그 질문을 자문해 보았다. 그리고 내 제안의 마지막 함의와 관련해서도 생각해 보았다. 하나님의 백성의 변화는 점점 더 많은 사람을 하나님을 예배하는 가족의 일원으로 불러들여 마침내 그리스도의 신부-모든 시대와 문화를 아우르는-의 수가 차고 그 아름다움이 온전해질 것이다.

나의 답변은 기록된 하나님의 말씀이 하나님이 새 하늘과 새 땅을 창조하시는 도구라는 말은 성경에서 들을 수 없다는 것이다. 이 기록된 말씀은 주의 영광으로 한 백성을 재창조하고 모으고 변화시키고 온전하게 만들어 새 땅을 가득 채우는 도구가 될 거라고 나와 있다. 지금 이 책은 하나님이 의도하신 바에 맞게 성경을 사용하는 법을 다룬 책이다. 성경은 새 하늘과 새 땅을 창조하기 위해 만들어진 것이 아니다. 성경은 한 백성을 창조하고 모으고 변화시키고 온전하기 위해 만들어졌다. 이것이 내가 하나님이 목표를 내가 한 식으로 진술한 이유이다.

영광스러운 장소보다 예배하는 백성

구속받은 백성이 드리는 뜨거운 예배가 몸이나 장소가 필요 없는 비물질적인 천상의 찬양대를 말한다는 인상을 주지 않도록 바로잡아줄 단서를 하나 제시하면서 이번 장을 마치고자 한다. 그러나 여기서도 나는 새롭게 창조된 굉장한 우주보다는 예배하는 백성을 우선적으로 고려할 것이다. 핵심 대목은 로마서 8장 18-23절이다. 강조된 단어들에 주목하라.

> 생각하건대 현재의 고난은 장차 우리에게 나타날 영광과 비교할 수 없도다. 피조물이 고대하는 바는 하나님의 아들들이 나타나는 것이니 피조물이 허무한 데 굴복하는 것은 자기 뜻이 아니요 오직 굴복하게 하시는 이로 말미암음이라. 그 바라는 것은 피조물도 썩어짐의 종

노릇 한 데서 해방되어 하나님의 자녀들의 영광의 자유에 이르는 것이니라. 피조물이 다 이제까지 함께 탄식하며 함께 고통을 겪고 있는 것을 우리가 아느니라. 그뿐 아니라 또한 우리 곧 성령의 처음 익은 열매를 받은 우리까지도 속으로 탄식하여 양자 될 것 곧 우리 몸의 속량을 기다리느니라.

아담과 하와가 타락하여 죄를 지은 이래, 물질적 창조계는 허무(20절)와 썩어짐의 종노릇에 굴복해 왔다. 이 상황에는 "피조물이 다" 탄식하는 것뿐 아니라 우리 몸(23절)도 포함된다. 그러나 하나님은 이 탄식을 죽어가는 환자의 마지막 헐떡임이 아니라 새 창조의 산통으로 의도하셨다(22절). 피조물은 파괴에 굴복하긴 했으나 썩어짐에서 해방될 거라는 소망을 품고 있었다(21절). 그러니 새 하늘과 새 땅은 올 것이다(사 65:17, 66:22, 벧후 3:13).

그러나 놀라운 것은 자연질서의 거대한 변화가 "하나님의 자녀들이 나타나기를 간절히 기다리고 있"(롬 8:19, 새번역)다는 사실이다. 그 변화의 시간이 오면, 피조물이 "하나님의 자녀들의 영광의 자유에 이"(21절)를 것이라고 바울은 말한다. 두 진술 모두 새 하늘과 새 땅을 자녀들이 물려받을 것이라고 암시한다. 우주—새 것과 옛 것 모두—는 그 자체로 중요한 것이 아니다. 우주의 중요성은 하나님의 자녀들의 운동장-그리고 성전과 농장과 공예품점이라는 데 있다. 하나님은 우주를 위해 그분의 자녀들을 만드신 것이 아니다. 그분의 자녀들을 위해 우주를 만드셨다. 이것은 처음부터 사실이었고 끝까지 사실이다.

그러므로 나는 그리스도의 구속 사역의 우주적 범위를 흔쾌히, 즐겁게, 기대를 품고 인정한다. 창조와 구속 사역에서 하나님의 궁극적 목표는 신부의 충만함과 아름다움과 그녀의 거처-새 하늘과 새 땅-의 충만함과 아름다움을 아우른다. 그러나 새롭게 된 우주가 신부를 위해 존재하는 것이지 그 반대가 아니다. 그리고 성도들이 우주 안에서 우주를 통해 우주 너머로 창조주이며 구속주이신 하나님을 뜨겁게 예배함으로 그분을 즐거워할 때 우주는 그 최종 목적에 이르게 될 것이다.

구원의 토대를 이루다

이 일은 성경 없이 이루어지지 않을 것이다. 하나님은 기록된 말씀을 성육신만큼이나 필수불가결하게 만드셨다. 하나님은 그분의 궁극적 목적을 이루시기 위해 그리스도를 반드시 필요하게 만드셨고 성경도 꼭 필요하게 만드셨다. 성경은 그리스도만큼 영광스럽거나 궁극적이거나 구원의 토대가 되는 것은 아니다. 그러나 성경도 그리스도도 필수불가결하다.

둘 다 꼭 필요하지만 그 방식이 같은 것은 아니다. 그리스도와 그분의 죽음과 부활 없이는 죄 용서도, 하나님 앞에서의 의로움도, 중생도, 하나님의 영광을 보거나 음미함도, 변화도 없다. 그리스도께서는 이런 것들을 값 주고 사셨고 우리 구원의 토대가 되셨다. 우리는 그리스도와 성경을 대체 가능하게 만드는 것이 아니다. 그런 일은 이전에도 불가능했고 앞으로도 결코 있을 수 없다. 그리스도가 성경의 토대이지 그 반대가 아니다.

그럼에도 불구하고 하나님은 성경을 모든 일의 완성에 필수불가결하게 만드셨다. 하나님은 기록된 말씀-하나님이 누구시며 무슨 일을 하셨는지 설명하고 그 지식을 보존해주는- 없이는 하나님을 아는 구원의 지식도, 중생도, 믿음도, 하나님의 영광을 보고 음미함도, 죄 용서의 경험도, 변화도, 결국에는 완성되고 아름답게 될 성자의 신부도, 성부께 뜨거운 예배를 드릴 가족도 없게 하셨다.

그러나 우리는 온 마음으로 하나님께 감사한다. 그리스도께서 오셔서 죽으시고 부활하셨기 때문이고, 성경이 영감 되었고 보존되었기 때문이다. 그러므로 만물을 향한 하나님의 궁극적 목적은 정상 궤도를 달리고 있음을 알 수 있다. 그분의 때가 이르면 하나님의 주권적 은혜와 그리스도 안에서 이루신 구속 사역과 영혼을 살리시는 성령과 기록된 말씀으로 인해, 하나님의 무한한 존귀함과 아름다움이 그리스도께서 각 족속과 방언과 백성과 나라 가운데서 피 흘려 사신 그리스도의 신부가 영원토록 드리는 뜨거운 예배 가운데 높임을 받으시게 될 것이 확실하다.

READING
THE BIBLE
SUPERNATURALLY

Part 2

초자연적 성경 읽기,
믿음의 기적을 만든다

도입

1부에서 성경 읽기의 궁극적 목표로 제안한 답변의 여섯 함의에 들지 않은 하나의 함의가 있다. 그것은 여섯 가지 함의 전부에서 기인하며 동시에 이 책의 핵심요지에 해당한다- 과연 그런지 이제 살펴볼 것이다. 그 함의는 바로 적절한 성경 읽기는 초자연적 행위라는 것이다. 이것이 무슨 의미일까? 그리고 성경이 정말 그렇게 가르치고 있을까? 이 부분을 살펴보기 전에 1부의 제안 내용과 그것이 이런 질문들을 어떻게 만들어 내는지 다시 진술해 보자. 1부에 소개된 제안은 다음과 같았다.

성경 자체가 보여 주는 바에 따르면, 성경 읽기의 궁극적 목표는 하나님의 무한한 존귀함과 아름다움이 그리스도께서 각 족속과 방언과 백성과 나라 가운데서 피 흘려 사신 그리스도의 신부가 영원토록 드리는 뜨거운 예배 가운데 높임을 받으시는 것이다.

다시 말해, 하나님은 성경이-성경 읽기가-창조와 구속의 궁극적 목적을 이루는 필수 불가결한 수단이 되도록 계획하셨다. 내가 제시할 성경 읽기의 목적을 거꾸로 돌리면 하나님의 계획을 다음과 같이 묘사할 수 있다.

- 하나님의 궁극적 목적은 그리스도의 아름다운 신부가 드리는 예배 가운데 즐거워함과 높임을 받는 것이므로, 하나님의 백성은 변화를 받아 영광에 이르러 그리스도의 형상을 닮아가야 한다.
- 변화는 주 예수님의 영광을 음미함으로써-즉, 그리스도로 인해 만족하고 하나님이 그리스도 안에서 우리에게 드러내시는 모든 면모를 지극히 소중히 여김으로써- 이루어진다.
- 하나님이 예수님 안에서 우리에게 드러내시는 모든 면모를 음미함은 진면목에서 나오는 그분의 영광을-무엇보다 귀중하고 아름다운 분으로- 보는 것에 의해 이루어진다.
- 그리스도의 영광을 보는 것이 가능한 이유는 오로지 하나님이 영감 된 성경을 통해 그분의 특별한 영광을 우리에게 드러내시기 때

문이다.

- 성경 읽기-또는 누군가가 전해 주는 성경의 내용을 들음-는 하나님의 말씀이 이런 영광스러운 영향을 끼치도록 그분이 친히 정하신 수단이다.

그러므로 성경 읽기는 창조와 구속을 위한 그분의 궁극적 목적이 이루어지는 필수 불가결한 수단이다.

초자연적인 성경 읽기

1부의 내용에 비추어 볼 때, 우리가 정면으로 마주하게 되는 함의가 있다. 하나님은 우리가 평범한 인간적 경험을 넘어서서 인간 영혼의 활동과 경험까지 아우르는 방식으로 그분의 말씀을 읽기 원하신다는 사실이다. 예수님의 영광을 보는 일은 육체적 눈만이 아니라 "마음의 눈"(엡 1:18)을 통해서 이루어지며 "영이신 주님께서 하시는 일"(고후 3:18, 새번역)이다. 하나님의 영광을 음미함은 지극히 평범한 즐거움이 아니라 그분의 영이 우리와 함께하심으로 우리 안에서 경험하는 기쁨이요, 그리스도께서 성부 안에서 누리시는 기쁨이다(요 15:11). 우리의 변화는 평범한 도덕적 재무장이나 자기 개선이 아니라 성령에 의해 이루어진다(롬 8:13).

다시 말해, 성경 읽기에 대한 하나님의 의도를 추구하는 읽기 행위는 심오하게 초자연적인 경험이다. 우리는 3부에서 읽기라는 행위가 어떤 의미에서는 매우 자연적인 일임을 볼 것이다. 그러나 지금까지의 내용으로 볼 때 성경 읽기는 자연적인 차원을 넘어서는 일인 것 같다. 우리와 성경의 만남 전체가 비록 우리의 자연적 능력도 사용해서 이루어지긴 하지만 초자연적 만남인 것처럼 보인다.

이것은 우리가 성경에서 무엇을 만나건-역사적 사실, 시로 된 찬양, 잠언적 지혜, 도움의 약속, 하나님의 본성에 대한 묘사, 하나님이 일하시는 방식의 사례, 거룩한 삶의 기준, 교회 권징의 절차, 예언, 재난, 사탄의 반대에 대한 경고, 믿음을 가지라는 촉구, 인간의 부패성에 대한 분석, 남편과 아내를 위한 지침, 정치적 통찰력, 재정적 원칙, 그 외의 더 많은 것-그 모든 것이 하나님의 특별한 영광에 의해 조명을 받고 그 영광과의 관계에서 바라볼 때 비로소 올바르게 보일 것임을 함의한다.

다시 말해, 읽기라는 과정과 읽기로 발견되는 대상이 아무리 자연적인 것이라 해도 하나님을 의지하지 않거나 모든 것을 그분의 존귀함 및 아름다움과 관련해서 보지 않으면, 하나님이 원하시는 방식의 읽기와 발견은 이루어지지 않는다.

이 책의 2부에서 정말 그러한지 확인해 보려 한다.

11.

마음이 깨지고 삶이 변화되는 기적이 필요하다

"[예수께서] 그들의 마음을 열어 성경을 깨닫게 하시고"

왜 성경 읽기가 초자연적인 행위여야 하는가? '초자연적 행위'라는 말은 사람들이 초자연적 존재라는 뜻이 아니다. 우리는 하나님이 아니고, 천사도 악마도 아니다. 내가 의미하는 것은 성경을 읽는 행위가 하나님이 의도하신 대로 이루어지려면 그분의 초자연적 도움에 의지해야 한다는 것이다. 이에 대하여 성경은 두 가지 결정적인 이유를 제시한다. 바로 사탄과 죄다. 우리의 눈을 어둡게 하는 것에는 외부의 원수와 내면의 질병이 있다. 이 두 세력은 힘을 합하여 인간이 초자연적 도움 없이는 하나님이 의도하신 대로 성경을 읽을 수 없게 만든다.

이 사실을 깨닫는 것은 너무나도 중요하다. 수많은 사람들이 하나님이 원하시는 방식으로 성경을 읽을 힘이 자신에게 전혀 없음을 인식하지 못한 채 성경에 다가간다. 이것이 내가 이 책의 2부를 쓰고 있는 이유이다. 다음의 잠언 말씀은 다른 모든 문제 못지않게 성경 읽기에도 해당한다. "너의 마음을 다하여 주님을 의뢰하고, 너의 명철을 의지하지 말아라. 네가 하는 모든 일에서 주님을 인정하여라. 그러면 주님께서 네가 가는 길을 곧게 하실 것이다"(잠 3:5-6, 새번역).

성경을 한 장씩 넘길 때마다 하나님을 의지하라. 이것이 초자연적인 방식이다. 더 많은 사람들이 깊은 무력감을 느끼고 하나님의 자비로운 도움을 의지하며 소망을 가득 품고 성경에 다가간다면, 지금보다 훨씬 더 많은 보기와 음미함과 변화가 나타날 것이다.

눈을 어둡게 하는 외부의 적

사탄은 실재한다. 그의 주된 정체는 "거짓말쟁이요 거짓의 아비"(요 8:44)다. 그가 거짓말하는 방식은 뻔뻔한 거짓말보다는 속이는 쪽에 가깝다. 그는 "마귀라고도 하고 사탄이라고도 하며 온 천하를 꾀는 자"(계 12:9)다. 그래서 그는 "진리의 성령"(요 15:26)을 미워한다. 성령을 보내시는(요 15:26) 성부 하나님을 미워한다. 진리이신 하나님의 아들(요 14:6)을 미워한다. 그리고 하나님의 말씀을 미워한다. 하나님의 "말씀은 진리"(요 17:17)이기 때문이다.

그러므로 그는 할 수만 있다면 말씀을 빼앗으려 할 것이고, 그것이 여의치 않으면 말씀을 왜곡하려고 최선을 다할 것이다. 에덴동산에서 그랬던 것처럼(창 3:1), 예수님이 광야에서 시험당하실 때 그랬던 것처럼 말이다(마 4:6). 예수님은 사탄이 어떻게 말씀을 빼앗아가는지 설명하셨다. "아무[든지] 천국 말씀을 듣고 깨닫지 못할 때는 악한 자가 와서 그 마음에 뿌려진 것을 빼앗나니"(마 13:19).

이런 일은 어떻게 이루어질까? 우리는 말씀을 쉽게 잊어버릴 수 있다. 사탄이 성경을 읽던 사람을 재미있는 비디오로 유혹하여 존귀함과 아름다움에 대한 일체의 생각이 번뜩이는 불꽃과 벗은 몸의 영상에 묻혀 금세 사라져 버리게 할 수도 있다.

또, 성경이 드러내는 그리스도의 존귀함과 아름다움을 보지 못하게 사탄이 우리 마음의 눈을 어둡게 할 수도 있다. 이것이 바울이 고린도후서 4장 3-4절에서 묘사하는 내용이다.

> 우리의 복음이 가려 있다면, 그것은 멸망하는 자들에게 가려 있는 것입니다. 그들의 경우를 두고 말하면, 이 세상의 신이 그 믿지 않는 자들의 마음을 어둡게 하여서, 하나님의 형상이신 그리스도의 영광을 선포하는 복음의 빛을 보지 못하게 한 것입니다(새번역).

"이 세상의 신"은 사탄이다. 그는 "이 세상의 임금"(요 12:31, 14:30)이라 불리고 요한은 "온 세상은 악한 자 안에 처한 것"(요일 5:19)이라고 말한다. 우리 눈을 어둡게 하는 이 엄청난 힘 때문에 우리에게는 초자연적인 구원자가 필요하다. 사탄의 힘을 혼자 힘으로 극복할 수 있다라고 본다면 그야말로 순진한 생각이다.

하나님의 능력 없이는 사탄을 이길 수 없다

부활하신 그리스도께서는 바울을 이방인들에게 보내어 "그 눈을 뜨게 하여 [이방인들을] 어둠에서 빛으로, 사탄의 권세에서 하나님께로 돌아오게 하"(행 26:18)셨다. 이것은 바울이 인간적 힘으로 이 일을 할 수 있다는 뜻이 아니었다. 바울은 그 점을 분명히 밝혔다. "내 말과 내 전도함이 설득력 있는 지혜의 말로 하지 아니하고 다만 성령의 나타나심과 능력으로 하여 너희 믿음이 사람의 지혜에 있지 아니하고 다만 하나님의 능력에 있게 하려 하였노라"(고전 2:4-5).

사람의 눈을 어둡게 하는 사탄의 영향력을 극복하는 데 필요한 것이 바로 하나님의 능력이다. 사탄이 눈을 어둡게 하는 일에서 구체적인 초점을 맞추는 대상이 복음이라는 사실을 놓쳐서는 안 된다. 즉, 그는 기독교 성경의 핵심 메시지를 읽는 것–또는 듣는 것–에 초점을 맞춘다. 사탄은 "믿지 않는 자들의 마음을 어둡게 하여서, 하나님의 형상이신 그리스도의 영광을 선포하는 복음의 빛을 보지 못하게 한"다.

그는 사람들이 만 가지 진실을 믿는다 해도 "그리스도의 영광을 선포하는 복음의 빛"을 보지 못하는 한 기뻐할 것이다. 복음에 나타난 그리스도의 영광을 보지 못하기만 한다면–즉, 복음 안에 있는 것을 볼 능력 없이 읽기만 한다면–그들이 성경 내용 확인 퀴즈에서 100번이나 A를 받아도 개의치 않을 것이다.

사탄을 이기는 성경 읽기 방법

그래서 예수님(마 13:19), 바울(고후 4:3-4), 요한(요일 5:19)은 사탄이 성경의 진짜 내용을 보는 성경 읽기에 있어서 최악의 원수라고 경고하셨다. 사실 정보를 모으거나 죄지은 양심의 부담을 덜어주거나 교리적 논증을 수집하거나 미학적 문학취향을 자극하거나 역사적 호기심을 채워 주기만 하는 성경 읽기를 사탄은 기꺼이 내버려 둔다. 이미 이긴 싸움임을 아는 까닭이다.

그러나 하나님의 지고의 존귀함과 아름다움을 보기를 바라는 읽기 -하나님이 그리스도 안에서 우리에게 드러내신 모든 면모에 만족하기를 지향하는 읽기, "여호와의 선하심을 맛보아 아는"(시 34:8) 것을 추구하는 읽기-는 온 힘을 다해 막을 것이다. 그의 힘은 초자연적이다. 그러므로 눈을 어둡게 하는 사탄의 힘을 이기기를 바라는 성경 읽기라면 모두 초자연적 읽기일 것이다.

하나님의 진노를 받아 마땅한 존재

인간의 마음을 지배하는 사탄의 힘에 대해 말하고 있지만, 모든 영적 맹목이 사탄 혼자서 벌인 일이라는 뜻은 아니다. 사탄이 죄 없는 사람들을 데려다가 속임의 노예로 만들 수 있음을 암시하는 것이 아니다. 죄 없는 사람은 없다. "모든 사람이 죄를 범하였으매 하나님의 영광에 이르지 못하더니"(롬 3:23).

우리는 모든 속임수에 연루되어 있다. 사탄의 영향력과 인간의 죄성이 끔찍하게 뒤얽혀 우리가 하나님의 영광을 전혀 보지 못하게 막고 있다. 에베소서 2장 1-3절에서 이런 뒤얽힘을 볼 수 있다.

> 그는 허물과 죄로 죽었던 너희를 살리셨도다. 그때에 너희는 그 가운데서 행하여 이 세상 풍조를 따르고 공중의 권세 잡은 자를 따랐으니 곧 지금 불순종의 아들들 가운데서 역사하는 영이라. 전에는 우리도 다 그 가운데서 우리 육체의 욕심을 따라 지내며 육체와 마음의 원하는 것을 하여 다른 이들과 같이 본질상 진노의 자녀이었더니.

두 영향력 모두에 주목하라. 첫째, 우리는 "죄로 죽었던" 상태였고, 둘째, "공중의 권세 잡은 자를 따랐"다. 우리는 이 권세의 죄 없는 피해자들이 아니다. 적극적인 공범이다. 사탄의 권세를 따름과 "우리 육체의 욕심을 따라" 지냄은 같은 길을 묘사하는 두 가지 다른 방식이다. 바울에 따르면 우리는 "본질상 진노의 자녀"이다. "다른 이들"도 마찬가지다. 즉, 우리 인간의 본성은 부패했고 유죄다. 우리는 하나님의 진노를 받아 마땅하다. 그러므로 최후의 심판 때 누구도 "사탄이 내가 그렇게 하도록 만들었다"라고 주장하며 희생양 놀음을 할 수 없다.

육신 vs. 성령

그러므로 성경에서 하나님의 영광을 보고 싶어도 초자연적 도움이 없이는 볼 수 없게 만드는 우리의 영적 맹목의 또 다른 근원은 우리 자신의 죄악됨이다. 바울은 이 점에 대해 더할 나위 없이 분명하고 강경하게 밝혔다. 로마서 8장 4-9절에서 그는 두 종류의 사람이 있다고 말한다. "육신을 따르는 자"들과 "영을 따르는 자들"(5절, 문자적 번역)이다. 즉, 한 종류의 사람은 "육신"-성령의 모든 변화와 분리된 단순한 인간적 본성-에 의해 깊이 규정된다. 다른 종류의 사람은 "성령"-성령에 의한 초자연적 개입과 변화-에 의해 깊이 규정된다.

이 두 무리의 사람들은 누구인가? 바울은 그리스도인들이 "영을 따르는 자"들이라고 말한다. 9절을 보라. "만일 너희 속에 하나님의 영이 거하시면 너희가 육신에 있지 아니하고 영에 있나니 누구든지 그리스도의 영이 없으면 그리스도의 사람이 아니라."

반면 비그리스도인은 "육신의 생각"을 가졌다. 이 마음가짐은 "하나님과 원수가 되나니 이는 하나님의 법에 굴복하지 아니할 뿐 아니라 할 수도 없음이라. 육신에 있는 자들은 하나님을 기쁘시게 할 수 없느니라"(롬 8:7-8).

마음의 진정한 '무능력'

그렇다면 불신자들의 이 육신의 정체성은 하나님의 말씀을 읽는 일에 어떤 영향을 끼칠까? 바울은 7-8절에서 말한다. "육신의 생각[육신에 자리 잡은 마음]은 하나님과 원수가 되나니 이는 하나님의 법에 굴복하지 아니할 뿐 아니라 할 수도 없음이라. 육신에 있는 자들은 하나님을 기쁘시게 할 수 없느니라."

아주 엄한 말이다. "하나님의 법[하나님의 가르침, 하나님의 말씀]에 굴복하지 아니할 뿐 아니라 할 수도 없음이라."

이것은 사탄이 눈을 어둡게 하기 이전에 이루어졌고, 그 아래에 놓인 반역이다. 사탄이 눈을 어둡게 만들기 전, 우리는 이미 하나님께 반역했다. 그리고 바울의 말대로, 이 반역 때문에 우리가 하나님의 말씀에 굴복하는 일은 불가능하다("할 수 없다").

즉, 이 육신의 정체성 때문에 우리는 하나님의 영광을 다른 어떤 것보다 더 원해야 한다는 사실을 인정할 수 없다. 바울은 우리가 그 지식을 '막는'(롬 1:18)다고 말한 바 있다. 우리는 "하나님의 영광을 … 우상으로 바꾸었"(롬 1:23)다. 우리는 자신의 영광을 더 좋아하기에 하나님의 영광을 더 좋아할 수가 없다. 그럴 수 없다. 이것이 우리 자신의 영광을 더 좋아한다는 말의 의미다. 이 무능력(이 "할 수 없음", 7절)은 하나님을 더 좋아하지만 그분을 귀하게 여기는 것이 허락되지 않는 사람의 무능력이 아니다. 이것은 하나님을 더 좋아하지 않기에 그분을 귀하게 여길 수 없는 사람의 무능력이다. 이것은 원하는 것을 하지 못하게 막는 무능력이 아니다. 원하지 않는 것을 원할 수 없는 무능력이다. 자신이 추하게 보는 것을 아름답다고 생각할 수는 없다. 자신이 더 귀하다고 느끼는 데 하나님의 영광이 가장 귀하다고 생각할 수는 없다.

완고함, 가장 심각한 문제

이 만연한 인간 상황이 함의하는 한 가지는 무지가 우리의 가장 심각한 문제가 아니라는 것이다. 하나님에게 맞선 완고한 반역이 무지보다 더 깊다. 이것이 바로 모든 자연적 계몽의 시도가 저항을 겪는 이유이다. 이 완고한 반역은 하나님의 계시에 굴복할 수 없다.

바울은 에베소의 모든 그리스도인에게 이런 상태에서 단호히 돌아서라고 절박하게 촉구한다. 그에 따르면 이런 상태는 그들이 속했던 이방 사회에 전형적인 것이다.

> 그러므로 나는 주님 안에서 간곡히 권면합니다. 이제부터 여러분은 이방 사람들이 허망한 생각으로 살아가는 것과 같이 살아가지 마십시오. 그들은 마음의 완고함에 기인한 그들 속의 무지 때문에 지각이 어두워지고, 하나님의 생명에서 떠나 있습니다(엡 4:17-18).

바울이 제시하는 "무지"와 "마음의 완고함"의 관계에 주목하라. "그들 마음의 완고함에 기인한 무지"다. 완고함이 기초이다. 완고함이 원인이다. 우리의 가장 심각한 문제는 무지가 아니라 완고함이다.

완고함이 성경 읽기에 미치는 영향

이것은 성령의 구원 사역을 모르는 모든 인류가 처한 상황이다(롬 8:9-10). 그리고 이 상황 때문에 하나님이 원하시는 대로 성경을 읽는 일은 불가능하다. 우리가 읽는 내용에 굴복하지 못하는 이유이다. 즉, 우리는 하나님의 영광이 지상의 모든 보물과 즐거움보다 더 바랄만 한 것이라고 인정할 수가 없다. 우리는 이 진리를 가로막을 수밖에 없다. 하나님의 영광을 우상으로 바꿀 수밖에 없다. 어둠을 사랑하는 상황에서 빛을 더 좋아할 수는 없다. "그 정죄는 이것이니 곧 빛이 세상에 왔으되 사람들이 자기 행위가 악하므로 빛보다 어둠을 더 사랑한 것이니라"(요 3:19).

우리의 문제는 성경에서 나오는 빛이 충분하지 않다는 것이 아니다. 우리가 어둠을 너무나도 사랑한다는 것이다.

하나님의 지혜로 빛나는 성경

성경은 하나님의 지혜로 빛난다. 이 지혜는 하나님의 영광으로 빛난다—그리고 우리에게 다가올 영광을 보여 준다. 바울은 그의 영감 된 가르침을 바로 이런 식으로 묘사한다.

> 우리는 비밀로 감추어져 있는 하나님의 지혜를 말합니다. 그것은, 하나님께서 우리를 영광스럽게 하시려고, 영세 전에 미리 정하신 지혜입니다. 우리는 세상의 영을 받은 것이 아니라, 하나님에게서 오신 영을 받았습니다. 그것은 하나님께서 우리에게 은혜로 주신 선물들을 우리로 하여금 깨달아 알게 하시려는 것입니다. 우리가 이 선물들을 말하되, 사람의 지혜에서 배운 말로 하지 아니하고, 성령께서 가르쳐 주시는 말로 합니다. 다시 말하면, 신령한 것을 가지고 신령한 것

을 설명하는 것입니다(고전 2:7, 12-13, 새번역).

그러나 문제가 있다. 성령의 초자연적인 사역이 없으면 우리는 "신령하지" 않고 "자연적"인 존재라는 것이다. 이렇게 되면 "사람의 지혜에서 배[우지] 않[은]"(고전 2:13) 것들을 파악하는 것을 목표로 하는 성경 읽기가 불가능해진다. 이것이 바로 바울이 이어서 말하는 내용이다. "자연에 속한 사람은 하나님의 영에 속한 일들을 받아들이지 않습니다. 그런 사람에게는 이런 일들이 어리석은 일이요, 그런 사람은 이런 일들을 이해할 수 없습니다. 그것은 이런 일들이 영적으로만 분별되기 때문입니다"(고전 2:14, 표준새번역).

"받아들이지 않는다"와 "이해할 수 없다"라는 표현은 우리가 로마서 8장 7절("육신의 생각[육신에 자리 잡은 마음]은 하나님의 법에 굴복하지 아니할 뿐 아니라 할 수도 없음이라")에서 보았던 "하지 않음", "할 수 없음"과 똑같은 의미다. 바울이 가르치는 바를 파악할 수 없는 사람은 누구인가? "자연에 속한 사람"이다. 초자연적인 일(고린도후서 4장 6절의 기적 같은 일)이 벌어지기 이전의 우리 모두는 여기에 해당한다.

그러므로 "하나님의 영에 속한 일들을 받아들이"고 "영적으로만 분별되는 일들을 이해"하려면 영감 된 성경을 읽는 일이 초자연적인 행위여야 한다. 하나님의 초자연적인 도움이 없으면, 우리는 그저 자연적인 수준에 머물게 되고 하나님의 영광을 있는 그대로, 즉 최고로 아름답고 모든 것을 만족시키는 것으로 볼 수가 없다. 그리고 이 특별한 신적 영광은 우리 안에서 어떤 강력한 감정도 일깨우지 못한다.

그런데 바울이 보여 주다시피, 만약 그 영광이 우리 안의 감정을 일깨운다면, 우리는 그것이 "하나님이 우리의 영광을 위하여 만세 전에 미리 정하신"(고전 2:7) 일임을 알게 될 것이다. 하지만 그 대신에, 우리는 "이 세대의 통치자들"처럼 "영광의 주"를 귀히 여기지 않고 오히려 그분을 십자가에 못 박는다(고전 2:8).

다섯 가지 도움 방식

초자연적 행위로서의 읽기는 무엇일까? 본질적으로 그것은 성경 안에 실재하는 것을 보고 음미하고 그것에 의해 변화하고자 할 때 우리 혼자 힘으로 할 수 없는 부분을 도우실 하나님, 성령, 그리스도를 의지하는 행위다. 신약성경은 하나님의 이 도움을 여러 방식으로 묘사하는데, 그 중 다섯 가지를 간략히 살펴보자.

마음을 열어 주셨다

첫째, 성경을 읽을 때 하나님이 도우시는 기적을 우리 마음을 '열어 주심'이라고 부른다. 부활하신 예수님은 엠마오로 가는 길이던 두 제자를 만나셨다. 그들은 그분이 예수님임을 알아보지 못했기에 그분이 아무 것도 모른다는 듯, 예수님의 십자가 처형과 부활과 나타나심에 대해 말했다. 그들은 그 모든 일에 대해 당황하고 있었다. 그래서 예수님이 말씀하셨다. "미련하고 선지자들이 말한 모든 것을 마음에 더디 믿는 자들이여 그리스도가 이런 고난을 받고 자기의 영광에 들어가야 할 것이 아니냐"(눅

24:25-26).

예수님은 그들이 선지자들의 글을 통찰력 있게 읽지 못한 이유가 미련함과 더딘 마음 때문이라고 하셨다. 예수님은 그들의 무지가 아니라 마음의 어떠함을 탓하셨다. 나중에 예수님은 그들의 집에서 자신을 드러내시고 사라지셨다. 그들은 서로에게 이렇게 말했다. "길에서 우리에게 말씀하시고 우리에게 성경을 풀어[열어] 주실 때에 우리 속에서 마음이 뜨겁지 아니하더냐"(눅 24:32).

그 다음 그들은 예루살렘으로 달려가 열한 사도에게 자신들이 본 것을 털어놓았다. 제자들이 모여 있을 때 예수님은 그들 가운데 서서 물고기를 드심으로 자신이 유령이 아님을 입증하셨다. 그리고 이렇게 말씀하셨다. "내가 너희와 함께 있을 때에 너희에게 말한 바 곧 모세의 율법과 선지자의 글과 시편에 나를 가리켜 기록된 모든 것이 이루어져야 하리라 한 말이 이것이라."

누가는 그 다음 내용을 이렇게 적고 있다. "이에 그들의 마음을 열어 성경을 깨닫게 하시고"(눅 24:44-45).

예수님은 엠마오로 가는 길에서도 "성경을 풀어[열어] 주"셨고 열한 명이 모여 있는 자리에서는 "그들의 마음을 열어" 주셨다. 둘 다 필요하다. 하나는 본문의 의미를 끌어낸다. 다른 하나는 우리의 마음이 성경 안에 실제로 있는 것의 영광을 보고 음미할 수 있게 해 준다. 그리스도께서는 미련함과 마음의 더딤을 제거하셨다. 성경을 읽으면서 예수님이 원하시는 것을 보려면 누구나 이런 초자연적 도움이 필요하다. 그분이 초자연적으로 우리 마음을 열어 주시는 일이 필요하다.

마음에 빛을 비추신다

둘째, 하나님의 말씀을 읽을 때 그분이 도우시는 기적은 세상이 시작될 때 하나님이 빛을 창조하심에 비교된다. 우리는 고린도후서 4장 4절에서 눈을 어둡게 하는 "이 세상의 신"의 영향을 보았다. 이것에 대한 해결책이 6절에 나온다. 바울은 6절의 기적이 그리스도의 선포를 통해 나타난다고 5절에서 분명히 밝힌 후 이렇게 말한다. "'어두운 데에 빛이 비치라' 말씀하셨던 그 하나님께서 예수 그리스도의 얼굴에 있는 하나님의 영광을 아는 빛을 우리 마음에 비추셨느니라."

"예수 그리스도의 얼굴에 있는 하나님의 영광을 아는 빛을 우리 마음에" 비추심은 "어두운 데에 빛이 비치라" 하셨던 하나님의 창조 행위에 비교된다. 이것은 성경을 읽거나 복음을 들을 때 얻는 지식에서 하나님의 영광을 보려면 창조의 기적이 필요하다는 뜻이다. 이 새 창조의 기적이 있기 전 우리에게는 온통 어둠뿐이다. 성경 연구로 박사학위를 받은 사람도 다를 바 없다. 핵심은 하나님의 말씀에 나타난 "그분의 영광"–하나님이 그리스도 안에서 우리에게 드러내신 모든 면모의 존귀함과 아름다움–이다. 그것은 하나님이 "빛이 있으라"고 말씀하셔야 우리가 비로소 볼 수 있다.

마음의 눈을 밝히신다

셋째, 성경을 읽을 때 하나님이 도우시는 기적을 우리 마음의 눈을 밝힘이라고 부른다.

> 내가 기도할 때에 기억하며 너희로 말미암아 감사하기를 그치지 아니하고 우리 주 예수 그리스도의 하나님, 영광의 아버지께서 지혜와 계시의 영을 너희에게 주사 하나님을 알게 하시고 너희 마음의 눈을 밝히사 그의 부르심의 소망이 무엇이며 성도 안에서 그 기업[유업]의 영광의 풍성함이 무엇이며 그의 힘의 위력으로 역사하심을 따라 믿는 우리에게 베푸신 능력의 지극히 크심이 어떠한 것을 너희로 알게 하시기를 구하노라(엡 1:16-19).

바울이 소망과 하나님의 유업의 풍성함과 하나님의 능력의 크심을 알게 해 달라고 기도하는 것은 우리가 모르는 사실들을 알게 해 달라는 것이 아니다. 그 사실들은 이미 배운 내용들이다. 바울은 우리가 소망의 영광과 유업의 풍성함과 하나님 능력의 크심을 인지하게-파악하게, 이해하게, 참되게 평가하게, 음미하게- 해 달라고 청하고 있다. 이것은 사실을 보게 해 달라는 기도가 아니라 가치와 아름다움을 보게 해 달라는 기도다.

이것은 에베소서 3장 14-19절의 기도와 같다. 거기서 바울은 이렇게 기도한다.

> 모든 성도들과 함께 능히 그리스도의 사랑의 너비와 길이와 높이와 깊이가 어떤지를 깨닫고 지식을 뛰어넘는 그리스도의 사랑을 알아 하나님의 모든 충만하심의 정도에까지 충만하게 되기를(18-19절, 우리말성경).

이해할 수 없는 것을 "능히 깨달"게 하소서! 지식을 뛰어넘는 것을 알게 하소서. 그리스도의 사랑–그 높이와 깊이와 너비와 길이를 측량할 수 없는 사랑–의 존귀함을 느끼게 하소서. 이것이 이 기도의 내용이다. 하나님의 영광을 그 지극한 소망과 풍성함과 능력과 사랑과 충만함에 걸맞게 보고 음미하게 해 달라는 것이다. 바울은 단순한 인식이 강렬한 흠모와 감사와 애정으로 바뀌기를 기도하고 있다.

여기서 뻔한 사실을 놓치지 말자. 에베소서 1장 16-19절이 기도라는 사실 말이다. 다시 말해, 바울과 우리가 의지하는 것은 하나님이 기도에 응답하셔서 초자연적으로 개입하시는 상황이라는 것이다. 두 번째로 분명하고 결정적인 사실은 이 기도가 불신자가 아닌 신자들을 위한 것이라는 점이다. 이것을 그리스도께 회심하면서 우리의 영적 시력(고후 4:6)이 단번에 창조되어도 그리스도인으로 살아가려면 지속적인 초자연적 도움–"우리 마음의 눈을 밝히심"(엡 1:18)–이 여전히 필요하다는 뜻이다.

그리스도의 영광은 그리스도인의 심장에서 한결같은 밝기를 유지하는 것이 아니다. 밝기의 정도는 다양하다. 우리는 이생에서 "거울로 보는 것 같이 희미"(고전 13:12)하게 그리스도의 영광을 보고, 그 희미함의 정도도 다양하다. 우리가 그리스도를 대면하여 보게 될 영광은 이곳에서 "마음의 눈"으로 보는 영광을 말할 수 없을 만큼 넘어설 것이다. 사도 요한은 인간의 모습이신 예수님을 보았던 사람이다. 그는 "아버지의 독생자의 영광"(요 1:14)을 이미 보았다. 그러나 그가 밧모섬에서 예수님의 부활의 영광을 보았을 때, 죽은 사람처럼 그 앞에 엎드러졌다(계 1:17).

그러나 우리가 지금 볼 수 있는 그리스도의 영광을 대수롭지 않게 생각하는 일은 없어야 한다. 그 영광이 이 세상의 모든 영광보다 크고 하나님의 백성 안에서 "말할 수 없는 영광스러운 즐거움"(벧전 1:8)을 일깨운다는 사실을 잊어서는 안 된다. 존 오웬은 장래의 영광이 현재의 영광보다 엄청나게 밝게 빛날 것임을 누구보다 잘 알면서도 다음과 같이 말했다. 그리고 나는 그의 말에 기꺼이 동의한다.

> 이 세상의 그 어떤 영광, 평화, 기쁨, 만족도 우리가 믿음으로 그리스도의 영광을 희미하고 불완전하게나마 봄으로써 받게 되는 것과 비교할 수 없다. 그렇다. 우리가 그렇게 받는 것들과 비교하면 이 세상의 모든 기쁨도 아무 것도 아니다.[1]

그러나 우리는 눈앞이 희미할 때가 있다. 자신을 위해 바울의 기도를 거듭할 필요가 있다. "하나님의 영이여, 내 마음에 임하소서"라고 기도하는 유명한 찬양을 부를 필요가 있다.

> 꿈을 구하지 않습니다. 황홀한 예언도
> 진흙의 휘장이 갑자기 찢어짐도
> 천사의 나타남도 하늘이 열리는 것도 구하지 않습니다.
> 다만 제 영혼의 어두함을 제하소서.[2]

하나님 나라의 비밀이라는 선물

넷째, 성경을 읽을 때 하나님이 도우심은 "복"-하나님 나라의 비밀이 주어짐-이라고 불리기도 한다. 제자들이 예수님께 왜 비유로 말씀하시느냐고 물었을 때, 예수님은 이렇게 대답하셨다. "하나님 나라의 비밀을 너희에게는 주었으나 외인에게는 모든 것을 비유로 하나니 이는 '그들로 보기는 보아도 알지 못하며 듣기는 들어도 깨닫지 못하게 하여 돌이켜 죄 사함을 얻지 못하게 하려 함이라'"(막 4:11-12).

"그러나 너희 눈은 봄으로, 너희 귀는 들음으로 복이 있도다"(마 13:16).

다시 말해, 어떤 이들에게 비유는 하나님 심판의 일부였다. 예수님은 그들을 자신의 교만과 완고한 마음에 내어주셔서 그들이 "보지만 깨닫지 못하게" 하셨다. 누가복음 10장 21절에서도 예수님은 같은 취지로 기도하셨다. "천지의 주재이신 아버지여, 이것을 지혜롭고 슬기 있는 자들에게는 숨기시고 어린아이들에게는 나타내심을 감사하나이다. 옳소이다, 이렇게 된 것이 아버지의 뜻이니이다."

그러나 예수님은 제자들을 인간적 "지혜와 총명"의 무지 상태에 내버려 두지 않으셨다. 정반대로, "하나님 나라의 비밀을 너희에게는 주었"(막 4:11)다고 말씀하셨다. 하나님 나라의 비밀은 메시아가 실제로 오셨으나 많은 이들이 기대했던 바와 달리 지상의 왕이나 로마를 물리치는 승리가가 아니라는 놀라운 사실이다. 그분은 먼저 고난을 받으시고 그 다음에는 뜻밖의 방식으로 자기의 영광에 들어가실 터였다. 이 "하나님 나라의 비밀"은 예수님이 엠마오로 가는 길에서 구약성경을 파악하지 못한 제자들을 나무라실 때 거론하셨던 것과 동일한 진리였다. "미련하고 선지자들이 말한 모든 것을 마음에 더디 믿는 자들이여 그리스도가 이런 고난을 받고 자기의 영광에 들어가야 할 것이 아니냐"(눅 24:25-26).

여기서 목적상 주목해야 할 요점은 구약성경을 읽은 제자들이 고난 받는 메시아라는 끔찍하고도 놀라운 실재를 볼 수 있어야 했다는 점이다. 그들은 구약성경을 통해 준비되어 있어야 했다. 그런 식으로 도래하는 하나님 나라를 이해하고 받아들일 수 있어야 했다. 첫째, 그 나라는 고난과 죽음을 통해 찾아온다. 그 다음에는 부활과 하늘에서의 다스림으로 찾아온다. 그리고 그리스도의 재림으로 그분의 지상 통치가 확고히 서는 것으로 찾아온다.

그러나 제자들은 "미련하고 마음에 더디 믿는" 자들이었다. 그들이 구약성경과 예수님의 가르침에서 하나님의 나라를 가리키는 신호를 보려면 특별한 조명의 기적이 필요했다. 하나님은 그 조명을 허락하셨고 예수님 "어린아이들에게는 [이런 것들을] 나타내심을 감사"(눅 10:21)하셨다. 예수님은 이런 말씀도 하셨다. "하나님 나라의 비밀을 너희에게는 주었으나"(마 4:11). "너희 눈은 봄으로 … 복이 있도다"(마 13:16).

아버지께서 이것을 알게 하셨다

다섯째, 성경을 읽을 때 하나님이 주시는 이런 도움은 하나님의 계시라고도 불린다. 베드로가 예수님을 메시아이자 하나님의 아들로 알아봤을 때 그 이해는 온전하지 않았지만 너무나 의미심장한 발견이었기에 예수님은 그 기적에 크게 기뻐하셨다. 베드로는 "주는 그리스도시요 살아 계신 하나님의 아들이시니이다"(마 16:16)라고 말했다. 이 통찰은 베드로의 타고난 총명함의 결과물이 아니었다. 이것은 자연적이 아니라 초자연적인 일이었다. 예수님은 말씀하셨다. "바요나 시몬아 네가 복이 있도다. 이를 네게 알게 한 이는 혈육이 아니요 하늘에 계신 내 아버지시니라"(마 16:17).

'혈육'은 베드로의 본성적인 모습을 가리킨다. 이것은 그가 이룬 중대한 발견의 근원이 아니었다. 그 발견은 하나님이 주신 선물이었다. 그리고 하나님을 있는 그대로 보려면 누구에게나 이 선물이 필요하다.

분명, 본성적으로-'혈육'으로-우리는 예수님에 대해 많은 사실들을 알 수 있다. 제자들과 바리새인들은 예수님에 대해 우리보다 더 많은 사실들을 알았다. 그러나 그것만 가지고는 예수님을 보화로 알아볼 수 없었다. 하늘에 계신 아버지께서 우리 마음에 기적을 행하시고 볼 수 있게 허락하셔야만 알아볼 수 있을 터였다.

그때 제자들에 대해 예수님이 하신 말씀을 우리도 듣게 될 것이다. "너희가 보는 것을 보는 눈은 복이 있도다. 내가 너희에게 말하노니 많은 선지자와 임금이 너희가 보는 바를 보고자 하였으되 보지 못하였으며 너희가 듣는 바를 듣고자 하였으되 듣지 못 하였느니라"(눅 10:23-24).

성경 읽기를 통해 예수님을 보고 음미하고 변화를 받아 그분의 형상을 본받게 된다면, 그것은 단순히 인간적 수단에 의해서 이루어진 일이 아닐 것이다. 그것은 우리 마음의 눈을 뜨게 하여 모든 것을 만족시키는 예수님의 영광을 실제 모습 그대로 보게 해 주는 '복'일 것이다.

열쇠를 가진 자

하나님이 그리스도 안에서 드러내시는 모든 면모의 영광을 보고 음미하려면, 성경 읽기는 초자연적인 행위가 되어야 한다. 우리는 하나님의 도우심의 기적에 의지하면서 말씀을 읽어야 한다. 1877년 리버풀의 성공회 주교였던 J. C. 라일은 이렇게 썼다.

> 성경이 하나님의 말씀인가? 그렇다면 성경을 읽을 때 반드시 성령의 도움과 가르침을 구하며 열렬히 기도해야 한다. 여기에 많은 사람들이 파선을 경험하는 암초가 있다. 그들은 성령의 지혜와 가르침을 구하지 않기에 성경을 봐도 깜깜할 뿐이고 그 안에서 어떤 것도 얻지 못한다. 성령께서 모든 진리 가운데로 인도해 주시도록 기도해야 한다. 주 예수 그리스도께서 제자들의 총명을 열어 주셨던 것처럼 "총명을 열어 달라고" 간청해야 한다. 사람들을 감동하여 성경을 쓰게 하신 주 하나님이 그 책의 열쇠를 쥐고 계시고, 그분만이 그것을 유익하게 이해할 수 있는 힘을 주실 수 있다. 시편의 어느 시에서 다윗은 아홉 번이나 "나를 가르치소서"라고 부르짖는다. 같은 시에서 그는 다섯 번이나 "나로 하여금 깨닫게 하여 주소서"라고 말한다. 옥스퍼드 크라이스트교회의 주임사제였던 존 오웬이 잘 말했다. "하나님의 말씀에는 신성한 빛이 있다. 그러나 인간들의 눈은 덮개와 수건으로 가려져 있어서 그 빛을 똑바로 볼 수가 없다. 그런데 이 수건을 벗기는 것은 성령의 특별한 사역이다."[3]

우리가 성경에서 하나님의 존귀함과 아름다움을 보도록 돕는 하나님의 초자연적 사역에 깊이 의존해야 한다고 해서 본문의 의미를 이해하는 과정을 위한 우리의 지성을 사용하는 것의 필요성이 줄어들지는 않는다. 때로는 이것이 역설처럼 느껴질 수 있다. 하나님이 우리에게 필요한 통찰력을 주신다고 말하면서도 본문의 의미를 보기 위해 노력해야 한다니. 그러나 사도 바울이 그 길을 보여 준다. 디모데후서 2장 7절에서 그는 이렇게 말한다. "내가 말하는 것을 생각해 보라. 주께서 범사에 네게 총명을 주시리라."

그러므로 우리는 사도가 쓴 성경을 엄밀하고 주의 깊고 사려 깊게 읽어야 한다. 생각하기라는 자연적 과정만으로 목표를 달성할 수 있기 때문이 아니다. 그 자연적 과정 안에서 하나님이 초자연적으로 행하시고 우리가 다른 식으로는 얻을 수 없는 일종의 시력을 주시기 때문이다. 그것이 초자연적 행위의 성경 읽기다.

12.

바리새인은 아무리 읽어도 깨달을 수 없었다

"너희는 성경을 읽어 보지 못하였느냐?"

아마도 예수님이 사셨던 당시에 서기관과 바리새인들보다 성경을 많이 읽는 사람도 없었을 것이다. 예수님은 이렇게 말씀하셨다. "서기관들과 바리새인들이 모세의 자리에 앉았으니 그러므로 무엇이든지 그들이 말하는 바는 행하고 지키되 그들이 하는 행위는 본받지 말라"(마 23:2-3).

그들은 다른 누구보다도 머릿속에 성경을 많이 집어넣었고 누구보다 자주 성경 말씀을 입에 담았다. 그들은 하나님의 율법을 손쉽게 인용했다(마 19:7). 율법의 아주 작은 부분까지 꼼꼼하게 주의를 기울였다(마

23:24). 하지만 예수님은 거듭해서 마치 그들이 성경을 읽지 않은 것처럼 말씀하셨다.

이것은 놀라운 일이다. "성경을 읽어 보지 못하였느냐?"라는 말씀은 바리새인들에게는 대단한 모욕이었을 것이 분명하다. 예수님은 그들에게 적어도 여섯 번은 그렇게 말씀하셨다. 그 말씀은 매번 당대의 가장 권위 있는 성경 독자였던 그들이 자신이 하는 말의 의미를 모른다는 뜻을 담고 있었다. 어떻게 그럴 수 있었을까? 그들은 성경을 읽은 사람들이었다. 그러나 뭔가 잘못되었다. 끔찍하게 잘못되었다. 무엇인가 그들이 성경에 실제로 있는 내용을 보지 못하게 가로막았다. 무엇이 잘못된 것일까? 그리고 이것은 성경 읽기의 초자연적 측면에 대해 우리에게 무엇을 보여 주는가?

만약 너희가 제대로 읽었다면

어느 날 예수님과 제자들이 밀밭 사이로 가고 있었다. 제자들은 배가 고파서 밀 이삭을 잘라먹었다. 그날은 안식일이었다. 바리새인들이 그 광경을 보고 예수님께 말했다.

> 보시오, 당신의 제자들이 안식일에 하지 못할 일을 하나이다." 예수께서 이르시되 "다윗이 자기와 그 함께한 자들이 시장할 때에 한 일을 읽지 못하였느냐? 그가 하나님의 전에 들어가서 제사장 외에는 자기나 그 함께 한 자들이 먹어서는 안 되는 진설병을 먹지 아니하였느

냐? 또 안식일에 제사장들이 성전 안에서 안식을 범하여도 죄가 없음을 너희가 율법에서 읽지 못하였느냐? 내가 너희에게 이르노니 성전보다 더 큰 이가 여기 있느니라. 나는 자비를 원하고 제사를 원하지 아니하노라 하신 뜻을 너희가 알았더라면 무죄한 자를 정죄하지 아니하였으리라. 인자는 안식일의 주인이니라 하시니라(마 12:1-8).

예수님은 바리새인들이 그분의 제자들을 정죄하는 것을 달갑게 여기지 않으셨다. 그들은 "죄 없는 자들을 정죄"(7절)해서는 안 되었다. 그러니까 예수님과 바리새인들 사이에는 근본적인 의견 차이가 있었다. 그들은 제자들이 죄를 지었다고 말했다. "당신의 제자들이 하지 못할 일을 하나이다."

그러나 예수님은 그들이 "무죄"하다고 하셨다. 바리새인들의 잘못된 정죄가 성경을 잘못 읽은 탓이라고 세 번이나 언급하셨다(3, 5, 7절). 그리고 두 번은 그들이 그분을 잘못 알았다고 두 번 말씀하셨다(6하, 8절).

뭔가가 잘못되었다

첫 번째 언급은 마태복음 12장 3-4절에 등장한다. 예수님은 다윗과 그의 부하들이 사울을 피해 달아나던 중 먹을 것이 필요했던 사무엘상 21장 1-6절의 사건을 거론하신다. 다윗은 제사장 아히멜렉을 설득해 신성한 진설병을 받았다.

> 다윗이 자기와 그 함께한 자들이 시장할 때에 한 일을 읽지 못하였느냐? 그가 하나님의 전에 들어가서 제사장 외에는 자기나 그 함께한 자들이 먹어서는 안 되는 진설병을 먹지 아니하였느냐?

다시 말해, 예수님은 하나님의 임무에 나선 사람들이 의식법을 어기고도 생명과 사명을 보존할 수 있는 상황들이 있음을 암시하신다. 이것은 다윗과 예수님이 실제로 율법을 어기지 않았다는 주장이 아니다. 예수님은 제자들을 그런 식으로 옹호하시지 않았다. 그분은 "진설병을 먹는 일은 적법하다. 안식일에 밀 이삭을 잘라먹는 일도 적법하다"라고 말씀하시지 않았다. 예수님은 다윗과 그 부하들이 "먹어서는 안 되는"(4절) 것을 먹었다고 하셨다.

그렇다. 예수님은 7절에서 제자들이 "무죄"하다고 말씀하신다. 그들이 율법을 어기지 않아서가 아니라, 어떤 종류의 법들은 특정한 상황에서 어길 수 있기 때문이다. 예수님은 바로 이 점을 지적하신다. 그분은 바리새인들이 사무엘상 21장의 이 이야기를 한 번도 읽어 보지 못한 것처럼 말씀하신다. "읽어 보지 못하였느냐?" 그분은 분명 그들의 성경 읽기를 나무라고 계신다. 그들은 읽었지만 보지 못했다. 뭔가가 잘못되었다.

두 번째 언급은 5절에 등장한다. 예수님은 제사장들이 안식일에 제사를 위해 희생제물과 떡을 준비해야 하는 율법 조항을 말씀하신다(민 28:9-10, 대상 9:32). 그분은 이런 준비를 가리켜 안식일을 "범한 것"이라고 부르신다.

> 또 안식일에 제사장들이 성전 안에서 안식을 범하여도 죄가 없음을 너희가 율법에서 읽지 못하였느냐? 내가 너희에게 이르노니 성전보다 더 큰 이가 여기 있느니라.

예수님은 "범한다"라는 단어를 바리새인들이 그분의 제자들을 비난할 때 사용한 단어에 대한 반어적 언급으로 사용하셨을 수도 있다. 너희들 말은, 나의 제자들이 안식일을 범하고 있다는 것이구나. 만약 이 일이 안식일을 범한 것이라면, 그때 그 제사장들도 안식일을 범했고 게다가 성경 자체의 승인까지 받았다고 할 수 있다. 예수님은 바리새인들이 성경을 읽을 때 바로 이 점을 보았어야 한다고 생각하신다. 그래서 "너희는 읽어 보지 못하였느냐?"라고 물으신 것이다. 그러나 그들은 이것을 보지 못했다.

세 번째 언급은 7절에 나온다. 여기서 예수님은 엄청난 함의가 담긴 성경 읽기의 한 가지 원칙을 다루신다. 그분은 바리새인들에게 이렇게 말씀하신다. "'나는 자비를 원하고 제사를 원하지 아니하노라' 하신 뜻을 너희가 알았더라면 무죄한 자를 정죄하지 아니하였으리라."

이 인용문은 손바닥으로 죄악을 가리려 한 이스라엘을 하나님이 꾸짖으시는 호세아서의 한 대목이다.

> 에브라임아 내가 네게 어떻게 하랴? 유다야 내가 네게 어떻게 하랴? 너희의 인애가 아침 구름이나 쉬 없어지는 이슬 같도다. 그러므로 내가 선지자들로 그들을 치고 내 입의 말로 그들을 죽였노니 내 심판은

빛처럼 나오느니라. 나는 인애[한결같은 사랑 또는 자비]를 원하고 제사를 원하지 아니하며 번제보다 하나님을 아는 것을 원하노라(호 6:4-6).

"나는 자비를 원하고 제사를 원하지 아니하노라"는 호세아서의 말씀(예수님은 마태복음 9장 13절에서도 이 구절을 인용하셨다)은 다른 데서 볼 수 없는, 하나님의 마음에 대한 단발적 표현이 아니었다. 이것은 구약성경에 자주 등장하는 후렴이었다.

여호와께서 번제와 다른 제사를
그의 목소리를 청종하는 것을 좋아하심 같이 좋아하시겠나이까?
순종이 제사보다 낫고
듣는 것이 숫양의 기름보다 나으니(삼상 15:22).

공의와 정의를 행하는 것은
제사 드리는 것보다 여호와께서 기쁘게 여기시느니라(잠 21:3).

주께서는 제사와 제물을 원하지 않으셨고
번제와 속죄제도
요구하지 않으셨습니다.
주께서 내 귀를 열어 주셨으니
그때야 "내가 여기 있습니다. 내가 왔습니다.
나에 대해 기록한 것이 두루마리 책에 있습니다.

오 내 하나님이여, 내가 기쁘게 주의 뜻을 행하겠습니다.
주의 법이 내 마음속에 있습니다"라고 했습니다(시 40:6-8, 우리말성경).

나는 네 제물 때문에 너를 책망하지는 아니하리니
네 번제가 항상 내 앞에 있음이로다.
내가 네 집에서 수소나 네 우리에서
숫염소를 가져가지 아니하리니 …
감사로 하나님께 제사를 드리며
지존하신 이에게 네 서원을 갚으[라](시 50:8-9, 14절).

내가 무엇을 가지고 여호와 앞에 나아가며
높으신 하나님께 경배할까?
내가 번제물로 일 년 된 송아지를 가지고
그 앞에 나아갈까?
여호와께서 천천의 숫양이나
만만의 강물 같은 기름을 기뻐하실까? …
사람아 주께서 선한 것이 무엇임을 네게 보이셨나니
여호와께서 네게 구하시는 것은
오직 정의를 행하며 인자를 사랑하며
겸손하게 네 하나님과 함께 행하는 것이 아니냐(미 6:6-8).

예수님이 "… 하신 뜻을 너희가 알았더라면 무죄한 자를 정죄하지 아니하였으리라"고 말씀하신 것은 하찮은 문제로 트집을 잡으신 것이 아니었다. 바리새인들은 사소한 구절 하나를 간과한 것이 아니었다. 예수님은 그들이 성경의 매우 중요한 가르침 하나–하나님이 꼼꼼하게 의식을 지키는 것보다 사람에 대한 자비를 우선시하신다–를 보지 못했다고 말씀하셨다. 그들은 성경을 읽었지만, 그 안의 참된 내용은 보지 못했다.

너희가 모세를 믿었더라면

예수님은 바리새인들이 제자들을 잘못 정죄한 원인을 성경을 잘못 읽은 데서 찾으실 뿐 아니라(마 12:3, 5-6절), 그들이 예수님을 잘못 알았던 것에서도 찾으신다(6절하, 8절). 이것은 놀랍지 않다. 예수님은 성경의 오독과 예수님을 알아보지 못하는 일 사이에 직접적 상관관계가 있다고 보셨기 때문이다. "[너희가] 모세를 믿었더라면 또 나를 믿었으리니 이는 그가 내게 대하여 기록하였음이라"(요 5:46).

"모세와 선지자들에게 듣지 아니하면 비록 죽은 자 가운데서 살아나는 자가 있을지라도 권함을 받지 아니하리라"(눅 16:31).

"너희가 성경에서 영생을 얻는 줄 생각하고 성경을 연구하거니와 이 성경이 곧 내게 대하여 증언하는 것이니라. 그러나 너희가 영생을 얻기 위하여 내게 오기를 원하지 아니하는도다"(요 5:39-40).

마태복음 12장 5-6절 말씀을 보자.

안식일에 제사장들이 성전 안에서 안식을 범하여도 죄가 없음을 너희가 율법에서 읽지 못하였느냐? 내가 너희에게 이르노니 성전보다 더 큰 이가 여기 있느니라.

"성전보다 더 큰 이가 여기 있느니라."

이것은 그분 자신의 중요성을 내세우는 완곡하지만 깜짝 놀랄 만 한 주장이다. 이것은 작은 것에서부터 더 큰 것으로 나아가는 논증이다. 희생 제사를 드리는 성전 덕분에 안식일을 범하는 제사장들의 일이 정당화된다면, 내가 함께 있기 때문에 내 신실한 제자들의 필요를 채우는 일은 얼마나 더 정당화되겠는가? 바리새인들이 예수님의 제자들을 정죄한 이유는 그들이 성경을 하나님이 의도하신 대로 읽지 않았기 때문이고, 예수님의 언행을 제대로 해석할 수 없었기 때문이다. 뭔가 심각하게 잘못된 것이다.

끝으로, 바리새인들과 만난 자리에서 예수님은 이렇게 말씀하셨다. "인자는 안식일의 주인이니라"(마 12:8).

이 말은 그분 자신을 높인 6절의 주장을 비교할 수 없는 수준으로 끌어올린다. "나는 안식일의 주인이다."

안식일의 주인이라는 말은 안식일의 의미를 정할 권리가 있다는 의미다. 다시 말해서 예수님은 안식일을 창조한 존재라는 말이 된다. 제자들과 함께하신 예수님의 언행은 하나님의 언행이었다. 하나님의 영광이 빛나고 있었다. 그 영광은 하늘에서 내려온 성전보다 더 밝았다. 안식일의 창조주께서 직접 강림하신 것처럼 찬란히 빛났다.

그러나 바리새인들은 하나님의 특별한 영광을 성경 안에서 보지 못했고 예수님에게서도 보지 못했다. 그들은 성경을 읽지 못했고 구세주를 알아보지도 못했다. 뭔가 크게 잘못된 것이다.

읽지 못하였느냐

예수님은 이혼 문제를 언급하시면서 그들에게 성경을 읽을 능력이 없음을 정면으로 지적하셨다.

> 바리새인들이 예수께 나아와 그를 시험하여 이르되 "사람이 어떤 이유가 있으면 그 아내를 버리는 것이 옳으니이까?" 예수께서 대답하여 이르시되 "사람을 지으신 이가 본래 그들을 남자와 여자로 지으시고 말씀하시기를 '그러므로 사람이 그 부모를 떠나서 아내에게 합하여 그 둘이 한 몸이 될지니라' 하신 것을 읽지 못하였느냐? 그런즉 이제 둘이 아니요 한 몸이니 그러므로 하나님이 짝지어 주신 것을 사람이 나누지 못할지니라" 하시니 여짜오되 "그러면 어찌하여 모세는 이혼 증서를 주어서 버리라 명하였나이까?" 예수께서 이르시되 "모세가 너희 마음의 완악함 때문에 아내 버림을 허락하였거니와 본래는 그렇지 아니하니라. 내가 너희에게 말하노니 누구든지 음행한 이유 외에 아내를 버리고 다른 데 장가 드는 자는 간음함이니라"(마 19:3-9).

예수님이 바리새인들에게 창세기 1장 27절과 2장 24절을 "읽지 못하였느냐?"라고 말씀하신 것을 보면, 그분이 여기에서 밝히고 계신 내용을 바리새인들이 성경에서 이끌어내기를 기대하셨음을 알 수 있다. 예수님은 바리새인들이 신명기 24장 1-4절에서 인용한 모세율법의 이혼조항이 결혼에 대한 하나님의 원래 계획에 맞지 않는 것이었음을 그들이 알아보기를 기대하셨다. 그 조항은 당시 사람들의 완악함 때문에 주어진 일시적이고 열등한 조항이었다(마 19:8). 그런데 예수님은 사람들의 마음이 여전히 완고하므로 그 조항도 여전히 유효하다는 결론을 끌어내시지 않았다.

오히려 그와 정반대다. 새로운 무언가가 세상에 들어왔다. 메시아가 오셨다. 대속물이 오셨다(막 10:45). 새로운 권위가 왔다. "…는 것을 너희가 들었으나 나는 너희에게 이르노니 …"(마 5:20-48).

예수님을 따르는 자들에게는 이제 기준이 높아졌다. 창세기 1장 27절과 2장 24절에 표현된 하나님의 원래 계획이 다시 기준이 된 것이다. 예수님은 죄책과 죄의 권세로부터 세상을 구하러 오셨다. "그러므로 하나님이 짝지어 주신 것을 사람이 나누지 못할지니라"(마 19:6).

이것이 처음부터 있었던 이상이었다. 그렇기 때문에 예수님은 바리새인들에게 "읽지 못하였느냐?"고 물으셨다. 호세아 6장 6절(및 구약성경의 온갖 유사 구절들)을 생각하면 바리새인들이 안식일에 밀 이삭을 잘라먹었다고 예수님의 제자들을 정죄하는 일은 없어야 했다. 이와 마찬가지로, 창세기 2장 24절을 생각하면 바리새인들이 이혼을 이런 식으로 대하는 일 역시 없어야 했다. 그러나 그들은 창세기 1장 27절과 2장 4절의 함의를 깨닫지 못했다. 예수님은 그들이 해당 성경본문을 읽어 보지도 않은 것처럼 말씀하셨다.

아이들의 찬양을 막은 바리새인들

예수님이 채찍을 휘둘러 돈 바꾸는 자들을 성전 바깥으로 쫓아내시고 성전을 "기도하는 집"이라 부르신 후, 눈먼 자들과 저는 자들이 낫기를 바라며 예수님께 나아왔고 아이들은 "호산나 다윗의 자손이여!"라고 외쳤다.

> 성전 뜰에서 눈먼 사람들과 다리를 저는 사람들이 예수께 다가왔다. 예수께서는 그들을 고쳐주셨다. 그러나 대제사장들과 율법학자들은, 예수께서 하신 여러 가지 놀라운 일과, 또 성전 뜰에서 "다윗의 자손에게 호산나!" 하고 외치는 아이들을 보고, 화가 나서 예수께 말하였다. "당신은 아이들이 무어라 하는지 듣고 있소?" 예수께서 그들에게 말씀하셨다. "그렇다. '주님께서는 어린아이들과 젖먹이들의 입에서 찬양이 나오게 하셨다' 하신 말씀을, 너희는 읽어 보지 못하였느냐"(마 21:14-16, 새번역).

예수님은 대제사장들과 서기관들(바리새인 같은 자들)이 시편 8편을 읽어 보지 못한 것처럼 말씀하신다. 시편 8편은 이렇게 시작한다.

> 여호와 우리 주여,
> 주의 이름이 온 땅에 어찌 그리 아름다운지요[장엄한지요]!
> 주의 영광이 하늘을 덮었나이다.
> 주의 대적으로 말미암아 어린 아이들과 젖먹이들의 입으로 권능을

세우심이여

이는 원수들과 보복자들을 잠잠하게 하려 하심이니이다(1-2절).

"너희는 읽어 보지 못하였느냐?"

예수님은 그들에게 물으신다. 왜 그런 말씀을 하셨을까? 그들이 아이들의 찬양을 나무라고 있었기 때문이다. 그리고 그들은 아이들을 바로잡아 주지 않는다고 예수님을 나무랐다. 어린아이들은 예수님을 메시아, 다윗의 자손이라 부르고 있었다. 대제사장들과 서기관들은 예수님이 메시아라고 생각하지 않았던 터라 아이들에게 단단히 화가 났다. 그들은 예수님이 정말 누구신지 알아보지 못했다. 그들에겐 그분의 영광을 볼 눈이 없었다.

바리새인들이 볼 수 없었던 특별한 장엄

왜 그들은 보지 못했을까? 예수님은 그들이 성경을 읽을 줄 모르기 때문이라고 암시하신다. 그들은 시편 8편이 무엇을 말하는지 모른다. 마치 그 시를 아예 읽지 않은 것 같다. 그들이 시편 8편에서 놓친 것은 무엇이었을까? 시편 8편의 요점은 하나님의 위엄이 온유함 가운데 빛난다는 것이다. 나는 시편의 본문으로 두 편의 설교를 작성한 적이 있는데, 한번은 종려주일이었고 또 한 번은 부활절이었다. 하나는 나귀를 타신 왕에 대한 설교였고, 다른 하나는 부활하신 왕의 장엄함에 대한 설교였다. 시편 8편은 "여호와 우리 주여, 주의 이름이 온 땅에 어찌 그리 아름다운지요[장엄한지요]!"라는 말로 시작하고 끝난다. 이 시를 열고 닫을 때 나오는 주장이다.

그러나 이 시의 중심 진리는 하나님의 단순한 장엄이 아니라 약함을 통해 나타나는 장엄이다. 아기들이 "권능을 세우"고 "보복자들"을 잠잠하게 한다. 그리고 보잘것없는 사람들-하나님이 그분의 손가락으로 만드신 것에 비하면 눈에 띄지도 않는 사람들-이 세상을 다스린다. 그래서 나는 시편 8편을 이렇게 요약한다. 하나님은 아이들의 약함으로 적들을 무찌르시고, 인간의 약함으로 세상을 다스리신다.

아마도 예수님 말씀의 취지는, 대제사장들과 서기관들이 시편 8편과 성경의 나머지 부분에서 이 요지를 발견했다면 예수님이 어떤 메시아이신지 알아볼 수 있었을 거라는 것이다. 그러나 그들은 그분이 누구신지 알지 못했고, 예수님이 보시기에 그들은 시편 8편을 한 번도 읽지 않은 사람들 같았다.

건축자들이 버린 돌

마태복음 21장 42절에서 예수님은 대제사장과 바리새인들에게 "성경에 … 함을 읽어 본 일이 없느냐?"라고 다시 한 번 말씀하신다. 이 말씀은 시편 8편을 가지고 하신 말씀과 사실상 동일하다. 바리새인들은 성경 안에서 약하고 거절당한 메시아의 특별한 영광을 보지 못했고, 그래서 예수님을 실제 모습 그대로 보지 못했다.

이 대목은 예수님이 소작인들의 비유를 들려주신 직후에 나온다. 그 비유에서 포도원의 주인은 추수한 열매를 받으려고 아들을 소작인들에게 보낸다. 이것은 하나님이 회개와 순종의 열매를 거두시려고 아들을 이스라엘로 보내신 일을 상징한다. 그 결과는 무엇인가? 소작인들이 주인의 아들을 죽인다. 예수님은 청중에게 비유 속 주인이 그 소작인들에게 어떻게 해야 하겠느냐고 물으신다. 그들은 이렇게 대답한다(그것은 자신들에 대한 사형 집행 영장과도 같았다). "그 악한 자들을 진멸하고 포도원은 제때에 열매를 바칠 만한 다른 농부들에게 세로 줄지니이다"(마 21:41).

이 대답에 대해 예수님은 "성경에서 이런 말씀을 읽어 본 일이 없느냐?"고 말씀하시고 시편 118편 22-23절을 인용하신다. "건축자들이 버린 돌이 모퉁이의 머릿돌이 되었나니 이것은 주로 말미암아 된 것이요 우리 눈에 기이하도다."

시편 8편의 요점은 하나님이 아이들의 약함으로 적들을 무찌르시고, 인간의 약함으로 세상을 다스리신다는 것이었다. 그리고 시편 118편의 요점은 하나님이 거절의 고통을 통해 메시아의 영광을 세우신다는 것이다. 이것이 그리스도 안에서 나타난 하나님의 특별한 영광이다. 예수님이 보시기에는, 그분의 영광을 알아보지 못하는 바리새인들이 시편 118편을 한 번도 읽어 보지 않은 것처럼 여겨질 수밖에 없다. 그러나 그들은 분명 그 시를 읽었다. 우리는 그들처럼 성경을 읽는 일이 결코 없어야 할 것이다. 그들의 읽기는 뭔가 잘못되었다.

사두개인들과 죽은 자들의 부활

예수님은 다시 한 번 사두개인들을 향하여 “너희가 읽어 보지 못하였느냐?”라고 물으신다. 사두개인들은 죽은 자들의 부활을 믿지 않는 무리였다(마 22:23). 그래서 그들은 이생에서 남편을 일곱 명 두었던 여자가 부활하면 누구의 아내가 되겠느냐고 물어 예수님을 어리석은 자로 보이게 만들려 한다. 예수님은 이렇게 대답하신다. “너희가 성경도, 하나님의 능력도 알지 못하는 고로 오해하였도다. … 죽은 자의 부활을 논할진대 하나님이 너희에게 말씀하신 바 ‘나는 아브라함의 하나님이요 이삭의 하나님이요 야곱의 하나님이로라’ 하신 것을 읽어 보지 못하였느냐? 하나님은 죽은 자의 하나님이 아니요 살아 있는 자의 하나님이시니라”(마 22:29, 31-32).

예수님은 하나님의 언약 백성(아브라함, 이삭, 야곱)의 부활을 부정하는 것은 성경을 읽어본 적이 없음을 인정하는 것과 같다고 암시하신다. “너희가 성경도, 하나님의 능력도 알지 못하는 고로 오해하였도다”(마 22:29).

예수님은 하나님이 신실한 백성에게 언약을 끝까지 지키신다는 선언 안에는 그들을 영원히-심지어 죽음 이후에도 여전히- 책임지신다는 약속이 담겨 있다고 여기신다. 예수님은 시편 49편 15절 “하나님은 나를 영접하시리니 이러므로 내 영혼을 스올의 권세에서 건져내시리로다” 같은, 보다 분명해 보이는 구약성경 구절을 인용하실 수도 있었을 것이다. 그러나 예수님은 성경을 읽는 방법을 말씀하셨다. 읽기가 표면적 노출 이상을 의미한다는 것을 보여 주셨다. 성경 읽기는 표면적 진술을 접하는 데 그치지 않고 우리가 읽은 것에 대해 생각하고 그 함의를 꿰뚫어 보는 것까지 포함한다.

출애굽기 3장 6절은 "나의 언약 백성은 부활할 것이다"라고 분명히 말하고 있지 않다. 즉, "너희가 읽어 보지 못하였느냐?"라는 예수님의 말씀은 "하나님이 한 사람의 하나님이 되신다는 것이 어떤 의미인지 그 함의를 출애굽기 3장 6절에서 읽고 곰곰이 생각하고 이끌어낸 적이 있느냐?"라는 뜻이었다. 그들은 그렇게 하지 않았다. 그들은 그런 식으로 성경을 읽지 않았다. 예수님이 우리에게 기대하시는 방식으로 읽지 않았다.

예수님이 생각하시는 읽기는 성경의 표면-단어와 문구와 절들의 연결처럼-만 보는 것이 아니라 관련된 실재들이 깊이 함축하는 내용을 이해하는 것이다. 따라서 읽기는 문법적인 내용뿐 아니라-뭐라고 말하면 좋을까-핵심을 이루는 내용이나 본질에 해당하는 내용을 충분히 생각하는 것이다.

즉, 읽기는 글이 나타내는 실재와 그 함의에 대해 묻는 일을 포함한다. 지금 예수님의 말씀에서는(마 22: 31-32) 하나님이 실재이다. 하나님과 족장들의 관계도 실재이다. 하나님의 본성과 언약관계의 본질이 함의하는 바는 바로 부활이다! 만약 우리가 이것을 보지 못한다면 예수님은 이렇게 말씀하실 것이다. "읽어 보지 않았느냐?" 사두개인들은 이것을 보지 못했다. 왜 그랬을까?

죄를 사랑한 것이 가장 큰 문제다

이번 장에서 나는 반복해서 이렇게 말했다. "뭔가가 잘못되었다. 끔찍이 잘못되었다." 성경 지식의 전문가들이 성경을 읽지 못했다. 왜 그랬을까? 그들은 무엇 때문에 예수님이 기대하신 대로 읽지 못했을까? 우리는 그들의 문제가 언어적이거나 문법적이거나 역사적인 것이 아니었음을 보게 될 것이다. 그것은 도덕적이고 영적인 문제였다. 그들이 예수님이 기대하신 대로 성경을 읽지 못한 것은 기술이 부족해서가 아니라 죄를 사랑했기 때문이었다. 정신적 결함이 아니라 잘못된 것을 욕망한 것이 문제였다.

영적 간음

예수님은 바리새인들에게 말씀하셨다. "너희가 날씨는 분별할 줄 알면서 시대의 표적은 분별할 수 없느냐"(마 16:3).

시대의 표적은 예수님이 하신 모든 일과 행동들이었다. 예수님 말씀에 따르면, 그들은 성경을 읽을 수 없었기 때문에 그 표적을 볼 수 없었다. 그들의 신랑, 그들의 메시아께서 오셨다. 그러나 그들은 그분을 원하지 않았다. 그들의 욕망은 다른 것을 향하고 있었다.

그들은 절개 없는 신부와 같았다. 그들은 계속 더 많은 표적을 요구했는데, 예수님이 자신들의 신랑이심을 믿고 싶어서가 아니라 그들이 세상과 불륜을 저지르고 있었기 때문이었다. 그래서 예수님은 그들의 실상을 밝혀 "악하고 음란한 세대"(마 16:4)라고 부르신다. 그들은 악하고 음란하여 분별할 수가 없었다. 그들의 마음은 절개가 없어 예수님 외의 다른 연인들이 그 안에 들어차 있었다. 그들은 잘못된 것들을 욕망했다. 자신들의 죄를 사랑했다. 그리고 그들의 욕망을 방해하는 진리는 그들이 사랑했던 구혼자들보다 더 바람직한 것으로 볼 수가 없었다.

경쟁하는 연인

바리새인들의 눈을 어둡게 하여 성경과 예수님을 보지 못하게 만든 잘못된 욕망들의 목록 맨 위에는 아마도 인간들의 찬사에 대한 욕망이 자리 잡고 있었을 것이다. 그들은 하나님의 영광보다 사람의 영광을 더 사랑했다. 놀랍게도 예수님은 유대교 지도자들에게 이렇게 말씀하셨다. "나를 보내신 아버지께서 친히 나를 위하여 증언하셨느니라. 너희는 아무 때에도 그 음성을 듣지 못하였고"(요 5:37).

유대교 지도자들은 아무 때에도 들은 적이 없다. 그렇게 열심히 하나님의 말씀을 읽었는데도 불구하고 말이다. 그들의 성경 읽기 방식은 너무나 결함이 많아 모든 것이 왜곡되었다. 그들은 참된 하나님의 음성을 들은 적이 없었다. 예수님의 온갖 기적들에도 불구하고 그들은 그분의 특별한 영광을 결코 보지 못했다.

예수님은 그 결과가 "그[하나님의] 말씀이 너희 속에 거하지 아니하"는 것이라고 하셨다. 그 증거는 "[너희가] 그가 보내신 이를 믿지 아니"(요 5:38)한다는 사실이다. 근본 문제가 무엇일까? 우리는 그것을 다음 내용에서 볼 수 있다.

> 다만 하나님을 사랑하는 것이 너희 속에 없음을 알았노라. 나는 내

> 아버지의 이름으로 왔으매 너희가 영접하지 아니하나 만일 다른 사람이 자기 이름으로 오면 영접하리라. 너희가 서로 영광을 취하고 유일하신 하나님께로부터 오는 영광은 구하지 아니하니 어찌 나를 믿을 수 있느냐 내가 너희를 아버지께 고발할까 생각하지 말라. 너희를 고발하는 이가 있으니 곧 너희가 바라는 자 모세니라. 모세를 믿었더라면 또 나를 믿었으리니 이는 그가 내게 대하여 기록하였음이라. 그러나 그의 글도 믿지 아니하거든 어찌 내 말을 믿겠느냐(요 5:42-47).

나는 이 말씀이 문제의 핵심을 지목하고 있다고 생각한다. 44절의 수사의문문은 근본 문제를 밝히는 명확한 진술이다. "너희가 서로 영광을 취하고 유일하신 하나님께로부터 오는 영광은 구하지 아니하니 어찌 나를 믿을 수 있느냐?"

이 수사의문문은 다음과 같이 하나의 진술로 바꿀 수 있다. "너희가 하나님의 영광보다 인간의 영광을 더 사랑할 때, 예수님을 믿을 수 없다."

왜? 예수님은 자기 높임을 허무시는 메시아시기 때문이다. 예수님은 이렇게 말씀하셨다. "만일 다른 사람이 자기 이름으로 오면 [너희가] 영접하리라"(43절).

왜 그럴까? 그런 메시아는 그들과 같은 부류의 사람일 것이기 때문이다. 그 메시아는 자기를 높이는 그들의 불륜을 인정해 줄 것이다. 그러나 예수님은 참 인간이신 메시아로서 하나님과 하나님의 영광을 그 무엇보다 사랑하신다. 예수님은 바리새인들이 원하는 타입이 아니다. 그들은 자신의 영광을 사랑한다. 그러므로 "하나님을 사랑하는 것이 너희 속에 없다."

그래서 너희는 믿을 수 없고 읽을 수도 없다.

사탄과 죽이 맞는 잘못된 욕망들

예수님은 이렇게 자기를 높이고 싶어 하는 마음을 사탄과 연결 지었다. 예수님은 유대인 지도자들이 예수님의 말씀을 받아들이지 못하는 이유가 그들의 욕망이 마귀와 죽이 맞기 때문이라고 말씀하신다.

> 예수께서 이르시되 "하나님이 너희 아버지였으면 너희가 나를 사랑하였으리니 이는 내가 하나님께로부터 나와서 왔음이라. 나는 스스로 온 것이 아니요 아버지께서 나를 보내신 것이니라. 어찌하여 내 말을 깨닫지 못하느냐? 이는 내 말을 들을 줄 알지 못함이로다. 너희는 너희 아비 마귀에게서 났으니 너희 아비의 욕심대로 너희도 행하고자 하느니라"(요 8:42-44).

그들은 왜 이해할 수 없었을까? 듣고 있을 수가 없었기 때문이다. 왜 들을 수가 없었을까? 다른 욕망에 마음이 쏠려 있었기 때문이다. 결국 무엇을 욕망하느냐로 귀결된다. 머리의 문제가 아니라 마음의 문제다. 정신적 결함이 아니라 잘못된 욕망의 문제다.

돈, 돈, 돈

인간의 영광–공회에서 제일 높은 자리에 앉는 것(마 23:6), 시장에서 인사받는 것(눅 11:43), 잔치에서 상석에 앉는 것(막 12:39)–을 사랑하는 것 외에도 영적 간음에 해당하는 욕망은 또 있었다. 바리새인들은 돈을 사랑했다. 그들은 그 욕망이 어떻게 사람들의 눈을 어둡게 하고 예수님의 진리와 성경을 보지 못하게 만드는지 잘 보여 주었다. 예수님은 이렇게 가르치셨다. "집 하인이 두 주인을 섬길 수 없나니 혹 이를 미워하고 저를 사랑하거나 혹 이를 중히 여기고 저를 경히 여길 것임이니라. 너희는 하나님과 재물을 겸하여 섬길 수 없느니라"(눅 16:13).

누가는 이런 논평을 덧붙였다. "바리새인들은 돈을 좋아하는[사랑하는] 자들이라 이 모든 것을 듣고 비웃거늘"(눅 16:14).

예수님은 돈에 대한 진리를 가르치셨다. 그러나 바리새인들은 그 말씀을 아름답고 설득력 있는 진리로 들을 수 없었다. 그들이 예수님의 말씀을 듣고 비웃었던 이유는 돈을 사랑하는 자들(그리스어 φιλάργυροι[필라르귀로이])이었기 때문이다. 사랑하는 자들! 이것이 문제이다. 그들은 간음하는 자들이었다. 음란한[절개 없는, 간음하는] 세대였다. 더없이 영광스럽고, 모든 것을 만족시키는 그들의 신랑이 오셨다. 그분은 영적 진리와 아름다움으로 충만하셨다. 그러나 그들은 그것을 볼 수 없었다. 인간의 찬사와 돈의 힘과 같은 것들을 사랑했기 때문이었다. 그래서 그들은 예수님을 볼 수 없었고, 성경을 읽을 수 없었다.

빛이 부족한 것이 아니라 어둠을 사랑한 것이 문제였다. "그 정죄는 이것이니 곧 빛이 세상에 왔으되 사람들이 자기 행위가 악하므로 빛보다 어둠을 더 사랑한 것이니라"(요 3:19).

이렇게 되면 사람들은 빛을 사실상 증오하게 된다. "악을 행하는 자마다 빛을 미워하여 빛으로 오지 아니하나니"(요 3:20).

가장 큰 장애물, 죄악으로 가득찬 마음

이 지점에서 이번 장의 결론으로 이렇게 말할 수 있을 것 같다. 어둠을 사랑하고 빛을 미워하는 사람들은 평생을 성경 읽기에 바치고도 성경을 참으로 읽지 못할 수 있다—예수님이 기대하시는 방식으로는 한 번도 읽지 못할 수 있다. 밤낮으로 성경을 읽으면서도 어떤 시점에 이르러 이런 예수님의 말씀을 들을 수 있다. "읽어 보지 못하였느냐?"

이보다 더한 말씀을 들을 가능성도 있다. "너희는 아무 때에도 그[하나님의] 음성을 듣지 못하였[도다]"(요 5:37).

성경 읽기의 가장 큰 장애물은 지적인 문제가 아니다. 기술의 부족이 아니다. 물론 엄밀한 사고와 문학적 기술은 중요하다. 여기에 대해서는 3부에서 살펴볼 것이다.

성경에 실제로 있는 것을 보지 못하도록 막는 가장 큰 장애물은 바로 하나님보다 다른 것들을 더 사랑하는 마음이다. 이렇게 되면 바리새인들의 경우처럼, 성경에 아무리 열심히 관심을 가져도 헛된 일이 되고 만다. 하나님이 우리의 성경 읽기에 두신 무엇보다 높은 목표는 하나님의 영광을 무엇보다 가치 있는 것으로 여기고 음미하는 것이다. 그러나 우리의 마음이 자신의 영광이나 돈 이외의 다른 피조물에 대한 음란한 사랑의 노예로 있는 한, 그 목표는 실패하기 마련이다.

그러므로 우리가 하나님의 의도에 부합하는 성경 읽기에 성공하려면, 그것이 초자연적 행위가 되어야 할 것이다. 하나님께서 그분의 영광을 거부하는 완고함과 저항심이 가득한 우리의 돌 같은 마음을 제거하시고 그분의 존귀함과 아름다움에 대한 생생한 감수성을 지닌 살같이 부드러운 마음을 우리 안에 두셔야 할 것이다(겔 11:19, 36:26). 이런 초자연적인 읽기는 어떤 모습일까? 다음 장에서는 그것을 다루어 볼 것이다.

13.

심겨진 말씀이 우리를 믿음의 자리로 이끈다

"마음에 심어진 말씀을 온유함으로 받으라"

앞서 두 장을 통해 성경 읽기가 초자연적인 행위가 되어야 한다고 성경이 가르친다는 점이 분명히 드러났다. 그 이유도 명확하다. 성경은 초자연적으로 읽어야 한다. 성경이 잘못 쓴 책이라서가 아니라, 우리 마음이 본성적으로 "미련하고 … 더디[기]"(눅 24:25) 때문이다. 우리는 하나님이 기록하신 내용에 반역하고, 하나님의 존귀함과 아름다움이 이 세상 그 무엇보다 가치 있다는 진리에 굴복하지 못한다(롬 8:7). 여기에 더해 반역을 일삼는 우리의 본성을 이용하고 "그리스도의 영광의 복음의 광채"(고후

4:4)를 보지 못하게 막는 초자연적 원수가 있다. 그렇기 때문에 성경 읽기는 초자연적 행위-하나님의 영광이 가진 최고의 가치를 알아보는 결정적인 능력을 하나님이 허락하시는 장이 되는 인간적 행위-가 되어야 한다.

이번 장의 목표는 성경을 초자연적으로 읽을 필요성을 제시하는 것이 아니라, 성경이 그 행위를 어떻게 묘사하고 있는지 검토하는 것이다. 성경이 묘사하는 하나님의 말씀과의 초자연적 상호작용에 깊은 인상을 받아 우리가 하나님의 영광을 보고 그로부터 변화를 받는 방식으로 성경을 읽게 되기를 바란다.

중생과 영적 행위

하나님의 말씀을 읽는 방식은 우리가 어떻게 중생했는지에 대한 이해에 깊은 영향을 받는다. 예수님은 니고데모에게 이렇게 말씀하셨다. "진실로 진실로 네게 이르노니 사람이 거듭나지 아니하면 하나님의 나라를 볼 수 없느니라"(요 3:3).

그리고 그 말씀의 의미를 이렇게 설명하셨다.

> 육으로 난 것은 육이요 영으로 난 것은 영이니 내가 네게 "거듭나야 하겠다" 하는 말을 놀랍게 여기지 말라. 바람이 임의로 불매 네가 그 소리는 들어도 어디서 와서 어디로 가는지 알지 못하나니 성령으로 난 사람도 다 그러하니라(요 3:6-8).

모든 사람은 "육으로 태어난다". 즉, 먼저 우리는 평범한 인간적 자원에 의해 자연적으로 태어난다. 우리가 11장에서 본 대로, 이 자연적 조건에서 우리는 영적으로 죽은 상태다(엡 2:5). 이 상태의 우리에겐 영적 감각이 없었다. 영적이라는 말은 성령에 의해 창조되고 보존되고 형성된다는 의미다. 이런 의미에서 볼 때 우리는 영적이지 않았다. 그래서 그리스도 안에 있는 하나님의 영광의 크신 존귀함과 아름다움 같은 영적 실재를 보지 못했다(고후 4:4). 우리는 "자연적"이고 "육으로 [난]" 존재였다. 바울이 말한 대로 "육에 속한 사람은 하나님의 성령의 일들을 받지 아니하나니 이는 그것들이 그에게는 어리석게 보임이요, 또 그는 그것들을 알 수도 없나니 그러한 일은 영적으로 분별되기 때문"(고전 2:14)이다. 이것은 우리가 다시 태어나야 한다는 뜻이다. 영적 생명을 받아야 한다는 뜻이다. 그래야만 성령의 일들을 있는 그대로, 모든 지상의 보물보다 더 아름답고 귀하게 볼 수 있다.

우리가 목적상 알아야 할 중요한 사실은 중생이 하나님의 말씀을 통해 이루어진다는 것이다. 그래서 중생을 이해하는 것은 성경을 읽는 방식에 매우 중요한 영향을 끼친다. 두 가지 핵심 성경구절이 중생과 성경을 읽는 법을 연결시킨다. 야고보서 1장 18-21절과 베드로전서 1장 23절-2장 3절이다. 이 구절들을 하나씩 살펴보자.

중생을 일으키는 진리의 말씀

야고보는 중생을 하나님의 주권적 행위로 묘사하는데, 하나님이 "진리의 말씀으로" 우리에게 생명을 주시는 것이 중생이다.

> 그가 그 피조물 중에 우리로 한 첫 열매가 되게 하시려고 자기의 뜻을 따라 진리의 말씀으로 우리를 낳으셨느니라. … 모든 더러운 것과 넘치는 악을 내버리고 너희 영혼을 능히 구원할 바 마음에 심어진 말씀을 온유함으로 받으라(약 1:18, 21절).

"자기의 뜻을 따라"라는 문구는 이것이 하나님의 주권적 행위라는 점을 강조한다. 우리가 아니라 하나님이 이 일을 하셨다. 신생아는 자기 존재의 원인이 아니다. 우리는 여기서 이 일이 초자연적 행위임을 의식적으로 생각해야 한다. 하나님이 이 일을 하셨다. 그러나 하나님은 이차적 원인이 없이 이 일을 하시지 않았다. 하나님 자신은 일차적이고 결정적인 원인이시다. 그리고 그분은 이차적 원인, 즉 "진리의 말씀"을 사용하신다. "진리의 말씀으로 우리를 낳으셨느니라"(18절).

"진리의 말씀"은 예수 그리스도의 복음(잠시 후에 보겠지만 베드로는 이것을 '중생시키는 말씀'이라고 한다)을 직접적으로 가리키는 것 같다. 그러나 야고보는 "진리의 말씀"의 제한된 의미를 강조하지 않는다. 그가 분명히 드러내는 것은, 이 말씀이 중생을 일으키는 일에서 하나님을 대행하며 참되다는 것이다. 하나님은 "진리의 말씀"으로 우리를 낳으셨다. 우리가 알다시피 몇 절 후에 야고보는 "말씀을 행하는 자"(1:22)가 되라고 촉구하고, 그 말씀과 "자유롭게 하는 온전한 율법"(1:25)을 연결시키는데, 이 율법은 "네 이웃 사랑하기를 네 몸과 같이 하라"(2:8)는 계명을 포함한다. 그러므로 나는 야고보서 1장 18절의 "진리의 말씀"을 좁은 의미로 해석하고 싶지 않다. 그것은 하나님의 말씀이고 참되다. 이것이 두드러진 초점이다. 우리의 중생은 하나님의 말씀이 일으키는 기적이다.

마지막 날의 구원을 위해 심어진 말씀

이어서 하나님의 말씀을 지속적으로 읽는 것과 중생의 결정적인 연관성이 등장한다. 야고보서 1장 21절은 "너희 영혼을 능히 구원할 바 마음에 심어진 말씀을 온유함으로 받으라"고 말한다. 야고보는 "진리의 말씀"이 우리 안에 "심어진" 것으로 본다. 다시 말해, 우리를 거듭나게 만든 말씀은 왔다가 사라지는 것이 아니다. 그 말씀은 와서 머문다. 예수님의 표현을 빌면 말씀은 우리 안에 "거한다"(요 15:7). 현대적 비유로 말하면, 하나님이 우리에게 하나님의 DNA가 담긴 씨를 주셨고, 하나님의 말씀이 낳은 DNA는 이제 우리의 것이 되었다. 그 DNA가 그리스도 안에서 새로운 피조물인 우리의 존재를 규정한다.

그 다음에는 구원과 읽기와의 놀라운 연관성이 등장한다. 야고보는 이 "심어진 말씀"을 "온유함으로 받"아야 한다고 말한다. 하나님의 말씀은 중생의 순간에 한번 오고 마는 것이 아니다. 우리는 그 말씀을 거듭해서 받아야 한다. 말씀을 계속해서 받는 이 일이 "너희 영혼을 능히 구원할" 수 있다. 우리는 베드로전서 2장 2절에서 이 둘의 정확한 연관관계를 보게 될 것이다. "순전하고 신령한 젖을 사모하라. 이는 그로 말미암아 너희로 구원에 이르도록 자라게 하려 함이라."

우리는 중생할 때 받았던 영적 백신접종만으로 구원받는 것이 아니다. 거기에 더해 말씀을 지속적으로 받음으로 유지되는 영적 생명으로 최종적인 구원을 받는다.

우리가 마지막 날에 구원받게 될 것은 지금 살아 있기 때문이다. 우리는 영원한 생명을 가졌다. 야고보는 이 생명이 과거 태어나는 순간에 받은 선물일 뿐 아니라 하나님의 말씀을 계속해서 받음으로 보존되는 그분과의 긴요한 교제이며 지속되는 실재임을 지적하고 있다. 아기는 태어나고 숨을 쉰다. 그리스도인은 태어나고 말씀을 받는다.

말씀이 곧 생명이다

이렇게 말씀을 "받는 것"이 초자연적인 일임을 보여 주는 세 가지 특징이 있다. 첫째, 말씀을 "받음"은 "너희 영혼을 능히 구원할" 수 있는데, 이것은 단순한 자연적 원인으로 인한 결과가 아니다. 둘째, 이 말씀은 성경이나 다양한 사람들을 통해 매일 들을 수 있긴 하지만, 그래도 여전히 "심어진" 것이다. 그리고 이것은 중생의 초자연적 기적 때문에 심어졌다. 어떤 의미에서 모든 하나님의 진리의 씨는 우리 영혼에 뿌리를 내렸다. 그래서 우리가 그것을 성경으로부터 받는다 해도, 그것을 초자연적으로 심어진 것으로 받고 있다. 셋째, 우리는 그것을 "온유함으로" 받아야 한다. 야고보는 이 단어를 다른 곳에서도 사용하는데, 야고보서 3장 13절의 "지혜의 온유함"이다. 그가 말하는 지혜는 "땅위의 것, 정욕의 것"에 해당하는 지혜와 대비된다. 온유한 지혜는 "위로부터 내려온"(약 3:15) 지혜이다. 그러므로 우리가 심어진 말씀을 온유함으로 받는다 할 때, 그것은 초자연적인 온유함이다. 그것은 성령의 열매다(갈 5:23).

그러므로 하나님이 "진리의 말씀으로 우리를 낳으셨"다는 사실은 우리가 하나님의 말씀을 어떻게 읽는가(그래서 받는가)를 이해하는 데 있어서 대단히 중요하다. 말씀은 우리에게 영원한 생명을 주었다. 말씀을 지속적으로 받는 것이 우리의 영원한 생명을 보존해준다—우리 영혼을 구원한다. 이 지속적인 받음은 설교, 상호 권면, 성경 수업 등 다양한 방식으로 이루어질 수 있지만 모두 성경이라는 공통점을 갖고 있다. 말씀의 뿌리가 중생에 의해 불멸의 상태로 우리 안에 심어졌다. 그리고 심어진 그 말씀이 그것의 가장 온전한 표현인 성경으로 남은 평생 동안 우리를 이끈다. 우리가 받는 말씀은 곧 우리의 생명이다.

베드로와 야고보의 한목소리

야고보서 1장 18-21절과 베드로전서 1장 23절-2장 3절의 유사성은 야고보나 베드로가 서로의 글을 베꼈다거나 공통의 자료를 사용했음을 의미하는 것이 아니다. 이 유사성이 보여 주는 것은 성경 저자들 사이에서 중생이 하나님의 말씀을 통해 이루어지며 하나님의 말씀을 지속적으로 받을 때 생명을 보존하게 된다는 유사한 사고방식을 볼 수 있다는 것이다. 그 유사성은 주목할 만하다. 우선, 베드로전서 1장 23절-2장 3절의 관련 대목을 소개한다.

너희가 거듭난 것은 썩어질 씨로 된 것이 아니요 썩지 아니할 씨로 된 것이니 살아 있고 항상 있는 하나님의 말씀으로 되었느니라. 그러므로 "모든 육체는 풀과 같고 그 모든 영광은 풀의 꽃과 같으니 풀은 마르고 꽃은 떨어지되 오직 주의 말씀은 세세토록 있도다" 하였으니 너희에게 전한 복음이 곧 이 말씀이니라. 그러므로 모든 악독과 모든 기만과 외식과 시기와 모든 비방하는 말을 버리고 갓난아기들 같이 순전하고 신령한 젖을 사모하라. 이는 그로 말미암아 너희로 구원에 이르도록 자라게 하려 함이라. 너희가 주의 인자하심을 맛보았으면 그리하라.

이제 유사성을 표로 살펴보자.

야고보서 1:18-2:23	베드로전서 1:23-2:3
그가 우리를 낳으셨느니라	너희가 거듭난 것은
진리의 말씀으로	살아 있고 항상 있는 하나님의 말씀으로 되었느니라
모든 악을 내버리고	모든 더러움을 버리고
온유함으로	갓난아기들같이
심어진 말씀을 받으라	순전하고 신령한 젖을 사모하라
너희 영혼을 능히 구원할 [말씀]	말미암아 너희로 구원에 이르도록 자라게 하려 함이라

말씀을 받음과 마심이 초자연적 행위다

여기에 한 가지 유사점을 더 추가하고 싶다. 이것은 위에 소개한 여러 유사점들만큼 분명하진 않다. 야고보서에 따르면, 우리가 지속적으로 받는 말씀은 "심어진" 것이다. 다시 말해 그것은 우리 안에 들어와서 우리의 일부가 되었고 하나님의 말씀을 받을 수 있게 준비된 상태를 유지하게 해 준다. 이것이 베드로전서 2장 3절 "너희가 주의 인자하심을 맛보았으면"과 유사점이 있다고 볼 수 있을까? 순전하고 신령한 말씀의 젖을 사모하라. 왜? 말씀의 젖이 이미 너희 속에 들어갔기 때문이고, 너희가 주의 인자하심을 맛보았기 때문이다. 그래서 야고보서 1장 21절에서 말씀이 심어진 것처럼, 베드로전서 2장 3절에서 말씀이 맛보아진 것이다.

이것은 확대 해석일 수도 있다. 그러나 베드로가 야고보와 마찬가지로 말씀을 지속적으로 받음(마심)과 중생할 때 말씀에 처음 깨어남을 연결시킨다는 점은 분명한 사실이다. 야고보서 1장 21절은 하나님의 말씀에 대한 이 첫 번째 경험을 '심어짐'이라 말하고 베드로전서 2장 3절에서는 '맛봄'이라 부른다. 이 심어짐과 맛봄은 중생이라는 초자연적 기적을 통해 일어났다. 야고보와 베드로는 그 심어지고 맛본 말씀의 기적이 계속된다고 보았다. 야고보에게 말씀은 "받아야" 할 대상이고, 베드로에게 말씀은 "사모해야" 할 대상이다.

야고보와 베드로는 이 받음과 마심이 하나님이 최종 구원을 위해 쓰시는 수단이라고 보았다. 심어진 말씀을 받는 것이 "너희 영혼을 능히 구원할" 수 있다(약 1:21). 말씀의 순전한 젖을 마시면 "구원에 이르도록 자라"(벧전 2:2)게 된다. 말씀을 받음과 마심이 초자연적 행위라는 뜻이다. 자연적 과정들은 영혼을 구원하지 못한다. 자연적 과정들은 구원에 이르는 성장을 만들지 못한다. 그러나 말씀을 받음과 말씀을 마심은 그런 일을 한다. 그것들은 그저 자연적이지 않다. 하나님의 말씀이 우리 안에 심어진 일은 기적이고, 그 안에서 우리가 하나님의 인자하심의 달콤함을 맛보는 일 역시 기적이다. 그 순간부터 우리는 하나님의 말씀을 읽을 때마다 일상생활 속에서 그 기적의 확장을 경험하다가-마침내 "구원에 이르도록 자라[라]"기에 이른다.

데살로니가 교인들이 말씀 읽기

하나님의 말씀을 초자연적으로 받음의 또 다른 사례는 바울의 데살로니가전서에서 볼 수 있다. 이 사례가 특별히 주목할 만한 이유는 바울이 이 받음의 놀랍고 기적적인 본질을 일부러 구별하여 지적하기 때문이다. 이 경우는 입으로 전한 말을 받음이다. 그러나 입으로 전하는 말을 귀로 듣거나 글로 써놓은 말을 눈으로 읽었거나 요점은 동일하다. 그리스도의 사도를 통해 전해진 사람의 말이 하나님의 말씀으로 받아들여졌고, 그 말씀이 초자연적으로 살아 있고 능력이 있음이 드러났다.

> 우리가 하나님께 끊임없이 감사함은 너희가 우리에게 들은 바 하나님의 말씀을 받을 때에 사람의 말로 받지 아니하고 하나님의 말씀으로 받음이니 진실로 그러하도다. 이 말씀이 또한 너희 믿는 자 가운데에서 역사하느니라. 형제들아, 너희가 그리스도 예수 안에서 유대

에 있는 하나님의 교회들을 본받은 자 되었으니 그들이 유대인들에게 고난을 받음과 같이 너희도 너희 동족에게서 동일한 고난을 받았느니라(살전 2:13-14).

오직 성령이 가르치신 것

여기서 벌어진 일의 세 가지 초자연적인 측면에 주목하라. 첫째, 바울이 전한 말씀이 "하나님의 말씀"이라 불린다. 그것은 결코 평범한 말이 아니다. 바울이 고린도전서 2장 13절에서 묘사하는 대로, 그것은 "사람의 지혜가 가르친 말로 아니하고 오직 성령께서 가르치신 것"이다. 갈라디아서 1장 12절에서 바울은 이렇게 말한다. "내가 사람에게서 받은 것도 아니요 배운 것도 아니요 오직 예수 그리스도의 계시로 말미암은 것이라."

이것은 하나님께로부터 초자연적으로 받은 말씀이요, 성령의 능력으로 초자연적으로 전해진 말씀이다(살전 1:5).

감사해야 할 유일한 대상

둘째, 바울은 데살로니가 교인들이 그의 말을 하나님의 말씀으로 받았다고 말하며 하나님께 감사한다. 그는 그런 일이 늘 일어나는 것이 아님을 안다. 일부 청중에게 바울은 사망에 이르게 하는 사망의 냄새였던 것이다(고후 2:16). 그러나 데살로니가의 그리스도인들은 바울의 말을 하나님의 말씀으로 받았다. 바울은 기뻐서 어쩔 줄 몰라 하며 감사한다. 그는 자신의 수사적 재능이나 데살로니가인들의 영적 분별력에 대해 감사하지 않는다. 그는 기쁨을 주체하지 못하고 하나님께 감사한다. "우리가 하나님께 끊임없이 감사함은 너희가 우리에게 들은 바 하나님의 말씀을 받을 때에 사람의 말로 받지 아니하고 하나님의 말씀으로 받음이니."

이것은 주권적 은혜로 이루어진 기적이었다. 하나님은 스스로를 입증하는 "그리스도의 영광의 복음의 광채"(고후 4:4)를 볼 수 있는 눈을 데살로니가 교인들에게 허락하셨다. 그래서 그들은 사람의 말을 하나님의 말씀으로 받을 수 있었다.

초자연적 기쁨과 용기를 일깨운 말씀

셋째, 데살로니가 교인들이 하나님의 말씀으로 받은 이 사도의 말은 잠든 말이 아니었다. 그것은 무력하지 않았다. 바울은 그 말 자체가 "너희 믿는 자 가운데에서 역사하"(살전 2:13)고 있다고 말한다. 무슨 뜻일까? 바울은 14절에서 이렇게 설명한다. "형제들아, 너희가 그리스도 예수 안에서 유대에 있는 하나님의 교회들을 본받은 자 되었으니 … 너희도 … 동일한 고난을 받았느니라."

그들이 그리스도를 위해 기꺼이 고난을 받았다는 것은 하나님의 말씀이 그들 안에서 역사한다는 증거였다. 어떻게 이런 일이 일어났을까? 바울은 데살로니가전서 1장 5-6절에서 이것에 대해 설명한 바 있다. "우리 복음이 너희에게 말로만 이른 것이 아니라 또한 능력…으로 된 것임이라… 또 너희는 많은 환난 가운데서 성령의 기쁨으로 말씀을 받아 우리와 주를 본받은 자가 되었으니."

하나님의 말씀은 어떻게 그들에게 그리스도를 위해 고난을 받을 수 있는 힘을 주었을까?

"성령의 기쁨"을 통해서였다. 하나님의 영이 그들의 눈을 열어 하나님의 말씀 안에서 그리스도의 영광을 보게 해 주었고, "그리스도의 영광의 복음의 광채"를 본 그들의 마음은 기쁨으로 가득 찼다. 그리고 그 기쁨이 두려움과 이기심의 뿌리를 잘라냈다. 그 기쁨은 그들에게 복음 안에서 본, 모든 것을 만족시키는 그리스도를 포기하지 않고 오히려 그분을 위해 고난을 받을 자유를 주었다.

처음부터 끝까지 하나님이 하신다

하나님의 말씀을 받는 패턴에 대해 나는 이렇게 생각해 보았다. 사도의 말을 하나님의 말씀으로 받는 이 패턴이 중단되어야 한다고 생각할 이유가 있을까? 바울이 다음과 같이 말하는 모습을 상상할 수 있는가? "너희가 그리스도인으로서의 삶을 시작할 때, 나의 말은 성령의 능력으로 너희에게 하나님의 말씀으로 다가갔다. 하나님이 너희 가운데 역사하셨기 때문에, 너희는 내 말을 하나님의 말씀으로 받았다. 성령으로 인해 그 말씀이 너희 안에서 큰 기쁨으로 역사하여 너희의 삶을 참으로 심오하게 변화시켰고 너희는 그 기쁨에 힘입어 그리스도를 위해 고난을 받았다. 그 모든 경험은 속속들이 초자연적인 것이다. 그러나 지금부터는 다르다. 이제 너희는 그리스도인으로서 남은 삶을 사는 동안 나의 서신을 완전히 자연적인 방식으로 읽을 수 있다."

다시 물어 보자. 바울이 이런 식으로 생각하거나 말하는 것을 상상할 수 있는가? 나는 그럴 수 없다. 오히려 정반대일 것이다. 바울이 전하는 말씀을 들은 첫날부터 데살로니가 교인들-그리고 그들과 더불어 모든 그리스도인이-은 하나님이 주신 말씀이 있다는 사실에 대해 하나님께 감사해야 한다. 그 말씀이 인간의 말로 우리에게 왔지만 우리가 그것을 하나님의 말씀으로 받았다는 데 대해 하나님께 감사해야 한다. 그리고 그 말씀이 성령으로 역사하여 우리가 무엇보다 뛰어난 보물인 그리스도의 영광에 눈을 뜨고 마음이 기쁨으로 가득 차는 것에 대해 하나님께 감사해야 한다. 그리고 이 하나님의 말씀이 놀랍도록 강력하게 역사하여 그리스도를 잃을 바에는 이 세상의 어떤 것이라도 기꺼이 내놓으려 한다는 데 대해 하나님께 감사해야 한다.

다시 말해, 그리스도인과 하나님의 말씀의 만남은 처음부터 끝까지 하나님이 하시는 일이다. 여기에는 우리의 성경 읽기도 포함된다. 하나님께 감사해야 한다. 하나님은 성경 읽기가 초자연적인 일이 되기를 원하신다.

살아 있고 활력있는 말씀

하나님의 말씀이 "믿는 자 안에서 역사한다"(살전 2:13)라는 사실에 우리가 관심을 갖게 만든 신약성경의 저자는 바울만이 아니다. 동사 '역사하다'(그리스어 ἐνεργεῖται[에네르게이타이])의 명사형이 히브리서 4장 12절에서 쓰였다. "하나님의 말씀은 살아 있고 활력이 있어"(그리스어 ἐνεργὴς[에네르게스]). 여기 그 단어가 쓰인 문맥을 보자.

> 하나님의 말씀은 살아 있고 활력이 있어 좌우에 날선 어떤 검보다도 예리하여 혼과 영과 및 관절과 골수를 찔러 쪼개기까지 하며 또 마음의 생각과 뜻을 판단하나니 지으신 것이 하나도 그 앞에 나타나지 않음이 없고 우리의 결산을 받으실 이의 눈앞에 만물이 벌거벗은 것 같이 드러나느니라(히 4:12-13).

시간을 내어 이 본문의 자세한 내용을 살피고 그 안의 놀라운 사실들을 끌어낸다면 매우 즐겁고 보람찰 것이다. 그러나 지금 우리가 살피는 것은 하나님의 말씀을 읽는 일을 성경이 어떻게 초자연적인 일로 다루는가이다. 이 본문에서 가장 주목할 만한 대목은 12절의 "살아 있고", "활력이 있고[힘이 있고]", "꿰뚫고", "판단하는" 말씀의 일에서 13절의 하나님의 행하심으로 옮겨가는 부분일 것이다.

12절은 하나님의 말씀이 인간 영혼의 깊은 곳과 비밀을 철저히 살펴 혼과 영을 갈라내고 관절과 골수를 갈라놓는 것을 묘사한다. 하나님의 말씀이 어떻게 "마음의 생각과 뜻"을 폭로하는지 묘사한다. 히브리서 저자는 그 다음 절에서 곧장, "지으신 것이 하나도 그[그분] 앞에 나타나지 않음이 없"다고 적는다. 이는 주님 눈앞에 "벌거벗은 것 같이 드러"난다. 그분은 우리의 결산을 받으실 분이다. 히브리서 저자는 말씀이 하는 일에서 하나님의 일로 매끄럽게 옮겨 간다.

이 구절이 함의하는 바는 분명하다. 하나님의 말씀이 일하는 곳에 하나님도 일하신다는 것이다. 하나님은 말씀에 생명을 부여하시는 분이다. 하나님은 말씀이 힘이 있게 만드시는 분이다. 하나님은 말씀을 외과

용 메스처럼 사용하여 마음의 숨겨진 의도를 꿰뚫고 갈라놓고 드러내시는 분이다. 그러므로 우리가 히브리서 저자가 의도하는 방식으로 하나님의 말씀을 만나고자 한다면, 하나님을 친히 대면하게 될 거라는 소망과 믿음과 기대를 품고 성경을 읽게 될 것이다. 이것은 그 만남이 초자연적인 것이라는 뜻이다.

초자연적 원수를 물리치는 방법

하나님의 말씀이 신자들 안에서 하는 일은 물론 우리 마음의 비밀을 폭로하는 것만이 아니다. 확실히 그것은 큰 선물이고 회개를 낳는 데 도움이 된다. 회개는 세상의 헛된 것들을 뒤로 하고 하나님이 예수님 안에서 우리에게 드러내신 모든 면모라는 보물로 돌아가는 일 아닌가? 그리고 이런 돌아감은 변화된 삶의 큰 근원이 아닌가? 그러나 우리 영혼을 위협하는 원수는 창조주보다 세상이 낫다고 생각하도록 우리를 속이는 자기기만 외에도 더 있다.

우리의 외부에도 원수들-초자연적 원수들-이 존재한다. 그들의 목표는 그리스도의 영광이 "육신의 정욕과 안목의 정욕과 이생의 자랑"(요일 2:16)보다 못하다고 생각하고 느끼도록 우리를 속여 멸망시키는 것이다. 애초에 사탄은 이런 것들로 아담과 하와를 꾀었다. 그는 지금도 그렇게 한다.

이것들은 영혼을 파괴하는 우상이다. 요한은 그의 첫 번째 서신을 마무리하면서 이렇게 권고한다. "자녀들아 너희 자신을 지켜 우상에게서 멀리하라”(요일 5:21).

즉, “이 세상이나 세상에 있는 것들을” 하나님 아버지보다 더 “사랑하지 말라”(요일 2:15)는 것이다. 그럼 하나님보다 세상을 더 사랑하라고 유혹하며 다가오는 초자연적 원수를 어떻게 물리쳐야 할까?

말씀이 우리 안에 거하면 승리한다

요한은 요한일서 2장 14절에서 답변을 제시한다. “청년들아, 내가 너희에게 쓴 것은 너희가 강하고 하나님의 말씀이 너희 안에 거하시며 너희가 흉악한 자를 이기었음이라.”

악한 자가 세상의 것들–최고의 것들, 심지어 하나님의 피조물과 축복들–이 하나님보다 더 만족스럽다고 우리를 속이려 들 때 그를 이기는 방법이 여기 나와 있다. 우리는 하나님의 말씀으로 악한 자의 거짓말을 이긴다. 그러므로 성경을 읽는 목적은 하나님의 말씀이 우리 안에 거하여 악한 자의 유혹을 물리치게 하려는 것이다. 우리는 악한 자를 이긴다는 목적을 가지고 말씀을 읽는다. 그것은 우리의 영리함이 아닌, 하나님의 능력이 하는 일이다. 마귀는 인간의 의지력을 두려워하지 않는다. 하나님의 진리의 능력 앞에서 떨며 달아난다. 하나님의 말씀이 그 싸움에 쓰이는 성령의 도구이다.

그러므로 성경 읽기에서 우리의 목표는 하나님의 말씀이 능력 있게 우리 안에 거하게 하는 것이라고 할 수 있다. 그것이 하나님이 우리에게 요구하시는 성경 읽기다. 하나님의 말씀과 초자연적으로 만나 원수 마귀와 초자연적으로 대결하라는 것이다.

성령의 주권적 기쁨

이번 장을 마치면서 하나님의 말씀이 악한 자의 속임수를 어떻게 이기는지 다시 한 번 정리해 보자. 데살로니가전서 1장 6절과 2장 13절에서 하나님의 말씀이 데살로니가 교인들 안에서 어떻게 역사했는지 떠올려 보라.

하나님의 말씀은 그들 안에 불굴의 기쁨을 만들어내어 평안함과 안전을 얻기 위해 그리스도라는 보물을 포기하는 대신 기꺼이 고난을 받을 힘을 주었다. 이것이 바로 사탄을 무찌르는 방법이다. 사탄이 와서 그리스도를 부인하는 것이 고난보다 낫다고 말할 때, 우리는 정반대로 말하는 하나님의 말씀을 믿음으로 그에게 저항한다. 예수님의 영광에는 이 세상이 내놓을 수 있는 그 어떤 것보다 큰 기쁨이 있다. 지금도 그렇고 영원히 그럴 것이다. 예수님은 이것이 그분의 말씀을 주시는 이유라고 하셨다. "내가 이것을 너희에게 이름은 내 기쁨이 너희 안에 있어 너희 기쁨을 충만하게 하려 함이라"(요 15:11).

예수님은 우리가 그분의 말씀을 읽을 때 우리 안에 기쁨이 있게 하려 하신다. 예수님의 말씀을 읽을 때 우리의 기쁨이 생겨나는 것은 그분의 목표가 아니다. 그분 자신의 기쁨–신적이고 초자연적인 기쁨–이 우리의 기쁨이 되는 것이 그분의 목표이다. 이것은 그저 자연적인 기쁨이 아니다. 자연적인 말에 대한 자연적 반응이 아니다. 하나님의 말씀이 낳는 기적적 효과이다. 초자연적 기쁨이다.

바울은 데살로니가 교인들에게 이것을 "성령의 기쁨"(살전 1:6)이라고 말했다. 이것이야말로 이 세상의 즐거움을 매력적인 색깔로 그려내는 사탄의 초자연적 속임수에 맞설 유일한 기쁨이다. 예수님은 "성령의 기쁨" 때문에 우리에게 말씀을 주셨다고 하셨다. 이를 위해 우리는 그분의 말씀을 읽어야 한다. 이것은 단순한 자연적 행위가 아니다. 초자연적인 일이다.

영광으로 가는 길

하나님은 우리에게 그분의 말씀을 주셨고 우리가 그 말씀을 초자연적으로 읽기를 원하신다. 우리는 하나님의 말씀을 중생 때 성령을 통해 우리 안에 초자연적으로 심어짐으로써 우리에게 생명을 준 말씀으로 거듭해서 받아야 한다(약 1:18, 21). 우리는 아기가 젖을 사모하듯 말씀을 사모해야 한다. 모든 것을 만족시키시는 하나님의 인자하심에 대한 성령이 주신 입맛이 우리 안에 있기 때문이다(벧전 2:2-3).

하나님의 말씀을 읽을 때마다 그것을 사람의 말로 전하는 하나님의 말씀으로 받아들일 수 있는 은혜를 받았다는 사실에 감사해야 한다(살전 2:13). 우리는 하나님의 말씀의 살아 있고 힘이 있으며 꿰뚫고 갈라놓고 드러내는 효과를 하나님 그분의 임재로 받아들여야 한다(히 4:12-13). 또한 하나님의 말씀을 우리 안에 쌓아 머무르게 하고 사탄의 유혹을 물리치게 해야 한다(요일 2:14).

우리는 성경을 통해 말씀하시는 예수님의 음성에 귀를 기울여야 한다. 그래야 그분의 기쁨-하나님의 아들의 초자연적 기쁨-이 우리의 기쁨이 되고 그 기쁨이 충만해질 수 있다(요 15:11). 이것이 영광에서 영광에 이르는 변화의 길이다(고후 3:18). 만물의 완성으로 가는 길이다. 초자연적인 길이다.

3부로 넘어가며

역설적이게도, 이제 우리는 이 초자연적인 길을 걷는 자연적 행위-자연적 행위로 이루어지는 초자연적 성경 읽기-로 넘어간다. 자연의 영광을 통해 하나님의 영광을 보는 초자연적 행위는 자연을 관찰하는 자연적 행위와 별개로 이루어지지 않는다. 예수님이 지상에 계시는 동안 그분의 신적 영광을 보는 초자연적 행위는 그분의 물리적 역사적 현존을 지켜보는 자연적 행위와 별개로 이루어지지 않았다.

오늘날 성경 안에서 성경을 통해 하나님의 특별한 영광을 보는 초자연적 행위 또한 성경을 읽거나 듣는 자연적 행위와 별도로 이루어지지 않는다. 자연적 행위로 이루어지는 초자연적 성경 읽기는 꼭 필요하다. 그것이 어떤 모습으로 이루어지는가가 3부의 주제이다.

READING THE BIBLE SUPERNATURALLY

Part 3

'자연적 행위'로 이루어지는 초자연적 성경 읽기

도입

3부의 목표는 하나님께 깊이 의존하는 것과 성경 읽기라는 초자연적 행위 가운데 자연적 능력을 최대한 사용하는 것을 격려하고 독려하는 데 있다. 자연적 능력이 무엇을 말하는지는 아래에서 자세히 설명할 것이다. 그에 앞서 우리가 어떻게 여기까지 왔고 내가 자연적 능력을 초자연적으로 사용해야 한다고 생각하는 이유를 간략히 요약해 보자. 성경 읽기의 궁극적 목표에 대해 성경 말씀을 따라 내가 1부에서 내놓은 제안은 다음과 같다.

성경 읽기의 궁극적 목표는 하나님의 무한한 존귀함과 아름다움이 그리스도께서 각 족속과 방언과 백성과 나라 가운데서 피 흘려 사신 그리스도의 신부가 영원토록 드리는 뜨거운 예배 가운데 높임을 받으시는 것이다.

완전해진 백성의 뜨거운 예배가 이루어지려면 이기적인 죄인들이 하나님 중심의 죄 없는 성도들로 바뀌는 극적인 변화가 먼저 있어야 한다. 그 변화의 과정은 하나님의 영광을 보고서 크게 달라지는 것으로 시작된다(고후 3:18). 그러다 종말에 그리스도가 나타나실 때 그 변화는 눈부시게 완성된다. 놀랍게도 영화(榮化)의 그 마지막 단계까지도 그리스도의 영광을 봄으로써 일어난다.

> "그가 나타나시면 우리가 그와 같을 줄을 아는 것은 그의 참모습 그대로 볼 것이기 때문이니"(요일 3:2).

이렇게 주의 영광을 보는 것-이생에서 "거울로 보는 것 같이 희미"하게 보는 것이건, 주님이 오실 때 "얼굴과 얼굴을 대하여" 보는 것이건-은 그저 자연적인 행위가 아니다. 중립적이거나 불쾌한 행위가 아니다. 주의 영광은 예수님의 실제 모습이며 최고로 귀하고 세상의 그 어떤 것보다 더 만족스럽다(빌 1:21, 3:8).

그리스도를 보는 것과 음미함

이 둘은 그리스도의 신부가 뜨거운 예배라는 운명을 맞이하도록 함께 예비해 주는 변화의 열쇠이다.

변화를 가져오는 음미함은 보는 것을 통해 깨어나고, 보는 것은 성경 읽기를 통해 이루어진다. 직접 읽을 수도 있고, 누군가가 읽거나 말해 주는 것을 들을 수도 있다. 하나님은 한 권의 책을 사용하여 그분의 아들을 위한 백성을 모으고 그들을 변화시키기로 작정하셨다. 이것은 사실이고 놀라운 일이다. 하나님은 기록된 그분의 말씀의 변화시키는 능력에 의하여 시대가 완성되도록 계획하셨다. 그 결과는 확실하다. 하나님이 "내가 한 말이 그대로 이루어지는 것을 지켜보고"(렘 1:12, 새번역) 계시기 때문이다. 우리가 그리스도의 영광을 보고 음미할 수 있는 결정적 원인은 하나님이시다.

주의 영광을 보는 성경 읽기는 초자연적 읽기다. 하나님의 목적을 성취하는 데 꼭 필요하고 결정적인 결과를 내기 위해 하나님을 의지하고 진행하는 성경 읽기다. 이런 식의 성경 읽기만이 하나님의 백성이 최종 운명을 감당할 수 있게 준비시켜 준다.

이제 우리는 "자연적 행위로 이루어지는 초자연적 성경 읽기"라는 제목의 3부에 이르렀다. 마지막 3부의 목표는 위에서 말한 대로, 하나님께 깊이 의존하는 것과 성경 읽기라는 초자연적 행위 가운데 자연적 능력을 최대한 사용하는 것을 격려하는 데 있다.

인간이기 때문에 할 수 있는 일

내가 사용하는 자연적 능력이라는 말은 보고 들을 능력, 말이나 글에 집중하는 능력, 단어와 어구와 절의 의미를 배우는 능력, 저자가 쓴 내용으로부터 저자의 의도를 이해하는 능력, 자신이 배우는 것을 생각하고 평가하고 다른 것들과 연결시키는 능력, 자신이 배운 것을 기억하는 능력, 자기 생각을 적는 능력, 충분히 자고 먹고 운동하여 맑은 정신과 굳건한 체력으로 위의 능력들이 도움을 받을 수 있게 하는 능력, 다른 사람들(산 사람이든 죽은 사람이든)로부터 도움을 구하는 능력을 의미한다. 한마디로 사람으로 태어나서 평범한 생활 경험과 더불어 기본 교육을 받았다면 능히 할 수 있는 모든 일이다.

그러므로 상상할 수 있다시피, 3부가 다룰 수 있는 가능성은 무한하다. 성경과 다양한 인간능력의 상호작용은 그 가능성이 무궁무진하기 때문이다. 성경을 읽고 유익을 얻는 데 도움이 될 만한 지침은 성경에 등장하는 사람들, 상황들 등 못지않게 많다. 그 모든 변수가 성경 읽기와 어떻게 연관되는지에 대한 논의는 끝없이 이어질 수 있다. 그래서 나는 이 책의 3부가 유용하지만 과도하지 않도록, 내용을 한정할 방법을 찾아야 했다.

읽기를 위하여 논의를 제한하다

20장에 이르면 책의 지면에 눈을 두는 자연적 행위인 읽기에 대한 논의를 어떤 식으로 한정하여 진행하고 있는지 자세히 설명할 것이다. 그러나 이 자리에서는 간단히 이렇게만 말해 두기로 하자. 나는 이야기, 잠언, 비유, 시 등등 성경에 나오는 여러 종류의 글을 위한 다양한 지침을 논의할 생각은 없다. 이 작업에 대해서는 이미 좋은 책들이 나와 있다.[1] 나의 접근법은 주어진 본문이 어떤 종류의 글인지 분별하려면 먼저 그 글을 읽어야 한다는 단순한 관찰에 근거한다. 이것은 글의 종류에 따라 달라지는 읽는 법을 논하기에 앞서는 중요하고 일반적인 읽기 전략이 있다는 뜻이다.

3부에서 나는 글의 종류를 알아내기에 앞서 제대로 읽는 데 도움이 되는 요소에 무엇이 있는지에 초점을 맞출 것이다. 제대로 읽으면 자신이 잡은 글이 어떤 종류인지, 그 글을 이해하는 데 있어 저자가 권하는 특별한 방법이나 기대가 무엇인지 분별할 수 있게 된다.

내가 이런 접근법을 선택한 이유는 다른 접근법이 너무 많은 지면을 차지할 것 같아서이기도 하지만, 무엇보다 이런 방식이 내 삶에 매우 유익했기 때문이다. 지금까지 내가 성경에서 많은 것을 발견했던 이유는 각 종류의 글에 해당하는 규칙을 배웠기 때문이 아니라 글이 실제로 담고 있는 것을 오랫동안 골똘히 들여다보는 기본적인 훈련 덕분이었다. 끊임없이 말씀을 묵상하고 붙들었기 때문이다. 여기에 대해서는 20장에서 좀 더 자세히 설명할 것이다.

초자연적 계시로 가는 자연적 길

이제 3부 도입의 첫 문장으로 돌아가 보자. 3부의 목표는 하나님께 깊이 의존하는 것과 성경 읽기라는 초자연적 행위 가운데 자연적 능력을 최대한 사용하는 것을 격려하는 데 있다. 내 말은 성경을 자연적인 방식으로 읽고서 나중에 어떤 영적이고 초자연적인 효과가 나타나기를 바라는 뜻이 아니다. 안타깝게도, 많은 사람들이 이런 식으로 성경을 읽는다. 그들은 인간적 방식으로 성경을 읽고 난 다음에 인간적인 것을 능가하는 결과가 있기를 간절히 바란다-심지어 기도한다. 그러나 나는 자연적 읽기의 모든 단계를 초자연적인 방식으로 하나씩 밟아나가라고 권하고 싶다. 하나님이 그분의 성령으로 친히 당신 안에 계셔서 성경과의 초자연적 만남을 이루어내시기 때문에 가능한 방식으로 당신이 성경을 읽었으면 한다.

베드로가 "주는 그리스도시요 살아 계신 하나님의 아들이시니이다"(마 16:16)라는 완전한 인간의 문장으로 예수님께 말했을 때, 예수님은 "이를 네게 알게 한 이는 혈육이 아니요 하늘에 계신 내 아버지시니라"(마 16:17)고 말씀하셨다.

예수님이 하나님의 아들이심을 알아보고 고백하는 것은 초자연적인 일, 즉 혈육(인간 본성)의 능력을 넘어선 일이라는 뜻이다. 분명히 베드로는 이 말을 들을 필요가 있었다. 예수님은 베드로가 이 놀라운 선언에 어떻게 도달했는지 이해하도록 돕고 계셨다. 베드로가 혼자 숲 속으로 들어가 하늘에서 들려오는 음성을 구했고 하나님이 우레와 같은 음성으로 "예수는 그리스도요 신성을 가진 나의 아들이다"라고 말씀하셨다면, 베드로는 "이를 네게 알게 한 이는 내 아버지시다"라는 말씀을 들을 필요가 없을 것이다.

그러나 베드로는 그런 식으로 예수님이 그리스도요 하나님의 아들이라는 계시를 받지 않았다. 그는 예수님을 지켜보았다. 귀를 기울였다. 아마 지혜를 달라고 기도했을 것이다. 어쩌면 "내 눈을 열어"(시 119:18) 달라고 기도했을지도 모른다.

그 결과로 그는 예수님의 모습에서 반박하거나 부인할 수 없는 증표들을 보았다. 여기가 바로 설명이 필요한 부분이다. 어떤 층위에서 그것은 모두 대단히 자연스럽게 느껴졌다. 베드로는 자신에게 어떤 일이 벌어진 것인지 설명이 필요했다. 그래서 예수님은 사실상 이렇게 말씀하셨다.

> "베드로야, 네가 지켜보고 귀 기울여 듣고 기도하는 동안 내 아버지께서 줄곧 일하고 계셨다. 아버지께서는 여기에 실제로 있는 것, 즉 스스로를 입증하는 나의 영광을 네가 볼 수 있게 하셨다. 너의 지켜봄과 귀 기울임과 기도는 자연적인 일인 동시에 초자연적인 일이기도 했다. 내 아버지께서 너의 지켜봄과 귀 기울임과 기도 가운데 계셨다. 네가 자연적 수단들을 통해 보고 듣고 받은 것들은 실제로는 초자연적으로 보고 듣고 받은 것이다."

이것이 바로 내가 말하는 "성경 읽기라는 초자연적 행위 가운데 이루어지는 자연적 능력의 최대한의 사용"이 의미하는 바이다. 그리고 이것이 3부가 다루는 내용이다.

성경을 읽는 행위 가운데 자신의 자연적 능력을 최대한 사용하되, 하나님을 온전히 의지함으로써 하나님의 영광을 보고 음미하자는 것이다. 이 일은 다른 방식으로는 불가능하다.

14.

성령이
일하시게 하라

"내가 말하는 것을 생각해 보라.
주께서 범사에 네게 총명을 주시리라."

백 살의 아브라함과 아내 사라가 가임기를 훌쩍 지나 아예 불임의 몸이 되었을 때, 하나님은 아브라함에게 사라의 몸에서 난 아들을 약속하셨다. 이것은 성경을 읽고 하나님의 영광을 보기 원하는 우리의 상황과 비슷하다. 하나님의 초자연적 개입 없이는 그런 일이 이루어질 가망이 전혀 없다. 그러나 하나님은 실제로 아브라함을 위해 개입하셨다. 그리고 우리를 위해서도 분명히 개입하신다.

우리가 하나님의 말씀을 멍하니 바라보고 그 안에서 최고의 존귀함과 아름다움을 전혀 느끼지 못할 때, 하나님은 초자연적으로 움직이신다. 하나님은 "예수 그리스도의 얼굴에 있는 하나님의 영광을 아는 빛을 우리 마음에"(고후 4:6) 비추신다. 그분은 마음의 눈을 밝히신다(엡 1:18). 우리에게 이해력을 허락하신다(요일 5:20). 마음을 열어 주신다(눅 24:45). 혈과 육이 인지할 수 없는 것을 알려주신다(마 16:17). 불가능성을 넘어 초자연적 읽기를 가능하게 하신다.

자연적 행위로 이루어지는 초자연적 성경 읽기

이런 일이 어떻게 가능할까? 이 약속된 아이는 어떤 의미에서는 전적으로 자연적인 과정을 통해 세상에 태어났음을 주목하라. 아브라함과 사라는 성관계를 가졌다. 우리가 이것을 아는 이유는 성경이 "사라가 임신하여 … 아브라함에게 아들을 낳아 주었다"(창 21:2, 현대인의성경)라고 말하기 때문이다. 이삭의 출생은 마리아가 초자연적으로 임신한 예수님의 경우와 달랐다. 동정녀 탄생이 아니었다. 아브라함과 사라는 성관계를 가졌고, 사라는 임신했다. 아홉 달 동안 아이를 품고 있다가 출산을 했다. 이 모든 과정은 지극히 자연적이었다. 이 자연적 과정에 하나님의 초자연적 개입이 없었다면 아이도 없었을 거라는 점만 빼면 말이다.

성경 읽기라는 초자연적 행위도 이와 같다. 어떤 의미에서 성경 읽기는 완전히 자연적인 행위이다. 우리는 평범한 자연적 능력들을 사용한다. 그러나 하나님의 초자연적 개입이 없다면, 우리는 그리스도를 그 무엇보다 귀하게 여길 소망을 품고 성경을 읽을 마음을 갖지 못할 것이다

(왕상 8:58, 시 119:36). 하나님의 초자연적 조명이 없으면, 우리는 성경 안에 실제로 있는 것-하나님이 그리스도 안에서 우리에게 드러내신 모든 면모에 담긴, 모든 것을 만족시키는 영광-을 보고 음미하지 못할 것이다. 어떤 의미에서 성경 읽기라는 행위는 자연적이고, 또 다른 의미에서는 초자연적이다. 그래서 나는 이것을 "자연적 행위로 이루어지는 초자연적 성경 읽기"라고 부른다.

성경에 맞춘 초점

"자연적 행위로 이루어지는 초자연적 성경 읽기"는 이렇게도 묘사할 수 있다. 하나님은 우리에게 시력을 허락하시는 기적을 베푸시지만 보는 기적은 우리가 실행한다고 말이다.[1] 보는 일은 하나님이 우리 대신해 주시지 않는다. 하나님은 우리가 볼 수 있게 해 주시지만 보는 일은 우리가 한다. "그리스도의 영광의 복음의 광채"를 보는 초자연적 행위는 인간의 말로 기록된 (또는 전해지는) 복음의 이야기를 보는 자연적 행위에 의해 이루어진다.

걸작품에 담긴 영광을 보고자 하는 사람은 거기에서 눈을 돌려 이메일을 보지 않을 것이다. 그림의 영광을 보는 일은 그 그림을 보는 가운데 이루어진다. 성경에 있는 하나님의 영광도 마찬가지다. 우리는 성경 저자들이 기록한 자연적 단어와 어구와 절 등에서 눈을 떼지 않는다. 본문에 담긴 의미를 이해하는 자연적 과정과 우리의 마음을 분리시키지 않는다. 자연적 대상인 본문에 계속 초점을 맞춘다. 그때 관찰과 생각이라는 우리의 자연적 능력이 온전히 발휘된다. 그리고 바로 거기에서 그리스도의 아름다움을 보는 기적이 벌어진다.

자연인 예수 안에서 영광을 보기

앞에서 보았다시피 이것은 사람들이 그리스도의 신성을 보았던 방식과 유사하다. 그들은 자연인 예수를 보았다. 자연적 눈으로 그분을 보았다. 자연적 귀로 그분의 말씀을 들었다. 자연적 손으로 그분을 만졌다. 자연적 사고과정으로 그분의 말씀을 이해했다. 그러나 어떤 이들은 그분을 보면서도 끌릴 만한 요소를 전혀 보지 못했다. 그리스도의 영광이 거기 있었다. 인간 예수의 위나 아래나 옆이 아니라 바로 그분 안에 있었다. 누군가 예수님에게서 눈을 떼고 하늘을 바라보며 하나님께 구름에다 그리스도의 영광을 써 달라고 요청한다고 해도 발견하지 못할 것이다.

하나님은 성육신의 기적 안에 그 영광을 쓰셨다. 볼 눈이 있는 사람들은 그것을 보았다. 사도 요한도 그들 중 하나였다. 그는 이렇게 썼다. “말씀이 육신이 되어 우리 가운데 거하시매 우리가 그의 영광을 보니 아버지의 독생자의 영광이요 은혜와 진리가 충만하더라”(요 1:14).

하지만 다른 이들은 여기에 마음과 취향과 생각이 끌리지 않았다. “이 지혜는 이 세대의 통치자들이 한 사람도 알지 못하였나니 만일 알았더라면 영광의 주를 십자가에 못 박지 아니하였으리라”(고전 2:8).

예수님의 동포를 이끌던 대제사장들과 장로들은 예수님을 죽이고 싶어 했다(마 26:4). 자신을 따르는 자들을 위해 이생에서의 부가 아니라

고난을 계획하신 메시아에게 유다는 마음이 가지 않았다(요 12:6). 그들은 "영광의 주"를 보지 못했다. 그들은 예수님을 메시아 행세를 하는 나약한 사기꾼으로 보았다. 그들에게 예수님은 걸림돌-그들의 가장 깊은 욕망을 가로막는 장애물-이었다. 그들이 예수님의 영광을 볼 수 없었던 이유는 무엇보다 사랑하는 자신의 영광이 그분의 영광 앞에서 빛을 잃는다는 것을 알고 거부했기 때문이다(요 5:44).

성경 본문의 의미를 통해 보이는 하나님 영광

이런 식으로 성경과 예수님은 비슷하다. 예수님의 몸과 마음과 음성이 자연적이었던 것처럼, 성경의 언어는 자연적이다. 사람들은 예수님을 볼 수 있었다. 사람들은 성경을 읽을 수 있다. 예수님은 자연적인 존재 이상인 분이었다. 성경은 자연적인 책 이상의 책이다. 예수님은 하나님의 아들이셨다. 성경은 하나님의 말씀이다. 예수님은 성육하셨다. 성경은 영감을 받았다. 예수님은 평범한 인간의 언어로 말씀하셨다. 성경은 평범한 인간의 언어로 기록되었다.

예수님을 알기 위해 사람들은 그들의 자연적 감각에 제시되는 것을 보고 들어야 했다. 우리는 성경을 알기 위해서 우리의 자연적 감각에 제시되는 것을 보고 들어야 한다. 그리스도의 자연적 모습과 별개로 그리스도 안에서 하나님의 영광을 찾는 것은 부질없는 일이다. 성경의 자연적 모습과 별개로 성경 안에서 하나님의 영광을 찾는 것은 부질없는 일이다. 많은 이들은 예수님이 약하고 허세를 부리는 사람이라고 여겼다. 많은 이들이 성경을 약하고 허세부리는 책이라고 본다. 예수님 안에서 하나님의 영광을 보는 데는 초자연적 기적이 필요했다. "아들과 또 아들의 소원대로 계시를 받는 자 외에는 아버지를 아는 자가 없느니라"(마 11:27). 성경 안에서 하나님의 영광을 보는 데도 초자연적 기적이 필요하다. "[예수께서] 그들의 마음을 열어 성경을 깨닫게 하시고"(눅 24:45).

그러니 초자연적 성경 읽기에 대해 생각할 때는 자연적으로 성경을 읽어야 할 긴급성과 그에 따르는 수고가 다른 책의 경우보다 덜할 거라고 생각하지 말라. 성경 구절의 의미를 이해하려면 모든 인간적 노력과 기술을 총동원해야 할 것이다. 하나님의 영광은 성경 본문의 의미를 통해서 볼 수 있다. 그리고 그 의미는 읽고 생각함으로써 찾게 된다. 하나님은 인간 예수와 연합되었다. 그리고 하나님의 영광은 성경 본문의 의미와 연합되어 있다.

그러므로 하나님의 영광을 보고 음미하는 기적은 읽기와 생각하기라는 행위 안에 있다고 볼 수 있다. 우리는 읽고 하나님께서는 드러내신다. 하나님께서 초자연적 기적을 주시고 우리는 초자연적 기적을 실행한다.

매 순간 초자연적으로 살아야 한다

'우리가 초자연적으로 성경을 읽는 기적을 하나님이 일으키심'과 '초자연적으로 읽기라는 기적을 우리가 실행함' 사이의 긴장 또는 역설이 독자에게 낯설게 느껴질 수도 있을 것이다. 이에 대한 실례를 여러 가지 들어보고 성경에서 사례를 찾아본 다음 성경 읽기에 적용해 보도록 하자.

하나님이 기적을 베푸시고 우리가 기적을 실행한다는 말의 의미를 보여 주는 사례 몇 가지가 여기 있다.

- 하나님이 눈먼 자의 눈을 여시지만, 보는 장본인은 눈멀었던 사람이다.
- 하나님이 쪼그라든 다리에 힘을 주시지만, 걷는 장본인은 다리를 절던 사람이다.
- 하나님이 귀머거리의 귀를 만지시지만, 듣는 장본인은 귀머거리다.
- 하나님이 무덤에 있던 나사로를 부르시지만, 두 발로 걸어 나오는 사람은 나사로다.
- 하나님이 당신에게 자비로운 겸손을 주시지만, 다른 뺨을 돌려대는 사람은 당신이다.
- 하나님이 용기와 사랑을 주시지만, 이웃에게 그리스도를 전하는 이는 당신이다.
- 하나님이 자비로운 마음을 주시지만, 돈을 내는 장본인은 당신이다.
- 하나님이 그분의 타이밍에 대한 참을성 있는 확신을 주시지만, 규정 속도를 지키며 운전하고 정지신호에 차를 멈추고 안전벨트를 매는 이는 당신이다.
- 하나님이 그분의 영광을 욕정보다 더 만족스럽게 만드시지만, 포르노에서 돌아서는 이는 당신이다.

• 하나님이 당신의 마음을 말씀으로 기울게 하시지만, 아침 일찍 일어나서 성경을 읽는 이는 당신이다.

이 정도면 초자연적으로 성경 읽기가 우리가 모든 순간을 살아내야 하는 삶의 방식의 한 가지 사례일 뿐임을 알 수 있을 것이다. 성경은 그리스도인의 삶이 속속들이 초자연적이라는 사실을 분명히 밝힌다. 이 말은 하나님이 세밀하게 붙드시고 빚어 최종 구원에 이르기까지 일하신다는 뜻이다. 우리는 지금 만물을 다스리시는 하나님의 섭리라는 일반은총을 말하는 것이 아니다. 우리는 지금 그리스도께서 택한 자들을 위해 피 흘려 사신(눅 22:20) 하나님의 특별한 새 언약의 일(렘 31:33)을 말한다. 하나님의 백성은 성령에 의해 작용하는 이 새 언약의 일에 힘입어 그리스도의 영광을 볼 수 있고 그리스도가 가장 귀한 분임을 드러내며 살 수 있다.

예를 들어, 성경은 우리가 "성령으로 살"(갈 5:25)아간다고 말한다. 즉, 우리는 "성령으로 [그리스도인의 삶을] 시작하였다"(갈 3:3). 우리는 "성령의 인도함을 받는다"(롬 8:14, 갈 5:18). "성령을 따라 행"(갈 5:16)한다. "성령으로"(롬 8:13, 새번역) 죄를 죽인다. "하나님의 영으로 예배"(빌 3:3, 새번역)한다. 그리고 이 모두를 요약해서 말하면 하나님은 우리를 "성령으로 거룩하게 하"(살후 2:13, 새번역)신다. 그래서 나는 우리가 매 순간 초자연적으로 살아야 한다고 말하는 것이다. 그리스도인이 매 순간 성령에 의지하여 살면서 그리스도를 영화롭게 하는 거룩과 사랑의 열매를 맺는 것은 기적이다.

우리는 여전히

그러나 우리가 여전히 이 기적의 실행자들이라는 점에 주목하라. "성령으로" 행하는 이는 바로 우리다. 우리는 성령이 될 수 없고 성령도 우리가 될 수 없다. 우리는 인간이고 인간으로서 행동한다. 성령은 우리 마음이 결정적으로 기울어지게 하시고, 우리가 행동한다. 이 패턴은 성경에서 볼 수 있다. 예를 들어 보자.

우리는 "우리를 옭아매던 것에 대해 죽었으므로 … 성령의 새로운 것으로 섬기고 문자에 의한 해묵은 것으로 섬기지 않는다"(롬 7:6, 우리말 성경).

우리가 섬긴다는 부분에 주목하라. 분명히 "성령의 새로운 것으로" 섬긴다! 그러나 섬기는 일은 바로 우리가 한다. 실수로 빠뜨릴까봐 미리 말해두자면, 그리스도가 죽으셨을 때 우리의 "죽음"도 그와 함께 단번에 이루어졌다(갈 2:19-20). 우리는 성령의 일하심을 통해 그리스도와 연합하고, 오직 믿음으로 이 일을 경험한다(갈 3:26). 그렇게 해서 우리의 모든 죄의 값이 단번에 온전히 지불된다(히 7:27, 9:12, 26, 10:10). 그리스도와의 이 연합 때문에 그리스도의 의가 영원히 우리의 것으로 간주되는데(빌 3:9), 하나님이 그리스도를 "죄로 삼으신 것은 우리로 하여금 그 안에서 하나님의 의가 되게 하려 하심"(고후 5:21)이었다. 이것은 이후에 나타나는 우리의 섬김, 순종, 선행이 하나님이 우리를 용납하신 근거가 아니라 그 열매라는 뜻이다. 우리는 섬김과 순종과 선행 때문에 하나님과 올바른 관계를 맺게 된 것이 아니다. 그리스도를 믿음으로 단번에 하나님과 올바른 관계가 되었기 때문에 하나님이 우리 안에 그런 것들을 만들어내신 것이다. 이것을 강조하는 것은 매우 중요하다. “기적을 실행함”을 강조하다가 자칫 그 실행이 어떤 식으로든 하나님을 100퍼센트 우리 편으로 만든 공로나 근거라는 인상을 주는 일이 없어야 하기 때문이다. 하나님이 우리를 온전히 용납하신 근거는 오직 그리스도, 오직 은혜, 오직 믿음뿐이다.

“내가 그리스도와 함께 십자가에 못 박혔나니 그런즉 이제는 내가 사는 것이 아니요 오직 내 안에 그리스도께서 사시는 것이라. 이제 내가 육체 가운데 사는 것은 나를 사랑하사 나를 위하여 자기 자신을 버리신 하나님의 아들을 믿는 믿음 안에서 사는 것이라”(갈 2:20).

“이제 내가 육체 가운데 산다”는 말에 주목하라. 자기를 의지하던 예전의 나는 완전히 죽었다. 그리고 그리스도께서는 내 안에 분명히 살아 계신다. 그러나 나―믿음으로 사는 새로운 나―는 내 삶을 살아가는 존재이고, 그 열쇠는 “하나님의 아들을 믿는 믿음”이다.

“누가 봉사하려면 하나님이 공급하시는 힘으로 하는 것 같이 하라. 이는 범사에 예수 그리스도로 말미암아 하나님이 영광을 받으시게 하려 함이니”(벧전 4:11).

내가 섬긴다는 데 주목하라. 그러나 나는 “하나님이 공급하시는 힘으로” 섬긴다. 하나님이 초자연적으로 도우시고 나는 초자연적 기적을 실행에 옮긴다.

“내가 나 된 것은 하나님의 은혜로 된 것이니 내게 주신 그의 은혜가 헛되지 아니하여 내가 모든 사도보다 더 많이 수고하였으나 내가 한 것이 아니요 오직 나와 함께하신 하나님의 은혜로라”(고전 15:10).

내가 많이 수고하였다는 데 주목하라. 그러나 내 수고는 결정적인 것이 아니다. 하나님이 하신 일이 결정적이다. 그것은 나와 함께하신 하나님의 은혜였다. 은혜는 초자연적 기적이다. 그러나 그 기적이 나를 대신하지는 않는다. 하나님의 은혜로 나는 오늘의 내가 되었다. 하나님의 은혜로 나는 그 누구"보다 더 많이 수고하였"다.

삶의 모든 경우에 섬기고 살아가고, 일하고 소원을 품는 이는 그리스도를 믿는 인간, 곧 나다. 그러나 그 모든 경우에, 나의 의지는 다른 의지-성령의 의지, 그리스도의 의지, 하나님의 의지, 은혜의 의지-의 힘을 받는다. 조나단 에드워즈는 우리 삶에 존재하는 하나님의 은혜와 능력을 다음과 같이 역설했다.

> 우리는 그 안에서 그저 수동적이지는 않지만, 그렇다고 하나님이 일부를 하시고 우리가 나머지를 하는 것도 아니다. 하나님이 다하시고 우리도 다 하는 것이다. 하나님이 전부 만들어내시고 우리가 전부 실행한다. 하나님이 만들어내시는 것이 바로 우리의 행위이기 때문이다. 하나님은 유일하게 합당한 저자이자 원천이시다. 우리는 적절한 실행자일 뿐이다. 우리는 보는 측면에 따라 전적으로 수동적이기도 하고 전적으로 능동적이기도 하다.[2]

일하라! 하나님이 너희 안에서 일하시므로

성경 안에서 "기적을 실행하라"-성경을 초자연적으로 읽는 기적을 포함하여-고 가장 분명하게 말하는 구절은 아마 빌립보서 2장 12-13절일 것이다.

> 그러므로 나의 사랑하는 자들아, 너희가 나 있을 때뿐 아니라 더욱 지금 나 없을 때에도 항상 복종하여 두렵고 떨림으로 너희 구원을 이루라. 너희 안에서 행하시는 이는 하나님이시니 자기의 기쁘신 뜻을 위하여 너희에게 소원을 두고 행하게 하시나니.

이 구절의 놀라운 힘을 느끼려면 다음 세 가지를 주목해야 한다

첫째, "너희 구원을 이루라"(그리스어 κατεργάζεσθε[카테르가제스테])로 번역된 동사는 "만들어내다", "성취하다", "실현하다"라는 뜻이다. 이런 표현이 교리적으로는 위험해 보일 수 있지만 분명히 성경적이다. "너희 구원을 성취하라." "너희 구원을 만들어내라." "끊임없이 지속되는 완강한 노력으로 너희의 구원을 실현하라."

내가 위험해 보일 수 있다고 말한 이유는 바울이 구원은 "하나님의 선물이라. 행위에서 난 것이 아니니 이는 누구든지 자랑하지 못하게 함이라"(엡 2:9)고도 가르치기 때문이다. 그러나 여기에는 어떤 모순도 없다. 여기서 소용없는 행위란 하나님과 구원받는 관계를 만들어내려는 행위를 말하기 때문이다. 이것은 가망 없는 일이다(롬 3:20). 우리의 구원을 "실현하는" 행위는 구원의 관계가 이미 존재하기 때문에 하나님이 친히 성취하시는 행위다. 바울은 이것을 계속해서 보여 준다.

둘째, 바울이 "이루라"고 말하는 구원은 정죄와 지옥으로부터 온전히 구출받는 위대한 실재인 동시에 영혼을 파괴하는 육체의 행위-분노

와 자기연민과 탐욕과 정욕 같은 것들-로부터 매일 구출받는 좀 더 제한적이고 구체적인 실재이다. "그런 치명적인 원수들로부터 벗어나는 너희 구원-구출-을 이루라."

다시 말해, 그런 죄들이 우리 마음속에 솟아오를 때는 지성과 의지를 사용해 적극적으로 저항해야 한다. 바울은 이런 적극적 저항이 우리가 실제로 하는 일이라고 말한다. 그러나 바로 이어서 하나님이 죄에 저항하고픈 마음을 우리 안에 일으키시기 때문에 우리가 기적을 실행한다는 사실을 보게 된다. "너희 안에서 행하시는 이는 하나님이시니 … 너희에게 소원을 두…게 하시나니."

셋째, 바울은 우리에게 행하라고-즉, 노력을 기울여 무시무시한 죄로부터 구출을 성취하라고-말한 뒤 "두렵고 떨림으로" 구원을 이루라고 말한다. "너희 안에서 행하시는 이는 하나님이시니 자기의 기쁘신 뜻을 위하여 너희에게 소원을 두고 행하게 하시"기 때문이다. 내가 죄를 공격하고 분노와 자기연민으로부터 "구원을 성취"하는데 왜 두려움과 떨림이 있을까? 떨리는 이유는 위협을 느껴서가 아니라 받은 것이 너무나 크기 때문이다.

바울은 두렵고 떨림으로 죄와 싸우라고 한다. 전능하신 하나님, 천지의 창조주, 구원자, 의롭게 하시는 분, 보존자, 아버지, 연인께서 우리와 너무나 가까이 계시므로 우리가 소원을 품고 행하는 것은 곧 그분이 소원을 품고 행하시는 것이기 때문이다. 우리는 이 숨 막히는 상황 앞에서 떨어야 한다! 전능하신 하나님이 우리 안에 계신다! 하나님은 우리 안에 소원을 두시는 분이다. 하나님은 우리 안에서 행하시는 분이다. "끊임없이 지속되는 완강한 노력"은 하나님 앞에서 수행되는 일인 동시에 하나님이 친히 하시는 일이다. 하나님이 우리 안에서 일하고 계신다. 그분이 하시는 일이 곧 우리의 일이다. 그러므로 우리는 기적을 기다리지 않는다. 기적을 실행할 뿐이다.

성경을 읽어 기적을 실행하다

우리는 이렇게 성경을 읽어야 한다. 우리가 소원을 품고 행하는 것은 하나님이 우리 안에서 소원을 품고 행하시기 때문이다. 우리는 모든 자연적 능력을 가지고 영감 된 글의 의미를 보려 하는데, 이것은 하나님이 우리 눈을 여시고 성경 안에 실제로 있는 영광을 보게 하시고자 일하시기 때문이다. 잠언의 저자는 이것을 이렇게 표현한다.

> 아이들아, 내 말을 받아들이고,
> 내 명령을 마음 속 깊이 간직하여라.
> 지혜에 네 귀를 기울이고,
> 명철에 네 마음을 두어라.
> 슬기를 외쳐 부르고,
> 명철을 얻으려고 소리를 높여라.
> 은을 구하듯 그것을 구하고,
> 보화를 찾듯 그것을 찾아라.
> 그렇게 하면, 너는 주님을 경외하는 길을 깨달을 것이며,

하나님을 아는 지식을 터득할 것이다.

[왜냐하면] 주님께서 지혜를 주시고,

주님께서 친히 지식과 명철을 주시기 때문이다.

정직한 사람에게는 분별하는 지혜를 마련하여 주시고(잠 2:1-7, 새번역)

1-4절은 모든 능력을 사용해 지혜와 슬기를 얻으라고 독려한다. 하나님의 마음을 들여다보고, 하나님의 말씀을 받고, 그분의 계명을 간직하고, 지혜에 귀를 기울이고, 슬기를 불러 구하고, 그것을 얻으려고 소리를 높이고, 은을 구하듯 그것을 구하고, 보배를 찾듯이 그것을 찾으라고 한다. 잠언 저자는 지금 이렇게 말하고 있는 것이다. 모든 노력을 다 기울여라. 온 힘을 다 발휘하라. 모든 욕망을 집중하라. 온 힘을 다 사용해라. 무엇을 위해? 하나님의 지혜를 얻기 위해!

그 다음에 이 모든 노력의 놀라운 근거가 등장한다. "주님께서 지혜를 주시기 때문이다." 하나님이 그것을 주신다. 우리는 온 힘을 다해 그것을 찾는다. 하나님이 그것을 주신다. 우리의 노고는 필수적이지만 하나님이 주심은 결정적이다. 하나님이 "주시지" 않으면 우리는 찾을 수 없다. 우리는 눈먼 상태에서 벗어나 하나님의 지혜로 가는 "구출을 이루어간다" -온 힘을 다해 주의 깊게 읽는다. 하나님이 우리 안에서 행하셔서 그분의 빛을 발견하고자 하는 "소원을 두고 행하게" 하시기 때문이다. 하나님은 영적 시력을 주시는 기적을 창조하신다. 그리고 우리는 보는 기적을 실행에 옮긴다.

온 힘을 다해 빛을 구하다

사도 바울은 독자들 또는 청자들이 그리스도의 영광의 복음의 빛을 보기 위해 정신집중과 사고능력을 최대한 발휘하기를 기대했고 그의 글을 통해 이것을 거듭 드러냈다. 가령, 사도행전에서는 바울이 사람들에게 그리스도의 진리와 아름다움을 보여 주기 위해 그들과 토론하는 전략을 구사하는 모습을 적어도 열 번 이상 볼 수 있다(행 17:2, 4, 17, 18:4, 19, 19:8, 9, 20:7, 9절, 24:25). 이것이 말로 전한 로마서였다. 바울은 자신이 지성을 온전히 사용하여 말하고 글을 쓰는 것처럼 청중과 독자들도 듣거나 읽을 때 지성을 온전히 사용할 거라 생각했다.

그래서 그는 고린도 교인들에게 이렇게 말했다. "생각하는 데는 아이가 되지 마십시오. 악에는 아이가 되고, 생각하는 데는 어른이 되십시오"(고전 14:20, 새번역).

그는 이보다 더 강력하게 말하기도 했는데, 방언의 기적으로 일만 마디 이해할 수 없는 말을 하느니 지성을 사용하여 남을 가르칠 수 있는 이해하기 쉬운 말 다섯 마디를 하는 편이 낫겠다고 한 것이다(고전 14:19). 바울은 우리의 모든 생각이 그의 영감 된 서신들을 읽는 동안 최대치의 열정과 초점에 도달하기를 기대했다. "그것을 읽으면 내가 그리스도의 비밀을 깨달은 것을 너희가 알 수 있으리라"(엡 3:4).

다시 말해, 읽기라는 정신적 과제에 지성을 사용하는 것이 하나님의 영광에 이르도록 하나님이 정하신 길이라는 것이다. 우리는 생각을 하며 읽고, 즉 이해하면서 읽는 고된 수고를 감내하고, 하나님은 우리의 사고 과정에 초자연적 빛이라는 기적을 창조하신다.

생각하면 주신다

사도 바울은 바로 이 점을 다음과 같이 간단한 말로 분명하고 강력하게 전달한다. "내가 말하는 것을 생각해 보라. 주께서 범사에 네게 총명을 주시리라"(딤후 2:7).

우리는 생각한다. 하나님은 주신다. 둘 다 맞는 말이다. 양자택일이 아니다. 그런데 많은 사람들이 이 구절이 가리키는 길을 곧게 따라가지 않고 어느 한쪽으로 치우친다. 어떤 이들은 첫 번째 부분을 강조한다. "내가 말하는 것을 생각해 보라."

그들은 이성과 사고의 필수불가결한 역할을 강조하면서 마음이 진리의 영광을 보고 받아들이게 만드는 하나님의 초자연적 역할은 축소한다. 다른 이들은 이 절의 후반부를 강조한다. "주께서 범사에 네게 총명을 주시리라." 그들은 이성의 무용함을 강조한다.

그러나 바울은 그런 식으로 나누지 않는다. 바울에게 이것은 양자택일이 아니라 둘 다 취해야 할 문제이다. "내가 말하는 것을 생각해 보라. 주께서 범사에 네게 총명을 주시리라."

두 문장 사이에는 이유나 근거를 밝히는 '왜냐하면'(for)이 숨어있다. 이것은 총명을 주시는 하나님의 뜻이 생각의 대체물이 아니라 그 근거라는 의미이다. 바울은 "하나님이 네게 총명을 주시니, 내가 말하는 것을 갖고 골똘히 생각하느라 시간을 허비하지 마라"고 말하지 않는다. 그는 우리에게 기도로 생각을 대체하라고 격려하는 대신 기도로 생각을 푹 적시라고 권한다. 그는 "내가 말하는 것을 골똘히 생각하라. 모든 것이 너에게 달렸고 하나님은 네 마음을 조명해 주시지 않는다"고 말하지 않는다. 바울은 하나님이 주시는 조명의 선물을 우리가 심사숙고해야 하는 분명한 근거로 삼는다. 그는 하나님이 빛을 주심을 우리가 빛을 추구해야 하는 이유로 만든다. "내가 말하는 것을 생각해 보라. [왜냐하면] 주께서 범사에 네게 총명을 주[실 것이기 때문이다]."

다른 이의 능력으로 읽기

이번 장의 요점은 초자연적 성경 읽기의 과정을 따라간다 해도 우리의 온갖 자연적 능력을 사용해야 할 긴급성과 그에 따르는 수고는 줄어들지 않는다는 것이다. 이 말을 보다 긍정적으로 표현하면, 성경은 성경 읽기라는 초자연적 행위 안에서 우리의 몸과 의지와 이성을 최대한 사용하도록 격려한다는 것이다. 하나님을 의지하여 성경을 읽는 것은 그리스도인의 삶에 존재하는 수많은 초자연적인 행동 중 하나에 불과하다. 우리는 "성령 안에서", "성령으로" 살아가야 한다(롬 8:9, 고전 12:3, 갈 5:16, 18, 25, 엡 6:18, 빌 3:3, 살후 2:13). 칠면조를 구울 때도, 회사에 늦지 않으려고 달려갈 때도, 성경을 읽을 때도 마찬가지다.

하나님은 우리가 그리스도와 연합할 때 우리 역할을 대신하실 의도가 없으시다. 우리를 새롭게 하시고 힘을 주시고 인도하실 뜻을 갖고 계신다. 하나님은 우리가 "내가 많이 수고하였다"고 말할 뿐 아니라 "[그러]나 내가 한 것이 아니요 오직 나와 함께하신 하나님의 은혜"였다고도 말할 수 있기를 원하신다(고전 15:10 참고). 하나님은 우리가 "나는 온 힘을 다해 의지와 정신과 몸을 사용했다"고 말하면서도 "하나님이 내 안에 소원을 두시고 행하시기 때문"이라고도 말하기를 원하신다(빌 2:12-13 참고). 하나님은 우리가 지성을 사용하여 "주님께서 기뻐하시는 일이 무엇인지를 분별"(엡 5:10, 새번역)하고 하나님이 "그분에게 기쁨이 되는 것을 우리 안에서 행하"(히 13:21, 우리말성경)신다고 즐겁게 고백하기를 원하신다.

자연적 행위인 읽기와 읽을 때 주어지는 빛이라는 초자연적인 선물이 어떻게 교차하는지에 대해서는 앞으로 더 말할 내용이 있을 것이다. 그러나 지금으로서 가장 중요한 요점은 이것이다. 하나님이 정하신 성경 읽기의 목적은 초자연적인 개입 없이는 이루어지지 않을 거라는 점이다. 그리고 하나님이 개입하시는 통상적인 방법은 자연적 행위로 이루어지는 초자연적 읽기이다. 하나님이 주신 초자연적인 것을 믿는다고 해서 하나님이 창조하신 자연적인 것들을 멸시해서는 안 된다.

그렇다면 이제 살펴야 할 문제는 이것이다. 성경 읽기를 통해 보고 음미하고 변화를 받는 큰 결과들이 우리 자신이 아니라 다른 분의 능력에 결정적으로 달려 있다면, 우리는 성경을 어떻게 읽어야 할 것인가.

15.
겸손은 천 개의 창을 열어 준다

"겸손한 자들을 올바른 길로 이끄시고,
그들에게 주님의 길을 가르쳐 주십니다."

성인이 된 후 내 인생에서 가장 중요했던 질문, 도처에서 끈질기게 맴돌았던 질문 중 하나는 이것이다. 그리스도인으로서 어떻게 살아야 내가 실제로 살면서도 다른 분-성령-이 내 삶을 통해 결정적으로 살아가신다고 할 수 있을까? 앞 장에서 우리는 이것이 바로 그리스도인의 삶을 산다는 말의 의미임을 보았다. "내가 모든 사도보다 더 많이 수고하였으나 내가 한 것이 아니요 오직 나와 함께하신 하나님의 은혜로라"(고전 15:10).

그러나 이것을 이루려면 어떻게 해야 하는가? "봉사하는 사람은 하나님께서 주시는 힘으로 봉사하는 사람답게 하[라]"(벧전 4:11, 새번역)는 말씀에 순종하려면 실제로 무엇을 해야 하는가? 어떻게 다른 이의 힘으로 섬기고 살아가고 읽을 것인가? 하나님이 일으키시는 기적을 어떻게 실행할 것인가?

여러 난관을 거치면서 매 시간을 이런 식으로 살아가려면 간단한 전략의 도움이 필요함을 알게 되었다. 내가 볼 때 이렇게 살아가는 방법을 묻는 질문에 대해 성경이 제시하는 답은 다섯 단계로 요약할 수 있다. 이 다섯 단계는 두문자어 A.P.T.A.T.로 내 기억에 남아 있다. 나는 성경을 읽거나 설교할 때 이 다섯 단계를 가장 많이 활용했다. 내 우둔함을 극복하고 하나님의 말씀 안에 실제로 있는 영광을 보려면 하나님의 도움이 필요했다(엡 1:18). 성도들의 삶에서 그리스도를 높이는 변화가 나타나려면 우선 나의 설교에서 하나님의 능력이 나타나야 했다(고전 2:4). 그래서 다른 분의 능력으로 성경을 읽고 설교하는 법에 대한 질문은 그 시기의 내게 특히 절실한 것이 되었다.

A.P.T.A.T.란 무엇인가

그래서 이번 장에서는 A.P.T.A.T.가 무엇인지 간략히 요약하려 한다. 그 다음에는 첫 번째 문자 A(도움의 필요성을 인정하라)가 자연적 행위로 이루어지는 초자연적 성경 읽기와 어떻게 연결이 되는지 살펴볼 것이다. 이후 몇 장에 걸쳐 다른 문자들도 살펴볼 생각이다.

A.P.T.A.T.를 지키며 사는 삶은 "성령을 따라 행하"(갈 5:16)는 방식

이다. 보다 구체적으로 말하면, 성령에 따라 성경을 읽는 방식이요, 초자연적으로 성경을 읽는 방법이다.

A-인정하라(Admit)

그리스도 없이는 내가 아무 것도 할 수 없음을 인정한다.

> "나는 포도나무요 너희는 가지라. 그가 내 안에, 내가 그 안에 거하면 사람이 열매를 많이 맺나니 나를 떠나서는 너희가 아무 것도 할 수 없음이라"(요 15:5).

P-기도하라(Pray)

어떤 형태의 도움이 되었건 하나님의 도움을 구하는 기도를 한다.

> "구하라 그리하면 너희에게 주실 것이요, 찾으라 그리하면 찾아낼 것이요, 문을 두드리라 그리하면 너희에게 열릴 것이니"(마 7:7).
> "너희가 얻지 못함은 구하지 아니하기 때문이요"(약 4:2).
> "환난 날에 나를 부르라"(시 50:15).

T-신뢰하라(Trust)

내 상황에 딱 들어맞는 하나님의 구체적 약속이나 많은 상황에 해당하는 일반적 약속을 신뢰한다. 가령, 나는 설교하러 가기에 앞서 다음의 약속을 신뢰할 수 있다.

"내 입에서 나가는 말도 … 헛되이 내게로 되돌아오지 아니하[리라]"(사 55:11).

"말하는 이는 너희가 아니라 … 성령이시니라"(마 10:20).

그리고 보다 일반적으로는, 내가 좋아하는 성경구절을 기억하며 주어진 상황에서 믿음으로 그 말씀을 붙들 수 있다.

"나는 네 하나님이 됨이라. 내가 너를 굳세게 하리라. 참으로 너를 도와주리라. 참으로 나의 의로운 오른손으로 너를 붙들리라"(사 41:10).

"하나님이 능히 모든 은혜를 너희에게 넘치게 하시나니 이는 너희로 모든 일에 항상 모든 것이 넉넉하여 모든 착한 일을 넘치게 하게 하려 하심이라"(고후 9:8).

"나의 하나님이 … 너희 모든 쓸 것을 채우시리라"(빌 4:19).

A-행동하라(Act)

나는 하나님의 말씀에 순종하여 행동하되, 나의 행동 근저와 안에서 그리고 그것을 통해서 하나님이 행하셔서 그 열매가 결정적으로 하나님의 행하심에서 나온 것이 되기를 기대한다. 나는 기적을 실행하지만, 하나님이 그 일의 결정적 원인이시다. 다음 구절들을 보라.

"나는 심었고 아볼로는 물을 주었으되 오직 하나님께서 자라나게 하셨나니 그런즉 심는 이나 물 주는 이는 아무 것도 아니로되 오직 자라게 하시는 이는 하나님뿐이니라”(고전 3:6-7).

“두렵고 떨림으로 너희 구원을 이루라”(빌 2:12).

“내가 모든 사도보다 더 많이 수고하였으나 내가 한 것이 아니요 오직 나와 함께하신 하나님의 은혜로라”(고전 15:10).

“너희가 … 영으로써 몸의 행실을 죽이면 살리니”(롬 8:13).

T-감사하라(Thank)

나는 어떤 선이 이루어지건 하나님께 감사한다. 하나님께 영광을 돌린다.

“범사에 우리 주 예수 그리스도의 이름으로 항상 아버지 하나님께 감사하[라]”(엡 5:20).

“감사로 제사를 드리는 자가 나를 영화롭게 하나니”(시 50:23).

나는 A.P.T.A.T.를 사용하기 시작하고 한참 지나서 J. I. 패커가 그리스도인의 삶을 위한 거의 동일한 내용의 과정을 추천한 것을 발견하고 짜릿한 전율을 느꼈다. 그것은 그가 거룩함의 추구에 대해 쓴 대목에 등장했는데, 거룩함의 추구는 바로 그리스도인의 삶의 본질이다. 그는 그것을 ‘어거스틴적 거룩’이라고 부른다. 위대한 아프리카의 신학자 어거스틴이 그것을 잘 설명했기 때문이다.

어거스틴주의가 거룩함에 대해 가르치면서 권장하는 활동은 강도가 아주 높다. 어거스틴 자신이나 칼뱅, 휘트필드, 스펄전, 카이퍼 같은 경건한 사람들의 생활이 엄청나게 바빴던 것을 보면 이 사실을 알 수 있다. 그러나 이것은 결코 자신을 의지하는 정신으로 이루어지지 않는다. 이 활동은 네 단계의 절차를 밟게 된다. 첫째, 자신이 할 수 있는 모든 선한 일을 하기 원하는 사람답게, 자신이 어떤 임무와 기회, 그리고 책임에 직면하고 있는지 주목한다. 둘째, 모든 상황에 있어서 그리스도 없이는 아무 것도 즉 어떤 유익한 것도 할 수 없다(요 15:5)는 사실을 인정하고 도움을 청하는 기도를 드린다. 셋째, 기도한 대로 하나님이 도와주시리라고 믿고 선한 뜻과 즐거운 마음으로 일한다. 넷째, 도와주신 하나님께 감사드리고 일하는 과정에서 생긴 실패에 대해 용서를 구하고, 다음번에 일할 때에는 더 많이 도와달라고 간구한다. 어거스틴식 거룩함은 이러한 과정을 끝없이 반복하는 이른바 열심히 일하는 거룩함이다.[1]

패커의 첫 번째와 마지막 단계(해야 할 일을 보라. 실패한 부분에 대해서는 용서를 구하라)는 내 다섯 단계에 추가된 것이다. 나는 그의 첫 번째 단계를 따로 거론할 것도 없는 당연한 것으로 받아들인다. 그의 마지막 단계는 좋은 조언이다. (자신에게 유용한 두문자어를 만들 수 있다면 자유롭게 만들기를 권한다) 그 외에 패커가 내놓은 다른 제안들은 나의 다섯 제안과 동일하다. (1) 그리스도 없이는 아무 것도 할 수 없음을 인정하라. (2) 도와달라고 기도하라. (3) 가서 일하라. (4) 도움을 받을 줄 기대하라. (5) 하나님께 감사하라.

하나님의 도움이 없이는 아무 것도 할 수 없다

다른 이의 능력에 힘입은 성경 읽기의 이 첫 단계를 묘사하는 또 다른 방법은, 이런 성경 읽기가 겸손과 더불어 시작된다고 말하는 것이다. 그 출발점은 교만을 버리는 것이다. 우리의 지성이 얼마나 부패하고 왜곡되었는지, 우리 마음이 얼마나 쉽게 하나님보다 다른 것들을 더 원하는지 제대로 인식하는 것이 출발점이다. 성령이 우리 안에 겸손과 온유함과 배우려는 자세라는 열매를 맺게 해 주시지(갈 5:23, 약 3:17) 않으면, 우리는 성경의 진리를 부인하거나 왜곡하게 될 것이다. 모든 성경 말씀은 우리보다 하나님을 높이기 때문이다.

조나단 에드워즈는 시편 25편 9절("겸손한 자들을 올바른 길로 이끄시고, 그들에게 주님의 길을 가르쳐 주십니다"[쉬운성경])을 인용하며 이렇게 말한다. "교만은 하나님의 빛에 들어가는 것을 막는 아주 큰 장애물이다. 그렇다, 그것을 치우기 전까지는 하나님의 빛을 영원히 가로막을 장애물이다."[2]

"겸손한 자들에게 주님의 길을 가르쳐주신다" 하시니 이 얼마나 놀라운 약속인가! 우리가 성경을 읽을 때 하나님이 친히 스승이 되셔서 초자연적으로 가르쳐 주시는 것을 경험하고 싶다면, 우리는 이렇게 시작해야 할 것이다. 먼저 하나님의 능하신 손아래 자신을 낮춘다(벧전 5:6). "여호와께서 겸손한 자들은 붙드[신다]"(시 147:6)는 성경의 반복되는 말씀을 마음에 새긴다. "여호와께서는 … 겸손한 자를 구원으로 아름답게 하심이로다"(시 149:4).

"마음에 심어진 말씀을 온유함으로 받으라"(약 1:21).

"무릇 마음이 가난하고[겸손하고] 심령에 통회하며 내 말을 듣고 떠는 자 그 사람은 내가 돌보려니와"(사 66:2).

하나님이 성경을 읽는 교만한 사람을 "돌보지" 않으신다면, 교만한 독자는 그분의 도움을 받지 못할 것이 분명하다. 존 오웬은 그 점을 이렇게 요약했다. "하나님의 영은 자기를 낮추지 않는 교만한 영혼에게 성경의 바른 지식을 가르치신 적이 없고 앞으로도 그런 일은 결코 없을 것이다. 그 지식은 하나님의 계시이기 때문이다."[3]

어린아이처럼 자신의 필요를 아는 행복

성경을 초자연적으로 읽기를 바란다면 자기충족성의 가면을 벗어야 한다. 이것이 바로 예수님이 어린아이처럼 되어야 한다고 하신 말씀의 의미다. "진실로 너희에게 이르노니 너희가 돌이켜 어린아이들과 같이 되지 아니하면 결단코 천국에 들어가지 못하리라. 그러므로 누구든지 이 어린아이와 같이 자기를 낮추는 사람이 천국에서 큰 자니라"(마 18:3-4).

아이의 겸손은 허영으로부터 자유로운 상태를 말하는 것이 아니다. 아이들은 본성적으로 이기적이다(어른들과 마찬가지로). 아이의 겸손은 자신에게는 스스로의 필요를 채울 능력이 없고 자기의 필요를 채워 줄 어른이 있어야 한다는 것을 기꺼이 그리고 흔쾌히 의식하는 것이다.

어떤 아이도 자기가 밥벌이를 못한다고 의기소침해하지 않는다. 그저 그 사실을 자신의 현재 위치로 받아들이고 부모가 보살펴 줄 거라 믿는다. 이것이 우리가 성경을 읽을 때의 태도이자 삶에 접근하는 방식이 되어야 한다. 우리는 아이들처럼, 아버지께서 우리를 위해 기록한 것을 이해하기 위해 모든 노력을 기울이고, 아버지께서 빛을 선물로 주시지 않으면 그분의 영광을 볼 수 없다는 사실을 흔쾌히 인정해야 한다.

베드로는 "갓난아기들 같이"(벧전 2:2) 말씀의 젖을 사모하라고 말한다. 여기에는 진심어린 갈망의 의미뿐 아니라 이 젖의 영양 공급이 우리에게 전적으로 과분하다는 흔쾌한 인정도 담겨 있다. 이것은 거저 주어지는 선물이다. 그리고 나는 하나님의 되살리시는 은혜 없이는 말씀의 젖을 맛볼 능력이 없다.

성경 읽기의 열정이 비밀의 열쇠다

12장에서 우리는 하나님의 영광보다 자신의 영광을 사랑하는 교만을 품고 있으면 눈이 어두워진다는 것을 보았다. 바리새인들이 구약성경의 의미나 예수님 사역의 의미를 볼 수 없었던 근본적인 이유가 바로 여기에 있었다. 예수님은 그것을 너무나 분명하게 말씀하셨다.

> 나는 내 아버지의 이름으로 왔으매 너희가 영접하지 아니하나 만일 다른 사람이 자기 이름으로 오면 영접하리라. 너희가 서로 영광을 취하고 유일하신 하나님께로부터 오는 영광은 구하지 아니하니 어찌 나를 믿을 수 있느냐(요 5:43-44).

인간의 마음은 본성적으로 하나님의 영광보다 그 영광의 형상들(특히 거울 속에 있는 형상)을 더 좋아한다(롬 1:18-23). 이것이 죄의 본질이고 교만과 부패의 뿌리이며 우리가 성경에서 하나님의 영광을 보지 못하게 막는다. 성경을 읽는 우리를 도우시는 성령의 가장 중심 되는 사역은 성경에 없는 새로운 정보를 우리 지성에 추가하시는 것이 아니다. 우리를 겸손하게 만들어 자신을 높이는 일보다 그리스도의 영광을 더 좋아하게 하시는 것이다. 이것은 예수님이 성령의 역할에 대해 약속하신 내용이다. "성령이 오시면 … 그가 내 영광을 나타내리니"(요 16:13-14).

누군가가 그리스도가 높아지는 것을 좋아할 때 우리는 성령께서 일하고 계심을 안다. "성령으로 아니하고는 누구든지 예수를 주시라 할 수 없"(고전 12:3)는 까닭이다. 우리가 성경을 읽을 때 성령께서 일하시면 우리는 겸손해지고 그리스도께서는 높임을 받으신다. 자기높임을 좋아하던 우리의 성향은 그리스도를 높이기 원하는 열정으로 대체된다. 이 새로운 열정은 성경에서 천 개의 창을 열어 하나님의 영광의 광채를 들여놓는 열쇠이다.

성령이 준 겸손의 열망

예수님은 겸손의 필요성을 또 다른 방식으로 언급하신다.

> 내 교훈은 내 것이 아니요 나를 보내신 이의 것이니라. 사람이 하나님의 뜻을 행하려 하면 이 교훈이 하나님께로부터 왔는지 내가 스스로 말함인지 알리라. 스스로 말하는 자는 자기 영광만 구하되 보내신 이의 영광을 구하는 자는 참되니 그 속에 불의가 없느니라(요 7:16-18).

여기서 겸손의 개념은 두 가지 방식으로 표현되어 있다. 하나는 우리의 뜻이 겸손해져서 하나님의 뜻이 우리 뜻이 되기를 갈망하고 그렇게 받아들일 준비가 되는 것이다. 우리는 하나님의 뜻이 우리 뜻에 맞춰져야 한다고 고집하며 교만하게 말하지 않는다. "우리의 뜻은 하나님의 뜻을 행하는 것"이라고 말한다. 이것이 지금 우리의 모습이고 성령께서 이루신 기적이다. 성령께서는 우리의 뜻이 하나님의 뜻에 일치하기를 바라는 열망을 주셨다. 예수님은 겸손하고 하나님을 높이는 그분의 성향 때문에 하나님의 가르침을 보면 "알아본다"고 말씀하신다. 이렇게 자기를 부인하고 하나님의 뜻을 기뻐할 때 "보는 일"이 이루어진다.

이 구절에서 볼 수 있는 겸손의 또 다른 표현방식은 아버지의 영광을 위해 살겠다는 예수님의 다짐을 강조하는 것이다. "스스로 말하는 자는 자기 영광만 구하되 보내신 이의 영광을 구하는 자는 참되니 그 속에 불의가 없느니라."

누군가가 그런 메시아가 진짜라고 알아볼 수 있다면 그 이유는 예수님처럼 자기를 부인하고 아버지의 영광을 높이는 일에 함께하고 싶은 간절한 마음 때문이다. 그러니까 겸손이 진리를 알아보는 일의 바탕이 되는 것이다. 겸손은 우리가 성경을 읽을 때 초자연적 시력을 선사하는 안약의 핵심성분이다. 그래서 예수님은 라오디게아교회에 이렇게 말씀하셨다. "내가 너를 권하노니 … 안약을 사서 눈에 발라 보게 하라"(계 3:18).

그 초자연적 안약의 주요성분은 자기를 낮춤이다.

이렇듯 우리의 무력함을 인정하는 것-이 겸손-이 기도의 뿌리다. A.P.T.A.T.의 다음 단계인 기도는 첫째 단계인 겸손에서 나온다. 두문자어로 이루어지는 이 다섯 단계는 순차적인 것이 아니고 유기적으로 이어져 있다. 기도는 겸손의 토양에서 자란다. 무력함을 인정하는 겸손 없이는 누구도 제대로 기도할 수 없다. 그래서 이제 우리는 자연적 행위로 이루어지는 초자연적 성경 읽기에서 없어서는 안 되는 기도의 역할을 다음 두 장에 걸쳐서 살펴보고자 한다.

16.

기도하라, 도우심을 구하라

"내 마음이 주의 교훈에 기울게 하시고
탐욕으로 치닫지 않게 하소서"

15장 서두에서 두문자어 A.P.T.A.T.의 의미를 요약했는데, 그것은 "하나님이 공급하시는 힘으로"(벧전 4:11) 봉사하도록 도움을 받기 위한 나의 실제적이고 성경적인 시도이다. 그것은 "성령을 따라 행하"(갈 5:16)는 방법이다. "내가 … 많이 수고하였으나 내가 한 것이 아니요 오직 나와 함께하신 하나님의 은혜로라"(고전 15:10)는 말의 의미를 구체화하는 방법이다. 다시 말해, 자연적 행위로 이루어지는 초자연적 성경 읽기로 가는 길이기도 한 것이다. 이번 장과 다음 장에서는 A.P.T.A.T.의 P-없어서는 안 될 기도(prayer)의 자리–를 살펴보자.

특별한 영광을 보는 기도의 길

하나님은 그분의 특별한 영광을 보는 방법이 기도임을 분명히 밝히셨다. "내 눈을 열어서 주의 율법에서 놀라운 것을 보게 하소서"(시 119:18).

우리가 읽고 있는 말씀을 놓고 기도하지 않아서 빼앗긴 빛이 얼마나 많을까? "너희가 얻지 못함은 구하지 아니하기 때문이요"(약 4:2).

성경에서 가장 긴 장은 하나님 말씀의 귀중함을 길게 묵상한 시편 119편이다. 그 장에는 솔직한 기도가 중간중간 등장하며 시인이 마치 하나님의 존전에 있는 것처럼 시 전체가 기록되어 있다. 시편 기자는 일곱 번이나 "내게 가르치소서!"라고 기도한다.

> 찬송을 받으실 주 여호와여,
> 주의 율례들을 내게 가르치소서(시 119:12).
> 내가 나의 행위를 아뢰매 주께서 내게 응답하셨사오니
> 주의 율례들을 내게 가르치소서(시 119:26).
> 여호와여 주의 율례들의 도를 내게 가르치소서
> 내가 끝까지 지키리이다(시 119:33).
> 여호와여 주의 인자하심이 땅에 충만하였사오니
> 주의 율례들로 나를 가르치소서(시 119:64).

내가 주의 계명들을 믿었사오니
좋은 명철과 지식을 내게 가르치소서(시 119:66).
주는 선하사 선을 행하시오니
주의 율례들로 나를 가르치소서(시 119:68).
주의 인자하심대로 주의 종에게 행하사
내게 주의 율례들을 가르치소서(시 119:124).

이 기도들은 "세상의 지혜 중 어떤 것이 주의 말씀인지 보여 주소서"라는 뜻이 아니다. 시편 기자는 하나님의 말씀을 어디서 찾을 수 있는지 안다. 유대 민족은 어디서 하나님의 말씀을 찾아야 할지 의아해하며 방황하지 않았다. 이 기도들은 "주의 말씀의 온전하고 영광스러운 의미를 볼 수 있도록 내 눈을 열어 주소서"라는 뜻이다. 하나님의 말씀에는 단순한 자연적 마음만으로는 볼 수 없는 보화들이 담겨 있다(고전 2:14).

그런데 하나님 마음의 진리와 아름다움을 볼 수 있게 하는 "가르침"이 존재한다. 이 가르침은 우리 마음을 열어 하나님이 그리스도 안에서 드러내신 모든 면모가 최고로 바람직한 것임을 알아보게 한다. 이 가르침은 우리에게 그리스도께 나아갈 힘을 주는 하나님의 역사이기도 하다. 그래서 예수님은 이렇게 말씀하신다. "선지자의 글에 '그들이 다 하나님의 가르치심을 받으리라' 기록되었은즉 아버지께 듣고 배운 사람마다 내게로 오느니라"(요 6:45).

하나님이 그분의 기록된 말씀 안에서, 그 말씀을 통해 친히 가르치신다는 이 지속적인 기적은 기도에 대한 응답으로 주어지는 선물이다. 단어가 조금씩 달라질 뿐, 시편 119편의 시인은 깨닫게 해 달라는 기도를 다섯 번이나 드린다.

> 나에게 주의 법도들의 길을 깨닫게 하여 주소서
> 그리하시면 내가 주의 기이한 일들을 작은 소리로 읊조리리이다(시 119:27).
> 나로 하여금 깨닫게 하여 주소서
> 내가 주의 법을 준행하며 전심으로 지키리이다(시 119:34).
> 주의 손이 나를 만들고 세우셨사오니
> 내가 깨달아 주의 계명들을 배우게 하소서(시 119:73).
> 나는 주의 종이오니 나를 깨닫게 하사
> 주의 증거들을 알게 하소서(시 119:125).
> 여호와여 나의 부르짖음이 주의 앞에 이르게 하시고
> 주의 말씀대로 나를 깨닫게 하소서(시 119:169).

생각하기와 기도하기의 성경적 결합

14장에서 우리는 하나님이 깨달음의 선물을 주신다 해도 성경을 이해하려는 우리의 자연적 노력이 무효가 되는 것이 아님을 보았다. 디모데후서 2장 7절에 이 내용이 나와 있다. "내가 말하는 것을 생각해 보라. 주께서 범사에 네게 총명[깨닫는 힘]을 주시리라."

사도의 말을 참으로 깨닫는 것은 하나님이 거저 주시는 선물이다.

우리는 혼자 힘으로 그것을 발견하지 못한다. 이 일은 외부에서 주어지는 것이다. 그렇기 때문에 우리는 "나를 깨닫게 하소서"라고 기도한다. 그러나 사도의 말을 깨닫는 것은 우리의 사고-엄밀한 사고-의 결실이기도 하다. 그러니 성경 읽기의 과정에서 기도의 필요성을 말할 때는, 기도를 하면 단어와 어구와 절과 씨름하는 자연적 행위-자연적 행위로서의 읽기-를 우회하는 지름길이 만들어진다는 생각에 빠져서는 안 된다.

프린스턴의 뛰어난 신학교수였던 벤저민 워필드(Benjamin Warfield, 1851-1921)는 공부를 강조하는 생각이 다른 당대의 성인에게 꾸짖음을 들었다. "10분간 무릎을 꿇는 것이 10시간 책을 공부하는 것보다 하나님에 대한 더 참된 지식을 가져다 줄 것이오."

이에 대한 워필드의 답변은 생각하기와 기도하기의 성경적 결합을 잘 포착해냈다. 그는 이렇게 대답했다. "뭐라고요? 무릎을 꿇고 10시간 [넘게] 책을 공부한다고요?"[1] 워필드는 반대자의 말에 함축된 양자택일을 받아들이지 않았다. 우리도 그래야 한다. 기도와 연구. 공부와 기도. 어떤 지식인(생각하는 사람)도, 어떤 은사주의자(기도하는 사람)도 하나님이 짝지어 주신 것을 나누지 못할지니라!

내 마음이 주의 교훈에 기울게 하소서

하나님의 가르침과 깨달음을 구하는 기도보다 더 기본이 되는 기도가 있다. 우리는 이 기도로 계속 기도해야 한다. 이 기도는 가장 근본적인 층위에서 우리의 무력함을 인정하는 데서 나온다. 하나님의 초자연적 도움이 없이는, 성경을 온전하고 깊이 있게 깨닫게 해 달라고 부르짖기는커녕, 성경을 읽고 싶은 마음조차 들지 않는다.

성경 읽기에 대해 할 수 있는 가장 기본적인 기도는 하나님이 우리에게 성경을 읽고자 하는 갈망을 주시기를 구하는 것이다. 의지만이 아니라 갈망을 구해야 한다. 사도 베드로는 바로 그것이 우리에게 있어야 한다고 말했다. "갓난 아기들 같이 순전하고 신령한 젖을 사모하라"(벧전 2:2).

이와 유사하게, 시편 기자는 의인이 여호와의 율법을 즐거워한다고 말했다(시 1:2). 그런데 우리는 왜 그렇지 않을까? 하나님의 말씀은 "순금보다 더 사모할 것"이고 "꿀과 송이꿀보다 더 달[다]"(시 19:10)고 하지 않는가? 그런데 왜 우리는 그렇게 사모하지 않을까? 우리의 마음이 냉랭해지고 둔해지고 완고해지고 어두워지는 경향이 있기 때문이다.

이것이 우리가 성경 읽기에 대해 기도해야 하는 가장 근본적인 이유이다. 우리는 성경을 읽고 싶은 갈망에서 떠내려와 멀어진다. 그리고 이 끔찍한 성향에 대해 노래하기까지 한다.

> 걸핏하면 방랑합니다. 주님, 저도 느낍니다.
> 사랑하는 하나님을 걸핏하면 떠납니다.
> 여기 제 마음이 있습니다. 오 받으시고 인치소서.
> 당신의 하늘 궁정의 것으로 인치소서.[2]

참으로 옳은 말이다. "오 주님, 여기 제 마음이 있습니다. 표류하고 차가워지고 동요하고 변덕스럽고 완고해지는 마음입니다. 제 마음을 받으소서! 어떻게 해서든 영원히 당신 것으로 인치소서. 살아 있고 열망하고 사랑하고 기뻐하고 귀히 여기게 하소서."

내가 그 어떤 기도보다 자주 드린 기도는 바로 이것이다. "주님, 제가 주의 말씀에서 떠내려가지 않도록 지키소서!"

사실, 내가 사용하는 또 다른 두문자어가 있다. I.O.U.S. 나는 성경을 읽을 때 이 네 기도문으로 기도한다.

> I- 기울게 하소서(Incline). "내 마음이 주의 교훈에 기울게 하시고 탐욕으로 치닫지 않게 하소서"(시 119:36, 우리말성경).
>
> O- 열어 주소서(Open). "내 눈을 열어서 주의 율법에서 놀라운 것을 보게 하소서"(시 119:18).
>
> U- 모으소서(Unite). "여호와여 주의 도[길]를 내게 가르치소서. 내가 주의 진리에 행하오리니 일심으로[내 마음을 모으사] 주의 이름을 경외하게 하소서"(시 86:11).
>
> S- 만족하게 하소서(Satisfy). "아침에 주의 인자하심이 우리를 만족하게 하사 우리를 일생 동안 즐겁고 기쁘게 하소서"(시 90:14).

그러고 싶은 갈망이 사라지다

갈망을 구하는 기도에 대해 좀 더 살펴보자. "내 마음이 주의 교훈에 기울게 하소서."

나는 오랫동안 목회를 하면서, 성경을 읽고 싶은 의욕이 들지 않는다고 말하는 많은 사람들의 불평을 들었다. 그들은 성경을 읽어야 한다는 의무감은 갖고 있었지만 그러고 싶은 갈망이 없었다. 놀랍게도, 갈망이 없으면 하나님의 말씀을 즐겁게 묵상하는 일은 가망이 없다고 생각하는 사람들이 참으로 많다.

그들에게 그 상황에 대해 무엇을 하고 있느냐고 물으면, 그들은 내가 문제를 이해하지 못하고 있다는 듯 바라본다. 갈망이 없는 상태에 대해 무엇을 할 수 있다는 것인지 의아해한다. "이건 실천의 문제가 아니에요. 감정의 문제라고요."

그들은 그렇게 항변한다. 그러나 이런 반응에는 문제가 있다. 그들은 하나님의 말씀에 대한 갈망을 잃어버렸을 뿐 아니라, 그런 갈망을 주시는 하나님의 주권적 능력을 보지 못하고 있는 것이다. 그들은 실천적 무신론자들처럼 행동하고 있다. 그들은 시편 기자의 기도를 무시하는 일종의 숙명론을 받아들였다.

시편 기자도 하나님의 말씀에서 떠내려가는 이 끔찍한 성향을 느꼈던 것이 분명하다. 갈망이 식어가고 다른 것들, 특히 돈으로 더욱 기울어지는 마음의 성향을 잘 알았을 것이다. 그렇지 않다면 어째서 "내 마음이 주의 교훈에 기울게 하시고 탐욕으로 치닫지 않게 하소서"라고 외쳤겠는가? 그는 하나님께 말씀에 대한 갈망을 달라고 간청한다. 그는 사람의 마음을 다스리는 권세가 궁극적으로 하나님께 있음을 안다. 그래서 자기 힘으로 만들어낼 수 없는 것을 하나님께 구하고 있는 것이다. 이것이 숙명론에 대한 답이다. 이것이 무신론자처럼-마음을 다스리시고 우리가 잃어버린 것을 회복시키실 수 있는 하나님이 존재하지 않는 것처럼- 행동하는 사람에 대한 답이다.

목숨 걸고 싸우다

우리는 영적으로 무력하기 때문에(A-인정하라) 하나님의 말씀을 읽고 싶은 갈망을 보존해 주시고 일깨워 주시도록 하나님께 매일 부르짖어야 한다(P-기도하라). 이 부분은 아무리 강조해도 부족하지 않다. 자신의 영적 감정에 대해서 유독 수동적인 사람들이 너무 많다. 우리는 실천적 숙명론자들이다. 할 수 있는 일이 없다고 생각한다. "아, 글쎄, 오늘은 읽고 싶은 마음이 없네. 내일은 다를지도 모르지. 내일 보자고." 그리고 그냥 출근한다.

시편 기자는 그런 식으로 생각하거나 행동하지 않았다. 교회사의 위대한 성도들도 마찬가지였다. 삶은 전쟁이다. 그리고 삶의 주요전투는 행동이 아니라 갈망의 차원에서 치러진다. 바울이 "땅에 있는 지체를 죽이라"고 말하면서 그 목록 안에 "사욕과 악한 정욕과 탐심"(골 3:5)을 포함시켰다. 이것들은 하나님의 말씀에 대한 갈망을 망가뜨리는 주범이다. 예수님은 말씀에 대한 우리의 갈망을 앗아가는 것들로 무엇을 지목하셨는가? "세상의 염려와 재물의 유혹과 기타 욕심[다른 것들에 대한 욕망]이 들어와 말씀을 막[는다]"(막 4:19).

바울은 우리에게 수동적이 되라거나 숙명론에 빠지라고 권하지 않는다. 그는 우리에게 목숨을 걸고 싸우라고 격려한다. 그 말은 하나님의 말씀을 향한 갈망을 위해 싸우라는 뜻이다.

하나님의 "말씀을 막[고]"서 그 말씀에 대한 우리의 갈망을 제거하는 "다른 것들을 향한 욕망"에 우리가 가할 수 있는 최초이자 가장 결정적인 타격은 우리 마음이 하나님께로 "기울게 해 달라"고 매일 부르짖는 것이다. 성경을 읽고 싶은 갈망이 사라지기를 기다렸다가 다시 갈망을 달라고 기도하지 말라. 그런 갈망이 있다면, 하나님께 감사드리고 그 갈망을 보존해 주시고 더욱 강하게 해 달라고 구하라. 그 갈망이 식어간다고 느낀다면 그것이 다시 타오르게 해 달라고 하나님께 간청하라. 그 갈망이 완전히 사라졌고 기도하고 싶은 마음이 전혀 느껴지지 않는가? 그렇다면 할 수 있는 일을 하라. 회개하라. 하나님의 말씀을 향한 갈망이 식어버렸다고, 죄송하다고 하나님께 말씀드려라. 자신의 느낌을 그대로 아뢰어라. 하나님은 이미 아신다. 그러니 하나님께 구하라. 당장에는 그 갈망을 구할 의지도 내기가 어렵지만 그래도 그 갈망을 달라고 구하라. 하나님의 자녀에게 남아 있는 "썩지 아니할 씨"(벧전 1:23) 때문에 이런 간구가 위선 없이 가능하다. 하나님은 자비로우시다.

그리스도가 죽으신 이유

우리가 자신 있게 자비를 기대하며 하나님께 기도할 수 있는 이유는, 예수님께서 하나님의 말씀을 향한 이런 갈망을 우리에게 주시고자 죽으셨기 때문이다. 그리스도께서는 이 기도가 응답받게 하시려고 우리를 위해 죽으셨다. 하나님은 언젠가 그분의 백성과 "새 언약"을 맺으실 거라고 모세와 예레미야와 에스겔 같은 선지자들을 통해 약속하셨다. 그리고 예수님은 자신을 구세주와 주님과 최고의 보물로 신뢰할 모든 사람을 위해 친히 피를 흘림으로 그 새 언약을 세우셨다고 말씀하셨다. 최후의 만찬에서 예수님은 이렇게 설명하셨다. "이 잔은 내 피로 세우는 새 언약이니 곧 너희를 위하여 붓는 것이라"(눅 22:20).

예수님은 피를 흘림으로써 그분의 백성을 위한 새 언약을 이루셨다. 그렇게 해서 그분을 믿는 모든 사람이 죄 용서를 받게 되었다(행 10:43). "이것은 죄 사함을 얻게 하려고 많은 사람을 위하여 흘리는 바 나의 피 곧 언약의 피니라"(마 26:28).

이런 죄 용서를 근거로, 새 언약의 여러 복들이 하나님의 백성에게 흘러간다. 이런 복들은 우리의 갈망-특히 하나님과 그분의 말씀에 대한 갈망-의 변화와 주로 관련이 있다. 여기에 새 언약에 대한 핵심 약속들을 소개한다.

> 네 하나님 여호와께서 네 마음과 네 자손의 마음에 할례를 베푸사 너로 마음을 다하며 뜻을 다하여 네 하나님 여호와를 사랑하게 하사 너로 생명을 얻게 하실 것이며(신 30:6).
>
> 그날 후에 내가 이스라엘 집과 맺을 언약은 이러하니 곧 내가 나의 법을 그들의 속에 두며 그들의 마음에 기록하여 나는 그들의 하나님이 되고 그들은 내 백성이 될 것이라(렘 31:33).
>
> 내가 그들에게 한마음을 주고 그 속에 새 영을 주며 그 몸에서 돌 같은 마음을 제거하고 살처럼 부드러운 마음을 주어 내 율례를 따르며 내 규례를 지켜 행하게 하리니 그들은 내 백성이 되고 나는 그들의 하

나님이 되리라(겔 11:19-20).

새 영을 너희 속에 두고 새 마음을 너희에게 주되 너희 육신에서 굳은 마음을 제거하고 부드러운 마음을 줄 것이며 또 내 영을 너희 속에 두어 너희로 내 율례를 행하게 하리니 너희가 내 규례를 지켜 행할지라(겔 36:26-27).

예수님은 하나님과 그분의 말씀에 대한 사랑을 새롭게 해 달라는 우리의 기도가 자비롭게 응답받게 하시려고 죽으셨다. 우리는 자신의 공로를 근거로 이 기도를 드리는 것이 아니다. 오직 그리스도의 피와 의를 근거로 하나님께 청하는 것이다. 하나님이 우리에게 어떤 것을 빚지고 계신다는 뜻이 아니다. 하나님은 우리에게 빚지신 바가 없다. 우리가 받는 모든 것은 거저 주어지는 은혜의 선물이다.

우리는 "내 마음이 주의 교훈에 기울게"(시 119:36, 우리말성경) 해 달라고 기도할 때, 우리가 어떤 것도 받을 자격이 없음을 인정하고 있는 것이다. 무한한 아름다움을 향한 냉랭한 마음은 무한한 죄이다. 우리는 우리의 무력함과 죄악됨을 고백하고 있는 것이다. 자신에게서 눈을 돌려 그리스도를 바라보고 있다. 우리는 이렇게 간청한다. 오 하나님, 그리스도를 인하여 당신의 귀한 아드님을 인하여! 그분의 무한히 귀한 피를 인하여(벧전 1:19) 나의 부르짖음을 들으시고 구원의 즐거움을 내게 회복시키시고(시 51:12) 한때 주의 말씀에 대해 품었던 기쁨을 되찾게 하소서(시 1:2). 내게 당신을 향한 온전한 사랑을 회복시켜 주소서(신 30:6). 내 마음 깊은 곳에서부터 "내가 주의 법을 어찌 그리 사랑하는지요"(시 119:97)라는 외침이 다시 터져 나올 수 있게 하소서.

정체성을 하나님께 맡기다

성경 읽기에 대해 이렇게 기도하는 것이 얼마나 근본적인 일인지 놓치지 말라. 이 기도는 하나님께 온전히 자신을 내어맡기는 것을 담고 있다. 이 기도는 이렇게 말하는 것과 같다. '제 마음의 가장 기본적인 통제권을 하나님이 갖게 되셔서 기쁩니다. 하나님이 제 의식적 의지의 근저로 들어가셔서 제 욕망과 갈망, 그리고 제 존재의 내면에서 흘러나오는 모든 것을 다스리시니 행복합니다.'

이것은 근본적인 일이다. 하나님께 나의 정체성을 내어맡기는 일이다. 내면 깊은 곳에서 우리의 모습이 바로 '나'라는 개인의 존재이기 때문이다.

우리의 가장 깊은 정체성은 종교적 활동, 자선의 노력, 능숙한 성취 같은 단순한 외적 행위들이 아니다. 그 모두는 정체성이라는 샘에서 흘러나온 하류다. 우리의 본질은 숨겨져 있고, 거기서 욕망과 갈망과 열정과 감정들이 태어난다. 우리가 "내 마음이 기울게 하소서"라고 기도할 때는 그 깊은 본질의 지배권을 내어 맡기는 것이다. 우리는 그리스도와 죄인들을 위한 그리스도의 죽음을 바라보고 있다. 더없이 신뢰할 만한 분을 보고 있다. 그분 때문에 하나님 앞에서 이렇게 말할 수 있다.

"당신이 선하심을 믿습니다. 당신이 신뢰할 수 있는 분임을 믿습니다. 주께서 저를 창조된 목적에 걸맞은 존재로 만드실 줄 믿습니다. 그래서 제 존재의 뿌리, 제 정체성의 샘을 당신께 내어드립니다. 그것을 다스리시고 제게 당신의 존귀함에 합당한 갈망을 주시고 당신 안에서 가장 큰 기쁨을 얻게 하소서."

하나님께 성경 읽기를 도와달라고 기도하는 많은 이들이 기도 응답을 받지 못하는 이유는 "내 마음이 기울게 하소서"라고 부르짖기는 해도 정작 마음을 내어 맡길 의향이 없기 때문이 아닐까 싶다. 그들은 내면 깊숙한 곳에서는 이렇게 말하고 있다. "섹스나 돈이나 인기나 결혼이나 가정이나 삶 자체보다 하나님의 말씀을 더 많이 갈망하기를 정말 원하는지 잘 모르겠다."

그들은 "주의 인자하심이 생명보다 나으므로"(시 63:3)라고 말하지 않는다. 그들은 망설이고 있다. 어떤 죄나 기타 욕심을 애지중지하느라 온 마음을 내어 맡기지 못한다. 그러나 하나님과의 그런 협상-그런 어중간한 타협-은 용납되지 않는다. "내가 나의 마음에 죄악을 품었더라면 주께서 듣지 아니하시리라"(시 66:18).

자기기만을 주의하라

여기서 자기기만이 벌어질 가능성이 높다. 내가 상대하는 것은 하나님의 말씀일 뿐이지 하나님이 아니라는 기만이다. 그들은 하나님의 말씀을 온전히 바라는 데서 멀어지는 것은 곧 하나님과 멀어지는 것이라는 생각을 인정하지 않는다. 마음속에서 은밀히 우상숭배를 벌이면서도 하나님과 장기적인 관계를 맺을 수 있다는 망상에 빠져 있다. 하나님은 그런 속임수를 꿰뚫어보신다. 예수님은 우리 모두가 마음 가장 깊은 곳에서 알고 있는 바를 분명히 말씀하셨다. 하나님의 말씀은 데릭 키드너가 말한 대로 "계시된 하나님이다".[3] 예수님은 "사람이 나를 사랑하면 내 말을 지키리니"(요 14:23)라고 하셨다. 그리스도와 그분의 말씀은 그렇게 긴밀한 관계에 있다. 하나님의 말씀에 대한 관심을 잃는 것은 하나님 그분에 대한 관심을 잃는 것이다.

그러므로 "다른 이의 힘으로 어떻게 성경을 읽는가?"라는 질문의 답을 찾는 우리는 가장 심오한 요구를 마주하고 있는 것이다. 우리는 성경 읽기를 갈망해야 하지만(시 1:2, 벧전 2:2), 우리 죄악으로 가득한 마음의 욕망은 변덕스럽다. 그러므로 모든 것은 이 시금석과 더불어 시작된다. "우리는 모든 피조물보다 하나님의 말씀을 더 갈망하고 즐거워하기를 정말 원하는가?"

우리 욕망의 샘-우리의 정체성-을 하나님의 손에 내어 맡길 의향이 있는가? "내 마음이 주의 교훈에 기울게 하[소서]"라고 기도하고 어떤 것도 움켜쥐지 않을 의향이 있는가?

다시 말해, 성경을 어떻게 읽을 것인가 하는 문제는 그리스도인이 자신의 자아를 하나님이 기뻐하시는 대로 쓰시도록 그분의 손에 근본적으로 내어 맡기는가의 문제이다. 그리스도인이 된다는 것의 의미를 묻는 문제이다.

눈을 열어 주시기를 구하는 기도

우리 마음이 하나님의 교훈에 기울게 해 달라–I.O.U.S. 중에서 I.–고 기도한(시 119:36, 우리말성경) 다음, 우리는 성경을 본다. 성경을 읽는다. 이 행위에 어떤 자연적 과정들이 포함되는지는 조금 후에 살펴볼 것이다. 그런데 여기서 강조해야 할 것이 있다. 하나님이 우리에게 그분의 말씀에 대한 갈망을 주심으로 기도의 과제가 막 시작되었다는 점이다. 읽기 전에도 읽는 동안에도 우리는 "내 눈을 열어서 주의 율법에서 놀라운 것을 보게 하소서"(시 119:18)라고 기도한다. 이 눈은 바울이 말하는 '마음의 눈'(엡 1:18)이다. 바울의 기도는 본질적으로 시편 기자의 기도와 동일하다. 바울은 다른 사람들을 위해 이 기도를 바치고 있다는 점만 다르다. 그는 "너희 마음의 눈을 밝히"시기를 구한다.

"놀라운 것"을 보지 못하는 읽기가 어떤 것인지 우리는 잘 안다. 우리는 가장 영광스러운 것들을 영광스러운 것으로 보지 못하고 그저 멍하게 바라본 경험이 있다. 경이로운 것들을 보면서도 경이로워하지 않았다. 하나님의 달콤한 자비를 영혼의 혀에 올리면서도 달콤함을 맛보지 못했다. 말할 수 없는 사랑을 보면서도 사랑을 느끼지 못했다. 가장 큰 능력을 보면서도 경외감을 느끼지 못했다. 측량할 수 없는 지혜를 보면서도 감탄하지 않았다. 진노의 거룩함을 보면서도 떨림을 느끼지 못했다. 이것은 우리가 "보아도 보지 못하[고]"(마 13:13 참고) 있다는 뜻이다. 그렇기 때문에 우리는 성경을 읽는 틈틈이 "주의 영광을 내게 보이소서"(출 33:18)라고 계속 기도해야 한다.

우리가 보는 대상의 가치를 느끼지 못한다면 제대로 보지 못하는 것이다. 사탄이 보는 방식으로 보고 있다는 뜻이다—귀신들조차 떤다는 점을 생각하면 그보다 못한지도 모른다(약 2:19). 우리는 자연적인 인간이 보는 방식으로 보고 있다. 우리는 마음에 초자연적인 "빛을 받기"(엡 1:18, 히 10:32) 전까지는 예수님의 이야기를 보면서도 "그리스도의 영광의 복음의 광채"(고후 4:4)를 보지 못한다. 그리고 빛이 비췬 후에도(고후 4:6) 하나님이 우리에게 보는 눈을 계속해서 허락해 주시도록 남은 평생 동안 끊임없이 기도해야 한다.

우리가 이것을 아는 이유는 바울이 그리스도인들을 위해 기도하면서 "너희 마음의 눈"을 밝혀 주시도록 구하기 때문이다. 히브리서 저자도 그리스도인들에게 쓴 편지에서 "여러분의 귀가 둔해[졌]"(히 5:11, 새번역)다고 말한다. 예수님이 다시 오실 때까지 우리는 "거울로 보는 것같이 희미하[게 보고]"(고전 13:12), 거울의 뿌연 정도도 다양하다. 하나님은 우리가 말씀의 놀라운 것을 있는 그대로 볼 수 있도록 그 거울을 깨끗하게 닦는 수단으로 기도를 허락하셨다.

부르짖으면 열린다

눈을 열어달라는 기도는 단 한번 하고 끝날 기도가 아니다. 하루 한 번으로 충분하지도 않고, 경건의 시간을 시작할 때 한번 하면 끝날 기도도 아니다. 나는 45년의 목회사역 대부분을 성경 본문을 보면서 보냈다. 나는 "쉬지 말고 기도하[는 것]"(살전 5:17)이 성경 읽기와 성경 공부에서 특히나 적절한 일이라고 간증할 수 있다. 나는 성경 본문을 이해하려 노력하는 가운데 수백 번 넘게 벽에 부딪쳤다. 이틀 후면 설교해야 하는 본문을 붙들고 절박감을 느낀 적도 많았다.

나는 원어를 사용하고 다른 학자들의 책도 활용한다. 기도로 설교 준비를 시작한다. 그러나 여전히 당혹스러운 순간이 찾아온다. 그럴 때면 멈춰서-또 다시!-이 본문의 진리와 아름다움 안으로 이끌어 달라고 주님께 간구한다. 그러고 나면 30분 안에 이전에 보지 못했던 뭔가가 열리는 경우가 얼마나 많은지 그저 놀라울 뿐이다. 나는 하나님의 자비와 오래참음에 경이감을 느끼며 머리를 조아린다. 찰스 스펄전은 그것을 이렇게 표현했다.

> 묵상하며 성경 본문을 열심히 연구하고 궁리하고 또 궁리하지만 본문이 아무 것도 내놓지 않을 때가 있습니다. 하지만 하나님께 부르짖으면 곧장 본문이 열려 그 안에 지혜와 은혜의 놀라운 보물이 숨겨져 있는 것을 보게 됩니다. … 읽기만 해서는 유익이 없습니다. 읽지 않고 기도만 해서는 영혼이 풍성해지지 못합니다. 그러나 그 둘이 함께 달리면, 둘은 전차를 끄는 말처럼 즐겁게 질주합니다.[4]

내가 바로 앞에서 쓴 단락과 스펄전의 인용문에는 아직 분명하게 밝히지 않은 내용이 전제되어 있다. 하나님은 기도에 응답하시면서 우리 혼자 힘으로는 하나님의 영광을 앞에 두고도 둔감하여 반응하지 못했을 지점에서 영광과 아름다움과 존귀함을 보게 하실 뿐 아니라, 그 영광이 비치는 통로가 되는 본문의 기본적인 의미를 볼 수 있게 해 주시기도 하신다.

나는 여기서 지나치게 앞서나가고 있다. 아직 본문의 의미에 대해서도 구체적으로 논하지 않았기 때문이다. 이것은 나중에 다룰 것이다. 그런데 내가 이것을 지금 언급한 이유는, 그렇게 하지 않고는 기도의 온전한 영향을 전달할 수 없을 것 같아서였다. 나는 다음 장에서 이 문제를 다루면서 초자연적 성경 읽기에 없어서는 안 될 기도의 자리를 살피는 작업을 마무리할 생각이다.

17.

약속의 말씀을 믿음으로 붙들라

"내 눈을 열어서
주의 율법에서 놀라운 것을 보게 하소서"

기도를 다룬 첫 번째 부분(16장)을 마무리하면서 성경 본문을 이해하려 애쓰던 중에 벽에 부딪쳤다가 멈춰서 하나님께 도움을 청하는 기도를 드린 후 마침내 돌파구를 찾았던 경험을 소개했다. 그리고 이 개인적 경험이 내가 아직 거론하지 않은 기도의 한 가지 측면을 소개해 준다고 언급했다. 그 대목 전까지는 우리 혼자 힘만으로는 하나님의 영광을 앞에 두고도 둔감하여 반응하지 못했을 지점에서 우리 마음의 눈을 열어 하나님의 영광을 보게 해 주는 기도의 능력에 초점이 맞추어져 있었다. 그러나 새로운 요점은, 우리 마음이 하나님의 영광을 영적으로 지각하는 일뿐 아니라 그 영광이 비치는 통로가 되는 본문의 기본적 의미를 지적으로 파악하는 일에도 기도가 영향을 끼친다는 것이다.

그 대목에서 내가 논의보다 앞서나갔다고 털어놓은 이유는 '기본적 의미'라는 문구를 사용하면서 의미라는 말로 우리가 실제로 의미하는 것에 대해 나중에 논의할 내용들을 전제하고 있었기 때문이다. 그러나 나는 성경 읽기에서 기도가 감당해야 할 역할을 온전히 보여 주기 위해 미처 논의가 되지 않은 내용을 먼저 거론할 필요가 있다고 양해를 구했다.

우리가 성경을 읽을 때 하나님의 영광을 보여 주시도록 기도하는 것은 본문의 의미를 건너뛰게 해 달라는 것이 아니라 저자가 쓴 본문의 온전한 의미를 깨닫게 해 달라는 것이다. 그래서 우리는 하나님의 영광을 보고 음미하기 위해 성경을 탐구하면서 글의 기본적 의미를 파악하도록 하나님께서 도와주시기를 기도한다. 영광은 성경의 저자들이 전달하려 의도한 내용과 별도로 존재하는 것이 아니다. 본문과 동떨어져 구름처럼 둥둥 떠 있지 않다. 하나님의 영광은 그들이 전달하려 의도한 것-그들이 전하려던 의미- 안에서 그 의미를 통해서 광채를 발한다.

주의 깊은 해석을 섬기는 기도

그러나 이것 역시 제대로 된 설명이라고 할 수 없다. 하나님의 영광은 성경 저자들이 전달하려 의도한 것의 일부이기 때문이다. 그러나 어떤 대목의 기본적 의미와 그 메시지의 가치 및 아름다움을 구분하는 것은 유용하다고 생각한다. 실제로는 그 둘을 나눌 수 없다는 것을 나도 안다. 둘 모두 저자가 우리에게 경험하기를 원하는 바의 일부이다. 그래서 사례를 하나 이야기하고자 한다. 이 구분을 중요하게 보는 이유와 이 구분이 기도와 어떤 관련이 있는지 아는 데 어느 정도 도움이 될 것이다.

빌립보서 1장 23절에서 바울은 "내가 그 두 사이에 끼였으니 떠나서 그리스도와 함께 있을 욕망을 가진 이것이 더욱 좋으나"(개역한글)라고 말한다. 어떤 부주의한 독자가 이 대목을 읽고 로마에 있던 바울이 원하는 것은 제국의 위험한 중심도시 로마를 떠나서 좀 더 평화로운 시골 지역으로 가는 것이라는 뜻으로 생각했다고 해 보자. 그리고 그 독자가 이것이 멋진 생각이라고, 영혼에 활력을 주는 자연과 평화로움의 가치에 대한 함의가 가득하다고 느낀다고 해 보자.

자, 그는 틀렸다. 먼저, 이 부주의한 독자는 이 대목의 기본적 의미를 잘못 파악했다. 바울은 로마를 떠나 시골지역으로 가는 일이나 시골의 평화로움의 가치에 대해 말할 의도가 전혀 없었다. 그의 의도는 이 세상의 삶을 떠나 천국에서 그리스도와 함께 있고 싶다는 것이었다. 그러니까 문제의 독자는 바울의 의도를 완전히 놓쳤다. 그러나 상황은 점점 악화된다. 이 부주의한 독자는 잘못된 의미 파악을 근거로 거기에 있지도 않은 모종의 영광마저 보았다. 그는 인간의 영혼에 활력을 주는 평화로운 시골생활의 달콤함을 느꼈다. 본문에는 그 느낌의 어떤 근거도 없다. 그는 영광스럽거나 경이로운 것이라고 부를 법한 어떤 것을 보았지만 그 영광과 경이는 거기에 없다.

이 실례의 요점은 이것이다. 시편 기자가 "내 눈을 열어서 주의 율법에서 놀라운 것을 보게 하소서"(시 119:18)라고 기도한 것은, 놀라운 것들을 보는 일은 자연적 과정으로 이루어지는 주의 깊은 읽기를 건너뛸 수 있다는 뜻이 아니었다는 점이다. 그러므로 기도는 주의 깊은 해석을 대체할 수 없다. 기도는 주의 깊은 해석을 섬긴다. 지난 장에서 나는 성경 본문을 이해하려고 시도하는 중에 때로 벽에 부딪쳐도 하나님께 도움을 구하는 기도를 하면 흔히 돌파구가 주어진다고 말했는데, 이것이 바로 내가 전달하려던 내용이다. 나의 기도는 영광을 보게 해 달라는 것만이 아니라 영광이 비치는 통로인 의미를 파악하는 데 있어서 도움을 구하는 것이기도 했다.

섭리적 인도하심 없이는

본문의 의미가 가진 여러 층위를 어떻게 보더라도, 기도는 그 모든 층위에서 유익하다. 하나님은 마음의 눈을 열어 그분의 영광을 보게 해 주실 뿐 아니라, 해석의 전 과정-가장 자연적인 부분들까지-에서도 섭리적으로 우리를 인도하신다. 하나님은 그 모든 것을 주권적으로 다스리신다. 우리의 본문 관찰이나 사고나 연구의 모든 부분을 다스리신다. 예수님은 하늘 아버지의 뜻이 아니고는 참새 한 마리도 땅에 떨어지지 않는다고 말씀하셨다(마 10:29). 성경 읽기의 경우도 마찬가지다. 하나님의 섭리적 인도하심 없이는 아무리 작은 발견도 이루어지지 않는다. 물론 이것은 믿지 않는 학자들의 경우에도 해당한다. 하나님의 통치는 불신의 자기주장에 의해 꺾이지 않는다.[1]

그러나 신자들의 경우에는 믿음으로 드리는 기도의 신비가 작용한다. 믿기 어려울지 모르지만, 하나님은 그분의 백성의 기도를 신비롭게 반영하여 세상을 다스리신다. 우리가 기도하지 않으면 벌어지지 않을 일들이 우리의 기도로 일어난다. 이것이 바로 야고보가 "너희가 얻지 못함은 구하지 아니하기 때문이요"(약 4:2)라고 말한 의미다. 이것이 예수님이 "구하라 그리하면 너희에게 주실 것이요 찾으라 그리하면 찾아낼 것이요 문을 두드리라 그리하면 너희에게 열릴 것이니"(마 7:7)라고 말씀하신 의미이다.

그렇다고 우리가 하나님이 되는 것은 아니다. 우리의 뜻에 세상에서 벌어지는 일의 최종적 결정권이 있는 것은 아니기 때문이다. 그러나 믿음으로 하나님께 드린 우리의 간구가 그분의 뜻을 이루어 가는 방식의 일부인 것은 분명하다. 하나님 말씀의 온전한 의미–그 기본적 메시지와 영광–를 보도록 돕는 하나님의 은혜로운 뜻도 예외가 아니다.

성경의 온전한 의미를 향한 인도하심

그러나 "나는 하나님의 도움을 구하는 기도를 했으니 내 해석이 올바르다"고 주장할 수 있는 것은 아니다. 그런 식의 주장에 설득력이 없는 이유가 적어도 세 가지는 된다. 첫째, 그런 주장을 하는 사람이 사실을 말하고 있지 않을 가능성이 있다. 그는 기도했을 수도 있고 기도하지 않았을 수도 있다. 둘째, 하나님은 우리가 성경 본문의 해석을 도와달라고 구해도 때로는 지혜롭고 거룩한 이유들로 그분의 온전한 조명을 보류하신다. 하나님이 모종의 통찰을 허락하신다 해도, 독자가 한 번의 간절한 기도로 무오한 성경 해설가가 되지는 않는다. 하나님은 그것을 좋은 생각으로 여기지 않으시는 것이 분명하다. 그분은 하룻밤 사이에 우리를 완전하게 만드시는 대신 서서히 성화시켜 가시고, 하룻밤 사이에 우리를 무오하게 만드시는 대신 성경 본문의 온전한 의미를 향해 서서히 인도하신다. 이것이 하나님의 뜻이다. 무오한 해석은 그리스도께서 오실 때에 이루어질 것이다(고전 13:12).

가장 중요한 것으로 셋째, 기도 응답으로 하나님이 빛을 주셨다고 주장하면서 자신의 해석을 옹호할 수 없는 이유는 하나님이 본문을 조명하시는 방식은 그 안에 실제로 있는 것을 보여 주는 것이기 때문이다. 그렇다면 어떤 본문에 대한 자신의 해석을 옹호하려 할 경우 그런 내용이 실제로 거기 있음을 보여야 한다. 본문이 의미하는 바에 대한 충실하고 근거 있는 문법적 논증은 성령께서 그 의미를 말해 주셨다는 모든 주장을 압도한다. 이 진술은 불경하지 않다. 본문의 문법에 영감을 주신 성령의 영광스러운 역사를 그것을 무시하는 해석자의 주관적 경험보다 더 진지하게 받아들이고 있기 때문이다.

기록된 내용에 주목하는 도움을 구하라

그러므로 성경 읽기에서 성령의 인도하심은 우리의 해석이 참되다고 주장할 논거가 되지 않는다. 그러나 그분의 인도하심과 조명은 반드시 필요하다. 그래서 성경 읽기와 성경 공부의 전 과정이 진행되는 동안 거듭해서성령의 인도하심과 조명을 달라고 기도해야 한다. 예를 들어, 성경 본문의 모든 특성에 세심하게 주의를 기울이도록 도와달라고 구해야 한다. 툭하면 산만해지는 우리의 정신은 우리를 얼마나 속상하고 힘 빠지게 하는지! 내 일기에서 한 부분을 발췌하여 소개한다.

> 오늘 아침-어느 아침일 수도 있었다-, 경건의 시간의 일환으로 출애굽기 34장을 읽고 있었다. 성경 읽기를 시작하면서 도움을 구하는 기도를 하지 않았다. 나는 모텔에 있었고 평소 익숙한 시간과 장소가 아니었던 터라(핑계, 핑계), 나의 믿음직한 I. O. U. S.[2]로 기도하지 않고 곧장 성경을 읽기 시작했다. 처음에는 제대로 집중하고 있었다. 모세가 두 번째로 산에 올라 십계명을 받으면서 들었던 하나님의 말씀을 이야기하고 있었다. 4절까지 읽었는데 몇 분 후(그렇다, 몇 분이 송두리째 지난 다음에야!)에 갑자기 "정신이 들었다."
>
> 그때 내 눈은 9절을 보고 있었지만 5-8절의 내용이 전혀 기억나지 않았다. 나는 잠든 것이 아니었다. 정신이 산만해졌던 것이다. 한 시간 후에 우리 부부가 식당에서 갖게 될 모임 생각에 정신이 팔려 있었던 것이다. 아주 힘든 시간이 될 수도 있는 모임이었다.
>
> 나는 주님께 용서를 구했다. 그렇다. 누군가가 내게 말을 건네고 있는데 집중하지 않는 것은 상대에 대한 모욕이다. 우리는 사과해야 한다. 테이블 건너편의 사람이 말을 하고 있는 식당에서 몽상에 빠져버린 경우와 다를 바가 없다. 그 다음 나는 하나님께 내가 주의를 기울이도록 도와주시고 그 모임에 도움이 될 만한 것을 주십사고 기도했

다. 나는 성경으로 돌아가 해당 구절들을 다시 읽었다. 이런 내용이 적혀 있었다. "여호와께서 그의 앞으로 지나시며 선포하시되 '여호와라, 여호와라, 자비롭고 은혜롭고 노하기를 더디 하고 인자와 진실이 많은 하나님이라. 인자를 천대까지 베풀며 악과 과실과 죄를 용서하리라. 그러나 벌을 면제하지는 아니하고 아버지의 악행을 자손 삼사대까지 보응하리라'"(출 34:6-7).

영광스럽다! 영광스럽다! 하나님이 금송아지를 만든 그분의 백성에게 거절당하신 후 자신에 대해 어떻게 말씀하시는지 들리는가? 여호와. 여호와. 하나님. 자비로운 분. 은혜로운 분. 노하기를 더디 하는 [성급하게 노하지 않는!] 분. 사랑이 많은 분. 신실함이 많은 분. 악을 용서하시는 분. 과실을 용서하시는 분. 죄를 용서하시는 분. 은혜를 받아들이지 않는 죄인들을 벌하시는 분.

출애굽기 34장의 이 두 절은 성경 전체의 어느 구절에도 밀리지 않는 감미로운 말씀이다. 이 두 절이 사탄이 내가 보기를 원하지 않았던 대목이다. 나는 하나님이 9절에서 나를 일깨워 꾸짖으시고 산만한 정신 탓에 놓쳤던 영광을 보도록 은혜롭게 되돌려 보내셨다고 믿는다.

이후 나는 아내를 불러 침대에 앉히고 내가 읽은 구절들을 들려주었다. 그 다음 우리는 함께 기도했다. 우리는 그 구절들을 우리 자신과 곧 식당에서 갖게 될 모임에 구체적으로 적용했다. 우리는 힘을 얻었다. 소망을 얻었다. 그리고 하나님이 움직이셨다. 식당에서의 대화는 어느 시점에 이르러 놀라운 전환점을 맞았고 마음이 열려 솔직한 대화가 오가고 사랑이 흘러나왔다.

> 나는 그날의 선물을 놓칠 뻔했다. 만약 그랬다면, 주님이 이렇게 말씀하셔도 할 말이 없었을 것이다. "네가 얻지 못함은 구하지 않아서다. 너는 의무적으로 성경을 그냥 꾸역꾸역 읽어나갔고 네가 보도록 준비된 영광을 그냥 건너뛰었구나." 그러나 바로 다음 절이 말하는 대로 하나님은 자비로우시다. 너무나 자비로우시다. 기꺼이 용서하신다. 너무나 기꺼이 우리와 함께 다시 시작하신다-9절에서.

그러니 주목하게 해 달라고 주님께 청하라. 성경을 읽다가 자꾸 잠이 든다면, 충분히 휴식을 취할 수 있을 만큼 일찍 잠자리에 드는 습관을 가질 수 있게 해 달라고 기도하라. 아니면 피곤을 느끼지 않을 최적의 시간을 찾게 해 달라고 구하라. 자리에서 일어나 방을 왔다 갔다 하면서 성경을 읽을 정도의 의욕을 달라고 구하는 것도 괜찮다. 걸으면서 잠들기는 힘든 법이니까. 그리고 특별히 거리낌이 없다면, 카페인 내성을 구하고 하나님의 영광을 위해 커피를 활용하라!

그것이 무엇이든, 구하라

성경 안에 있는 것을 보기 위해 기도로 도움을 구할 수 있는 내용은 통찰력을 얻기 위해 구사할 수 있는 전략의 수만큼이나 많다. 우리가 하나님께 구하기만 하면, 하나님은 그 모든 방법이 더 효과적이 되게 하실 수 있다. 우리의 기도에는 이런 내용이 포함될 수 있다.

- 성경 본문에서 특별히 깨달음을 주는 부분을 알아보도록 인도해 주소서.
- 지금 읽고 있는 성경 본문에 빛을 비추어 줄 다른 성경 구절로 인도해 주소서.
- 성경을 읽다가 맞닥뜨린 문제를 해결하도록 도와줄 다른 책이나 설교, 강의를 만나게 해 주소서.
- 지금 읽고 있는 내용을 더욱 실감나게 만들어 줄 경험을 하게 하시고, 이미 경험한 바가 있다면 그것을 떠올리게 해 주소서.
- 함께 성경을 공부하면서 서로가 보지 못한 것들을 보도록 도와줄 친구들을 허락해 주소서.
- 성경에서 내게 거북한 부분을 보지 못하게 만드는 죄악 된 습관이나 성향을 물리치게 해 주소서.
- 일기장에 성경 본문을 적어 넣을 때 처음에 읽을 때는 놓쳤던 것들을 보게 해 주소서.

무엇이건 성경 말씀에 실제로 기록된 것에 더 주목하도록 돕는 것이라면 무엇이든 하나님께 구하라. 하나님의 도움으로 성경의 내용을 더욱 분명히 이해할 수 있게 해 달라고 구하라.

경계해야 할 마음의 나뉨

지금 우리는 성경을 초자연적으로 읽을 수 있도록 도움을 구하는 기도를 이끌어 줄 두문자어 I.O.U.S.를 따라가고 있다. 먼저 I-기울게 하소서(Incline)를 살펴보았다. "내 마음이 주의 교훈에 기울게 하시고 탐욕으로 치닫지 않게 하소서"(시 119:36, 우리말성경). 그리고 O-열어 주소서(Open)를 살펴보았다. "내 눈을 열어서 주의 율법에서 놀라운 것을 보게 하소서"(시 119:18).

두문자어의 그 다음 문자는 U-모으소서(Unite)이다. "여호와여 주의 도[길]를 내게 가르치소서. 내가 주의 진리에 행하오리니 일심으로[내 마음을 모으사] 주의 이름을 경외하게 하소서"(시 86:11).

이 기도-"내 마음을 모으소서"-와 초점을 구하는 기도의 차이점은, 본문에 지적으로 주목하는 것만이 아니라 마음을 다루고 있다는 것이다. 이것은 인간의 심각한 문제를 드러낸다. 우리 마음은 모아지지 않고 나뉘는 경향이 있다. 쇠렌 키르케고르는 《순결한 마음은 한 가지를 원한다》라는 놀라운 주장이 담긴 제목의 책을 썼다.[3] 이 주장의 배후에는 강력한 성경적 근거가 있다. "하나님을 가까이하라. 그리하면 너희를 가까이하시리라. 죄인들아, 손을 깨끗이 하라. 두 마음을 품은 자들아, 마음을 성결하게 하라"(약 4:8).

순결하지 않다는 것은 마음이 나뉘었다는 의미이다. 마음 한쪽에선 하나님을 붙들고, 다른 쪽에선 우리 갈망의 대상이 되기 위해 하나님과 경쟁하는 다른 것을 붙든다.

모든 능력과 온 힘을 다하여

이것은 성령의 공습을 받아 예수님을 믿게 된 모든 사람의 보편적 경험이다. 이제 예수님은 최고의 보물이다. "아버지나 어머니를 나보다 더 사랑하는 자는 내게 합당하지 아니하고 아들이나 딸을 나보다 더 사랑하는 자도 내게 합당하지 아니하[다]"(마 10:37).

그러나 우리가 죽을 때까지 또는 예수님이 다시 오실 때까지는 전투가 이어진다. 그리스도인들은 예수님을 최고로 모시겠다는 충성의 맹세를 매일 새롭게 해야 한다. 우리는 바울이 말하는 것처럼 "[우리] 자신을 죄에 대하여는 죽은 자요 그리스도 예수 안에서 하나님께 대하여는 살아 있는 자로 여[겨야]"(롬 6:11) 한다. 우리는 스스로를 하나님께 속한 존재로 적극적으로 여기거나 간주해야 한다. 우리는 참으로 하나님께 속한 사람들이다. 우리는 이제 죄에 대해 죽었고 하나님에 대하여 살아 있다.

그러므로 우리는 그것이 사실이라고 여겨야 한다. 매일 우리를 다른 쪽으로 끌고 가려고 애쓰는 다른 세력들이 있기 때문이다. 바울은 그리스도인의 현실을 묘사하면서 이렇게 말했다. "내가 행하는 것을 내가 알지 못하노니 곧 내가 원하는 것은 행하지 아니하고 도리어 미워하는 것을 행함이라"(롬 7:15).[4] 그는 "오호라 나는 곤고한 사람이로다"(롬 7:24)라고 부르짖는다. 이것이 바로 두 마음을 품은 상태이다(약 1:8).

그러므로 성경을 읽을 때는 시편 기자와 더불어 "내 마음을 모으소서"라고 기도해야 한다. 성경의 의미와 영광이 온전한 마음으로 보고 음미해야 하는 것이라면, 우리는 하나님을 향해 온전한 마음을 품어야 한다. 이것이 크고 첫째 되는 계명이다. "네 마음을 다하고 목숨을 다하고 뜻을 다하여 주 너의 하나님을 사랑하라"(마 22:37).

나뉜 마음으로 어떻게 이 명령에 순종할 수 있겠는가? 성경의 크고 중심되며 도처에 배어 있는 메시지는 하나님을 모든 것보다 더 사랑해야 하고 우리의 전 존재로 사랑해야 한다는 것이다. 그분은 최고로 존귀하고 아름다우시다. 그러므로 마음이 나뉜 상태로 성경의 중심 메시지-그리고 그것이 다루는 전부-를 제대로 보고 음미할 가능성은 거의 없다. 그러므로 토마스 켄과 함께 이렇게 기도하자.

> 오늘, 제가 계획하고 행하고 말하는 전부를
> 이끄시고 다스리시고 제안하셔서
> 저의 모든 능력이 온 힘을 다해
> 당신의 영광 안에서 모이게 하소서.[5]

하나님의 영광을 음미함을 구하는 기도

내가 소개하는 기도의 두문자어(I. O. U. S.)의 네 번째는 S-만족하게 하소서(Satisfy)이다. "아침에 주의 인자하심이 우리를 만족하게 하사 우리를 일생 동안 즐겁고 기쁘게 하소서"(시 90:14).

1부에 등장했던 나의 제안을 떠올려 보라.

> 성경 자체가 보여 주는 바에 따르면, 성경을 읽는 우리의 궁극적 목표는 하나님의 무한한 존귀함과 아름다움이 그리스도께서 각 족속과

> 방언과 백성과 나라 가운데서 피 흘려 사신 그리스도의 신부가 영원토록 드리는 뜨거운 예배 가운데 높임을 받으시게 되는 것이다.

성경 읽기는 이 목적, 즉 하나님의 백성의 뜨거운 예배 가운데 하나님이 높임을 받으시는 것을 지향한다. 그래서 나는 이 목적의 한 가지 함의, 즉 말씀 안에서 하나님의 영광을 보아야 한다는 주장을 세 장(3-5장)에 걸쳐 다루었고, 또 다른 함의인 하나님의 영광을 그 말씀 안에서 음미해야 한다는 주장을 다루는 데 두 장(6-7장)을 할애했다.

이번 장의 내용은 하나님이 이런 함의를 실제로 이루시는 데에는 우리의 기도가 필요하다는 것이다. 두문자어 I.O.U.S.는 우리가 하나님을 만물보다 더 귀하게 음미하게 해 달라는-또는 그분 안에서 만족하게 해 달라는- 기도, 즉 "아침에 주의 인자하심[한결같은 사랑]이 우리를 만족하게 하소서"라는 기도에서 정점을 이룬다. 이것이 내가 말하는 하나님의 영광을 음미함이다. 이것은 우리가 하나님을 다른 어떤 피조물보다 더 만족스러운 존재로 알게 된다는 뜻이다. 시편 기자와 더불어 "깨어날 때에 나는 주님의 모습을 보는 것으로 만족할 것"(시 17:15, 쉬운성경)이라고 말하는 상태이다.

매일 새로운 자비가 필요하다

시편 기자들이 이렇게 기도할 필요를 느꼈다는 것이 위로와 힘이 되지 않는가? "주의 사랑이 우리를 만족하게 하소서!"라니. 그들이 왜 이렇게 기도했겠는가? 그들의 마음이 우리 마음처럼 나뉘었기 때문이다. 매일 그들은 하나님의 가치가 최고라는 사실을 붙들어야 했다. 매일 그들은 어제의 사랑이 오늘을 감당하기에 충분하지 않음을 인정해야 했다. 우리는 매일 새로운 자비가 필요하다. 새로운 은혜가 필요하다. 하나님이 그분의 아름다움과 존귀함을 우리에게 거듭 드러내실 필요가 있다. 그래서 우리는 매일 성경을 읽는다. 이것이 우리가 "내 눈을 열어 주의 영광을 보게 하소서", "당신이 예수님 안에서 내게 드러내신 모든 면모에 만족하게 하소서"라고 기도하는 이유이다.

시편 63편에서 다윗은 그의 영혼이 하나님의 영광을 추구함에서 봄, 그리고 음미함으로 전진하는 과정을 보여 준다.

> 하나님이여 주는 나의 하나님이시라 내가 간절히 주를 찾되
> 물이 없어 마르고 황폐한 땅에서
> 내 영혼이 주를 갈망하며
> 내 육체가 주를 앙모하나이다.
> 내가 주의 권능과 영광을 보기 위하여
> 이와 같이 성소에서 주를 바라보았나이다.
> 주의 인자하심이 생명보다 나으므로
> 내 입술이 주를 찬양할 것이라.
> 이러므로 나의 평생에 주를 송축하며
> 주의 이름으로 말미암아 나의 손을 들리이다.
> 골수와 기름진 것을 먹음과 같이 나의 영혼이 만족할 것이라

나의 입이 기쁜 입술로 주를 찬송하되(1-5절).

다윗과 다른 시편 기자들(아삽 같은)은 주님을 만물보다 더 귀하게 보고 음미한 순간에 그것을 인정하고 하나님께 말씀드리는 것을 좋아했다.

하늘에서는 주 외에 누가 내게 있으리요?
땅에서는 주 밖에 내가 사모할 이 없나이다.
내 육체와 마음은 쇠약하나
하나님은 내 마음의 반석이시요 영원한 분깃이시라(시 73:25-26).
내가 여호와께 아뢰되 "주는 나의 주님이시오니
주 밖에는 나의 복이 없다" 하였나이다(시 16:2).

사랑과 의의 길로 인도하소서

이제까지 내가 말한 내용을 잘 따라온 사람이라면, I.O.U.S.가 불완전하다는 사실을 깨달았을 것이다. 성경 읽기의 목표는 다른 사람들이나 역사의 종말과 상관없이 개인적으로 하나님 안에서 만족하는 것으로 끝나지 않는다. 그래서 1부에서 나는 하나님을 보고 음미한 사람에게는 이기적인 행동이 위험을 감수하는 급진적 사랑의 행동으로 바뀌는 아름다운 변화가 나타난다는 사실을 두 장(8-9장)에 걸쳐 다루었다. 핵심 본문은 고린도후서 3장 18절("주의 영광을 보매 [우리가] 그와 같은 형상으로 변화하여 영광에서 영광에 이르니")이었다. 하나님의 영광을 있는 그대로-모든 것을 만족시키는 것으로- 보는 것은 모든 행동의 뿌리를 변화시키고 사랑으로 이어진다.

그러므로 우리는 깔끔한 두문자어를 망치더라도 또 다른 문자 L(Lead, 인도하소서)을 덧붙일 필요가 있다. 우리는 "주의 사랑으로 나를 만족하게 하소서"에서 "나를 사랑과 의의 길로 인도하소서"(시 23:3 참고)로 옮겨가야 한다. "내가 주의 계명을 따르도록 나를 인도하소서. 내가 거기서 기쁨을 얻습니다"(119:35, 우리말성경). "주의 진리로 나를 인도해 주시고 가르쳐 주소서"(시 25:5, 우리말성경). "여호와여, 주의 의로 나를 인도하시고"(시 5:8). "우리를 시험에 들게 하지 마시옵고 다만 악에서 구하시옵소서"(마 6:13).

이 인도함이 우리가 고린도후서 3장 18절에서 보았던 심오한 내면의 변화와 다르다고 생각해서는 안 된다. 예수님과 시편 기자들이 구한 '인도함'은 "채찍으로 노새를 이끌듯 외적인 힘을 사용하여 이끌어 달라"는 말이 아니었다. 그들의 말은 이런 의미다. "당신의 영광을 우리에게 보여 주시고 우리 존재의 깊은 곳까지 만족하게 하셔서 우리가 사랑의 대의를 위해 목숨까지 걸 수 있는 자유를 주소서."

이것은 다윗이 하나님의 인도하심을 묘사한 시편 32편 8-9절에 잘 담겨 있다.

> 네가 가야 할 길을
> 내가 너에게 지시하고 가르쳐 주마.
> 너를 눈여겨보며

너의 조언자가 되어 주겠다.
너희는 재갈과 굴레를 씌워야만
잡아 둘 수 있는
분별 없는
노새나 말처럼 되지 말아라(새번역).

재갈과 굴레가 필요한 형편이라면 아직 하나님의 영광을 보지 못한 것이다. "선을 행하는 자는 하나님께 속하고 악을 행하는 자는 하나님을 뵈옵지 못하였느니라"(요삼 1:11).

바울은 우리에게 변화를 위해 기도하는 법을 알려준다. 그는 우리 마음의 눈이 열리게 해 달라고 기도하고(엡 1:18) 우리 마음이 측량할 수 없는 그리스도의 사랑에 매혹되게 해 달라고 기도한다(엡 3:14-19). 그러나 한편으로는 보이는 실천적 의와 선행의 열매를 달라고도 기도한다. "우리도 … 너희를 위하여 기도하기를 그치지 아니하고 구하노니 너희로 하여금 … 주께 합당하게 행하여 범사에 기쁘시게 하고 모든 선한 일에 열매를 맺게 하시며 하나님을 아는 것에 자라게 하시고"(골 1:9-10). "내가 기도하노라 … [너희가] 예수 그리스도로 말미암아 의의 열매가 가득하여 하나님의 영광과 찬송이 되기를"(빌 1:11).

그러나 다르게 기도하다

우리는 하나님의 인도하심과 하나님의 선물인 올바른 삶과 선행을 구하는 이런 기도들이 곧 성경 읽기의 열매를 구하는 기도임을 안다. 성경은 하나님이 우리에게 그분의 말씀을 주시는 것이 우리 삶에서 이런 변화를 일으키기 위해서라고 분명히 밝히고 있기 때문이다. 하나님의 말씀을 읽는 것과 성령의 인도를 받는 것은 뗄 수 없게 이어져 있다. 예수님은 아버지께서 하나님의 말씀을 수단으로 우리를 거룩한 삶으로 인도해 달라고 분명하게 기도하셨다. "그들을 진리로 거룩하게 하옵소서. 아버지의 말씀은 진리니이다"(요 17:17).

예수님은 우리가 죄로부터 해방되는 일이 하나님 말씀의 진리에 의해 일어난다고 앞서 설명하신 바 있다. "진리를 알지니 진리가 너희를 자유롭게 하리라"(요 8:32).

그리고 사도 바울도 성경의 영감에 대해 밝히면서, 하나님의 말씀과 우리의 선행의 연관성을 분명히 지적했다.

> 모든 성경은 하나님의 감동으로 된 것으로 교훈과 책망과 바르게 함과 의로 교육하기에 유익하니 이는 하나님의 사람으로 온전하게 하며 모든 선한 일을 행할 능력을 갖추게 하려 함이라(딤후 3:16-17).

그러므로 우리가 하나님께 의의 길로 인도해 달라고(시 23:3), 모든 선행에서 열매를 맺게 해 달라고(골 1:10), 의의 열매로 채워달라고(빌 1:11) 기도하는 것은 곧 성경이 우리에게 이런 영향을 끼치게 해 달라고 기도하는 것이다. 우리는 성경을 읽는 방식에 대해 기도하고 있는 것이다.

이것은 율법주의자-내면의 변화와는 관계없이 오로지 성경이 선을 행하라고 말하기 때문에 선을 행하는 사람-가 되게 해 달라는 기도가 아니다. 바리새인들은 하나님의 말씀을 그런 식으로 다루었다. 그리고 예수님은 그들이 성경을 한 번도 읽지 않은 것처럼 행동한다고 말씀하셨다(12장을 보라). 그러나 우리는 다르게 기도한다. 우리는 하나님께서 그리스도 안에서 드러내신 모든 면모의 존귀함과 아름다움을 성경이 계시하고, 우리가 그 면모를 모든 것을 만족시키는 것으로 보고 다른 모든 욕망보다 귀한 것으로 음미하여 그로 인해 이기적인 모습에서 자기를 내어 주는 모습으로 변화하여 사람들이 우리의 선행을 보고 하나님께 영광을 돌리게 해 달라고 기도한다(마 5:16).

우리는 두 장에 걸쳐 초자연적 성경 읽기에서 기도가 차지하는 필수적인 자리를 살펴보았다. 두문자어 A.P.T.A.T.의 P(Prayer, 기도)는 이 부분을 요약해 준다. 기도의 깃발 아래 우리는 또 다른 두문자어 I.O.U.S.-기울게 하소서, 열어 주소서, 모으소서, 만족하게 하소서-의 도움을 받아 기도의 특수성을 좀 더 깊이 다루었다. 그 목적은 성경 읽기에 대해 기도할 때 도움을 받기 위해서일뿐 아니라 성경 자체가 성경 읽기에 대해 기도하는 방식으로 기도하기 위해서였다.

A.P.T.A.T.는 성령의 능력과 인도하심으로 살아가는 법-성경 읽기를 포함하여-에 대한 지침이다. 그리고 바울처럼 내가 많이 수고하였으나 내가 아니라 나와 함께한 하나님의 은혜(고전 15:10)라고 말하기를 바란다면 우리가 무엇을 해야 하는지에 대해 답을 찾으려는 시도이다. 내가 성경을 읽었지만 그것은 내 안에서 일하시는 하나님 덕분이었다. A.P.T.A.T.는 그리스도인의 삶이라는 기적을 실행하는 것이 무엇을 의

미하는지 설명하려는 한 가지 시도이다. 우리는 겸손에서 출발해야 한다. 즉, 하나님의 은혜 없이는 아무 것도 할 수 없다는 사실을 인정하는(A) 것으로 성경 읽기를 시작해야 한다. 그 다음에는 새로운 욕망과 열린 눈과 모아진 마음과 만족을 얻은 영혼과 사랑의 삶을 달라고 기도(P)해야 한다.

이제 우리는 A.P.T.A.T.에 나오는 첫 번째 T-신뢰하라(Trust)로 넘어간다. 성경 읽기에 하나님이 개입하시는 초자연적 실재를 경험하려면, 우리는 그분의 도움을 구해야 할 뿐 아니라 도움을 주시겠다는 그분의 약속을 신뢰해야 한다. 그것이 18장과 19장의 요지이다.

18.

자라게 하실 하나님을 믿고 행동하라

"나를 사랑하셔서 나를 위해 자신의 몸을 내 주신 하나님의 아들을 믿는 믿음으로 사는 것입니다."

14장 서두에서 우리는 초자연적 도움을 경험하는 자연적 행위의 사례로 아브라함과 사라를 살펴보았다. 두 사람 다 나이가 많았고 사라는 불임이었다. 하나님은 아브라함에 의해 사라가 임신하고 아들을 낳을 거라고 약속하셨다. 그것은 인간적으로 불가능한 일이었다. 그리고 그것이 그 이야기의 요점이다. 하나님은 초자연적인 일들을 행하셔서 약속을 이루신다. 하나님의 약속의 성취는 저절로 이루어지는 것이 아니다. 하나님이 약속이 이루어지게 하신다. "내 말이 이루어지는 것을 내가 지켜보고 있다"(롬 1:12, 우리말성경).

그런데 아브라함과 사라는 여전히 자연적인 일을 한다. 그들은 성관계를 갖는다. 그래서 모든 일이 여전히 아주 자연적으로 보인다. 어떤 의미에서 그것은 분명 자연적이다. 그러나 하나님의 초자연적 개입이 없었다면 이삭도 없었을 것이다.

성경 읽기의 경우도 마찬가지다. 하나님이 성경을 통해 주시기로 약속하신 보는 것, 음미함, 변화는 초자연적 개입이 없이는 죄악된 인간들의 정신과 마음에 이루어지지 않을 것이다. 이것이 11-13장의 요점이었다. 하나님은 새 창조의 기적을 행하시고(고후 4:6) 마음의 눈을 밝히시고(엡 1:18) 마음을 여시고(눅 24:45) 거기 실제로 있는 것을 드러내신다(마 16:17). 이 모든 것을 통해 불가능을 초자연적 읽기로 바꾸신다.

아브라함의 믿음을 통해 보는 T(Trust)

14장에서 나는 이런 일이 어떻게 벌어지는지 물었다. 아브라함과 사라는 어떻게 약속의 아들을 낳는 기적을 실행했는가? 우리는 성경 안에서 하나님의 아름다움을 보는 기적을 어떻게 실행하는가? 나는 답변을 제시하면서 하나님은 아이를 낳거나 성경을 읽는 자연적 과정을 무효화하지 않으시고 그분의 초자연적인 일을 하신다는 사실에 초점을 맞추었다. 하나님은 통상 자연적 과정들을 우회하시지 않고 그 과정들을 통해서 일하신다. 그러므로 우리는 14장의 제목이 말한 대로, "하나님이 주신 자연적 은사를 멸시해서는 안 된다."

그러나 내가 14장에서 완전히 건너뛴 내용이 있다. 그것은 아브라함과 사라 이야기의 절대적 본질인 동시에 초자연적 성경 읽기의 본질이다. 나는 아브라함의 믿음–하나님의 약속에 대한 그의 신뢰–을 건너뛰었다. 그리고 지금 A.P.T.A.T.의 첫 번째 T를 다루면서 아브라함의 믿음을 다루려고 한다.

기억하겠지만 A.P.T.A.T.는 우리가 초자연적으로 살아가도록–"하나님이 공급하시는 힘으로 [봉사]하는"(벧전 4:11) 것을– 도와줄 실천적이고 성경적인 지침이다. 그것은 "성령을 따라 행하"(갈 5:16)는 방법이자 "내가 많이 수고하였다" 하면서도 "내가 한 것이 아니요 오직 … 하나님의 은혜"(고전 15:10 참고)였다고 말하는 것의 구체적인 의미다. 그래서 A.P.T.A.T.는 자연적 행위로 이루어지는 초자연적 성경 읽기로 들어가는 길이 된다. 이번 장에서는 첫 번째 T(Trust, 신뢰하라)에 초점을 맞춘다. "너는 마음을 다하여 여호와를 신뢰하고 네 명철을 의지하지 말라. 너는 범사[성경 읽기를 포함해]에 그를 인정하라. 그리하면 네 길을 지도하시리라"(잠 3:5-6).

하나님을 온전히 신뢰하면

아브라함은 기적을 실행함–초자연적인 것을 받고 수행함–의 사례로 제시되었다. 그는 우리처럼 인간적으로 불가능한 상황 앞에 서 있었다. 그가 무슨 일을 하였는가? 우리는 무엇을 해야 할까? 바울은 하나님의 말씀에 대한 아브라함의 신뢰가 하나님께 영광을 돌린다는 사실에 초점을 맞춘다. "믿음이 없어 하나님의 약속을 의심하지 않고 믿음으로 견고하여져서 하나님께 영광을 돌리며 약속하신 그것을 또한 능히 이루실 줄을 확신하였으니"(롬 4:20-21). 아브라함 생애의 이 시점에서 하나님의 영광이 두 가지 방식으로 드러난 것이 주목할 만하다. 이삭의 출생이라는 기적이 하나님께 영광을 돌렸고, 하나님이 그 일을 하실 거라는 아브라함의 믿음이 하나님을 영화롭게 했다.

성경 읽기의 경우도 마찬가지다. 우리의 목표는 우리가 읽는 글의 의미 안에서, 그 의미를 통해 하나님의 영광을 보고 음미하고 그로 인해 변화 받는 것이고, 여기에 대응하는 것이 이삭의 출생이라는 기적이다. 그 목표로 나아가는 도중에, 그 의미와 그 영광을 추구하면서 하나님께 영광을 돌리는 방법이 있다. 그것은 우리를 도와주시겠다는 하나님의 약속을 신뢰하는 일인데, 여기에 대응하는 것이 아브라함의 믿음이다. 아브라함은 "믿음으로 견고하여"졌다. 그는 하나님이 "약속하신 그것을 또한 능히 이루실 줄을 확신하였"다. 이 "믿음"과 온전한 "확신"으로 아브라함은 "하나님께 영광을 돌렸다."

즉, 그는 자신의 신뢰로 하나님이 대단히 강하고 신뢰할 만한 분임을 보여 주었다. 하나님은 백 살 된 남자와 불임의 여자에게 아들을 주실 수 있다. 그리고 우리의 마음이 그랬듯 한때 영적으로 죽었던 인간의 마음이 성경 속에서 하나님의 영광을 보게 만드실 수 있다.

믿음으로 행하며 살아가라–그리고 읽으라

성경 읽기는 그리스도인이 통상적으로 걸어가는 삶의 일부이다. 성경을 어떻게 읽어야 하는가를 알려면 어떻게 행하고 살아가야 하는지 생각해야 한다. 성경의 답변은 우리가 "믿음으로 행"(고후 5:7)해야 하고 "믿음 안에서 [살]"(갈 2:20)아야 한다는 것이다. 히브리서 11장 전체가 주장하는 것처럼, 우리는 믿음으로 알고(3절) 믿음으로 순종하고(8절) 믿음으로 거처를 옮기고(9절) 믿음으로 능력을 받고(11절) 믿음으로 제물을 바치고(17절) 믿음으로 독재자에게 맞서(24절)야 한다. 다시 말해, 우리가 하는 모든 일을 믿음으로 해야 한다.

성경 읽기를 포함한 모든 일을 믿음으로 해야만 하는 가장 중요한 이유는 그것이 하나님이 우리의 모든 행동을 통해 받으셔야 마땅한 영광을 받으실 유일한 길이기 때문이다. 아브라함이 이런 삶에 대한 우리의 본이다. "믿음이 없어 하나님의 약속을 의심하지 않고 믿음으로 견고하여져서 하나님께 영광을 돌리며 약속하신 그것을 또한 능히 이루실 줄을 확신하였으니"(롬 4:20-21).

우리가 하는 일에서 하나님이 도우실 것을 신뢰하면 하나님의 능력과 신뢰성이 관심을 받게 된다. 하나님이 약속하신 대로 도우실 것이라고 믿으면 우리의 모든 행동이 하나님을 높이는 미덕으로 바뀐다. 하나님의 약속이 오직 그리스도를 통해 우리를 위해 값 주고 사신 것임을 믿으면(고후 1:20, 롬 8:32), 하나님이 약속하신 도움을 믿고 하는 모든 행동은 그리스도를 높이는 미덕이 된다.

모든 일을 하나님의 영광을 위해서 해야 하기 때문에(고전 10:31) 모든 행동은 하나님의 약속된 도움에 대한 믿음으로 이루어져야 한다. 그러므로 믿음이 없이는 하나님을 기쁘게 해드리지 못한다(히 11:6). 하나님은 범사에 영광을 받기 원하시는데, 하나님을 신뢰하지 않으면 하나님께 영광을 돌리지 못하기 때문이다. 이것은 "믿음을 따라 하지 아니하는 것은 다 죄"(롬 14:23)라는 뜻이다. 하나님의 도움의 약속을 신뢰할 수 없는 것으로 대하는 것은 죄라서 그렇다.

물론, 이것은 우리가 삶의 어려운 일들뿐 아니라 아주 단순한 행동도 하나님께 철저히 의존하는 존재라는 것을 전제하고 있다. 이것은 사실이다. 그러나 대부분의 사람들은 이것을 믿지 않고, 이론으로는 믿는 사람들 중 상당수도 믿음에 합당하게 기도하고 신뢰하고 행동하지 않는다. 그러나 예수님은 "나를 떠나서는 너희가 아무 것도 할 수 없음이라"(요 15:5)고 하셨다. 사도 바울은 하나님이 "모든 사람에게 생명과 호흡과 모든 것을 주시는 분"(행 17:25, 새번역)이라고 말했다. "누가 너를 남달리 구별하였느냐? 네게 있는 것 중에 받지 아니한 것이 무엇이냐? 네가 받았은즉 어찌하여 받지 아니한 것 같이 자랑하느냐?"(고전 4:7).

"만물이 주에게서 나오고 주로 말미암고 주에게로 돌아감이라. 그에게 영광이 세세에 있을지어다"(롬 11:36).

우리는 하나님의 보존하시는 능력 없이는 한 도시에서 다음 도시로 갈 힘조차 없는 존재이다.

> 들으라, 너희 중에 말하기를 "오늘이나 내일이나 우리가 어떤 도시에 가서 거기서 일 년을 머물며 장사하여 이익을 보리라" 하는 자들아,

내일 일을 너희가 알지 못하는도다. 너희 생명이 무엇이냐? 너희는 잠깐 보이다가 없어지는 안개니라. 너희가 도리어 말하기를 "주의 뜻이면 우리가 살기도 하고 이것이나 저것을 하리라" 할 것이거늘, 이제도 너희가 허탄한 자랑을 하니 그러한 자랑은 다 악한 것이라(약 4:13-16).

이런 허탄한 자랑과 반대되는 것은 무엇일까? 바로 믿음이다. 즉, 우리가 삶-아주 작은 일들에서조차-을 궁극적으로 통제하지 못하고, 따라서 성경 읽기에 쓰는 몇 분을 포함한 우리가 사는 매일 매 순간 하나님의 도우시겠다는 약속을 기꺼이 신뢰해야 한다는 사실을 인정하는 것이다. 우리는 하나님 없이는 생각할 수도 없다. 하나님 없이는 한 가지 감정도 느낄 수 없다. 하나님 없이는 말씀 안에서 가장 영광스럽고 놀라운 일들도 볼 수 없다. 그러므로 하나님이 우리를 도우시겠다는 피 흘려 사신 약속을 믿음으로 성경을 읽어야 한다.

어떻게 성령으로 읽는가

성령으로 사는 것과 믿음으로 사는 것은 어떤 관계가 있을까? 이렇게 묻는 이유는 A.P.T.A.T.가 "하나님이 공급하시는 힘으로"(벧전 4:11) 사는 전략이자 "성령을 따라 행하"(갈 5:16)는 전략이라고 내가 주장했기 때문이다. 이제 우리는 A.P.T.A.T.의 첫 번째 T를 다루고 있는데, T는 "믿음[=신뢰]-즉, 하나님의 약속하신 도움을 신뢰함으로-으로 행하"는 것을 말한다. 즉, "성령으로" 성경 읽기와 "믿음으로" 성경 읽기 사이에는 묵시적 관계가 있는 것이다. 그 관계가 무엇일까?

대답은 바울의 갈라디아서에서 볼 수 있다. 여기서 바울은 우리가 '믿음으로 살고'(갈 2:20, 우리말성경) '성령으로 산다'(갈 5:25)고 말한다—그리고 우리가 "성령을 따라 행하"고 "성령의 인도"를 받고 "성령으로 행"해야 한다(갈 5:16, 18, 25절)고 말한다. 믿음으로 사는 것과 성령으로 사는 것의 연관성은 갈라디아서 3장 5절에서 볼 수 있다. 바울은 수사적 질문으로 자신의 주장을 내세운다. "너희에게 성령을 주시고 너희 가운데서 능력을 행하시는 이의 일이 율법의 행위에서냐, 혹은 듣고 믿음에서냐?"

그는 답이 분명하다고 생각한다. 성령은 율법의 행위 때문에 일하시는 것이 아니다. 다시 말해, 율법을 지키는 것은 성령께서 운행하시며 그분의 큰일을 하시는 통로가 아니다. 성령이 운행하시는 통로는 믿음이다. 우리가 하나님의 약속을 신뢰할 때, 성령께서 움직이셔서 그분의 큰 일을 행하신다.

내가 그냥 일반적 신뢰 대신 "하나님의 약속을 신뢰함"을 말하는 이유는 바울이 "듣고 믿음"이라는 표현을 썼기 때문이다. "너희에게 성령을 주시고 너희 가운데서 능력을 행하시는 이의 일이 율법의 행위에서냐, 혹은 듣고 믿음에서냐?" 이것은 일반적 믿음이 아니다. 이것은 하나님의 말씀에 반응하는 믿음이다. 하나님은 듣고 (또는 읽고) 신뢰해야 할 어떤 것을 말씀하셨다. 이것은 가장 기본적으로는 죄 용서와 영생의 약속이 담긴 예수님의 복음이다. 그러나 어떤 하나의 약속이나 한 무리의 약속들로 범위를 한정할 필요가 없다. 하나님이 어떤 종류의 도움을—영원한 도움부터 가장 즉각적이고 실제적인 도움까지- 약속하시든 그 약속에 대한 믿음은 성령께서 행하시는 통로가 된다. 이것이 갈라디아서 3장 5절의 요점이다.

구체적인 약속을 신뢰하라

그래서 성령으로 성경을 읽는 것과 믿음으로 성경을 읽는 것의 연관성은, 하나님이 도우신다는 약속을 믿으면 그 믿음을 통로로 성령의 도움이 주어진다는 것이다. A.P.T.A.T.를 사용하는 데 있어 이 연관관계가 함의하는 바는, 우리가 자신의 필요를 인정하고(A, admit) 도움을 구하며 기도(P, Prayer)할 때 믿음으로 기도해야 한다는 것이다. 우리는 성경을 읽을 때 그 의미와 그 의미를 통해 빛나는 하나님의 아름다움과 존귀함을 발견하도록 돕겠다는 하나님의 약속을 신뢰(T, trust)해야 한다. 그러면 하나님의 초자연적 역사가 활동을 시작하고, 우리는 초자연적으로, 즉 성령으로 성경을 읽게 된다.

내가 여러 해에 걸쳐 발견한 사실이 있다. A.P.T.A.T.가 제시하는 삶의 패턴에서 가장 많이 문제가 생기는 부분은 우리가 행동-이 경우에는 성경 읽기-에 나설 때 주님이 주신 구체적인 약속을 신뢰하지 못한다는 것이다. 믿음으로 성령을 따라 사는 성경적 패턴에 익숙한 사람들도 종종 P(기도)와 T(신뢰) 사이에서 정신적 영적으로 몽롱한 상태를 경험한다.

그들은 도움을 구하는 기도를 하면서도 기도하는 내용에 대한 구체적인 하나님의 약속을 염두에 두지 않기 때문에 그들의 신뢰는 확고한 약속을 붙드는 대신 공중에 떠돈다. 약속은 믿어야 하는 것이다. 구체적으로 믿어야 한다. 믿음은 한 가지나 그 이상의 약속들을 흔들림 없이 확고하게 붙드는 것이어야 한다. 그러나 눈에 보이는 약속들이 없으면, 믿음은 공중에 붕 뜨고 만다. 이런 믿음은 영혼을 견고하게 세우지 못하고 하나님을 영화롭게도 못한다. 영혼을 세우고 하나님을 영화롭게 하는 일은 우리가 한 가지 약속을 붙잡고 일하면서 하나님이 그 약속을 지키실 거라고 즐겁게 신뢰해야만 찾아오는 것이기 때문이다.

누군가의 말을 신뢰한다는 것

나는 우리 믿음의 궁극적 대상이 하나의 인격체임을 안다. 하지만 어떤 약속도 하지 않는 인격체에 대한 신뢰는 무의미하다. "난 조를 신뢰해. 하지만 조가 뭘 어떻게 할지 모르겠어"라는 말은 조에 대한 찬사가 아니다. 그 말을 하는 사람의 어리석음을 보여 줄 뿐이다. 조가 신뢰할 만하거나 신뢰할 수 없는 이유는 내가 그의 인품, 능력, 의도에 대해 아는 바가 있기 때문이다. 그중 좋은 의도를 약속이라고 부른다. 내가 조를 인격체로서 신뢰한다는 증거는 그의 말을 신뢰하는 것이다.

그래서 믿음으로 사는 것, 따라서 성령으로 행하는 것의 일부는 우리가 하나님의 선한 의도를 늘 명심하는 것으로 나타난다. 성경을 읽기 전 하나님의 도움을 구하며 기도할 때 우리는 그분의 의도를 약속의 형태로 기억하고 그 약속들을 신뢰한다. 그 다음, 그 신뢰 안에서 우리는 행동한다(A, act). 그렇게 되면 그것이 "성령으로" 하는 행동이 된다. 성령은 우리의 신뢰를 통해 움직이신다(갈 3:5). 달리 표현하면, 우리를 도우신다는 하나님의 약속을 신뢰함으로써 성경 읽기는 사람이 기적을 실행하는 일이 된다. 하나님은 그분의 약속에 따라 성령으로 일하셔서 우리를 도우신다. 우리는 그 약속을 믿고 행동하여 도움을 얻는다.

이제 우리가 물어야 할 질문은 이것이다. 하나님은 우리가 성경을 읽을 때 무엇을 돕겠다고 약속하셨는가? 도와주겠다는 일반적 약속들이 전부인가? 아니면 성경에서 하나님의 마음을 찾는 과제와 직접 연관된 구체적인 약속들이 있는가? 이것이 우리가 19장에서 다룰 내용이다.

19.

우리를 가르치시는 교훈에 집중하라

"여호와는 선하시고 정직하시므로
죄인들에게 바른 길을 가르치시고."

18장과 19장을 진행하면서 우리는 A.P.T.A.T.의 첫 번째 T(Trust), 신뢰에 초점을 맞추고 있다. 이 두문자어는 초자연적인 삶을 자연적으로 살아가는 법-또는 자연적 행위로 이루어지는 초자연적 성경 읽기를 수행하는 법-을 정리한 것이다. 지금까지 우리는 "성령으로" 행함이 "믿음으로" 행함 안에서, 그것을 통해 이루어진다는 것을 보았다. 믿음, 또는 신뢰는 하나님의 초자연적인 역사가 우리의 자연적 과제 안으로 흘러드는 통로이다. 우리는 이 신뢰가 하나님의 선하심을 생각하며 막연하게 있을 때보다는 하나님의 구체적 약속들을 붙들 때 더욱 힘을 얻는다는 것을 보았다. 그렇다면 이제 하나님의 약속에는 어떤 것들이 있는지 살펴보자.

선이 되는 모든 것

하나님은 우리가 성경을 읽을 때 어떻게 도우시겠다고 약속하시는가? 폭넓고 놀랄 만큼 포괄적인 약속들과 그리스도의 십자가와의 연관관계에서 시작해 보자. 하나님이 자녀들에게 주신 가장 위대하고 총괄적인 약속 중 하나인 로마서 8장 28절을 출발점으로 삼을 그리스도인들이 많을 것이다. "우리가 알거니와 하나님을 사랑하는 자 곧 그의 뜻대로 부르심을 입은 자들에게는 모든 것이 합력하여 선을 이루느니라."

다시 말해, 우리가 하나님을 사랑하면 하나님이 우리의 과제를 우리에게 선한 일로 바꿔주실 거라는 강한 확신을 갖고 모든 과제-성경 읽기라는 과제를 포함하여-에 접근할 수 있다는 말이다.

그런데 나는 이 구절 보다는 로마서 8장 32절에서 시작하고 싶다. 로마서 8장 32절은 로마서 8장 28절을 아우르면서도 더 나아가 그것을 그리스도의 십자가라는 반석과 같은 토대와 이어주기 때문이다. "자기 아들을 아끼지 아니하시고 우리 모든 사람을 위하여 내어 주신 이가 어찌 그 아들과 함께 모든 것을 우리에게 주시지 아니하겠느냐." 이것은 수사적 질문이다. 진술로 표현해야 그 분명한 의미를 이해할 수 있다는 뜻이다. 그 의미는 놀라운 약속이다. "하나님이 자기 아들을 아끼지 아니하시고 우리 모든 사람을 위하여 내어 주셨으니, 은혜롭게도 그 아들과 함께 모든 것을 우리에게 주실 것이 분명하다"(존파이퍼 번역). 이것은 무엇보다 큰 토대(하나님이 우리 대신 아들을 희생제물로 내어주심)이고 그 토대 위에 세워진 더없이 큰 구조물–하나님이 그분의 자녀들에게 모든 것을 주실 거라는 약속–이다.

"모든 것"은 "우리에게 선이 되는 모든 것"을 뜻한다. 그렇기 때문에 나는 로마서 8장 32절이 로마서 8장 28절을 포함한다고 말한 것이다. "모든 것이 합력하여 선을 이루[는 것]"은 "모든 것을 우리에게 은혜로 주시는 것"과 사실상 같은 의미다. 우리는 이 약속이 이 세상에서의 모든 안락한 것을 보장하지 않음을 안다. 3절 후에 바울은 모든 것의 범위 안에 "환난이나 곤고나 박해나 기근이나 적신이나 위험이나 칼"을 포함시키고 이렇게 덧붙인다. "우리가 종일 주를 위하여 죽임을 당하게 되며 도살 당할 양 같이 여김을 받았나이다"(롬 8:35-36).

그러나 그리스도인들이 예상할 수 있는 이런 끔찍한 일들은 우리를 그리스도의 사랑에서 끊을 수 없고 우리의 영원한 선–특히 하나님의 아들의 형상을 본받음–을 이루는 데 쓰일 것이다(롬 8:29).

그러므로 우리가 모든 순간에 신뢰할 수 있는 가장 기본적인 약속은 이것이다. 하나님은 우리가 그분의 뜻을 행하고 예수님을 닮는 목표를 달성하기 위해 필요한 것을 우리에게 주실 것이다. "나의 하나님께서 자기의 풍성하심을 따라 그리스도 예수 안에 있는 영광으로 여러분에게 필요한 것을 모두 채워 주실 것입니다"(빌 4:19, 새번역).

우리가 "원하는 것"이나 "바라는 것"이 아니다. 우리에게 필요한 것을 모두 채워주실 것이다. 무엇이건 그분의 뜻을 행하는 데 필요한 것을.

"나는 비천에 처할 줄도 알고 풍부에 처할 줄도 알아 모든 일 곧 배부름과 배고픔과 풍부와 궁핍에도 처할 줄 아는 일체의 비결을 배웠노라. 내게 능력 주시는 자 안에서 내가 모든 것을 할 수 있느니라"(빌 4:12-13).

나는 하나님의 영광을 위하여 비천에 처할 수 있다. 하나님의 영광을 위해 굶을 수 있다. 하나님의 영광을 위해 궁핍한 처지에 놓일 수도 있다. 그리고 그 모든 상황 속에서 우리는 하나님이 우리 편이시고 모든 것이 합력하여 선을 이루도록 일하고 계심을 즐겁게 확신할 수 있다. 하나님은 이 목적에 필요한 모든 것을 공급하시겠다고 약속하신다.

성경의 포괄적인 약속들

우리는 성경의 이런 포괄적인 약속을 명확하게 표현한 두세 구절을 단단히 붙들어야 한다. 오랫동안 예수님을 따른 사람들도 소망의 내용이 흐릿해질 수 있기 때문이다. 흐릿한 소망은 강력한 동기부여가 되지 못한다. 하나님이 우리를 도우신다는 모호한 느낌은 구체적인 약속을 명확하고 또렷하게 보는 경우에 비해 성령의 능력이 흘러가는 분명한 통로의 역할을 하지 못한다. 그러니 모든 상황을 아우르는 포괄적이고 분명한 몇 개의 약속을 암송하고 있는 것이 좋다. 예를 들어 보자.

> 여호와의 눈은 온 땅을 두루 감찰하사 전심으로 자기에게 향하는 자들을 위하여 능력을 베푸시나니(대하 16:9).
>
> 두려워하지 말라, 내가 너와 함께 함이라.

놀라지 말라, 나는 네 하나님이 됨이라.

내가 너를 굳세게 하리라. 참으로 너를 도와주리라.

참으로 나의 의로운 오른손으로 너를 붙들리라(사 41:10).

내 평생에 선하심과 인자하심이

반드시 나를 따르리니(시 23:6).

여호와 하나님은 해요 방패이시라.

여호와께서 은혜와 영화를 주시며

정직하게 행하는 자에게

좋은 것을 아끼지 아니하실 것임이니이다(시 84:11, 참고 34:9-10).

너희는 먼저 그의 나라와 그의 의를 구하라. 그리하면 이 모든 것을 너희에게 더하시리라(마 6:33).

만물이 다 너희 것임이라. 바울이나 아볼로나 게바나 세계나 생명이나 사망이나 지금 것이나 장래 것이나 다 너희의 것이요, 너희는 그리스도의 것이요, 그리스도는 하나님의 것이니라(고전 3:21-23).

하나님의 모든 약속은 그리스도 안에서 '예'가 됩니다. 그러므로 그리스도로 말미암아 우리는 "아멘" 하면서 하나님께 영광을 돌리는 것입니다(고후 1:20, 새번역).

하나님이 이런 전면적인 약속을 하셨으니 그분이 도우실 거라는 소망을 가지고 성경 읽기(다른 모든 과제와 마찬가지로)라는 과제에 돌입해야 한다. 하나님은 우리에게 생명을 주시고자 아들을 내어 주셨다. 그렇다면 그분을 알고 그분이 일하시는 방식을 이해하고 그분의 영광을 보는 데 필요한 도움을 주시지 않겠는가? 우리의 이해력과 영적 시력을 가로막는 장애물들을 만날 때는 언제나 하나님이 우리 편이라는 약속을 기억해야 한다. “정직하게 행하는 자에게 좋은 것을 아끼지 아니하실 것임이니이다”(시 84:11).

그리스도의 피 값으로 얻은 생득권

그러나 하나님의 도우심을 말하는 몇 가지 포괄적인 약속들 외에도, 상황에 따라서는 당면 과제와 직접 연관이 있는 보다 구체적인 약속들을 기억해야 할 때가 있다. 탐욕의 유혹이나 재정적 어려움에 직면해 있다면 돈에 대한 하나님의 약속을 기억해야 한다(히 13:5-6). 성적 유혹에 직면했다면, 마음이 청결한 자에게 주시는 하나님의 약속을 떠올려야 한다(마 5:8). 교만과 뽐냄의 유혹을 받고 있다면, 겸손한 자들에게 주시는 약속을 상기해야 한다(벧전 5:6-7).

복수하고 싶은 유혹을 받는다면, 하나님이 친히 결산하실 거라는 약속을 기억해야 한다(롬 12:19). 죽음에 직면했다면 죽어가는 자들에게 주시는 하나님의 약속을 떠올려야 한다(요 11:25-26). 이것이 믿음으로 행하는 것이다. 우리 삶의 모든 상황에서 하나님이 약속하신 대로 행하실 것을 신뢰하는 것이다. 모든 약속은 그리스도 안에서 “예”로 응답된다. 그 약속들은 거듭난 모든 사람이 그리스도의 피 값으로 얻게 된 생득권이다. 로마서 8장 32절의 논리가 그것을 보장한다.

죄인들에게 가르친 바른 길

그러므로 성경을 읽을 때는 우리 머릿속에 새겨진 포괄적인 약속들 –"내가 너를 굳세게 하리라. 너를 도와주리라. 너를 붙들리라"(사 41:10)– 을 생각하고, 거기에 더해 하나님의 마음을 이해하고 그분의 영광을 보기 원하는 우리의 필요와 좀 더 구체적으로 연관된 약속들을 기억해야 한다. 예를 들어, 시편 25편은 내가 신학교를 다니던 시절부터 오늘날까지 45년 동안 가까운 친구처럼 늘 함께하면서 성경을 이해하려는 나의 노력을 도왔다.

> 나의 하나님이시여 내가 주를 의지합니다.
> 내가 부끄러움을 당하지 않게 하시고 …
> 여호와는 선하시고 정직하시므로
> 죄인들에게 바른 길을 가르치시고
> 겸손한 자들을 옳은 길로 인도하시며
> 그들에게 자기 뜻을 가르치신다. …
> 여호와를 두려운 마음으로 섬기는 자가 누구냐?
> 그가 택할 길을 하나님이 가르치시리라
> (시 25:2, 8-9, 12, 현대인의성경).

솔직히 말해, 이 약속이 내게 너무나 소중한 이유는 내가 이 약속을 누릴 조건을 갖추었기 때문이다. "여호와는 죄인들에게 바른길을 가르치신다."

얼마나 다행인가! 죄는 성경에서 하나님의 영광을 보는 우리의 과제를 너무나 어렵게 만든다. 그래서 죄로 우리 눈을 어둡게 했으니 하나님의 도움을 받을 자격이 없다고 생각하고 두려워할 수 있다. 그러나 하나님은 시편 25편에서 우리를 찾아오셔서 그분의 자비를 상기시켜 주신다. 하나님은 죄인들이 이해하도록 도우실 것이다. 하나님은 죄인들을 가르치기 원하신다. 오만한 죄인들을 말하는 것이 아니다. 오만하고 자기를 높이고 뉘우치지 않는 죄인들은 대상이 아니다. 죄로 괴로워하는 겸손한 죄인들이 하나님의 도움을 받는다. "겸손한 자들을 옳은 길로 인도하신다."

자기 힘만으로 성경의 의미를 알아낼 수 있다고 생각하는 자기충족적인 사람들, 성경의 필요성을 전혀 못 느끼는 사람들은 해당사항이 없다. 하지만 주님을 신뢰하고 경외하는 죄인들의 경우는 다르다. "여호와를 두려운 마음으로 섬기는 자가 누구냐? 그가 택할 길을 하나님이 가르치시리라."

성경 읽기를 위해 피 흘려 사신 약속

그래서 우리는 더없이 부족하지만 하나님이 우리를 인도하시고 가르치실 거라는 달콤한 소망을 가지고 성경을 펼친다. 읽기 자체가 복음의 은혜를 경험하는 일이다. 그리스도께서는 '하나님은 죄인들이 성경을 이해하도록 도우신다'는 약속이 실현되게 하시려고 죄인들을 위해 죽으셨다. 그리스도께서 피 흘려 사신 이 약속은 우리에게 믿으라고 주신 약속이다. 듣기만 해선 안 된다. 믿어야 한다. 신뢰해야 한다. 갈라디아서 3장 5절 말씀대로, 하나님이 "너희에게 성령을 주시…[는] 일이 … 듣고 믿음에서" 나오기 때문이다. 우리는 읽을 준비를 하고 성경 앞에 선다. 우리는 약속을 듣는다. "내가 너를 교훈하고 가르치리라."

우리는 그 약속을 믿는다. 성령은 믿음의 통로로 움직이시고 우리는 "기적을 실행한다." 우리는 초자연적으로 읽는다. 그러니 이 귀중한 약속들 중 일부를 모아서 기억해 두는 것이 유익하다.

> 여호와는 지혜를 주시며
> 지식과 명철을 그 입에서 내심이며
> 그는 정직한 자를 위하여 완전한 지혜를 예비하시며(잠 2:6-7)
> 너는 마음을 다하여 여호와를 신뢰하고
> 네 명철을 의지하지 말라.
> 너는 범사에 그를 인정하라.
> 그리하면 네 길을 지도하시리라(잠 3:5-6).
> "네가 가야 할 길을 내가 너에게 지시하고 가르쳐 주마.
> 너를 눈여겨 보며 너의 조언자가 되어 주겠다"(시 32:8, 새번역).
> 주의 교훈으로 나를 인도하시고
> 후에는 영광으로 나를 영접하시리니(시 73:24).
> '무슨 말을 할까' 하고 염려하지 말아라. 너희가 말해야 할 것을 바로 그 시각에 성령께서 가르쳐 주실 것이다(눅 12:11-12, 새번역).
> 예수께서 자기를 믿은 유대인들에게 이르시되 너희가 내 말에 거하

면 참으로 내 제자가 되고 진리를 알지니 진리가 너희를 자유롭게 하리라 (요 8:31-32).

너희 중에 누구든지 지혜가 부족하거든 모든 사람에게 후히 주시고 꾸짖지 아니하시는 하나님께 구하라 그리하면 주시리라 오직 믿음으로 구하고 조금도 의심하지 말라 의심하는 자는 마치 바람에 밀려 요동하는 바다 물결 같으니 이런 사람은 무엇이든지 주께 얻기를 생각하지 말라 두 마음을 품어 모든 일에 정함이 없는 자로다(약 1:5-8).

교회에 교사를 허락하신 이유

우리가 성경을 읽을 때 도우시고 가르치시고 지혜를 주시겠다는 하나님의 약속은 우리가 이 부분에서 오류가 없게 될 거라는 의미가 아니다. 17장에서 나는 자기 해석의 정확성을 내세우며 "나는 도움을 구하는 기도를 했고 하나님이 나를 도우실거라고 신뢰했다. 그러므로 나의 해석이 옳다는 것을 안다"고 주장해서는 안 된다고 말했다. 한 가지 해석이 옳은지 그른지는 그 내용이 본문의 단어와 어구와 절에 실제로 있는지에 달려 있다. 역시 기도한 다른 사람들은 본문의 의미를 다르게 볼 수도 있다. 이 부분을 놓고 대화할 때는 누가 기도를 더 열정적으로 했는지, 누가 더 깊이 신뢰했는지를 따져서는 안된다. 본문에 실제로 있는 내용을 상대방이 볼 수 있게 보여 주려는 상호적인 노력이 필요하다.

우리가 그 내용을 온전히 설명할 수 있건 없건, 하나님은 즉각적인 방식이 아니라 점진적으로 우리를 거룩하게 하시고 빛을 비춰 주기로 계획하신 것이 분명하다. 그렇지 않다면 나는 한 번의 기도("주의 뜻이 이루어지이다")로 흠 없는 존재가 될 테고, 한 번의 기도("나를 가르치소서")로 무오하게 될 것이다. 그러나 예수님은 "주의 뜻이 이루어지이다"라고 매일 기도하도록 가르치셨을 뿐 아니라 "우리의 죄를 사하여 주옵소서"라는 기도도 매일 드리게 하셨다(마 6:9-13 참조). 그리고 우리가 죽는 날까지 죄가 매일 우리를 따라다닐 것처럼, 성경 해석의 결점들도 마지막 날까지 우리를 짓누를 것이다. 그래서 야고보는 진지한 고려 없이 성경 교사가 되지 말라고 경고했다.

> 내 형제들아 너희는 선생된 우리가 더 큰 심판을 받을 줄 알고 선생이 많이 되지 말라. 우리가 다 실수가 많으니 만일 말에 실수가 없는 자라면 곧 온전한 사람이라. 능히 온 몸도 굴레 씌우리라(약 3:1-2).

진리를 보고 가르치려는 노력 가운데 "실수가 많은" 우리의 한계야말로 하나님께서 그분의 자녀들을 교회 안에 두신 이유이다. 우리는 고립된 채로 하나님의 말씀을 해석해서는 안 된다. 우리는 "피차 권면"(히 3:13)하고 "서로 격려하고"(살전 5:11, 새번역), "피차 가르치며"(골 3:16) "사랑을 격려하며"(히 10:24) "[우리] 죄를 서로 고백하"(약 5:16)여야 한다.

다시 말해, 그리스도의 몸 안에는 하나님이 정하신 심오한 상호의존성이 존재한다. 한 사람이 의미를 제대로 파악하지 못하는 대목을 다른 사람은 또렷하게 이해하기도 한다. 우리가 개인주의적인 태도를 보이며 성경에 있는 내용을 더 잘 보는 법을 서로에게 소개하지 않는 것은 그리스도의 뜻이 아니다. 그렇지 않다면 그리스도께서 교회에 교사들을 허락하시지 않았을 것이다(엡 4:11).

무오성이 아니라면 무엇인가

이렇게 되면 한 가지 질문이 남는다. 하나님이 우리에게 지혜를 주시고 인도하시겠다고 약속하신 것이 무오한 해석을 의미하는 것이 아니라면 우리는 다른 무엇을 기대할 수 있을까? 첫째, 하나님이 늘 즉각적이고 고립된 방식으로 우리를 인도하시는 것이 아니기에 그분의 일하심이 즉시 눈에 띄지 않을 수도 있다는 점을 이야기하고 싶다. 하나님은 시간을 두고 우리를 인도하실 수 있다. 우리에게 없는 통찰을 가진 사람들을 점진적으로 허락하심으로써 우리를 인도하시기도 한다. 또 하나님은 우리가 이해하지 못하는 본문들의 의미를 밝혀줄 경험을 하게 하심으로 인도하신다. "고난당한 것이 내게 유익이라. 이로 말미암아 내가 주의 율례들을 배우게 되었나이다"(시 119:71).

때로는 같은 본문을 거듭해서 보게 하셔서 아홉 번 째 까지 이해되지 않던 것을 열 번째에 마침내 볼 수 있게 하신다. 그래서 우리는 본문이 잘 이해되지 않더라도 하나님이 일하시지 않는다고 성급히 결론을 내려서는 안 된다. 하나님은 우리에게 빛을 비추어 줄 고난이나 설교나 기민함을 준비하고 계실 수도 있다. 우리의 노력은 하나도 허비되지 않을 것이다. 하나님은 실패한 것처럼 보이는 공부시간까지도 조명의 직조 과정에 짜 넣으신다.

둘째, 그리스도를 믿음으로 주어지는 구원의 확신에는 우리 인생이 끝날 때나 그리스도께서 오시는 날 우리가 그분의 존전으로 안전하게 도달하기 위해 볼 필요가 있는 모든 것을 성경을 통해 보도록 하나님이 도우실 거라는 암묵적인 확신이 들어 있다. 거룩함 없이는 주님을 보지 못할 것이다(히 12:14). 하나님은 그분의 말씀을 사용하셔서 일정 수준의 거룩함을 창조하시고 보존하신다(요 17:17). 그러므로 우리를 그리스도 안에서 안전하게 지키시는 하나님의 신실하심(빌 1:6, 롬 8:30, 고전 1:8)에는 마지막 날에 그리스도에 대한 우리의 믿음과 연합을 확증해 줄 충분한 진리와 순종으로 우리를 이끄시겠다는 약속을 지키는 충실함이 들어 있다(빌 1:10-11). 존 오웬은 특유의 복잡한 문장으로 이 내용을 표현했다.

> 그러므로 나는 이 주장이 신성한 진리라고 말하겠다. 누구든 하나님의 마음을 알고 그대로 행하기 위해 부지런히 성경을 공부하는 사람은 예수 그리스도 안에서 그분에 힘입어 은혜의 성령의 공급하심을 열렬히 간구하는 가운데 자신을 모든 진리 가운데로 인도해 주시고 예수 안에 있는 진리를 계시하시고 알려 주시고 성경과 그 안에 담긴 하나님의 뜻을 깨닫게 해 주시기를 구하게 되어, 치명적인 오류를 범하지 않도록 보호받을 것이고, 믿고 순종하는 내내 인도받고 하나님의 생명을 보존하기에 충분한 지식을 얻게 될 것이다.[1]

하나님이 우리에게 지혜를 약속하실 때 우리는 무엇을 믿고 기대할 수 있는가? 셋째, 누구도 예측하거나 정량화할 수 없는 깨달음을 주시고 영광을 엿보게 해 주신다. 하나님은 자기 백성을 사랑하시고, 그분의 말씀으로 특별한 도움을 주고 싶어 하신다. 그 목적을 위해 목사나 교사나 소그룹 리더나 한 가족의 가장에게 비범한 통찰을 주시기도 하는데, 하나님이 그분의 백성에게 특별한 깨달음을 선물로 주기 원하지 않으셨다면 그런 것을 허락하셨을 리가 없다. 그렇다면 우리는 성경을 읽을 때마다 우리의 통찰이 다른 사람들을 섬기는 데도 쓰이기를 구해야 한다. 그다음 하나님의 도움을 구하며 기도하고, 하나님이 우리 자신의 보존을 위해서만이 아니라 그분의 백성에게 힘을 주시고 아름답게 보존하시는 데 필요한 것을 주실 줄 신뢰해야 한다. 친구 한 사람을 격려하는 것은, 수천 명에게 설교하는 것과 다를 바 없다.

거룩한 도움은 어떻게 운행하는가

지금까지 우리는 "자연적 행위로 이루어지는 초자연적 성경 읽기"의 내용을 살폈다. 두문자어 A.P.T.A.T.가 우리의 지침이었다. 성경을 초자연적으로 읽으려면 하나님의 개입 없이는 성경의 진정한 진리와 아름다움을 보지도 음미하지도 그것에 의해 변화되지도 못할 것임을 인정(A, admit) 해야 한다. 우리는 하나님을 의지하는 이 자리에서 출발해 성경을 읽을 때마다 하나님이 도와주시기를 기도(P, pray)해야 한다. 기도하는 과정이나 이후 말씀을 해석(여기에 대해서는 다음에 다룰 것이다)하는 행위(A, acts)에서도 그리스도를 바라보며 하나님의 약속을 신뢰(T, trust)해야 한다. 우리 마음의 이 세 움직임(인정하기, 기도하기, 신뢰하기)을 통해 성령의 초자연적인 일하심이 운행한다.

하나님의 개입 없이는 우리의 영적 눈이 열리지 않을 것이고(엡 1:18), 우리의 마음이 부드럽게 되지 않을 것이며(겔 11:19, 엡 4:18), 마음의 눈이 밝혀지지 않을 것이고(고후 4:6), 우리 영혼이 성령의 일들을 받아들이지 못할 것이며(고전 2:14), 우리의 의지는 하나님의 말씀에 굴복하지 않을 것이다(롬 8:7). 그렇게 되면 성경을 읽어 봤자 어떤 것도 제대로 보거나 음미할 수 없을 것이다. 기본적인 층위에서 많은 의미가 왜곡될 것이고, 성경 말씀의 모든 의미는 하나님(그분의 영광)과의 관계라는 가장 중요한 측면을 놓치게 될 것이다. 영광을 보는 것을 통해 자기 백성을 변화시키려는 하나님의 목적(고후 3:18)은 우리 곁을 그냥 지나치고 말 것이다.

이제 우리는 초자연적 성경 읽기의 가장 자연적인 측면인 A.P.T.A.T.의 두 번째 A로 넘어간다. 인정하라(Admit). 기도하라(Pray). 신뢰하라(Trust). 행동하라(Act). 성령의 일하심은 결정적이다. 그러나 독자의 일은 필수적이다. 자신의 사역에 대한 바울의 말은 결실 있는 모든 성경 읽기에 고스란히 적용할 수 있다. "이 일을 위해 나는 내 속에서 힘 있게 일하시는 분의 능력으로 최선을 다해 힘써 일하고 있습니다"(골 1:29, 현대인의 성경).

이 일에는 그리스도의 능력이 결정적이다. 그러나 우리에게 요구되는 "최선을 다해 힘써 일하[는]" 과정을 과소평가하지 말라. 이것이 자연적 행위로 이루어지는 초자연적 성경 읽기다.

20.

다 이해되지 않더라도 일단 읽으라

"우리는 여러분이 읽고 이해할 수 있는 것만
써서 보냅니다"

3부의 도입에서 나는 책의 지면에 눈을 두는 실제 행위로서의 읽기를 다루는 제한된 논의를 20장에서 보다 자세히 설명할 것이라고 말했다. 이야기, 시, 잠언, 비유 등 성경에 있는 다양한 종류의 글(근사한 프랑스어 발음을 써서 '장르'라고 부르기도 한다)을 위한 다양한 지침은 다루지 않을 것이라고 말하면서 초점을 제한할 것임을 시사했다. 내가 초점을 맞추고자 하는 내용은 우리가 어떤 종류의 글을 읽고 있는지 분별하려 할 때 먼저 갖추고 있어야 할 좋은 읽기의 일반적 습관에 대한 것이다. 나는 이렇듯 초점을 좁히는 주된 이유가 기본적이고 일반적인 좋은 독서 습관이 내 인생에서 매우 유익했기 때문이라고 말했다. 내가 성경에서 발견한 것(그리고 설교한 것)의 대부분은 각 장르를 읽는 규칙을 배워서 얻은 것이 아니었다. 그것은 장르를 불문하고 성경에 실제로 있는 내용을 오랫동안 골똘히 바라보는 기본적인 훈련 덕분이었다.

수십만 가지의 독특한 단어 조합들

이제 이 기본적인 접근법이 도움이 될 거라고 생각하는 이유를 보다 깊이 설명해 보자. 성경은 헤아릴 수 없이 많은 해석의 난제들을 내놓는다. 말 그대로다. 헤아릴 수도 없다. 문제는 성경에 있는 글의 종류가 수십 가지라는 것이 아니다. 각 종류의 글을 읽는 법을 배우면 문제가 풀릴 것처럼 생각하면 곤란하다는 것이다. 사실, 성경에는 어마어마하게 많은 종류의 글이 들어 있다.

우선, 역사적 사실들, 찬양의 시, 지혜의 잠언, 비유와 수수께끼, 의식(儀式)의 기술(記述), 확장된 이야기, 격렬한 논쟁, 도움의 약속, 하나님의 본성에 대한 묘사, 하나님이 일하시는 방식을 보여 주는 사례, 거룩한 삶의 기준, 교회징계의 절차, 예언, 재난, 사탄의 반대에 대한 경고, 믿음의 촉구, 인간의 부패성에 대한 분석, 부부를 위한 교훈, 정치적 통찰, 재정원칙 등등이 있다. 어떤 의미에서, 성경에 있는 글의 종류를 헤아리려는 시도는 부질없다.

왜냐하면 장르의 구분은 모호하고, 지금 읽고 있는 글이 본격적인 시인지 잠시 번뜩인 비유적 산문인지도 확신할 수 없기 때문이다. 그래서 글의 종류라는 것은 나름의 해석 규칙들이 있는 구별된 박스들이라기보다는 연속체에 끝없이 찍힌 점들에 더 가깝다.

그러나 실제 상황은 이보다 훨씬 더 복잡하다. 성경의 거의 모든 단어와 단어군은 독자에게 특유의 난제로 느껴진다. 예를 들어, 영어 성경 KJV역본에는 783,137개의 단어가 있다. 각 단어가 등장하는 문맥은 그 단어가 쓰인 다른 곳의 문맥과 (정도의 차이는 있지만) 정확히 같지 않다. 물론, 단어들은 다른 문맥에서도 비슷한 의미로 쓰일 수 있다. 그러나 다들 알다시피, 같은 단어라도 맥락이 달라지면 의미가 살짝 변한다. 《옥스퍼드 영어 사전》에서 영단어 set은 464개의 정의를 갖고 있다. run은 396개이다.

언어의 영광이자 짜증스러운 면은 그것이 헤아릴 수 없이 유연하다는 것이다. 저자들과 화자(당신을 포함한)들은 정기적으로 단어들을 이전에 존재한 적이 없는 조합으로 배열한다. 따라서 언어의 안정성과 융통성 사이에는 끊임없는 긴장이 흐른다. 여기서 내가 말하고자 하는 것은 성경에는 전형적인 장르의 목록 외에도 특별한 주의를 요구하는 독특한 단어조합이 수십만 개라는 것이다. 각 장르, 또는 단어 분류에 해당하는 해석의 방법이나 규칙을 개발하는 것은 불가능한 일이다.

무엇보다 읽는 것이 먼저다

지금까지 성경 본문을 이해하려면 성경의 많은 장르에 해당하는 규칙을 배워야 한다는 인상을 성경 독자들에게 심어 주는 일이 부질없고 오히려 사기만 꺾는다고 생각하는 두 가지 이유를 제시했다. 첫째, 문학 장르는 유동적이고 서로 겹친다. 둘째, 유일무이한 단어분류는 유일무이한 난관을 제시하는데, 성경에는 이런 것들이 헤아릴 수 없이 많다. 내가 장르와 그것을 위한 지침에 초점을 맞추지 않는 세 번째 이유는 이번 장의 첫 번째 단락에 나와 있다. 독자가 자기 앞에 놓인 본문이 어떤 분류 또는 장르에 속하는지 알려면 먼저 읽기 시작해야 한다는 것이다. 그는 본문을 먼저 읽어야 하고, 그래야만 자신이 어떤 종류의 텍스트를 읽고 있는지 알 수 있다. 이 기본적이고 중요한 읽기 전략이 나의 초점이다.

때로 학자들은 성경의 특정 장르-비유, 시, 잠언, 그리고 그 종잡기 어려운 묵시(금면류관을 쓰고 사람 얼굴을 한 말 모양의 메뚜기 떼 같은. 계 9:7)라는 장르-를 읽는 법에 대하여 일련의 정해진 규칙들이 있다는 인상을 준다. 그러나 여기에 숨겨진 문제가 있다. 자신의 글이 어떤 장르인지 알려면 먼저 읽어야 한다는 것이다. 그렇다면 좋은 읽기는 자신이 읽는 글의 장르를 알고 난 후에 하는 일이라고 규정할 수 없게 된다.

처음부터 장르에 대한 선입견이나 장르의 작동 방식에 대해 선입견이 깃든 기대를 품고 텍스트를 그 기대에 끼워 맞추는 것은 좋은 독서법이 아니다. 자신이 읽는 것이 시인지 비유인지 그 외의 무엇인지 알기 전에 글을 읽고 해석해야 한다. 제대로 된 읽기가 글의 장르에 대한 인식보다 선행되어야 그 글이 어떤 장르인지 판단할 수 있다는 뜻이다. 이것이 읽기의 목적 중 하나이다.

상황을 한번 그려 보라. 당신이 성경의 한 장을 읽는다고 해 보자. 그런데 누군가가 그 장은 잠언적, 결의론적, 단언적, 비유적, 묵시적(이 단어들의 의미를 몰라도 내 말의 요점을 파악하는 데 아무 문제가 없다. 나도 안다고 확신할 수가 없다)이라고 말해 준다. 그리고 당신은 이 장르에 해당하는 해석 규칙에 의거하여 글을 읽었다고 해 보자. 당신이 이 장르에 대해 갖고 있는 기대에 본문을 끼워 맞추기 시작할 경우, 저자가 그 글에서 여러 장르를 뒤섞어 쓰고 있다면, 당신에게 그 사실을 어떻게 알려 줄 수 있을까? 저자가 요점을 강조하기 위해 의도적으로 그 장르의 통상적 규칙들 중 일부만 사용하고 나머지는 무시했다는 사실을 당신에게 알려 줄 길이 막혀 버리지 않겠는가?

겸손한 회의주의

나는 일부 연구용 성경들과 주석서들이 독자가 읽기도 전에 그들이 어떤 장르의 책을 다루고 있는지 알려 준다는 사실을 안다. 나는 그런 꼬리표에 대해 겸손히 회의하는 태도를 권하고 싶다. 그 분류가 틀려서가 아니라 (틀릴 수도 있고, 틀리지 않을 수도 있다) 세 가지 이유 때문인데, 뒤로 갈수록 중요성이 높아진다.

(1) 그런 장르구분은 틀릴 수 있고, 과연 틀렸는지는 본인이 직접 읽어 보고 확인해야 한다. (2) 장르는 엄밀한 해석 규칙을 갖춘 물샐틈없는 범주 구분이 아니다. 장르들은 유연하며 독자도 유연해야 한다. (3) 이것이 가장 중요하다. 보통 본문에서 가장 많은 것을 발견하게 하는 태도, 가장 큰 변화를 일으키는 진정성과 확신을 가지고 본문을 보게 하는 태도는

본문 자체의 메시지를 최대한 경청하면서 온 힘을 다해 본문을 꼼꼼히 살피는 것이다. 이것이 내가 권하고 싶은 태도이다.

그래서 나는 성경 속 글의 다양한 종류에 대한 풍부한 (그리고 중요한) 논의를 피하는 접근 방식을 택한다. 글의 종류에 대한 문제라면 내가 할 수 있는 것보다 훨씬 잘 정리해 놓은 좋은 책들이 많다(3부 도입에서 각주에 몇 권을 소개했다).

나는 성경의 어떤 부분에 대해 진지한 관심을 갖고 있는 독자가 그 부분이 어떤 장르인지 알기 전에 해야 할 일에 초점을 맞추고 싶다. 다시 말해, 그 글이 어떤 장르인지 알아낼 수 있는 제대로 된 독서법을 다루고 싶다. 여기에 도움이 되는 것은 무엇일까? 나는 아주 기본적이고 놀랄 만큼 유익한, 정신과 마음의 유용한 습관이 있다고 믿는다.

지극히 개인적 간증

기꺼이 고백하거니와, 나의 접근법은 유익한 독서를 배우기 위한 순례의 영향을 받았다. 내가 성경 읽기를 진행하는 방식에는 많은 약점이 있다. 예를 들면 나는 읽는 속도가 느리다. 그래서 성경 읽는 법에 대한 책을 많이 읽을 수가 없었다. 또 나는 독서량이 많은 학자가 아니다. 이것이 내가 6년간 대학에서 가르친 후에 학계를 떠난 이유 중 하나이다. 읽는 속도가 느리고, 기억력이 좋지 않고, 학계의 특정한 의례를 잘 받아들이지 못하는 등의 한계를 생각하니 뛰어난 학자가 되기는 어려울 것 같았다.

그러나 나는 내 약점들을 하나님께서 주신 복으로 받아들였고 그것이 내 삶에 어떤 의미가 있을지 분별하고자 했으며 내가 할 수 없는 것 때문에 낙담하고 옴짝달싹 못하기보다는 내가 할 수 있는 것을 극대화하려고 최선을 다했다. 나에게는 주의 깊게 읽고 생각하는 능력이 있었다. (나는 삶에도 이런 식으로 접근하는 것을 추천한다) 많은 것을 보고 유익을 얻을 만한 속독 능력이나 기억력이 없었기 때문에 나는 적은 분량을 보고 최대한 활용하기로 했다. 내가 성경에서 보고 음미한 것은 대부분 하나님의 은혜로운 도움에 힘입어 성경 본문을 하나하나 주의 깊게 성찰하고 기도하고 씨름하면서 얻은 결과물이었다. 삶을 변화시키는 통찰을 얻는 데 놀랄 만큼 유익한 정신과 마음의 습관들이 있다. 나는 그것들에 초점을 맞추고 싶다.

궁극적 목표에서 통상적 목표로

책의 지면에 눈을 두고 읽는 기본 과제를 위한 마음의 습관들에 대해 말하기 위해, 마침내 읽기의 통상적 목적을 명확히 해야 할 때가 되었다. 내가 '마침내'라고 말한 이유는, 지금까지 우리는 여러 지점에서 읽기의 통상적 목표를 당연한 것으로 가정했을 뿐 그것이 무엇인지 분명하게 밝히거나 옹호하지 않았기 때문이다. 가령, '어떤 본문의 의미'를 가끔 언급하면서도 본문의 의미가 무엇을 포함하는지는 설명하지 않았다. 그리고 나는 '읽기의 통상적 목표'를 언급하면서 이 목표를 1부에서 논의한 "성경 읽기의 궁극적 목표"와 구분하고자 한다.

1부에서 나는 성경 자체가 말하는 성경 읽기의 궁극적 목표는 하나님의 무한한 존귀함과 아름다움이 그리스도께서 각 족속과 방언과 백성과 나라 가운데서 피 흘려 사신 그리스도의 신부가 영원토록 드리는 뜨거운 예배 가운데 높임을 받으시게 되는 것이라고 말했다. 나는 성경 읽기의 이 궁극적 목표를 분석하면서 그 함의에 초점을 맞추었다. 우리는 (1) 언제나 하나님의 최고의 존귀함과 아름다움을 보기 위해, (2) 하나님의 탁월함을 다른 무엇보다 귀하게 음미하기 위해, (3) 이 영광을 보고 음미함으로써 변화를 받아 그리스도를 본받기 위해 성경을 읽어야 한다.

그런데 문제는 성경 읽기의 그 궁극적 목표가 실제로 책의 지면에 눈을 두는 읽기의 통상적 목표와 어떤 연관이 있는가이다. 따라서 읽기의 통상적 목표가 무엇인지 명확하게 해야 할 필요가 마침내 생긴 것이다. 나는 5장에서 하나님의 영광은 성경 위에 가스처럼 둥둥 떠 있는 것이 아니라고 말했다. 하나님의 영광은 단어와 문장의 의미와 동떨어진 채 은밀한 장소에 도사리고 있지 않다. 그것을 본문의 의미 안에서 그 의미를 통하여 본다.

17장에서 나는 하나님께 성경 안에 있는 그분의 영광을 보여 달라고 기도하는 것이 본문의 의미를 우회하시기를 구하는 것은 아니라고 말했다. 우리는 성경 안에서 하나님의 영광을 보고 음미하려고 모색하는 가운데, 초자연적인 빛의 기적을 달라고 기도할 뿐 아니라 글의 기본적인 의미를 파악하도록 도와달라고도 기도한다. 하나님의 영광은 성경 저자들이 전달하려 의도한 뜻과 별도로 봐야 하는 것이 아니다. 그것은 구름처럼 본문 위에 떠 있지 않다. 하나님의 영광은 성경 저자들이 전달하려 의도한 뜻, 즉 그 문장의 의미 안과 그 의미를 통해서 빛난다. 나는 빌립보서 1장 23절을 이것의 사례로 제시했다.

나의 주장은 이것이다. 시편 기자가 "내 눈을 열어서 주의 율법에서 놀라운 것을 보게 하소서"(시 119:18)라고 기도했을 때, 그는 놀라운 것들을 보면 주의 깊은 독서라는 자연적 과정은 건너뛸 수 있다고 생각한 것이 아니었다. 그의 말은 읽기의 통상적 목표를 무시해도 된다는 뜻이 아니었다. 그러므로 우리는 영광을 보게 해 달라고만 기도할 것이 아니라 영광의 통로가 되는 본문의 의미를 포착하는 데도 도움을 구해야 한다.

의미의 정의는 (어떤 의미에서는) 자의적이다

나는 여러 군데에서 본문의 의미, 글의 기본적 의미, 읽기의 통상적 목표라는 표현을 썼는데, 이제 이 말들이 가리키는 바를 명확히 하고 성경은 성경 읽기의 이 통상적 목표를 어떻게 제시하는지 보여 줄 때가 왔다. 보다 정확히 말하면, 읽기의 통상적 목표가 본문의 의미를 파악하는 것이라는 말은 구체적으로 무엇을 의미할까?

어떤 의미에서, 모든 정의는 자의적이다. boot이라는 단어에는 영국에서 차량의 트렁크를 뜻하고 미국에서 장화를 뜻하게 만드는 본질적인 요소가 없다. '누군가를 팀에서 몰아냄'을 뜻하는 boot도 마찬가지다. 동사로 쓰이는 boot의 다른 의미도 많다. 의미는 쓰임에 따라 단어들 주위로 점점 불어나고, 의사전달에서의 주된 과제는 서로가 같은 정의를 사용하는 것이다. 의견이 다른 사람들이 쓰는 용어를 같은 식으로 정의하면 많은 의견 차가 사라질 것이다.

성경 본문과 관련해서 '의미'라는 용어에 한 가지 정의를 할당하려는 결정 역시 자의적이다. 당신은 '의미'라는 용어를 다른 방식으로 정의할 수 있다. 정의 자체는 의미하는 사람을 덧붙이기 전까지는 옳지도 그르지도 않다. 그러나 "존이 정의하는 의미"라고 말하면, 그때는 오류의 가능성이 생긴다. 나의 정의가 사실은 y인데 당신은 누군가에게 그것이 x라고 말할 수 있다. 그래서 어떤 의미에서는 한 가지 정의가 다른 정의보다 낫다고 추상적으로 주장하는 것은 부질없는 일이다. 그저 서로 이야기할 때 누구의 정의를 쓰고 있는지 확실히 해 두기만 하면 된다.

하지만 정의가 추상적으로 존재하는 경우는 거의 없다. 그리고 이 정의 대신에 다른 정의를 쓰는 것이 왜 지혜로운지에 대해 여러 논증을 제시할 수 있다. 이것이 내가 하려는 일이다. 나는 성경 본문의 의미를 어떻게 정의하는지 제시한 다음, 그런 식의 정의가 지혜롭다고 생각하는 다섯 가지 이유를 제시할 것이다.

의미의 정의

성경 본문의 의미는 저자가 그의 글로 전달하려 의도한 것이다. 대부분의 사람들이 누군가의 말을 바로잡을 때 의미라는 단어를 이런 식으로 쓴다. "내 말은 그런 의미가 아니었어요." 이 말은 "당신이 하는 말은 내가 전달하려한 것이 아닙니다"라는 뜻이다. 그러니까 이 책에서 나는 의미에 대한 매우 통상적인 정의-저자가 전달하려 의도한 것-를 쓰고 있는 것이다. 내가 '전달하다'라는 단어를 쓰는 이유는 저자가 전달하려 의도한 것이 나누고 싶은 감정일 수도 있다는 가능성을 열어 놓기 위함이다. 나는 성경 본문의 의미를 저자가 독자들로 하여금 이해하게 하려고 의도한 것이라고 말할 수도 있었을 것이다. 하지만 '이해하다'라는 단어를 쓰면 대부분의 사람들은 저자의 의도를 생각으로만 한정해서 생각할 가능성이 있다. 물론, 감정도 어떤 의미에서는 이해의 대상이 될 수 있다. 그러나 저자의 의도에는 우리가 그의 감정을 이해하는 것뿐 아니라 경험하는 것까지 포함될 수도 있다. 나는 텍스트의 의미를 정의하면서 마음에서 마음으로 생각이 옮겨지는 것뿐 아니라 독자가 그의 감정을 경험하기 원하는 저자의 의도까지 담아 내려는 것이다.

그러나 나는 저자의 생각이 우리 이해력에 전달되는 것이 가장 기본이 된다는 점을 분명히 하고 싶다. 그리스도께 영광이 되는 감정들은 진리에 근거하고 있다. 그러므로 성경 저자가 독자들과 나누고자 하는 감정들은 이해력을 통해-즉, 저자를 따라 저자의 생각을 생각함을 통해- 전해진다. 저자는 그의 마음속 진리가 우리 마음에 전해질 수 있는 방식으로 언어를 사용한다. 그러면 우리는 그런 생각들로부터 저자의 의도에는 그가 이 진리에 대해 표현하는 감정을 독자가 공유하는 것도 들어 있는지 여부를 분별할 수 있다.

대답이 필요한 또 다른 두 질문

물론 의미를 이런 식으로 정의하면 적어도 두 가지 다른 질문에 대답해야 할 처지가 된다는 것을 안다. 첫째, 인간 저자의 의도는 본문에 영감을 주신 하나님의 의도와 어떤 관련이 있는가(딤후 3:16-17)? 둘째, 인간 저자는 집필 당시에 의식하지 못한 것들을 의도할 수 있는가? 이 질문들에 대한 답변은 22장에서 시도해 볼 생각이다. 그에 앞서 21장에서 먼저 해야 할 일이 있다. 내가 텍스트의 의미는 저자가 전달하려 의도한 것이라고 봐야 한다고 주장하는 다섯 가지 이유를 제시하는 것이다. 이것이 다음 장의 요지다.

21.

텍스트의 의미가 먼저다

"나는 이미 편지에 … 썼습니다.
내 말은 …라는 의미가 아닙니다"

성경 읽기의 궁극적 목표는 하나님의 영광스러운 목적, 즉 하나님의 무한한 존귀함과 아름다움이 그리스도께서 각 족속과 방언과 백성과 나라 가운데서 피 흘려 사신 그리스도의 신부가 영원토록 드리는 뜨거운 예배 가운데 높임을 받으시게 되는 일에 기꺼이 참여하는 것이다. 그러나 그 큰 목적에 기꺼이 참여하려면, 먼저 성경이 계시하는 하나님을 보고 음미해야 한다. 하나님의 영광을 보는 것은 성경의 단어와 구와 절을 무시함으로써가 아니라 그 모두를 주의 깊게 읽고 그 의미를 이해함으로써 이루어진다. 그리고 나는 텍스트의 의미에 대한 가장 유용한 정의가 '저자가 전달하려 의도한 것'이라고 주장하고 있다. 이것을 발견하는 것이 읽기의 통상적 목적이다. 그리고 그 발견을 통해 하나님과 그분이 일하시는 방식의 아름다움과 영광이 빛을 발하게 된다.

내가 텍스트의 의미와 읽기의 통상적 목적을 이렇게 이해하는 데는 적어도 다섯 가지 이유가 있다.

첫 번째 이유: 성경은 이 정의를 당연한 것으로 여긴다

성경은 우리가 글을 읽을 때 저자가 글로 전달하려 의도한 것을 이해하려 한다는 사실을 당연한 것으로 받아들인다. 고린도전서 5장 9-11절을 보라.

> 나는 이미 편지에 음행하는 사람과 사귀지 말라고 썼습니다. 내 말은 음행하는 이 세상 사람들과 전혀 어울리지 말라는 의미가 아닙니다. 그러려면 이 세상 밖으로 나가야 합니다. 내가 지금 어울리지 말라고 쓴 것은, 어떤 사람이 그리스도인이라고 말은 하면서 음행하거나 … 한다면, 그런 사람들과 어울리지 말라는 말입니다(쉬운성경).

바울은 고린도전서를 쓰기 전에 고린도 교인들에게 적어도 한 번 이상 편지를 써서 음행하는 사람들과 사귀지 말라고 하였다. 그런데 고린도 교인의 일부는 그가 쓴 내용을 오해했다. 즉, 그들은 그가 한 말의 의미를 정확하게 해석하지 못했다. 그들은 그가 실제로 의도한 바를 깨닫지 못했다. 그들은 바울이 말한 '모든 부도덕한 사람들'을 교회 바깥의 불신자들을 의미한 것이라고 생각했다. 그래서 바울은 그것은 "내가 의미한 바가 결코 아니다"[1]라고 말하며 그들의 오해를 바로잡았다. 바울의 글을 해석하는 가장 자연스러운 방법은 그의 의미가 "그가 전달하려 의도한 내용"이라고 이해하는 것이다. 그들은 그의 의미를 보지 못했다. 그들은 편지에 없는 것을 그의 의도라고 생각했다.

본문의 의미를 저자가 그의 글로 전달하려 의도한 것으로 보는 성경의 또 다른 사례는 요한복음 21장 20-23절이다.

> 베드로가 돌이켜 예수께서 사랑하시는 그 제자[요한]가 따르는 것을 보니 … 이에 베드로가 그를 보고 예수께 여짜오되 "주님 이 사람은 어떻게 되겠사옵나이까?" 예수께서 이르시되 "내가 올 때까지 그를 머물게 하고자 할지라도 네게 무슨 상관이냐? 너는 나를 따르라" 하시더라. 이 말씀이 형제들에게 나가서 그 제자는 죽지 아니하겠다[고들] 하였으나 예수의 말씀은 그가 죽지 않겠다 하신 것이 아니라. "내가 올 때까지 그를 머물게 하고자 할지라도 네게 무슨 상관이냐?" 하신 것이러라.

여기에도 저자(예수님)의 머릿속에서 분명하고 확실한 의미가 담긴 말이 등장한다. 그러나 다른 사람들은 그 말을 오해하고 예수님이 말씀하시거나 의미하시지 않은 것–즉, 예수님이 전달하려고 의도하시지 않은 것–이 예수님 말씀의 의미였다고 말한다. 예수님이 요한에 대해 베드로에게 하신 말씀은 이것이었다. "내가 올 때까지 그를 머물게 하고자 할지라도 네게 무슨 상관이냐? 너는 나를 따르라." 그런데 예수님이 "요한은 내가 돌아올 때까지 살아서 이 세상에 머물 것이다"라고 말씀하셨다는 소문이 퍼졌다. 그것은 예수님의 말씀도, 의미하신 바도, 의도도 아니었다. 그것을 바로잡기 위해 예수님은 하신 말씀을 되풀이하셨다.

이 대화는 아주 중요한 교훈을 준다. 예수님이 실제로 전달하려고 의도하신 내용을 듣기 위해 우리가 그분의 말씀에 주목하는 것이야말로 분명한 예수님의 의도라는 것이다. 예수님이 전달하려 의도하신 것과 예수님이 전달하시는 내용으로 사람들이 오해한 말의 차이점은 '만약'의 유무다. 영어로는 두 글자로 된 한 단어(if), 그리스어로는 세 글자로 된 한 단어(ἐὰν에안)의 유무다. 이 단어를 빼면, 예수님의 말씀은 "내가 돌아올 때까지 그가 머무는 것이 나의 뜻이다"가 된다. 그러나 그것은 예수님이 하신 말씀의 의미가 아니다. 그분이 의도하신 바가 아니었다.

우리가 읽을 때는 저자가 그의 글로 전달하려 의도한 것을 이해하려고 시도한다는 사실을 보여 주는 사례를 하나 더 제시해 보자.

> [예수께서] 이르시되 "우리 친구 나사로가 잠들었도다. 그러나 내가 깨우러 가노라." 제자들이 이르되 "주여, 잠들었으면 낫겠나이다" 하더라. 예수는 그의 죽음을 가리켜 말씀하신 것이나 그들은 잠들어 쉬는 것을 가리켜 말씀하심인 줄 생각하는지라. 이에 예수께서 밝히 이르시되 "나사로가 죽었느니라"(요 11:11-14).

예수님은 나사로의 죽음에 대해 비유적으로 말씀하셨다. 나사로가 말 그대로 죽었음을 제자들이 이해하게 하는 것이 예수님의 의도였다. 어쩌면 예수님께는 누군가를 죽음에서 일으키는 일이 잠든 사람을 깨우는 일만큼이나 쉽다는 잠의 은유로 전달하는 것이 예수님의 의도였을지도 모른다. 그런데 제자들은 예수님의 의도를 이해하지 못한다. 그들은 예수님 말씀의 의미가 나사로가 "잠들어 쉬고 있다"는 것이라고 생각했다. 그래서 예수님은 좀 더 분명한 언어로 그들을 바로잡으셨다. "이에 예수께서 밝히 이르시되 '나사로가 죽었느니라.'" 이것이 처음부터 예수님의 의도였다. 이것이 그분 말씀의 의미였다.

그래서 텍스트의 의미는 저자가 전달하려고 의도한 내용으로 보아야 한다고 내가 생각하는 첫 번째 이유는 성경이 그렇게 하기 때문이다. 성경이 인정하지 않는 의미의 정의를 성경에 적용할 수는 없다. 성경 본문의 의미는 저자가 그의 글로 전달하려고 의도한 것이다.

두 번째 이유: 황금률

우리가 의미를 이렇게 정의('저자가 전달하려고 의도하는 것')해야 하는 이유는 우리가 대접받고자 하는 대로 다른 사람들을 대접하는 데 도움이 되기 때문이다. 구체적으로 말해, 우리가 대접받고 싶은 대로, 예의 바르게 저자들을 대우해야 한다.

내가 쓴 중요한 전갈이 어떻게 읽히기를 바라는지 생각하며 다른 사람의 중요한 전갈을 읽어야 한다. 우리는 지금 재미로 하는 언어놀이를 말하는 것이 아니다. 그런 것이야 누가 어떻게 읽건 개의치 않을 것이다.

우리는 지금 생사가 달린 문제의 경우를 말하고 있다. 당신이 지금 납치범들의 포로가 되어 친구에게 그 사실을 알리는 쪽지를 썼다고 해 보자. 그리고 경찰이 당신을 어떻게 찾을 수 있는지 적는다고 해 보자. 당신은 친구가 그 쪽지를 어떻게 읽었으면 좋겠는가?

그가 만약 "쓴 사람의 의도는 중요하지 않아. 중요한 것은 내가 이 쪽지에서 내 자신의 의미를 얼마나 창의적으로 찾아낼 수 있는가 하는 것이지"라고 말한다면 당신은 사랑과 존중을 받는다고 느낄 것인가? 아니다. 그렇지 않을 것이다. 버림받은 심정일 것이다.

우리가 중요한 일들을 쓸 때는, 읽는 사람이 글을 쓴 의도를 알아보고 최선을 다해 존중하기를 바란다. 편지나 계약서나 설교에 자신의 의도를 담을 때는, 다른 사람들이 우리의 의도를 끌어내려고 노력하기를 기대한다. 우리는 저자들, 특히 성경 저자들의 글을 읽을 때 이런 태도로 임해야 한다.

세 번째 이유: 겸손

저자의 의도를 찾아가며 읽는 것은 겸손한 행위이다. 다른 사람이 생각하는 바를 찾아내려고 노력하는 것은 우리가 모르는 것, 다른 사람들은 아마도 아는 것들이 있음을 인정하는 일이다. 그래서 우리는 읽음으로써 배우려 한다. 우리는 자라고 싶어 한다. 우리의 무지를 줄일 방편으로 다른 사람들의 생각을 기꺼이 받아들인다. 우리는 자신이 이미 알고 있는 것을 확인하기 위해 읽지 않는다. 그것은 교만한 사람의 태도다. 우리는 자신이 알지 못하는 바깥의 실재에 대해 알고자 읽는다. 우리는 수용적인 태도를 취한다. 다른 사람들에게 기꺼이 의존한다. 이것은 겸손한 행동이다.

물론, 읽기에는 배우는 것 외에도 좋은 이야기나 잘 만들어진 시나 에세이가 주는 즐거움 같은 목표들이 있다. 그러나 그 목표들은 우리의 주제에서 벗어나는 것들이다.

네 번째 이유: 외부의 객관적 실재

저자가 전달하려고 의도한 바를 알아내려고 읽는 일은 우주의 실제 존재방식에 대응하는 독서법이다. 우리 시대의 사람들은 자기 이외에는 삶에 영향을 끼치는 실재를 귀하게 여기지 않는다. 물론, 사람들은 언제나 궁극적, 절대적 실재에 굴복하기를 거부해왔다(시 14:1, 롬 1:28-32). 그들은 언제나 "인간이 만물의 척도"(프로타고라스)라는 주장으로 기울어졌다. 그러나 우리 시대 사람들은 훨씬 더 과격한 주장을 내세운다. 그 내용인즉, 외부의 궁극적 실재에 굴복할 의향이 없다 정도가 아니라, 그런 실재가 있다고 아예 믿지 않는다는 것이다.

사는 날이 길어질수록 나는 우리가 통제할 수 없고 그저 알아야 하고 적응해야 하는, 삶에 영향을 주는 객관적 실재가 우리 바깥에 존재한다는 단순한 확신이 개인의 삶에 얼마나 큰 영향을 끼치는지 보면서 깊은 인상을 받는다. 하나님을 진지하게 받아들이는 사람은 누구나 이런 실재관이 참되다는 것을 안다. 하나님은 절대적 실재이다. 그러나 우리는 그렇지 않다. 하나님이 말씀하셨고, 그분의 말씀이 우리 바깥의 객관적 실재로서 존재한다. 과거에 인간 저자들이 존재했다. 그들은 객관적으로 하나님의 영감을 받아 특정한 의미를 가진 특정한 글을 썼다. 그들의 글과 의도들은 우리 바깥에 존재하는 객관적 실재이다.

그 저자들이 전달하려 의도한 바를 알아내려고 읽는 것은 이런 실재관을 긍정하는 일이다. 이 실재관은 영광스러운 견해이다. 다른 견해는 허영과 나르시시즘을 넘어서지 못한다. 저자의 의도를 찾아내려는 목적이 아니라 자신의 의미를 창조한다는 목적을 갖고 읽게 되면 자아라는 왜소한 세계에 갇혀버리게 된다. 그러나 다른 이의 눈을 통해 정말로 실재를 볼 수 있고 하나님이 어떤 분이며 세상이 어떤 곳인지 더 알게 될 거라는 희망과 목표와 기대를 품고 읽는 것은 영광스러운 일이다.

C. S. 루이스는 우리 외부의 객관적 실재를 열렬히 지지한 사람이었다. 그는 수많은 사람들이 "객관적 가치가 존재한다는 교리, 즉 우주의 어떤 것에 대해서, 또 우리의 어떤 면에 대해서 어떤 태도는 진실로 참되지만 또 어떤 태도는 정말로 거짓됐다는 믿음"[2]을 포기한 것이 근대인의 큰 비극이라고 믿었다. 루이스는 읽기에 대한 그의(또는 나의) 목적을 인정하지 않는 누군가에게서 이런 질문을 받았다.

> "왜 내가 현재의 실질적 경험-그 시가 내게 의미하는 바, 그 시를 읽을 때 내게 벌어지는 일-을 내버리고 시인의 의도를 탐구하거나 그 시가 시인과 같은 시대 사람들에게 어떤 의미가 있었을지 확실하지도 않은 재구성을 해야 합니까?"

루이스는 이렇게 대답했다.

> 여기에는 두 가지 대답이 가능할 듯합니다. 하나, 제가 초서를 오역하거나 던을 오해하여 머릿속에 만들어내는 시는 초서나 던이 실제로 만든 작품만큼 좋지 못할 가능성이 있습니다.
>
> 둘째, 둘 다 취하는 게 어떻습니까? 우선은 자신이 시를 통해 이해한 것을 즐기고, 그 후 텍스트로 되돌아가서 이번에는 어려운 단어를 찾아보고, 어떤 인유가 들어있는지 알아내고, 그 시를 처음 읽을 때 경험했던 율격적 즐거움이 자신의 운 좋은 오해에 기인한 것임을 알게 된다면 그 시인의 시를 반드시 본인의 시 대신이 아니라 그에 덧붙여 즐길 수 있는지 여부를 살피는 것이 어떻겠습니까?[3]

이 답변은 많은 현대 독자들의 피상성과 내향적 허영을 폭로한다. 그들은 자신의 오해에 만족하고(오해라는 것이 존재한다고 믿지 않기에) 자신을 중심으로 하여 주위를 도는 오해들의 왜소한 궤도에 만족한다.

그러나 루이스가 권위 있는 텍스트(성경 같은)를 다루고 있었다면, 독자들의 게으름과 자기몰두뿐 아니라 그들이 처해 있는 도덕적 위험도 지적했을 것이다. 내가 스스로의 오독에 근거하여 만들어내는 나만의 의미에 만족한다면, 하나님의 권위 아래 사는 것이 아니라 길을 잃었다고 해야 할 것이다.

이것은 사소한 문제가 아니다. 저자의 의도를 찾아내는 과제에 전념하는 것은 세상의 진정한 존재 방식에 대응하는 읽기 방식이다. 하나님은 존재하시고 말씀하셨다. 인간 저자들은 하나님께 받은 의도를 글로 전했다. 그 글들은 존재하고 그 의미도 존재한다. 그것들은 우리 외부에 있는 객관적 실재이다. 읽음으로써 그것들을 구하고 발견하는 것은 우리의 영광이다.

다섯 번째 이유: 하나님의 권위가 가능해진다

어떤 텍스트의 의미가 저자가 전달하려고 의도한 바라면, 그것은 우리에게 권위를 행사할 수 있다.

어떤 성경 본문의 의미가 그 본문을 읽고 우리 머릿속에 떠오른 어떤 것일 수 있다면, 하나님은 우리 삶에서 더 이상 어떤 권위도 가질 수 없다. 그러나 한 본문의 의미가 저자가 의도한 내용이라면, 그것은 객관적이고 고정된 것이다. 변할 수 없다. 심지어 저자조차도 과거의 의도를 나중에 과거를 벗어난 의도로 바꿀 수 없다. 만약 그가 자신이 뜻했던 내용에 대해 마음을 바꾼다면, "그런 의미가 아니었다"라고 말하는 것은 잘못된 일일 것이다. 그는 실제로 그런 의미로 말했기 때문이다. 이것이 마음을 바꾼다는 말이 의미하는 바다. 한때, 당신은 한 가지를 전달하려는 의도를 갖고 있었다. 그런데 이제는 그 의도가 옳다고 생각하지 않는다. 그렇다면 이렇게 말해야 한다. "나는 그런 의미로 말을 했었다. 그런데 그것은 잘못이었다. 이제 나는 마음을 바꾸었다. 여기 내가 전달하고자 하는 새로운 내용이 있다."

그러니까 의미는 한번 기록되고 나면 그 글에서 고정된 뜻을 갖게 된다. 어떤 텍스트의 의미는 바뀔 수 없다. 즉, 저자가 전달하려고 의도한 내용은 일회적인 역사적 사건이고 과거는 바뀔 수 없다. 시간과 문화가 달라짐에 따라 그 의미에 대한 적용도 끊임없이 변화하며 달라질 수는 있다. 그러나 그 의미–저자의 의도–는 여전히 동일하다.

그렇기 때문에 하나님은 성경을 통해 우리에게 권위를 행사하실 수 있다. 우리는 맘에 들지 않는 가르침을 회피하는 수단으로 성경에 없는 의미를 덮어 씌울 수 없다. 성경의 의미들은 있는 그대로다. 성경의 가르침의 신적 권위가 시대를 가로질러 한결 같을 수 있는 것은 바로 이 불변성 때문이다.

삶을 변화시키는 함의들

이런 다섯 가지 이유로 인해, 나는 읽기와 텍스트의 의미에 대해 이런 식으로 생각하라고 권하는 바이다. 성경 본문의 의미는 저자가 그의 글로 전달하려고 의도한 바이다. 그리고 읽기는 바로 그 저자의 의도를 발견하기 위해 하는 일이다. 읽기의 통상적 목표는 저자가 그의 글로 전달하려 의도한 내용을 파악하는 것이다.

여기에는 삶을 변화시키는 함의들이 담겨 있다. 이 정의를 받아들이고 나면 그저 머리에 떠오르는 영감을 얻기 위해 성경을 찾는 일이 다시는 없을 것이다. "본문이 내게 의미하는 바"를 말하는 것을 목표로 삼는 그룹 성경 공부 시간에는 결코 만족하지 못할 것이다. 흥미로운 이야기와 역사, 정치, 심리학, 개인적 경험은 들려주지만 성경 저자들이 특정한 본문에서 전달하려 의도한 것을 보여 주지 못하는 목사에게 흥분하는 일은 없을 것이다.

우리는 저자의 의도를 파악하고 거기에서 영감을 얻는 방식으로 성경을 읽기 위해 모든 노력을 기울일 것이다. 그 일을 통해 하나님을 보고 음미하기를 추구할 것이다. 성경 본문에서 저자가 뜻한 내용을 더 많이 이끌어 내기 위해 여러 측면을 보도록 서로 돕는 소그룹 성경 공부 모임을 사랑하게 될 것이다. 성경 저자들이 실제로 의미한 바를 보여 주는 모든 설교로 인해 하나님께 감사하게 될 것이다.

그렇다. 우리는 개인적으로 성경을 읽을 때도, 소그룹 성경 공부 모임이나 설교를 들을 때도 그 의미를 자신의 삶과 상황과 주변에 적용하려 할 것이다. 그리고 그 적용의 힘은 그것이 실재하는 객관적이고 변하지 않는 의미에 근거하고 있다는 확신과 함께 나날이 더 커질 것이다.

읽기의 통상적 목표를 저자가 전달하려 의도한 내용을 발견하는 것으로 보는 견해에는 더 많은 함의들이 있다. 다음 장에서 나는 그 함의들 중 일부를 살펴볼 것이고, 20장 말미에서 제기한 두 가지 질문에 대한 대답을 시도할 것이다. 두 질문은 첫째, 인간 저자의 의도는 해당 본문이 기록되도록 영감을 주신 하나님의 의도와 어떤 관련이 있는가? 둘째, 인간 저자는 집필 당시에는 의식하지 못한 것들을 의도할 수 있는가?

22.

텍스트의 의도에서 하나님의 의도로 나아가라

"내가 너희에게 편지하는 이 글이 주의 명령인 줄 알라."

내가 권하는 읽기의 통상적 목적은 저자가 전달하려 의도한 내용을 발견하는 것이다. 이것은 의미가 우리 바깥에 있음을 함축한다. 의미는 발견하는 것이지 창조하는 것이 아니다. 우리는 성경에 의미를 부여하지 않는다. 의미는 거기에 이미 있다. 성경은 하나님의 인도하심을 받은 저자들이 자신이 의도한 바를 전달하기 위해 쓴 글이기 때문이다. 성경의 의미는 우리 머릿속에 떠오르는 의미심장한 생각들이 아니다. 그런 생각들은 저자가 의미한 내용의 일부일 수도 있고 아닐 수도 있다. 성경을 읽을 때 우리가 하는 일은 하나님의 감동을 입은 저자들이 전달하고자 한 금을 찾아 성경이라는 금광을 캐는 것이다. 우리는 의미를 창조하는 것이 아니라 찾고 있다.

> 은을 구하는 것 같이 그것을 구하며
> 감추어진 보배를 찾는 것 같이 그것을 찾으면
> 여호와 경외하기를 깨달으며
> 하나님을 알게 되리니(잠 2:4-5).

금을 캐려고 금광을 파던 사람이 어느 날 멋지게 조각된 보석을 몇 개 가져와서는 주머니에서 꺼내 들고 달려오면서 이렇게 외친다고 해 보자. "내가 금광에서 뭘 찾았는지 보세요! 이런 걸 찾았어요! 정말 귀한 보석이 틀림없어요!"

우리는 그 사람을 어떻게 생각할까? 아마 바보라고 말할 것이다. 성경의 의미는 우리 머릿속에 이미 들어 있던 것이 아니다. 그것은 저자의 머릿속에 있던 것이고 이제는 언어의 경이로움에 의지해 성경의 단어들과 그 구조 안에 박혀 있다. 읽기의 통상적 목표는 그 의미를 캐내는 것이다. 이것은 영광스러운 작업이다. 그 보상은 헤아릴 수 없이 크다.

> 이는 금보다,
> 순금보다 더 귀하고
> 벌집에서 뚝뚝 떨어지는

꿀보다 더 답니다(시 19:10, 우리말성경).

성경의 영감과 하나님의 의도

나는 지난 장 말미에서 의미에 대한 이 견해가 제기하는 질문이 적어도 두 가지라고 말했다. 우리가 다룰 첫 번째 질문은 인간 저자의 의도가 본문에 영감을 주신 하나님의 의도와 어떻게 관련되는가이다. 이 책에서 나의 전제는 하나님께서 성경의 저자들이 그들의 의도를 통해 하나님의 의도를 표현하도록 인도하시는 방식으로 성경에 영감을 주셨다는 것이다.[1] 다음은 이 전제를 지지하는 성경 본문들이다.

> 모든 성경은 하나님의 감동으로 된 것으로 교훈과 책망과 바르게 함과 의로 교육하기에 유익하니 이는 하나님의 사람으로 온전하게 하며 모든 선한 일을 행할 능력을 갖추게 하려 함이라(딤후 3:16-17).
>
> 아무도 성경의 모든 예언을 제멋대로 해석해서는 안 됩니다. 예언은 언제든지 사람의 뜻에서 나온 것이 아니라, 사람들이 성령에 이끌려서 하나님께로부터 오는 말씀을 받아서 한 것입니다(벧후 1:20-21, 새번역).
>
> 우리는 세상의 영을 받은 것이 아니라 하나님에게서 오신 영을 받았습니다. 그것은, 하나님께서 우리에게 은혜로 주신 선물들을 우리로 하여금 깨달아 알게 하시려는 것입니다. 우리가 이 선물들을 말하되 사람의 지혜에서 배운 말로 하지 아니하고, 성령께서 가르쳐 주시는

> 말로 합니다. 다시 말하면 신령한 것을 가지고 신령한 것을 설명하는 것입니다(고전 2:12-13, 새번역).
>
> 만일 누구든지 자기를 선지자나 혹은 신령한 자로 생각하거든 내가 너희에게 편지하는 이 글이 주의 명령인 줄 알라(고전 14:37).

꾸란과 성경

성경의 영감 교리는 인간의 저자됨을 사실상 무효로 만드는 방식으로 오해를 받을 수 있다. 이것은 심각한 오류이다. 우리는 꾸란에 대한 무슬림들의 역사적 견해와 성경에 대한 기독교인들의 역사적 견해를 비교함으로써 이 오류가 얼마나 심각한 것인지 볼 수 있다. 무슬림들에게 "꾸란은 신의 '입시시마 베르바'[바로 그 말씀]이고, 천국에 있는 아랍어로 기록된 신의 책이 무함마드에게 탄질["내려온 것"]로 주어진 것이다."[2] 다시 말해, 꾸란은 천국에 아랍어로 실제로 존재했고, 천국에서 이미 정해진 자구 그대로 무함마드에게 전달된 것뿐이기에 무슬림들은 무함마드가 꾸란의 저자라고 생각하지 않는다.

자, 이제 앤드루 월스가 기독교의 성경과 이슬람의 꾸란을 통찰력 있게 비교한 다음의 글을 보라.

> 기독교 신앙은 계속해서 번역되고 끊임없이 토착 문화 속으로 들어가 그것과 상호작용을 해야 한다. 그렇지 않으면 시들고 점점 희미해진다. 이슬람의 절대 원칙은 특정 언어로, 인류역사 중 특정 시기의

> 조건에 고정되어 있다. 신의 말씀은 원래 계시된 언어인 아랍어로 천국에서 영원히 고정된 꾸란이다. 하지만 그리스도인들에게 하나님의 말씀은 번역이 가능하고, 그 가능성은 무한하다. 그리스도의 말씀 자체가 우리가 가진 최초의 문서들에서 번역된(translated) 형태로 전해졌는데, 이 사실은 그리스도 안에서 하나님의 본모습이 인간의 모양으로 바뀌었다(translated)는 확신과 결코 분리될 수 없다. 무슬림의 꾸란에 해당하는 것이 그리스도인들의 성경이라는 추정 때문에 그리스도인들과 무슬림들 사이에서 많은 오해가 생겨났다. 무슬림에게 꾸란이 의미하는 바는 그리스도인들에게 그리스도가 의미하는 바와 같다고 말하는 것이 더 참될 것이다.[3]

성육한 신인이신 예수 그리스도는 변하지 않는 개인적, 신체적, 심리적, 문화적, 인종적 정체성을 갖고 있다. 사람들은 그분을 금발에 파란 눈을 한 앵글로색슨족이나 스칸디나비아 계통의 사람, 또는 아프리카인, 혹은 중국인으로 그릴 수도 있지만 모두 잘못된 그림이다. 그분은 성령의 능력으로 마리아의 자궁에서 사람으로 나셨고 유대인 목수이자 교사이자 선지자이자 메시아로 일생을 사셨던 신인이시다. 그분은 지금도 그렇고 앞으로도 다른 존재가 될 수 없다.

하나님의 아들은 성육신을 통해 역사 속에서 고정되지만, 성령의 영감은 그런 식으로 성경을 고정시키지 않는다. 분명, 성경은 그리스어와 히브리어로 하나님이 영감을 주셔서 기록되었고 우리는 이 원본이 하나님의 진실하심을 반영하는 무오한 글이라고 단언한다. 그러나 영감이라는 이 신적 행위로 하나님이 다른 언어와 문화로 표현되기를 의도하셨던 의미들이 인간 저자들의 글에 전해졌다. 우리는 이런 일이 신약성경에서 벌써 나타나는 것을 볼 수 있는데, 유대인들이 주를 이루던 환경에서 이방인들이 주를 이루는 환경으로 기독교 신앙이 옮겨가면서 벌어진다. 이 과정에서 새로운 용어들이 선택되어 진리를 섬기는 데 쓰인다.

인간의 의도를 통한 전달

그러니까 성경의 영감을 고려하면서 우리는 이 교리를 잘못 이해한 양극단의 오류 사이에서 길을 찾게 된다. 오류 한 가지는 성경 원문을 하나님이 불러 주신 것을 받아 쓴 것으로 바꾸어 성경 말씀이 인간 저자들의 생각을 반영하지 않고 다른 언어로는 제대로 옮겨질 수 없는 것이 되게 한다. 또 다른 오류는 인간 저자들을 하나님의 특별한 인도하심과 분리하여 하나님의 의도는 없고 인간의 의도만 남게 만든다. 그러나 역사적 견해이자 여기서 내가 전제하는 견해는 하나님의 의도가 모든 성경에 들어 있고 그 의도는 성경의 인간 저자들이 글을 쓸 때 전달하려 의도한 바를 제대로 이해하는 일을 통해 전해진다는 것이다.

이 확신의 근저에는 하나님이 성자의 성육신 안에서 자신을 낮추셨듯이 성경의 영감에서도 자신을 낮추셨다는 견해가 자리하고 있다. 하나님은 하나님의 아들을 인간 본성과 묶으셨고, 하나님의 의미를 인간의 글과 묶으셨다. 구유와 십자가는 멋져 보이지 않았다. 문법과 구문도 마찬가지다. 그러나 하나님은 그런 식으로 자신을 계시하기로 선택하셨다.

가난한 유대인 시골뜨기와 명제적 어구는 인간적이고 평범하다는 공통점을 갖고 있다. 가난한 시골뜨기가 하나님이고 명제적 어구가 하나님의 말씀이라고 해도 이 사실은 달라지지 않는다. 그러므로 하나님이 스스로를 낮추사 인간의 몸을 입으시고 인간의 언어로 말씀하셨다면, 그리스도의 인성과 성경의 문법을 주제넘게 무시하는 자에게 화가 있을 것이다.

저자만의 특정한 언어와 패턴을 통한 접근

그러나 성경을 통해 하나님의 계시가 인간의 언어로 주어졌다고 말하는 것만으로는 충분하지 않다. 성경은 특정한 시간과 장소에 있던 특정한 인간 저자들의 언어로 주어졌다. 두드러지는 신적 언어의 규칙은 없다. 이 부분이야말로 기독교의 성경관과 꾸란에 대한 이슬람의 견해가 크게 달라지는 부분이다. 무슬림들은 꾸란의 아랍어 원본이 천국에 있다고 생각한다. 이것은 꾸란의 자구가 인간 저자의 어휘나 문체가 아니라 신의 어휘와 문체만을 반영한다는 뜻이다.

그러나 그리스도인들은 이것이 하나님이 성경을 감동하신 방식이 아니라는 것을 안다. 하나님이 인간 저자들을 통해 말씀하셨을 때, 언제나 같은 언어와 문체와 어휘를 사용하신 것이 아니다. 모든 증거로 판단할 때, 하나님은 개별 성경 저자들의 언어, 문체, 어휘, 특별한 용법들을 사용하셨다. 하나님의 말씀이 직접 인용되는 예언적인 구절에서도 우리는 선지자 한 사람 한 사람을 구분하는 언어적 특질들을 보게 된다.

이것이 우리가 성경을 읽어 나가는 방식에 의미하는 바는 엄청나다.

예를 한번 들어 보자. 이런 영감의 개념에 비추어 하나님이 야고보서 1장 5절에서 지혜라는 단어로 의도하신 바를 이해하고 싶다고 하자. "너희 중에 누구든지 지혜가 부족하거든 모든 사람에게 후히 주시고 꾸짖지 아니하시는 하나님께 구하라. 그리하면 주시리라."

우리는 하나님이 지혜라는 단어를 쓰신 용례가 언제나 같을 거라고 추정하지 않는다. 지혜라는 단어의 고정된 의미가 천국에 있는 것이 아니기 때문이다. 그래서 우리는 야고보서 1장 5절에 나온 지혜의 정의를 찾아 잠언 8장을 펴지 않는다. 하나님이 두 구절 모두에 영감을 주셨으니, 잠언 8장의 지혜와 야고보서 1장의 지혜가 같은 의미일 것이라고 전제하지 않는 탓이다.

우리는 하나님이 성경에 영감을 주셨을 때 인간 저자들의 어휘와 의사전달 패턴을 통해 말씀하셨다는 것을 인정한다. 그래서 야고보서 1장 5절에서 야고보가 지혜로 의미하는 것이 무엇인지에 대해 그의 안내를 받는 것이 더 지혜로운 일임을 깨닫는다. 야고보가 지혜라는 단어를 각기 다른 세 용례에서 어떻게 쓰는지 살펴보는 쪽이 더 도움이 될 것이다. 야고보의 어휘에 특별한 역할을 부여하지 않고 성경을 관통하는 신적 어휘가 있을 것이라고 추정하는 것보다는 야고보의 의도를 주의깊게 살피면서 하나님의 마음을 더 잘 알게 될 것이다.

그러므로 나의 결론은 성경 속 하나님의 의미-하나님이 전달하려 의도하시는 것-는 다양한 인간 저자들의 특정한 어휘와 의사전달 패턴을 통해서만 접근할 수 있다는 것이다. 그리고 성경의 영감에 관하여는 인간 저자들이 특정한 역사적 상황에서 전달하려 의도한 바를 파악하는 것이 그 상황에 대한 하나님의 의도를 파악하는 것이기도 하다고 본다. 결과적으로 성경 읽기의 기본적이고 통상적인 목적은 성경 저자들이 각자의 상황 속에서 전달하려 의도한 바를 이해하는 것이다.

저자가 전달하려고 의도하는 것

이것은 신적 의도와 인간의 의도가 어떻게 연관되는지에 대한 다음의 질문으로 이어진다. 우리가 정의한 바에 따르면 의미는 저자가 전달하려 의도한 것인데, 그렇게 되면 하나님은 성경에서 인간 저자들이 전달하려 의도한 것보다 더 많은 것을 말씀하신 적이 결코 없다는 말이 될까?

이 질문에 대답하기에 앞서, 지난 장 말미에 내가 제시한 두 번째 질문에 대한 답을 여기서 살펴볼 필요가 있다. 그 질문은 이것이다. "성경의 인간 저자는 당장에 의식하지 못하는 것들을 의도할 수 있을까?"

내가 이 질문에 지금 답하는 이유는 이 답변이 하나님이 인간 저자들이 의도한 내용보다 더 많은 것을 성경에 담으시는지를 묻는 다른 질문에 대한 답변의 일부이기 때문이다.

성경의 인간 저자는 당장에 의식하지 못하는 것들을 의도할 수 있을까? 대답은 그렇다. 이것이 모순적으로 들린다는 것을 안다. 나는 의미를 '저자가 전달하려고 의도하는 것'이라고 정의했기 때문이다. 그런데 지금 그가 의식하지 못하는 것을 의도할 수 있다고 말하고 있다. 이 말은 무슨 뜻일까?

이것은 사실 그리 이상하지 않다. 줄임말로 쓰는 '따위'(etc)를 쓸 때마다 다들 이렇게 하고 있으니까. '기타 등등'(and so forth)이라고 할 때도 그렇다. 이렇게 말한다고 해 보자. "식료품점에서 살 수 있는 모든 녹색채소는 다 좋아. 상추, 브로콜리, 오이 따위 말이야."

말하는 순간에 머리에 떠오른 녹색 채소는 세 가지뿐이다. 말하는 순간에는 다른 녹색채소를 의식하지 못한다. 그러나 '따위'라는 용어는 자신이 의식하고 있는 것 너머로 의도를 넓히려고 쓰는 용어이다.

방금 제시한 문맥에서 '따위'는 아무 것이나 의미할 수 없다. 경계를 설정했기 때문이다. "모든 녹색채소"라고 했고 "식료품점에서 살 수 있는"이라고도 했다. 이 두 가지 특성이 '따위'의 의미를 제한한다. 그래서 누군가가 "그러니까 아스파라거스도 포함한다는 의미야?–즉, 그런 의도로 말한 거야?"라고 묻는다면 "그렇다"고 대답하게 될 것이다. 아스파라거스를 의식하지 못했더라도 아스파라거스를 의미한 것이다. 또 다른 방식으로도 설명이 가능하다. 의식적 의미의 필연적 함의들은 우리가 그 모두를 의식하지 못해도 우리의 의미 안에 포함되어 있다. 이어지는 내용에서 이것의 구체적인 성경적 사례를 골로새서 3장 17절에서 살펴볼 것이다.

하나님의 의도와 인간의 의도

이제 나는 성경에 나오는 하나님의 의도와 인간의 의도에 대한 질문으로 돌아간다. 우리는 저자가 전달하려 의도한 것이라고 의미를 정의했는데, 그렇다면 하나님이 감동하신 글은 인간 저자들이 전달하려 의도한 것보다 더 많은 것을 의미하는 법이 결코 없다는 뜻이 될까?

아니다. 그렇지 않다. 베드로전서 1장 10-12절을 근거로 우리는 하나님이 적어도 가끔은 인간 저자들이 의식하는 것보다 더 많은 말씀을 하신다는 것을 안다.

> 이 구원에 대하여는 너희에게 임할 은혜를 예언하던 선지자들이 연구하고 부지런히 살펴서 자기 속에 계신 그리스도의 영이 그 받으실 고난과 후에 받으실 영광을 미리 증언하여 누구를 또는 어떠한 때를 지시하시는지 상고하니라. 이 섬긴 바가 자기를 위한 것이 아니요 너희를 위한 것임이 계시로 알게 되었으니 이것은 하늘로부터 보내신 성령을 힘입어 복음을 전하는 자들로 이제 너희에게 알린 것이요 천사들도 살펴보기를 원하는 것이니라.

몇 가지를 주목해야 한다. 첫째, 하나님은 선지자들이나 당대의 청중들에게 메시아가 누구이며 언제 오실지에 대한 구체적 내용을 전달하려는 의도를 갖고 계시지 않았다. 하나님의 의도는 이후 세대가 이 예언들 안에서 저자들 자신도 볼 수 없었던 것들을 보고 저자들이 알 수 없었던 것을 알게 하시는 데 있었다. 우리는 이 사실을 "이 섬긴 바가 자기를 위한 것이 아니요 너희를 위한 것임이 계시로 알게 되었으니"라는 말로 알 수 있다. 다시 말해, 베드로 당대 사람들은 예언을 읽고 예수님의 인격과 사역을 볼 수 있어야 했다. 반면, 선지자들은 후대의 그리스도인들과 달리 예수님의 영광과 수난을 볼 수 없었다.

주목해야 할 두 번째 사실은 후대 독자들은 여전히 특정한 선지자의 글쓰기 방식에 익숙해져야 한다는 것이다. 하나님은 선지자가 인식하는 것보다 더 많은 내용을 후대에 전달하실 수 있지만, 그 계시는 특별한 신적 어휘나 문체로 전달되는 것이 아니다. 그 내용에 접근할 수 있는 유일한 통로는 해당 선지자의 특정한 글쓰기 방식이다. 그래서 베드로와 동시대 사람들은 수백 년 전에 살았던 선지자가 쓴 글을 읽고 이해해야 했다. 이런 이해가 없었다면, 그들은 그 글이 예수님의 생애와 어떻게 들어맞는지 알 수 없었을 것이다.

가야바가 자기도 모르게 한 예언

대제사장 가야바가 예수님의 죽음을 예언한 대목도 같은 방식으로 설명할 수 있다. 제사장들과 바리새인들은 가야바에게 가서 뭔가 예수를 멈추게 하지 못하면 "로마인들이 와서 우리 땅과 민족을 빼앗아 가리라"(요 11:48)고 안달하며 목소리를 높였다. 그러자 가야바는 이렇게 대답한다.

> "너희가 아무 것도 알지 못하는도다. 한 사람이 백성을 위하여 죽어서 온 민족이 망하지 않게 되는 것이 너희에게 유익한 줄을 생각하지 아니하는도다." 하였으니 이 말은 스스로 함이 아니요 그 해의 대제사장이므로 예수께서 그 민족을 위하시고 또 그 민족만 위할 뿐 아니라 흩어진 하나님의 자녀를 모아 하나가 되게 하기 위하여 죽으실 것을 미리 말함이러라(요 11:49-52).

핵심적인 예언의 말은 "한 사람이 백성을 위하여 죽어서 온 민족이 망하지 않게 되는 것이 너희에게 유익[하다]"(50절)는 것이다. 가야바의 당시 의도는 유대 민족이 로마인들의 손에 제거되는 것보다는 예수가 죽는 것이 더 낫다는 점을 전달하는 것이었다. 그러나 하나님은 그의 말을 통해 하나님이 다른 의도를 갖고 계심을, 즉 그리스도의 죽음이 대속에 의해 참으로 그의 백성을 구원할 것이고 그 구원은 깊이와 범위 모두에서 가야바가 생각한 것보다 더 클 것임을 요한에게 전달하셨다. 그리스도의 죽음은 로마인들로부터의 구원만이 아니라 죄로부터의 구원이기도 할 것이었다. 유대인들만 구원받는 것이 아니라 전 세계에 흩어진 모든 "하나님의 자녀"가 구원받을 터였다.

이 대목은 베드로전서 1장 10-12절과 유사한 점이 있는데, 하나님은 그 온전한 의미를 당대 사람들, 서기관들과 바리새인들에게 전달하실 의도가 없었다는 것이다. 하나님은 가야바에게 말씀을 주셨고, 요한의 신적 통찰에 따르면 이후 독자들은 그 말씀이 예수님 죽음의 크나큰 결과와 정확히 들어맞는 것을 볼 수 있을 것이었다. 그러나 이번에도, 하나님의 큰 의도는 특별한 신의 언어로 전달되지 않았다. 그 의도는 가야바가 사용한 어휘와 통상적인 말하기 방식을 통해 전달되었다. 그 문장 안에는 읽기의 통상적 목표를 잊고 하나님의 의도를 분별하는 뭔가 새로운 방법을 찾으라고 말하는 감추어진 신의 암호가 없었다.

더 확실하고 틀림없는 근거

그래서 하나님은 영감 된 성경을 통해 인간 저자들이 인식한 것보다 전달하실 내용이 더 많으실 수 있고 실제로도 그렇다는 것이 나의 결론이다. 어떤 의미에서 하나님은 언제나 인간 저자들이 인식한 것보다 전달하실 내용을 더 많이 갖고 계신다고 말해도 무방할 것 같다. 내가 이렇게 말하는 데는 적어도 두 가지 이유가 있다.

하나는 이번 장에서 이미 밝힌 논점이기도 한데, 저자가 쓴 글의 필연적 함의는 내가 생각하는 저자의 의미를 구성하는 일부이기 때문이다. 하지만 하나님을 제외하고는 어떤 저자도 자신이 쓴 내용의 필연적 함의를 완전하게 보지 못한다. 그러나 하나님은 보신다. 그래서 언제나 인간 저자들이 암묵적으로만 의미하는 것을 의식적으로 의미하신다. 예를 들어, 바울이 "말이든 행동이든 무엇을 하든지, 모든 것을 주 예수의 이름으로 하[라]"(골 3:17, 새번역)고 말할 때, 하나님은 "모든 것"에 포함되는 수십억 가지의 일 하나하나를 다 보시고 우리가 그 하나하나를 예수의 이름으로 하는 것을 원하신다. 하지만 바울은 미래의 모든 그리스도인에게 모든 것이라는 단어가 구체적으로 어떤 함의를 가질지 알 수가 없다. 이런 의미에서 하나님의 의도는 언제나 인간 저자들보다 더 온전하고 구체적인 의미를 아우른다.

둘째, 하나님은 성경 저자들이 쓴 모든 내용 사이의 연관성을 다 보셨기 때문이다. 그들은 그 모든 연관관계를 볼 수가 없었는데, 대부분의 경우는 다른 사람들이 무엇을 쓰게 될지 인식하지도 못했기 때문이다. 그러나 이제 우리는 성경의 영감 된 책들을 다 가지고 있으니 평생에 걸쳐 그 연관관계를 탐구할 수 있다. 성경의 다양한 책들 사이에는 수만 가지의 관련성이 있다. 바울이 한 어떤 말과 요한이 한 어떤 말을 숙고하다가 두 사람 모두 보지 못했던 실재를 엿보게 될 가능성도 얼마든지 있다. 물론, 하나님은 그 실재를 보셨고 당신이 그것을 볼 것임도 보셨다. 하나님은 이 모든 연관성을 의도하셨다. 그렇게 기록되도록 하나님이 영감을 주셨다. 저자들과 독자들-오늘날까지-는 이런 연관성의 파편밖에 보지 못한다. 이 연관성은 평생에 걸쳐 탐구할 가치가 있다.

여기서의 핵심은 하나님은 언제나 인간 저자들보다 전달하실 내용을 더 많이 갖고 계신다는 것이다. 그러나 그렇다고 해도 하나님의 의도와 인간 저자들이 사용한 어휘와 글쓰기 습관들을 분리해서는 안 된다. 인간 저자들이 그들의 의도를 언어로 전달하는 방식을 통하는 것 외에는 하나님의 마음에 더 확실하고 틀림없이 접근할 경로가 없다.

우리는 읽고, 하나님은 드러내신다

그러므로 자연적 행위로 이루어지는 초자연적 성경 읽기에 대해 생각할 때, 인간 저자들의 의도를 온 힘을 다해 추적하는 것이 절실하다는 점을 간과해서는 안 된다. 그러기 위해 우리는 모든 인간적 노력과 기량을 총동원해야 한다. 우리의 궁극적 목표는 성경 안에서 하나님의 아름다움과 존귀함을 보고 음미하고 그것에 의해 변화를 받음으로써 하나님을 영화롭게 하는 것이다. 그러나 우리는 그분의 영광이 본문의 의미-저자가 전달하려 의도한 것- 안에서와 그 의미를 통해서만 계시된다는 것을 보았다. 그리고 의미는 읽고 생각함으로써 발견할 수 있다. 하나님이 성육신 안에서 인간 예수와 연합하시듯, 하나님의 영광은 성경 본문의 의미와 연합한다.

그러므로 하나님의 영광을 보고 음미하는 기적은 읽고 생각하는 행위 안에서 이루어진다. 우리는 읽는다. 하나님은 드러내신다. 하나님이 초자연적 기적을 베푸신다. 그리고 우리는 초자연적 기적을 실행한다. 다음 장에서는 이것을 행하는 실천적 절차들을 다루기로 하자.

23.

끈기와 적극적인 주목이 필요하다

"은을 구하는 것 같이 그것을 구하며
감추어진 보배를 찾는 것 같이 그것을 찾으면…."

놀랍게도, 성경 읽기는 하나님이 우주에 대한 그분의 궁극적 목적을 이루시는 데 없어서는 안 될 수단 중 하나다. '없어서는 안 될'이라는 표현을 곰곰이 생각해 보라. 이 말은 하나님의 백성 사이에서 성경 읽기의 통상적 목표가 성취되지 않으면 우주에 대한 거대한 목적이 달성되지 않을 것이라는 뜻이다. 성경 읽기의 통상적 목표는 성경 저자들이 전달하려 의도하는 바를 파악하는 것이다. 이것이 없어서는 안 되는 이유는 성경 읽기의 궁극적 목표가 성경 읽기의 이 통상적 목표를 추구하는 행위를 통해서 이루어지기 때문이다.

성경 읽기의 궁극적 목표(내가 1부에서 제안한 바 있다)는 하나님의 무한한 존귀함과 아름다움이 그리스도께서 각 족속과 방언과 백성과 나라 가운데서 피 흘려 사신 그리스도의 신부가 영원토록 드리는 뜨거운 예배 가운데 높임을 받으시게 되는 것이다. 하나님의 존귀함과 아름다움이 뜨거운 예배 가운데 높임을 받으시는 것은 사람들이 성경에서 하나님의 존귀함과 아름다움—그분의 특별한 영광—을 우주 최고의 보물로 보고 음미하는 데 달려 있다. 성경에서 하나님의 영광을 보는 일은 하나님의 은혜의 초자연적 역사로 이루어진다. 우리는 본성적으로 그 영광에 대해 완고하고 눈이 멀었기 때문이다. 그러나 자연적 행위로 이루어지는 초자연적 성경 읽기 안에서, 그 성경 읽기를 통해 기적이 이루어진다.

즉, 성경의 저자들이 전달하려 의도한 것을 파악하려는 통상적 목표를 가지고 믿음으로 성경을 읽어나가면 기적이 벌어진다. 하나님의 아들의 영광을 보는 방법이 성육하신 사람의 아들을 보는 것뿐이듯, 하나님의 말씀의 영광을 보는 유일한 방법도 인간이 기록한 영감 된 글을 보는 것뿐이다. 신적 조명은 인간의 관찰을 통해서 이루어진다. 신적 진리의 아름다움은 인간의 글을 보는 가운데, 즉 읽기를 통해 드러난다. "그것을 읽으면 내가 그리스도의 비밀을 깨달은 것을 너희가 알 수 있으리라"(엡 3:4).

스물두 살에 배운 읽기

읽기라는 이 자연적 행위의 가장 근본적인 과제는 책에 실제로 있는 내용을 보는 일이다. 이번 장에서 나의 목표는 성경을 읽을 때 이제껏 생각도 못했던 많은 것을 볼 수 있다고 독자를 설득하고 그렇게 보도록 권하는 것이다. 그리고 이런 결과는 그리스어와 히브리어를 배우거나 신학 교육을 받아서가 아니라 (이런 것들이 중요할 수 있으나), 그 어느 때보다 오래, 더 주의 깊게 지켜보는 습관과 참을성을 기름으로 얻게 된다고 주장하려 한다. 저자들이 전달하려 의도한 것을 보지 못하는 경우는 대부분 교육 부족이나 지성의 결핍 때문이 아니라 글 자체에 적극적으로 주목하지 않는 수동적 읽기 때문이다.

내가 이렇듯 강한 확신과 소망을 가지고 말하는 것은 내 자신의 경험 때문이다. 나는 스물두 살 때 읽는 법을 배웠다. 사실, 이렇게 말하면 부모님이나 그때까지 나를 가르쳐 주신 탁월한 선생님들에게는 불공정한 일이 될 것이다. 읽기가 무엇인가에 대한 나의 이해와 잘 읽고 말겠다는 의지가 스물두 살의 나에게 더해지면서 삶에 변화가 찾아왔다고 말하는 것이 더 정확할 것이다.

이 책을 읽는 독자에게도 그런 일이 일어나기를 바란다. 나는 수동적 읽기와 능동적 읽기의 차이점을 배웠다(모티머 아들러[1]의 도움으로). 읽기의 통상적 목표-다른 사람을 따라 그의 생각을 생각하기-가 얼마나 놀라운 것인지 깨달았다(E. D. 허쉬[2]의 도움으로). 그리고 어떤 종류의 질문들을 해야 하는지 배웠다(대니얼 풀러[3]의 도움으로). 스물두 살 이전에는 이분들이 쓴 글을 읽어 본 적이 없었다.

적극적으로 보고 들으라

내 삶에 변화가 일어난 신학교 시절, 대니얼 풀러 교수가 우리 학생들에게 강력히 요구한 첫 번째는 바라봄으로써-구체적으로는, 성경 본문을 바라봄으로써- 정말로 보는 것이 가능하고 유익하다는 사실을 믿으라는 것이었다. 이 말이 이상하게 들릴 수 있다. 그러나 우리가 깨어있는 시간에 눈은 뜨고 있지만 보는 일이 수동적인 상태에 그칠 때가 얼마나 많은지 생각해 보라. 세상을 보면서도 거의 아무 것에도 주목하지 않는다. 늘상 뭔가를 듣지만 특정한 소리를 의식하는 경우는 드물다.

적극적으로 보고 듣도록 나를 독려한 사람은 풀러 박사만이 아니었다. 어느 날 설교학 수업시간에 담당 교수가 목사는 예화집이 아니라 실생활에서 사례를 가져와야 한다는 주장을 하고 있었다. 그런데 그가 갑자기 말을 멈추었고 그대로 30초 정도 침묵이 흘렀다. 우리는 그가 무엇을 하고 있는 것인지 몰랐다. 그 다음 그가 말했다. “들었나?” 우리는 그 말을 이해하지 못했다. “사이렌 소리 말이야! 콜로라도 대로에서 난 거야. 앰뷸런스군. 우리가 여기 앉아있는 지금, 누군가가 크게 다쳤거나 많이 아픈가 보군.”

그 순간은 내게 지울 수 없는 인상을 남겼다. 48년이 지난 지금까지 그 일을 기억한다는 사실은 내가 받은 영향이 얼마나 컸는지 보여 준다. 나는 이렇게 생각했다. ‘깨어나! 너는 몽유병자처럼 살고 있어. 보고 듣지만 아무 것도 알아채지 못해. 깨어나!’

대부분의 사람들이 반쯤 잠든 채로 글을 읽는다. 텔레비전을 보는 것과 상당히 비슷하게, 수동적으로 성경을 읽는다. ‘수동적으로’라는 말은 우리가 TV 프로그램에 대해 기대하는 자세를 말한다. 그것이 알아서 우리에게 영향을 끼치기를 기대하는 것이다. 우리를 즐겁게 하거나, 정보를 주거나, 가르쳐 주기를 기대한다. 우리의 정신은 거의 전적으로 수동적인 자세로 이런저런 충동을 받아들인다. 그러나 정신이 경계 태세에 들어가 무엇인가를 주의 깊게 지켜보면 정반대의 상황이 찾아온다. TV나 세상을 적극적으로 볼 때, 이전에는 전혀 알아채지 못했던 현실의 여러 층과 차원과 측면이 보인다. 차이는 이제 정신이 관여했다는 것이다. 당신이 뇌를 향해 이런 명령을 내린 것이다. '바라봐! 귀 기울여! 네가 보고 있는 것을 생각해. 단서를 찾아내. 적극적으로 관찰해. 끊임없이 주목해. 흔들림 없이 주의를 집중해. 연관을 지어봐. 패턴을 찾아내. 질문을 해 봐.'

이전에 보지 못했던 방식으로 보고 싶은 갈망이 더 커지도록 내게 잊을 수 없는 영감을 준 것이 하나 더 있다. 아가시와 물고기 이야기였다. 이 이야기를 처음 읽었을 때, 나는 완전히 빠져버렸다. 그것은 성경 공부라는 새로운 인생의 지평을 수놓은 환한 폭발과도 같았다. 그 환한 빛으로 성경의 모든 세부내용들이 밝게 드러났다.

갑자기 내가 이전에는 한 번도 보지 못했던 패턴과 상호관계와 사고의 흐름을 보고 있었다. 이 모든 일이 벌어진 것은 어느 교사가 내게 무엇을 봐야하는지 말해 주어서가 아니었다. 누군가가 내게 이렇게 말했기 때문이었다. 바라봐, 바라봐, 바라보라고.

루이 아가시(Louis Agassiz, 1807-1873)는 하버드 비교동물학 박물관의 설립자이고 교수였다. 그의 학생 중 한 명이었던 새뮤얼 스커더는 이 놀라운 교수가 자신이 연구하는 대상을 오랫동안 골똘히 바라보는 습관과 끈기를 형성하면 많은 것을 볼 수 있음을 자신에게 어떻게 보여 주었는지 적었다.

아가시와 물고기

15년도 더 지난 어느 날, 나는 아가시 교수님의 연구실에 들어가서 자연사를 공부하는 학생으로 과학부에 이름을 올렸다고 말씀드렸다. 교수님은 내게 왜 과학부에 왔는지, 지금까지 어떻게 살아왔는지, 내가 습득할 지식을 차후 어떻게 쓸 생각인지, 그리고 마지막으로 특별히 공부하고 싶은 분야가 있는지 물으셨다. 마지막 질문에 대해 나는 동물학의 모든 분야에서 충분한 기초지식을 갖추고 싶고 특별히 곤충을 연구하고 싶다고 대답했다. "언제부터 시작하고 싶은가?" 교수님이 물으셨다.

"지금입니다." 내가 대답했다.

이 답변이 마음에 드셨는지 교수님은 "아주 좋아"라고 힘차게 덧붙이며 선반에서 노란 알코올 안에 표본들이 담긴 거대한 유리병을 꺼내셨다. "이 물고기를 받게. 그리고 지켜보게나. 우리는 이놈을 하스돔(Haemulon)이라고 부르지. 자네가 무엇을 봤는지 조금씩 물어보겠네."

그 말을 하고 교수님은 자리를 떠났다가 금세 돌아와 내게 맡겨진 표본을 돌보는 법을 분명하게 알려 주셨다. 그리고 이렇게 말씀하셨다. "표본을 다루는 법을 모르는 사람치고 자연학자로 적합한 사람은 없지."

나는 주석트레이에 담긴 물고기 표본을 내 앞에다 놓고 표면이 마르지 않게 가끔 병에 든 알코올을 발라 주고 병마개는 꼭 다시 닫아야 했다. 당시는 불투명 유리마개와 우아한 모양의 전시용 유리병을 사용하던 시절이 아니었다.

그 시절에 학교를 다닌 학생들은 다들 거대하고 목 없는 유리병을 기억할 것이다. 툭하면 새고, 밀랍이 칠해진 병의 코르크 마개는 벌레에 반쯤 먹혔고 지하 저장고의 먼지로 더럽혀져 있었다. 곤충학은 어류학보다 깔끔한 과학이었지만, 주저 없이 유리병 바닥에 손을 집어넣어 물고기 표본을 끄집어내는 교수님의 행동에는 전염성이 있었다. 유리병에 담긴 알코올에서는 '아주 오래되고 물고기 비슷한 냄새'가 났지만, 나는 그 신성한 영역 안에서 감히 어떤 거부감도 드러낼 수 없었고, 그 알코올을 깨끗한 물이라도 되는 것처럼 다루었다.

그래도 스치듯 지나가는 실망감은 어쩔 수 없었다. 물고기를 쳐다보는 일은 열정적인 곤충학자의 모습과는 거리가 멀어 보였기 때문이다. 같이 사는 친구들도 그날 이후 그림자처럼 나를 따라다니는 냄새 때문에 괴로워했다. 방향액을 아무리 많이 써도 소용없었다.

10분이 지나자 나는 물고기 표본에서 볼 수 있는 것은 다 보았고 교수님을 찾아 나섰다. 그러나 교수님은 박물관을 떠나고 없었다. 위층에 저장된 신기한 동물들 몇 마리를 보며 시간을 보내다 연구실로 돌아와 보니 내 표본이 완전히 말라 있었다. 나는 기절한 물고기를 소생시키기라도 하듯 그놈 위에 알코올을 급히 끼얹고 불안한 마음으로 지켜보았다. 물고기는 다시 정상적인 축축한 모습으로 돌아왔다. 사소한 흥분이 가라앉자, 다시 내 말없는 짝을 하염없이 바라보는 것 말고는 할 일이 없었다. 30분이 지났고, 1시간, 또 1시간이 지났다. 물고기가 혐오스러워 보이기 시작했다. 나는 그놈을 뒤집어보고 돌려보았다. 얼굴을 쳐다보았는데 섬뜩했다. 뒤에서 보고, 아래, 위, 옆에서도 보고, 비스듬히 보기도 했는데, 역시 섬뜩했다. 나는 절망에 빠졌다. 시간은 일렀지만 점심을 먹어야겠다는 생각이 들었다. 그래서 무한한 안도감과 함께 물고기를 조심스럽게 유리병에 집어넣고 한 시간 동안 자유를 얻었다.

연구실로 돌아온 나는 그 사이에 아가시 교수님이 박물관에 돌아오셨다가 다시 나가셨고 몇 시간이 지나야 돌아오실 것임을 알게 되었다. 다른 학생들은 너무 바빠 보여서 말을 걸어 방해할 수가 없었다. 나는 천천히 그 끔찍한 물고기를 끄집어냈고 절박한 심정으로 녀석을 다시 쳐다보았다. 확대경을 쓸 수 없었다. 도구 사용이 일체 금지였기 때문이다. 내 두 손과 두 눈, 그리고 물고기가 전부였다. 할 수 있는 것이 너무 없어 보였다. 나는 손가락을 녀석의 입에 넣어 이빨이 얼마나 날카로운지 만져보았다. 비늘이 한 줄에 몇 개인지 헤아리다가 터무니없는 짓이라는 확신이 들어 그만두었다.

마침내 행복한 생각이 떠올랐다. 물고기를 그려야겠다는 생각이었다. 그런데 그리다보니 물고기의 새로운 특징들이 보이기 시작했다. 그때 교수님이 돌아오셨다. "그렇지. 연필은 최고의 눈 중 하나이지. 표본이 마르지 않게 하고 병뚜껑도 잘 닫아놓은 걸 보니 기쁘네."

교수님은 격려의 말 이후 이렇게 덧붙이셨다. "그럼, 본 것을 말해 주겠나?"

내가 아직 명칭을 모르던 부위들의 구조를 간략하게 이야기하는 동안 교수님은 주의 깊게 들으셨다. 톱니모양의 아가미 활과 움직이는 아가미 뚜껑, 머리에 난 구멍들, 두툼한 입술, 눈꺼풀 없는 눈, 측선과 뾰족한 지느러미와 갈라진 꼬리와 평평한 아치형 몸. 내가 설명을 마쳤을 때 교수님은 뭔가 더 기대하는 듯 기다리시다가 더 이상 아무 말이 없자 실망한 투로 이렇게 말씀하셨다. "자네는 아주 주의 깊게 보지 않았어. 그러니까." 그분의 말씀은 더욱 진지해졌다. "이 물고기의 가장 눈에 잘 띄는 특성 하나를 보지 못했네. 그 특성은 물고기 자체만큼이나 분명히 자네 눈앞에 있는데 말일세. 다시 보게. 다시 봐!" 그리고 교수님은 비참한 상태의 나를 두고 떠나셨다.

나는 화가 났다. 죽을 맛이었다. 저 망할 놈의 물고기를 더 봐야 한단 말인가? 그러나 나는 열심히 그 과제에 임했고 새로운 사실들을 하나둘씩 발견했고 마침내 교수님의 비판이 정당한 것이었음을 깨닫기에 이르렀다. 오후는 금세 지나갔고 저녁이 다 되어갈 무렵 교수님이 물으셨다. "아직 못 봤나?"

"네, 분명히 못 봤습니다. 하지만 전에 본 것이 얼마나 적었는지는 알겠습니다." 교수님이 진지하게 말씀하셨다. "그게 차선은 되지. 하지만 지금 자네 말을 듣지는 않겠네. 물고기는 넣어 두고 집에 돌아가게나. 내일 아침에는 더 나은 대답을 할 준비가 될지도 모르지. 자네가 물고기를 보기 전에 내가 자네를 먼저 시험해 보겠네."

곤혹스러웠다. 눈앞에 물고기가 없는 채로 밤새 그놈의 물고기 생각을 하면서 내가 알아보지 못했지만 눈에 뻔히 보인다는 특성을 찾아내야 하는데다가, 새로운 발견을 재검토할 기회도 없이 다음날 교수님에게 정확하게 설명해야 했다. 나는 기억력이 나빴다. 나는 이 두 가지 난제를 안고 정신이 산란한 채로 강변을 따라 집으로 걸어갔다.

다음날 아침 교수님의 다정한 인사는 불안감을 덜어 주었다. 내가 본인이 본 것을 볼 수 있을지 나 못지않게 걱정하는 듯한 모습이었다. 내가 물었다. "혹시 물고기가 좌우대칭이고 기관이 쌍을 이루고 있다는 거 말씀입니까?"

"그렇지, 그렇고말고!" 교수님의 더없이 흡족한 호응은 전날 밤의 잠 못 이룬 몇 시간을 보상해 주었다. 교수님이 바로 그 점의 중요성을 더없이 행복해하며 열정적으로 설명하신–늘 그렇게 하시듯– 후에 나는 다음에 무엇을 해야 하느냐고 조심스럽게 물었다.

"아, 자네 물고기를 보게!" 그 말과 함께 교수님은 다시 내가 알아서 하도록 혼자 내버려 두었다. 1시간 정도 지나서 교수님은 돌아와 내가 새롭게 발견한 내용들을 들어주셨다.

"좋아, 좋아!" 교수님은 이 말을 되풀이하셨다. "하지만 그게 다가 아닐세. 계속 하게." 그렇게 꼬박 3일 동안, 교수님은 내 눈앞에 그 물고기를 놓고는 다른 것을 보는 일이나 도구를 쓰는 것도 일체 금지하셨다. "보게, 봐, 보라고." 이것이 교수님의 거듭된 지시였다.

이것은 내가 받은 최고의 곤충학 수업이었다. 그 수업의 영향은 이후의 모든 공부의 세부내용으로 확장되었다. 그 시간은 교수님이 내게 남겨 준 헤아릴 수 없이 귀한 유산이었다. 나뿐 아니라 다른 많은 학생들도 물려받은 그것은 돈을 주고 살 수도 없고 잃어버릴 수도 없는 유산이었다.

그로부터 1년 후, 학생들 중 일부가 분필로 이상한 동물들을 흑판에 그리며 놀았다. 우리는 뽐내며 걷는 불가사리들, 사투를 벌이는 개구리들, 머리가 아홉 개 달린 벌레들, 꼬리로 선 채 우산을 높이 든 위풍당당한 가재, 입을 크게 벌린 부리부리한 눈의 기괴한 물고기들을 그렸다. 잠시 후 교수님이 들어오시더니 우리의 실험적 그림들을 누구 못지않게 재미있어 하셨다. 교수님은 그중에서 물고기 그림들을 바라보셨다. 그리고 이렇게 말씀하셨다. "하스돔이야. 전부 다. ○○○군이 그렸군." 그랬다. 지금도 나는 물고기를 그릴 때면 하스돔밖에는 그리지 못한다.

넷째 날, 같은 과에 속하는 두 번째 물고기가 첫 번째 물고기 옆에 놓였고, 나는 두 물고기 사이의 유사점과 차이점을 지적하라는 지시를 받았다. 또 한 마리, 또 한 마리가 뒤를 이었고 마침내 같은 과의 물고기 전체가 내 앞에 놓였으며 많은 유리병들이 테이블과 주위 선반을 덮었다. 거기서 나는 냄새는 유쾌한 향수가 되었다. 지금도 오래되고 벌레 먹은 6인치 크기의 코르크 마개를 보면 향기로운 기억이 되살아난다!

그렇게 해서 나는 하스돔종 전체를 살펴보게 되었다. 그런데 내부 장기를 해부할 때든지, 뼈대를 준비하고 검사할 때든지, 다양한 부위를 묘사해야 할 때든지, 질서정연하게 배열된 사실들을 관찰하는 법을 훈련할 때든지 아가시 교수님은 늘 지금 발견한 사실들에 만족하지 말라고 절박하게 촉구하셨다. "사실이란 건 말일세. 모종의 일반법칙과 연결되지 않으면 어리석은 것에 불과하네."

8개월이 끝나자 나는 마지못해서라고 할 만한 심정으로 물고기 친구들을 떠나 곤충으로 넘어갔다. 그러나 내가 이 경험으로 얻은 것은 이후

좋아하는 곤충 무리 안에서 수년에 걸쳐 조사한 것보다 훨씬 가치가 있었다.[4]

눈앞의 성경 본문을 목표로

이제 와서 돌이켜보면, 나도 비슷한 간증을 할 수 있어서 하나님께 더없이 감사하다. 한 교수님은 성경이 의미하는 바를 말해 주지 않고 3년에 걸쳐 여덟 과목의 수업에서 매일 "보게, 봐, 보라고!"를 외치셨고 내가 본 것에 대해 어떻게 질문을 해야 하는지 가르쳐 주셨다. 교수님은 수업 시간에 오버헤드프로젝터로 성경 본문을 하나 띄운 다음에 우리에게 본 것을 말하게 하셨고 그것이 정말 그 안에 있는 내용인지 시험하셨다. 그리고 그 과정에서 우리는 훨씬 많은 내용을 보게 되었다. 허세 같은 것은 없었다. 본문에 없는 내용이라면, 아무리 근사하고 영적인 소망적 사고를 늘어놓고 여기에는 없어도 다른 본문에는 있지 않느냐고 호소해도 통하지 않았다. 맞는 말일세. 하지만 여기에는 없어. 우리의 목표는 눈앞의 성경 본문에 있는 것을 보는 것이었고, 우리는 본문을 몇 시간씩 바라보곤 했다.

그리고 아가시가 말했던 것과 똑같이, 많이 보는 것의 차선은 자신이 얼마나 적게 봤는지 아는 것이었다. 다른 사람들이 많은 것을 보고 나는 별로 보지 못한 날이라도 그랬다. 이것은 우리가 본 것보다 볼 것이 언제나 더 많다는 것을 가르쳐 주었다. 그리고 48년 동안 성경을 읽어 온 나는 이것이 사실이라고 말할 수 있다. 성경의 풍성함을 보지 못하게 막는 장애물은 그리스어와 히브리어를 모른다는 사실이 아니라 보고, 보고, 또 보는 끈기가 없다는 데 있다.

그만한 가치가 있는 비참한 상태

스커더는 아가시가 "다시 봐, 다시 보게"라고 말했다고 했다. 그 다음에 "나를 비참한 상태로 남겨 두고 떠나셨다"라고 했다. 정말 그랬다. 그러나 그 비참한 상태는 오래 가지 않는다. 하지만 솔직해지자. 적극적이고 끈기 있고 엄격한 보는 훈련에는 참으로 큰 대가가 따른다. 보는 눈은 그냥 무심코 주어지지 않는다. 보려는 노력과 더불어 찾아온다. 그리고 이 노력은 지금까지 해 본 어떤 일보다 힘들 수 있다. 가끔은 이런 느낌이 들 것이다. '나를 비참한 상태로 버려두셨어.'

나는 아내에게 이렇게 우는 소리를 한 적이 많다. "보이지가 않아. 알아낼 수가 없어. 이 본문으로 몇 시간째 씨름을 하고 있는데, 본문이 열리지가 않아."

그래서 나는 성경 본문의 보물들이 수동적이고 느긋하고 무심하고 태평한 읽기로 모습을 드러낼 거라는 인상을 주고 싶지 않다. 본문의 보물들은 가장 집중적이고 적극적인 읽기에도 쉽게 모습을 드러내지 않을 수 있다.

지식을 불러 구하며
명철을 얻으려고 소리를 높이며

은을 구하는 것 같이 그것을 구하며
감추어진 보배를 찾는 것 같이 그것을 찾으면 … (잠 2:3-4).

외쳐 불러라! 소리를 높여라! 구하라! 찾아라! 이 집에 천만 달러가 숨겨져 있음을 아는 것처럼. 찾아내면 내 소유가 된다. 당신이라면 어떻게 하겠는가? 보고, 보고, 또 볼 것이다. 그러다 지치고 때로는 이 과제가 비참하게 느껴지기도 하겠지만, 그래도 계속 볼 것이다. 그리고 하나님의 은혜로, 당신은 하나님 말씀의 보물들이 "금 곧 많은 순금보다 더 사모할 것"(시 19:10)임을 알고 느끼게 될 것이다. 이것은 "밭에 감추인 보화"와 같다. "사람이 이를 발견한 후 숨겨 두고 기뻐하며 돌아가서 자기의 소유를 다 팔아 그 밭을 사느니라"(마 13:44).

첫째도 보는 것, 둘째도 보는 것

신학교를 졸업한 후 나는 다음 3년을 독일에서 지내며 원수를 사랑하라는 예수님의 가르침을 살펴보았다. 그것이 내 박사학위논문의 주제였다. 성경 본문들을 읽는 것이 아니라 본문들에 대해 읽어야 하는 학문 연구의 압박은 어마어마했다. 그래서 당시 내가 느끼던 바를 대변해 준 이전 세대의 독일 학자를 발견했을 때 나는 너무나도 기뻤다. 아돌프 슐라터(Adolf Schlatter, 1852-1938, 스위스 출신의 개신교 신학자)는 튀빙겐대학의 성서학 연구 분야에서 학계의 이단아였다. 그는 1세기 셈족어의 배경에 관한 엄청난 학식으로 크게 존경받았다. 그러나 학술서 출간에 있어서 그는 별난 데가 있었다. 방대한 독서량을 과시하는 수단으로 전락한 각주 사용을 경멸했던 것이다.

그의 유명한 모토는 "학문은 첫째가 보는 것이고, 둘째도 보는 것, 셋째도 보는 것이며 거듭해서 다시 보는 것이다"[5]였다. 이것은 '아가시와 물고기'의 정확한 재연이었다. 그의 모토는 당시에 내게 큰 확신을 주었다. 나는 해당 본문이 어떻게 생겨났을지 추측하기보다는 본문에 있는 내용을 보겠다는 열정을 계속 밀어붙이도록 격려를 받았다.

예술 분야의 아가시

하버드대학의 엘리자베스 캐리 아가시 석좌교수인 제니퍼 로버츠는 〈하버드〉지 2013년 11-12월호에 "끈기의 힘: 학생들에게 감속과 몰입적 주목의 가치를 가르침"[6]이라는 기고문을 실었다. 다들 짐작하겠지만, 나는 이 제목이 좋았다. 그녀의 교수직에는 '아가시'가 들어있다. 그리고 그녀의 기고문 제목에는 아가시의 정신이 들어 있다. 아니, 그녀의 기고문 전체에 들어 있다. 그녀는 그 기고문을 통해 우리에게는 상상도 못할 만큼 많은 것을 볼 수 있는 가능성이 열려있음을 다시 일깨워 준다. 그녀는 아가시 같은 동물학자가 아니다. 그녀는 미술사가다. 그래서 그녀는 물고기 대신 그림을 보라고 말하고, 그 눈으로 모든 것을 바라보라고 말한다. 그녀는 하버드에서 '보는 기술'이라는 수업을 진행한다.

그녀가 학생들을 대하는 전략은 아가시의 전략과 동일하다. 학생들은 보고, 보고, 또 봐야 한다. 그녀의 목표는 학생들이 속도를 줄이고 몰입해서 주목할 끈기를 기르도록 돕는 것이다. 그녀가 하려는 일의 온전한 취지와 미술에서 드러난 아가시의 원리를 실감하려면, 그녀가 언급하는 그림을 인터넷에서 직접 찾아보는 것도 좋을 것이다.[7]

> 사회적 기술적인 것을 망라하는 모든 외부적 압력이 학생들을 다른 방향으로, 다시 말해 즉각성, 신속성, 즉흥성 쪽으로 내몰고 있다. … 나는 그들에게 속도를 낮출 수 있는 명분과 구조를 제공하고 싶다. … 내가 그들에게 조사과정에서 첫 번째로 요구하는 것은 대상을 바라보는 일에 고통스러울 만큼 긴 시간을 들이라는 것이다.
>
> 어떤 학생이 〈소년과 다람쥐〉로 알려진 작품을 탐구하고 싶어 한다고 해 보자. 젊은 화가 존 싱글턴 코플리가 1765년에 보스턴에서 그린 작품이다. 그 학생은 책이나 온라인으로 조사를 하기 전에, 먼저 이 작품이 걸려 있는 보스턴미술관으로 가서 꼬박 세 시간 동안 그림을 보면서 관찰 내용을 누적하여 적고 관찰한 내용에서 생겨나는 질문들과 추측들을 적게 된다. 지나치다는 느낌이 들게 하는 것이 세 시간으로 정한 분명한 목적이다.

처음에는 많은 학생들이 이런 식의 재활운동에 저항한다. 학생들이 이 고비를 넘도록 돕기 위해 로버츠는 자신이 그런 훈련을 받았다고 그들에게 말해준다. 꼬박 세 시간 동안 〈소년과 다람쥐〉를 보고, 보고 또 봤다는 것이다. 그녀는 자신이 경험한 일을 들려준다.

나의 실험에서 처음 한 시간 동안 벌어진 일의 몇 가지 사례만 소개해 보겠다. 9분이 지나자 소년의 귀 모양이 다람쥐의 배의 굴곡과 정확히 일치한다는 점이 눈에 들어왔다. 코플리는 다람쥐와 소년의 몸, 그리고 둘의 감각능력을 어떤 식으로건 연결시키고 있다.

21분이 지났을 때 사슬을 쥔 손가락이 그 아래에 있는 물잔의 지름과 똑같다는 사실이 눈에 들어왔다.

45분이 지나서야 임의적인 것으로 보였던 배경 커튼의 구김과 주름이 소년의 귀와 눈의 모양을 정확히 모방한 것임을 깨달았다. 코플리는 그 감각기관들이 뒤쪽의 커튼으로 퍼져나가거나 새겨지는 모습을 상상한 것 같았다.

이 훈련은 뭔가를 바라보았다고 해서 그것을 정말로 봤다는 뜻은 아니라는 사실을 학생들에게 보여 준다.

접촉의 기회를 배움으로 바꿔 놓는 것은 시간과 전략적 끈기다.[8]

당신도 직접 이 그림을 보고 싶은 마음이 들 것이다. 다람쥐의 꼬리 안쪽의 굴곡이 소년의 아랫입술의 아래쪽 끝이 만들어내는 곡선과 사실상 똑같다는 것을 알아차렸는가? 소년의 왼손 소매에서 튀어나온 주름 장식 중 일부가 다람쥐 배의 흰털 윤곽과 똑같다는 것은 보았는가? 그리고 당연한 얘기지만, 소년의 책상 위에 다람쥐가 앉아있는 것은 인지했는가? 다람쥐가 말이다! 그리고 그놈(암컷인가?)은 목줄을 하고 있는 것처럼 보인다! 녀석은 거기서 무엇을 하는 것일까? 인간과 동물을 이렇게 한데 엮어 놓은 데는 어떤 의미(의도!)가 있을까?

보는 것에서 드러나는 끈기의 힘

당신은 참을성이 없어서 물고기나 그림을 그렇게 오랜 시간 바라볼 수 없는 사람들 중 하나일 수도 있다. 하지만 성경은 어떤가? 계속 바라보는 노력을 해 볼 만큼 보상의 가능성이 충분히 크지 않은가? 로버츠 교수는 그가 끈기를 힘의 일종이라고 부르는 이유에 대해 설득력 있는 주장을 내놓는다.

> 끈기라는 미덕은 원래 참을성과 인내력과 연관된 것이었다. 그것은 기다려야 할 필요성에 순응하는 일이었다. 그러나 이제 우리는 대체로 기다릴 필요가 없어졌기에, 끈기는 적극적이고 긍정적인 인지적 상태가 된다. 한때 끈기가 통제력의 결핍을 나타냈다면, 이제는 자칫하면 우리를 제압하기 십상인 현대생활의 속도를 제어하기 위한 한 가지 방법이다. 끈기는 더 이상 영향력 상실을 뜻하지 않는다. 이제 끈기는 엄연한 힘이다.
>
> "끈기"라는 용어가 너무 구식으로 들린다면 "시간 관리" 또는 "시간 지능" 또는 "방대한 시간변형 공학"이라고 부르자. 어떻게 부르건, 내가 가르치는 학생들이 시간과 끈기를 배움의 생산적 매체로 인식하는 것이 절실한 일이라는 것이 나의 생각이다(내가 그들에게 기대하는 바이기도 하다).[9]

성경의 요구

성경은 우리에게 주의 가르침을 "종일"(시 119:97), "밤낮으로"(시 1:2, 새번역) 묵상하고, 그 가르침에 "주의하[라]"(시 119:15)고 말한다. 이것은 보고 다시 보고 또 보라는 촉구가 아닌가? 우리가 밤낮으로 자신에게 그 가르침을 들려주어 듣고 다시 듣고 또 들으라는 말이 아닌가? 당신은 무엇을 보게 될까? 당신이 생각하는 것보다 훨씬 많은 것을 보게 될 것이다.

이번 장을 마무리하면서 성경의 사례 하나를 살펴보려 한다. 지혜로운 교사가 당신에게 잠언 6장 16-19절을 건네고 조용한 곳으로 가서 한 시간 동안 적극적으로 주목하며 그 본문을 바라보라고 한다고 해 보자. 무난한 제안이다. 당신은 무엇을 보게 될까?

> 여호와께서 미워하시며
> 그분이 정말로 싫어하시는 것 예닐곱 가지가 있다.
> 곧 거만한 눈, 거짓말하는 혀,
> 죄 없는 피를 흘리는 손,
> 악한 계략을 꾸미는 마음,
> 악한 일을 하려는 데 빠른 발,
> 거짓말을 쏟아 붓는 가짜 증인,
> 형제들 사이에 불화를 심는 사람이다(우리말성경).

첫 번째로 해야 할 일은 본문을 종이에 적되 여호와께서 싫어하시는 것의 목록을 한 단락 안에 나란히 적지 말고 한 줄에 하나씩 내려적는 것이다—아가시가 스커더에게 말한 대로, '연필은 최고의 눈 중 하나'이니까. 이렇게 하면 그것들 간의 관계를 더 잘 볼 수 있을 것이다. 그리고 관계를 알아보는 것은 어떤 본문에 대해 많은 것을 해명해 주는 열쇠가 된다. 그래서 여기에 그것들을 제시해 놓았다. 무엇이 보이는가?

1. 거만한 눈
2. 거짓말하는 혀
3. 죄 없는 피를 흘리는 손
4. 악한 계략을 꾸미는 마음[심장]
5. 악한 일을 하려는 데 빠른 발
6. 거짓말을 쏟아 붓는[내뿜는] 가짜 증인
7. 형제들 사이에 불화를 심는 사람

이제 1시간이 지났다! 여호와께서 미워하시는 일곱 가지 중에서 중간에 있는 것(4)이 가장 안쪽의 장기인 심장을 가리키고, 위아래의 각 세 항목을 떠받치는 버팀대 역할을 하는 듯한 모습이라는 것을 보았는가? 우리 행동의 뿌리인 마음에서 바깥으로 이동하면 (3)과 (5), 즉 손과 발이 서로 대응하는 것 같다. 구체적으로 말하면, 피 흘리는 손과 악한 일을 하러 달려가는 발이 대응한다. 그 다음에는 (2)와 (6)이 대응하는 것 같다. 혀와 호흡, 둘 다 거짓을 말한다. 그러니까 마음이 악한 계략을 꾸미고, 그 내면의 의도가 손과 발을 통해 밖으로 나와 다른 이들을 해치고 입으로 나와 다른 이들을 속인다.

그런데 이 패턴(3=5, 2=6)에 따르면, 우리는 (1)과 (7)이 대응할 거라고 예상할 수 있다. 거만한 눈에 대응하는 불화를 심음. 과연 그럴까? 당신은 어떻게 생각하는가? 나는 두 가지가 분명히 대응하고 저자는 이 둘이 어떤 식으로 대응하는지 우리가 파고들어 알아내기를 원한다고 생각한다. 이 외에도 볼 것이 너무나 많다. 끈기, 기도, 시간, 연필. 이 모두가 눈의 역할을 한다.

이제 우리 앞에 놓인 질문은 이것이다. 참을성 있게 보고 또 보고 다시 보는 동안 머리는 무슨 일을 할까? 우리가 능동적 읽기와 적극적 주목에 대해 말하는 것은 무엇을 함축할까? 보는 마음은 어떤 종류의 과제들을 수행할까? 그런 과제들은 얼마나 의도적인 것일까? 이것이 우리가 다음 장에서 다룰 내용이다.

24.
겸허한 질문을 품고 씨름하라

"내가 말하는 것을 곰곰이 생각해 보아라.
주께서 모든 일에 그대에게 총명을 주실 것이다."

하나님이 우리에게 성경의 한 단락을 몇 시간씩 쳐다볼 마음과 끈기를 주시면 우리는 실제로 무엇을 하게 될까? 하나의 성경 구절에 "적극적으로 주목"한다는 것은 무엇을 의미할까? 수동적 읽기가 아니라 능동적 읽기를 추구한다는 것의 의미는 무엇일까? 그것은 우리 마음을 일종의 근육으로 대하는 것이다. 팔 근육처럼 말이다. 물 한잔이 마시고 싶을 때 우리는 팔에게 이렇게 말한다(거의 무의식적으로). "팔, 죽 뻗어서 저 물잔을 내 입에 가져와."

그러면 놀랍게도 우리의 팔 근육은 명령을 들은 대로 정확히 수행한다. 비물질적 의지의 행위는 어떻게 물리적 물질의 행위로 바뀌는가, 여기에는 큰 신비가 있다.

우리는 마음을 향해서도 이렇게 말할 수 있다. "마음, 집중해. 주목하라고. 이 단락을 자세히 바라봐. 검토해. 질문을 던져. 생각을 해. 읽고 또 읽어. 건성으로 하지 마. 빈둥대지 마. 수동적이 되지 마. 생각이 튀어나오기를 마냥 기다리지 마. 찾아봐. 탐구해. 계속 추구해. 이 단어들을 샅샅이 뒤져. 그 의미가 머릿속으로 뚝뚝 떨어질 때까지 쥐어짜."

성경은 이런 식의 성경 읽기를 맹렬한 보물찾기에 비유한다. 이것은 포도나무 밑에 누워서 포도가 입안에 떨어지기를 기다리는 것과는 다르다.

능동적인 성경 읽기

이에 대해 좀 더 구체적으로 말할 수는 없을까? 그럴 수 있다. 우리가 적극적으로 주목하고 능동적인 자세를 가질 때, 마음은 해당 단락 및 관련된 글 안에 무엇이 있는지 보고 그에 대해 질문을 하고 질문에 답한다. 존 듀이는 이렇게 말했다. "사람들은 문제에 직면했을 때만 진정으로 생각한다. 생각을 자극하는 모종의 딜레마가 없으면, 행동은 습관적이 되고 생각에서 우러나지 않는다."

나는 듀이의 말이 옳다고 생각한다. 질문하는 습관을 기르지 않으면, 즉 첫눈에 말이 안 되는 것처럼 보이는 지점들을 찾아내고, 이상하다고 생각하고, 그것을 파고들어 진리의 아름다움을 발견하는 습관을 익히지 않으면, 읽기는 본문들 사이를 빈둥거리는 수동적 습관이 된다.

사도 바울이 디모데에게 "내가 말하는 것을 곰곰이 생각해 보아라. 주께서 모든 일에 그대에게 총명을 주실 것이다"(딤후 2:7, 우리말성경)라고 말하는 것은 바로 이 점을 확인해 주는 것 같다. 어떤 것을 곰곰이 생각한다는 것은 무슨 뜻일까? 그것에 대해 질문을 하고 그 안에 있는 연관성과 관계를 봄으로써 질문에 답하려 시도하는 것을 뜻한다. 대부분은 직관적으로 이 작업을 하기에 우리가 이렇게 한다는 것을 의식하지도 못한다. 그러나 능동적으로 읽는 것은 이런 직관적 습관을 의식적이고 엄밀한 습관으로 바꾸는 것이다.

문자 메시지의 사례

읽으면서 질문을 하고 거기에 답함으로써 생각하는 것을 사례를 들어보자. 친구가 당신에게 이런 문자를 보냈다고 해 보자. "빨리 와 줘. 바마간에 갇혔어. 지레를 가져와."

이것이 전부다. 당신은 이 단어와 어구를 갖고 어떻게 대처할까? 아마 당신은 제일 먼저 이렇게 물을 것이다. "긴급한 상황인가?" 당신은 친구에 대해 평소 아는 바와 이 글을 비교하여 순식간에 질문에 답할 것이다. 그는 "빨리 와 줘" 같은 말을 쓰지 않는다. 평소 같으면 "네가 왔으면 좋겠다"거나 "제발 와라" 같이 쓸 것이다. 그가 쓴 글이 평상시와 다르다. 더 절실하다. 게다가 '빨리'라는 단어는 당신의 생각을 확증해 준다. 긴급한 상황이다.

그 다음 당신은 물을 것이다. "왜 그렇게 긴급하게 와 달라는 걸까?" 이 질문에 답하기 위해 당신은 첫 번째와 두 번째 문장 사이에 직관적으로 "왜냐하면"을 넣을 것이다. "빨리 와줘. [왜냐하면] 바마간에 갇혔어." 당신은 "왜 긴급한 상황인가"라는 질문에 답이 필요했고, 친구는 그 답을 제시했다. "바마간에 갇혔어." 당신은 이 문장이 첫 번째 문장의 이유나 근거임을 직관적으로 알아볼 것이다. 친구는 "왜냐하면 내가 바마간에 갇혔기 때문이야"라고 쓸 수도 있었을 것이다. 그러나 그는 당신이 문맥상 그 단어를 채워 넣어 읽을 것임을 안 것이다.

이어서, 당신은 "이 친구가 어디 있지?"라고 물을 것이다. "바마간에"라는 어구에 답이 나와 있다. 당신은 다시 이렇게 물을 것이다. "바마간이 어디를 말하는 거지?" 처음 보는 단어다. 그런데 지난주 친구와 함께 숲속으로 하이킹을 갔다가 당신 아버지 소유지의 개울가에서 버려진 낡은 방앗간을 발견했던 일이 떠오른다. 친구가 방앗간을 바마간으로 잘못 친 것 아닐까? 당신의 머릿속에서는 방앗간 외의 다른 것이 떠오르지 않는다. 당신의 짐작이 잘못되지 않았기를 바란다.

그 다음 당신은 이렇게 물을 것이다. "뭐가 잘못된 거지? 내가 어떻게 도울 수 있지?" 갇혔다는 친구의 말이 무엇을 의미하는지 당신은 모른다. 방앗간에 어떻게 갇힐 수가 있지? 그 안에는 건물이나 방이 없었다. 당신은 묻는다. "마지막 문장에 힌트가 있나?" "지레를 가져와." 당신은 다시 물을 것이다. "무슨 지레? 지레라는 말은 어떤 상황을 말하는 거지?" 그리고 그가 방앗간에 갇힌 것과 무슨 관련이 있는 거야?

당신은 머리를 쥐어짤 것이다. 생각을 할 것이다. 기억은행에서 지레라는 단어를 뒤질 것이다. 당신은 수동적이지 않을 것이다. 당신의 정신은 건성으로 움직이거나 빈둥거리거나, 지레의 의미가 불쑥 떠오르기를 기다리지 않을 것이다. 당신은 정신을 바짝 차릴 것이다(적극적 주목 상태). 당신은 마음을 향해 친구와 나눈 단어와 대화, 그와 함께한 경험의 데이터뱅크를 검색하라고 명령할 것이다. 찾았다. 지난주, 그 방앗간을 떠나면서 친구가 한 말이 떠오른다. "다음번에 올 때는 쇠지레를 가져와서 이 돌들 밑에 뭐가 있는지 보자고."

당신은 "그거야" 라고 말한다. 당신이 친구의 메시지에 관해 던질 수 있는 질문들은 아직 많다. 그러나 지금은 이것으로 충분하다. 당신은 쇠지레를 챙겨 차에 올라타고 친구를 구하러 간다. 여전히 생각하면서. 여전히 질문을 던지면서 간다.

우리는 이런 식으로 글을 읽는다. 질문하고 대답한다. 이 짧은 이야기에 등장하는 거의 모든 질문은 직관적인 것이었다. 답하는 데 몇 초밖에 걸리지 않는다. 친숙한 단어에 의거한 추론으로 금세 답이 나온다. 우리는 이런 식의 읽기를 너무나 자연스럽게 진행하기 때문에 자신이 언어의 실마리로 질문에 답하는 데 얼마나 능숙한지 깨닫지 못한다. 우리는 태어난 첫해부터 줄곧 이 기술을 연마해 왔다. 우리가 묻는 대부분의 질문은 말로 옮겨지기도 전에 답이 나온다. 모든 해석의 경우에도 사정이 이렇다면 정말 멋질 것이다. 그러나 그렇지 않다.

능동적 읽기와 적극적 주목하기는 이 직관적 습관을 의식적이고 엄밀한 훈련으로 바꿔 놓는다. 다시 말해, 능동적 독자들은 자신이 읽는 내용에 대해 질문을 던지는 습관을 들인다. 이것이 능동적인 마음가짐을 갖는다는 말의 의미다. 그리고 바울이 "내가 말하는 것을 곰곰이 생각해 보아라"(딤후 2:7, 우리말성경)고 말하며 우리에게 기대하는 것이다.

거만한 물음 아닌, 겸손한 물음

이것이 일시적으로 불편하고, 심지어 위험한 과제라는 것은 나도 인정한다. 우리가 질문을 하지 않으면, 답이 없다고 당혹할 일도 없을 것이다. 그리고 우리의 읽기는 편안하고 피상적이고 무력해질 것이다. 그러나 이해하려고 애써야 하는 문장들을 포착하는 습관을 들이면, 그 문장이 해결될 때까지 불편한 시기를 겪게 될 것이다.

성경 본문에 관해 질문하는 것은 오만하고 회의적인 일이 될 가능성이 있기에 위험하다. 우리는 소망에 찬 구도자가 아니라 성경 본문을 재판하는 자리에 앉아 검사처럼 질문을 던질 수 있다. 세례 요한의 아버지 스가랴와 예수님의 어머니 마리아를 기억하라. 둘 모두 천사에게 질문을 했다. 그런데 스가랴의 질문에 천사는 분노했고 그에게 말하지 못하게 되는 벌이 내려졌다(눅 1:18-20). 그러나 마리아의 질문은 인정을 받고 심오한 답변을 들었다(눅 1:34-35). 스가랴가 회의적이었던 데 반해 마리아는 겸손하고 상대를 신뢰했다는 차이가 있었다.

이해의 열쇠는 질문하는 습관에 있다고 내가 말한 것은 회의주의나 불신이나 오만을 권장하는 것이 아니다. 그런 식으로 성경에 접근해서는 가망이 없다. 내가 촉구하는 것은, 처음에 온전히 이해하지 못한 것들을 아이 같이 겸손하면서도 집요하고 엄밀하게 포착하고, 그것이 무엇을 의미하는지 겸손하게 묻고, 답을 찾기 위해 참을성 있게, 심지어 고통스럽게 노력하라는 것이다.

적극적 주목하기와 능동적 독서의 강력함

하나님은 이 지점에서 많은 독자들에게 자비를 베푸셔서 그들에게 필요한 도움을 허락하셨다. 그들의 태도가 완전히 본받을 만한 것이 아니었던 때도 그런 은혜를 베푸셨다. 가령, 마르틴 루터는 로마서 1장 16-17절에 나오는 복음의 의미를 이해할 수가 없어서 하나님께 화를 냈다. 로마서 본문에서 바울은 이렇게 적고 있다.

> 내가 복음을 부끄러워하지 아니하노니 이 복음은 모든 믿는 자에게 구원을 주시는 하나님의 능력이 됨이라 먼저는 유대인에게요 그리고 헬라인에게로다. 복음에는 하나님의 의가 나타나서 믿음으로 믿음에 이르게 하나니 기록된 바 "오직 의인은 믿음으로 말미암아 살리라" 함과 같으니라.

루터는 철학적 훈련을 통해 "하나님의 의"라는 용어를 부정적으로 보게 되었고 그러한 시각을 넘어설 수가 없었다. 그러나 하나님의 크신 긍휼로 루터는 계속해서 보고 다시 보고 또 봤다. 그는 하나님의 의가 나타난 것이 어떻게 심판이 아니라 좋은 소식일 수 있는지에 대해 절실히 답을 얻고자 했다.

나는 "하나님의 의"라는 말이 싫었다. 모든 교사들의 용례와 관습에 따라 배운 대로 나는 그 어구를 철학적으로 이해하여 소위 형식적이거나 능동적인 의로 여겼고, 하나님은 그런 의를 갖추셨다는 의미에서 의로우시고 그런 의에 따라 불의한 죄인을 심판하신다고 생각했다.

나는 하나님께 화가 나서 이렇게 말했다. "안 그래도 원죄 때문에 영벌을 받을 처지인 비참한 죄인들은 십계명의 율법을 지키지 못해 따라오는 온갖 재앙에 짓눌리고 있다. 그런데 그것도 모자라는지, 하나님은 복음으로, 그것도 의로운 진노로 우리를 위협하는 복음으로 고통에 고통을 더하신다!" 그렇게 나는 맹렬히 요동치는 불안한 양심으로 격분했다. 그렇지만 바울이 전하고자 했던 것을 알고 싶다는 열렬한 갈망 때문에 나는 바울의 그 대목을 끈질기게 파고들었다.

그리고 밤낮으로 묵상하던 나는 마침내 하나님의 자비로, "복음에는 하나님의 의가 나타나서 믿음으로 믿음에 이르게 하나니 기록된 바 '오직 의인은 믿음으로 말미암아 살리라' 함과 같으니라"는 말씀의 맥락에 주목했다. 거기서 나는 의인이 하나님의 의에 의해 그분의 선물인 믿음으로 살게 된다는 것을 이해하기 시작했다. 이것이 하나님의 의가 의미하는 바이다. 복음이 드러낸 하나님의 의는 자비로우신 하나님이 믿음으로 우리를 의롭다 하시는 수동적 의다. 기록된 바 "오직 의인은 믿음으로 말미암아 살리라"함과 같다. 나는 완전히 다시

> 태어나 열린 문을 통해 낙원으로 들어간 것 같은 심정이었다. 여기서 성경 전체의 전혀 다른 얼굴이 내게 모습을 드러내기 시작했다. 이것을 토대로 나는 기억을 더듬어 성경을 빠르게 살펴보았다.
>
> 나는 "하나님의 의"라는 단어를 미워했던 예전의 증오만큼이나 큰 사랑으로 나의 가장 감미로운 단어를 격찬했다. 이렇게 해서 바울 서신의 그 대목은 내게 참으로 낙원으로 가는 문이 되었다.[1]

'적극적 주목하기'와 '능동적 독서'의 강력함을 그보다 잘 보여 주는 사례를 생각할 수가 없다. 루터는 성경 본문의 두 부분, 복음과 하나님의 의가 어떻게 조화를 이루는지 간절히 알고자 했다. 그는 그것을 깨닫는 돌파구를 얻은 것이 새로 태어난 것과 같았다고 말한다. "여기서 나는 완전히 다시 태어나 열린 문을 통해 낙원으로 들어간 것 같은 심정이었다."

하나님은 루터가 감내했던 분노와 분투에 대해 놀랍도록 자비로우셨다. 그래서 하나님이 우리에게도 그렇게 자비로우실 거라고 바랄 수 있다. 그러나 하나님을 제외한 결정적인 열쇠는 그 모든 혼란과 분노에도 불구하고 루터가 이렇게 말한 것이었다. "바울이 전하고자 했던 것을 알고 싶다는 열렬한 갈망으로 바울의 그 대목을 끈질기게 파고들었다."

이것이 "적극적 주목하기"다. 이것이 "내가 말하는 것을 곰곰이 생각[함]"이다. 이것이 질문하고 대답하는 강력한 습관이다. 이것이 능동적 읽기다.

성경을 존중하는 것과 질문하기

나도 안다. 어떤 사람들에게 나의 호소-첫눈에 말이 안 되는 것처럼 보이는 지점들을 찾아내는 습관을 들이고 그에 따라 이상하다고 느끼고, 파고들어 진리의 아름다움을 발견하라-가 무례한 일로 보일 수 있다. 이런 불안은 이해할 만하다. 질문은 문제를 제기하는 것과 같고, 많은 이들은 하나님의 말씀에 문제를 제기하지 말라는 말을 평생 들어왔다. 여기에는 의심의 습관을 기르고 싶지 않다는 좋은 직관이 작동하고 있다.

성경을 지나치게 존중하는 것은 불가능하지만 잘못 존중하는 것은 가능하다. 우리가 성경 본문의 부분들이 서로 어떻게 조화를 이루는지 진지하게 묻지 않는다면 우리는 초인이(라서 모든 진리를 한눈에 파악하)거나 무심(해서 진리의 통일성을 보는 데 무관심)하다. 하지만 무심한 사람이나 초인인 척하는 사람이 어떻게 성경을 제대로 존중한다고 할 수 있겠는가? 하나님의 말씀을 존중한다면 질문을 하고 문제를 제기해야 마땅하다. 하나님의 진리를 겸손하게 구하는 사람은 이것이 우리의 질문이고 우리의 문제임을 깨닫는다.

질문과 문제제기는 하나님 말씀의 결함을 보여 주는 증표가 아니다. 하나님이 그분의 성경 "중에 알기 어려운 것이 더러 있"(벧후 3:16)도록 성경의 기록에 영감을 주셨다면, 그것은 우리에게 좋은 일이다. 그 어려움을 짜증스럽게 여길 것이 아니라 우리를 겸손하게 만들고 도전의식을 갖게 하는 요소로 받아야 할 것이다. 하나님은 우리가 금을 찾아 나선 사람처럼 질문하기를 원하신다. 하나님은 새 보물과 옛 보물이 있다고 약속하셨기 때문이다(마 13:52).

읽는 법을 배우는 아이들이다

물론 하나님은 자녀들이 그분의 말씀에서 이해하지 못하는 부분에 대해 질문을 하기를 원하신다. 나는 여섯 살배기 딸아이가 어떤 성경 구절의 내용을 이해하지 못해서 내게 질문을 했을 때 무례하다고 나무라지 않았다. 아이는 읽는 법을 배우고 있을 뿐이었다. 어떤 의미에서 우리는 읽는 법을 배우고 있는 아이와 같다. 바울은 이 시대에는 "우리가 지금은 거울로 보는 것 같이 희미하나 그때에는 얼굴과 얼굴을 대하여 볼 것이요"(고전 13:12)라고 말하면서 이것을 인생의 유년기에 비유했다. "내가 어렸을 때에는 말하는 것이 어린아이와 같고 깨닫는 것이 어린아이와 같고 생각하는 것이 어린아이와 같다가 장성한 사람이 되어서는 어린아이의 일을 버렸노라"(11절).

그는 유년기의 보는 방식을 거울로 희미하게 보는 일에 비유했다. 그리고 어른의 보는 방식을 얼굴과 얼굴을 대하고 보는 일에 비유했다. 이것은 바울이 이 시대의 우리 모두는 어떤 의미에서는 하나님의 진리를 분별하는 능력에 있어서 아이와 같음을 안다는 뜻이다.

그러므로 우리는 여섯 살이었을 때의 내 딸과 같다. 우리의 읽기 능력은 완전하지 않다. 우리 중 누구도 한번 읽고 한 단락의 논리를 파악하거나 한 문장 또는 한 단락의 모든 부분이 서로 어떤 식으로 들어맞는지 금세 알아보지 못한다. 그렇다면 한편의 서신서 전체, 또는 신약성경 전체, 또는 성경 전체에 대해서는 오죽하겠는가! 그러니 우리가 성경을 사랑하고 진리에 관심이 있다면, 끊임없이 본문을 탐구하고 첫눈에 말이 안 되는 것처럼 보이는 지점들을 찾는 습관을 들이고, 이상하다는 느낌을 외면하지 않고, 파고들어 진리의 아름다움을 발견해야 한다.

무례함의 정반대

우리가 성경에서 보는 내용에 대해 질문하는 것은 무례함과는 정반대이다. 그것은 우리가 그리스도의 마음을 갈망할 때 하는 일이다. 성경에서 난해한 부분을 발견하고 밤낮으로 그것을 숙고하다 마침내 통합된 진리를 보는 일만큼 하나님의 뜻을 더 깊이 알게 해주는 것은 없다. 난해한 부분은 단어와 어구와 그것들의 결합에 관한 미시적 수준에서 발견될 수도 있고, 성경의 한 부분과 다른 부분의 진술들이 서로 어떻게 들어맞는가 하는 거시적 수준에서 발견될 수도 있다. 나는 하나님의 말씀에 대한 깊은 존중과 그 통일성에 대한 큰 확신을 가지고 이런 난해한 구절들을 포착하고, 통일성을 찾을 때까지 수고를 아끼지 않고 파고들자고 호소하는 바이다.

역설과 통일성을 알아보는 일

조나단 에드워즈는 이렇게 결심한 바 있다. "결심. 신학에서 해결해야 할 어떤 정리가 생각이 나면 상황이 허락하는 한 즉시 그것을 해결하기 위해 할 수 있는 일을 하리라."[2]

"신학에서 해결해야 할 어떤 정리"는 그가 처음에 이해하지 못한 모든 성경적 신학적 수수께끼를 뜻한다. 참으로 놀라운 결심이다. 그가 그토록 깊이 있고 유익을 주는 사상가이자 설교자였다는 사실이 놀랍지 않다. 우리가 가진 질문에 답을 얻기 위해 성경을 파고드는 노력은 하나님과 그분의 말씀을 사랑하는 사람들이 하는 일이라는 교훈을 배울 수 있다. 그리고 그것은 믿을 수 없을 만큼 많은 결실을 맺는다.

나는 성경의 역설들을 연구하고 헤쳐 나가는 데 많은 시간을 쓰며 그 결과로 더 깊고 열렬한 예배에 이르는 유익을 얻었다. 두 손에 신비만 가득할 때 비로소 정말 은혜로운 예배를 드릴 수 있다고 말하는 사람들에게는 별로 공감하지 않는다. 우리가 하나님에 대해 이해하는 것과 하나님을 열렬히 흠모하는 것 사이에는 직접적 상관관계가 있다고 말하는 것이 이 부분에 대한 성경적 접근법이라고 본다. 모르는 사람에 대해서는 큰 존경심을 끌어낼 수 없는 법이다. 하나님은 그런 존경으로 영광을 받지 않으신다.

내가 많은 시간을 들여 생각하는 문제들을 몇 가지 소개해 본다.

- 바울은 어떻게 "아무 것도 염려하지 말[라]"(빌 4:6)고 말하면서 한편으로는 "모든 교회를 위[한] 염려"가 날마다 그를 짓누른다(고후 11:28)고 말할 수 있을까?
- 바울은 어떻게 "항상 기뻐하라"(살전 5:16)고 말하면서도 "우는 자들과 함께 울라"(롬 12:15)고 말할 수 있을까?
- 바울은 어떻게 "범사에 항상 감사하라"(엡 5:20)고 말한 다음 "나에게 큰 근심이 있는 것과 마음에 그치지 않는 고통이 있[는 것]"(롬 9:2)을 인정할 수 있을까?

- 예수님은 마태복음 5장 39절에서 한쪽 뺨을 맞으면 다른 쪽 뺨을 돌려대라고 말씀하셨는데, 마태복음 10장 23절에서는 “이 동네에서 너희를 박해하거든 저 동네로 피하라”고 하셨다. 이것은 어떤 의미일까? 언제 피해야 하고, 언제 고난을 견디며 다른 뺨을 돌려대야 할까?
- 하나님이 “노하기를 더디하”(출 34:6)시는 것도 사실이고 “그의 진노가 급하심이라”(시 2:12)는 것도 사실이라면 어떤 의미에서 그럴 수 있을까?

내가 이 수수께끼들을 대신 풀어줄 생각은 없다. 그러나 나는 이 역설들의 공통 뿌리까지 파고들었다고 말할 수 있다. 그리고 이런 수고가 여러 해에 걸쳐서 나의 생활과 예배에 헤아릴 수 없는 유익을 안겨 주는 것을 발견했다. 성경에는 이런 역설적 가르침들이 수백 개나 등장한다. 이것들을 주시하고 곰곰이 생각하며 그 통일성과 아름다움의 뿌리까지 내려가지 않는 것은 하나님의 말씀을 제대로 존중하지 않는 것이다. 하나님은 혼란스러운 존재가 아니다. 한입으로 두 말 하시지 않는다. 수수께끼들 뒤에는 심오하고 아름다운 해결책들이 있다–그 해결책 중에는 이생에서 알아볼 수 있는 것이 있고 없는 것도 있다. 하나님은 우리를 영원한 발견의 길로 부르셨다. 그리하여 우리 입에서 매일 아침, 대대로 새로운 찬양이 터져 나올 수 있게 하셨다.

본문에 대한 적극적인 질문

본문을 가지고 질문하는 엄격한 습관을 들이면-자신과 본문에 대해 적극적으로 질문을 하면-놀라운 일들이 벌어진다. 하나님의 계시를 이루는 복잡하게 짜인 피륙이 조금씩, 한 가닥씩, 보이기 시작한다. 시간이 지나면 당신은 변화될 것이다.

- 당신은 셜록 홈스 같은 탐정이 되어 성경구절들의 플롯이 복잡해질수록 점점 더 신이 나서 실마리를 추적할 것이다.
- 당신은 하나님이 보내신 메시지를 더 많이 보고 더 많이 음미하고 싶어 하는 연인이 될 것이다.
- 당신은 다른 사람들의 질문에 답하는 반대신문 담당 변호사가 될 것이다.
- 당신은 생명의 시냇가에 심긴 나무가 되어 자신이 자라고 더 강해지는 것을 발견할 것이다.
- 당신은 교사가 되어 당신과 함께 진리를 발견하기 원하는 사람들을 위해 공유할 질문과 대답을 갖추게 될 것이다.
- 당신은 고린도후서 3장 18절이 설명한 진리에 따라 새 사람이 될 것이다. "주의 영광을 보매 [우리가] 그와 같은 형상으로 변화하여 영광에서 영광에 이르니."
- 당신은 우리가 얼굴과 얼굴을 마주하여 보고 하나님이 나를 아시는 것처럼 알게 될 때 우리가 알게 될 뜨거운 예배에 점점 더 근접하는 예배를 드리는 예배자가 될 것이다.

습관으로 자리 잡은 겸손한 질문들과 본문 자체로 그 질문들에 대답하려는 열정적인 노력이 더해진 적극적 주목하기는 당신이 꿈도 못 꿀 만큼 많은 열매를 맺을 것이다. 그러면 우리는 어떤 질문을 하는 습관을 익혀야 할까? 다음 장에서는 이것을 다룰 것이다.

25.

단어와 어구에 대해 연구하라

"주의 말씀을 열면 빛이 비치어
우둔한 사람들을 깨닫게 하나이다."[시 119:130]

이제 우리는 성경 본문을 읽으며 습관을 따라 겸손하게 의문을 제기할 때 어떤 종류의 질문을 해야 하는지 생각해 볼 때가 되었다. 질문이 이해의 열쇠라면 그 질문은 어떠해야 할까? 읽기의 통상적 목표가 답변에 도움이 될 것이다. 20장에서 나는 읽기의 통상적 목표가 우리가 읽고 있는 텍스트를 쓸 당시에 저자가 전달하려 의도한 바를 파악하는 것이라고 주장했다. 그러므로 텍스트를 읽을 때 우리 머릿속을 채워야 할 질문들은 주로 '저자가 이 말로 무엇을 의도했나?'의 여러 가지 변형이 되어야 할 것이다.

저자는 단어들을 그렇게 고르고 배열함으로써 무엇을 의도했을까? 이것은 작문이나 글쓰기의 두 가지 주된 과제이다. 어떤 단어를 쓸지 고른 다음 다양하게 분류하고 연결시키는 것이다. 그러므로 우리는 저자가 그 단어들을 선택함으로써 무엇을 전달하려 하는 것인지 주로 물어야 한다. 저자는 그의 글을 이루는 단어와 어구와 절과 단락을 특정한 방식으로 배열하고 연결시킴으로써 무엇을 전달하려 하는 것일까?

어떤 영어 성경을 사용할까

성경을 읽을 때 나는 어떤 질문들을 염두에 두고 있으며 그 질문들에 어떻게 대답할지 구체적인 사례를 제시하기에 앞서 영어 성경 번역본들에 대해 해야 할 말이 있다. 이 책을 읽는 대부분의 사람들이 그리스어와 히브리어를 모른다고 전제하고 있다. 이것은 영감 된 문서 원문에 대한 충실한 영어 번역본이 있어야 한다는 뜻이다. 나는 영어 번역본들이 저본으로 삼은 그리스어와 히브리어 텍스트들이 수십 세기 전에 하나님의 영감을 받은 저자들이 그리스어와 히브리어로 쓴 것과 본질적으로 동일하다고 분명히 믿는다. 《존 파이퍼의 성경과 하나님의 영광》의 4장에서 이것을 논증[1]한 바 있다. 그래서 나는 그 그리스어와 히브리어 텍스트들을 영어로 신중하고 충실하게 옮긴 역본들이 하나님의 말씀을 신뢰할 수 있게 제시한다는 결론을 내렸다.

내가 이 책에서 추천하는 꼼꼼한 읽기를 진행하려 할 때 다른 영어

번역본들보다 더 나은 영어 성경들이 있다. 번역가들은 번역이 어떠해야 하는지에 대해 나름의 철학을 가지고 있다. 어떤 번역가들은 원문 텍스트를 가능한 한 이해하기 좋게 만드는 쪽으로 기운다. 때로 그들의 접근법은 '역동적 등가', 또는 '내용 전달 번역'이라고 불린다. 다른 번역가들은 텍스트를 어순까지 원문에 최대한 가깝게 만드는 쪽으로 끌린다. 그들의 접근법은 '형식적 등가'라고 불린다. 둘 다 가치 있는 목표이다. 내가 어느 쪽을 선호하는지는 밑에서 기꺼이 말하겠지만, 내가 성경번역에 대해 말하고 싶은 주된 메시지는 어떤 번역본을 사용하건, 적극적 주목과 능동적 읽기는 우리의 영혼과 생활에 풍부한 결실을 맺게 할 것이고 그것에 비하면 어떤 번역본을 선호하는가는 중요하지 않다는 것이다.

그렇지만 내가 권하는 방식의 성경 읽기를 위해서는 형식적 등가 쪽으로 기울어지는 번역본을 쓰라고 추천하고 싶다. 형식적 등가는 이해할 수 있는 영어로 옮기는 것이 가능한 부분에서는 그리스어와 히브리어의 형식이나 구조를 보존하려는 노력이 이루어졌다는 뜻이다. 언어마다 형식과 구조가 다르기 때문에 이런 식의 번역이 불가능한 부분이 흔히 있다. 그리스어와 히브리어에는 영어에 없는 언어구조들이 있다. 그러나 형식적 등가 접근법은 가능한 곳에서는 대체로 형식일치의 보존을 시도한다.

이런 확신에 따라, 나는 두 개의 번역본을 추천한다. 영어표준역(ESV)과 미국표준신판성경(NASB)이다. 두 번역본 모두 원문의 표현까지 포착하려 시도한다. 더 나아가, 둘 모두 상당한 정도의 가독성과 문학적 탁월성까지 이루어냈다. ESV는 이 부분에서 특히 돋보인다. 정교함과 정확함을 유지하면서 NASB보다 더 명확한 수준의 표현을 이루어냈다. 반면 NASB는 신중한 본문 분석을 가능하게 만드는 원문 그대로의 표현을 정밀하게 더 많이 담아낸 듯하다. 이미 눈치 챘겠지만, 나는 이 책에서 ESV를 쓰고 있고, 개인적으로 성경을 읽을 때도 ESV를 이용한다. ESV가 절묘한 균형점을 찾아내었기에 성경 암송, 개인 묵상, 교회예전용, 설교용으로 앞으로 수십 년간 가장 충실하고 유용한 영어 성경으로 남을 거라고 생각한다.[2]

특정한 단어들을 선택한 이유

이제 영어 성경을 앞에 놓은 상태에서 우리가 묻고 싶은 가장 기본적인 질문들은 저자가 사용한 단어들과 관련이 있다. 저자는 왜 이 단어들을 선택했으며, 왜 이런 식으로 이 단어와 다른 단어를 연결을 시켰는가. 왜 하필 이 단어인가? 왜 이 단어들 사이의 이 지점인가? 저자가 특정한 단어를 고른 이유는 소리 때문일 가능성이 있다. 저자가 시를 쓸 때는 이 사실이 잘 드러난다. 그는 특정한 단어들이 모여 운이 맞는 시를 이루기를 원할 수도 있다.

그러나 시가 아니라 특정한 자음운이나 모음운이나 운율을 이루는 글을 원하는 것일 수도 있다. 그런가 하면 단지 읽는 일이 더 즐거워지길 원하는 것뿐일 수도 있다. 사람들은 특정한 운율과 리듬과 소리를 좋아한다. 어떤 것들은 다른 것들보다 더 듣기가 좋다. 그런데 저자는 비슷한 소리들을 써서 두 단어를 연결시키라는 신호를 보낼 수도 있다.

훨씬 많은 경우, 저자들이 특정한 단어들을 선택하여 특정한 방식으로 배열하는 것은 특정한 생각이나 사상이나 진리를 전달하기 위해서다. 대단히 높은 수준의 권위를 내세우는 문서들-계약서, 미국헌법, 성경 같은-을 다루는 경우에는 특히 더 그렇다. 그래서 우리는 성경을 읽을 때 주로 저자가 단어들을 이렇게 선택하고 이렇게 배열함으로써 전달하려 의도한 진리를 찾는다.

저자는 왜 특정한 단어를 선택하는가? 이에 대한 가장 분명한 답변은, 그 단어가 어떻게 쓰이는가에 따라 자신이 원하는 의미를 지닐 수 있음을 알기 때문이다. 다시 말하지만, 그 단어는 그가 원하는 의미를 지닐 수 있다. 그 단어가 그런 의미를 지닐지의 여부는 그가 그 단어로 무엇을 하는가에 달려 있다. 단어들은 본질적 의미를 갖고 있지 않다. 단어들의 의미는 쓰임에서 나온다. 20장에서 우리는 《옥스퍼드 영어사전》에 실린 set의 정의가 464개이고 run이라는 단어의 정의는 396개임을 보았다. 이 말은 set가 464가지 다른 방식으로 쓰일 수 있다는 뜻이다. 이 단어는 저자가 사용하는 구체적인 방식에 따라 구체적인 의미를 얻는다. 존이 책을 탁자에 놓았다(John set the book on the table)거나 존이 테니스 한 세트 경기를 했다(John played a tennis set)는 식이다.

저자가 어떤 단어를 선택하는 이유는 그 단어가 단독으로 저자가 원하는 의미를 지녀서가 아니라, 그 단어가 저자가 원하는 의미를 지닐 수 있음을 경험적으로 알기 때문이다. 또, 그는 그 단어를 다른 단어들과 함께 특정한 방식으로 사용함으로써 특정한 의미를 부여한다. 그래서 능동적 독서의 초기 과제는 한 단어가 통상적으로 어떤 의미를 지니는지 묻고, 저자가 그 단어를 다른 단어들과 함께 어떤 방식으로 쓰는지 묻는 것이다. 저자가 전달하려 의도한 것을 찾아낼 목적으로 말이다.

저자와 합의를 보기

모든 단어는 한 가지 이상의 의미를 지닐 수 있기에, 우리의 과제는 주어진 단어가 정확히 어떤 의미를 갖는 것이 저자의 의도인지 판단하는 것이다. 모티머 아들러는 단어와 용어라는 유용한 구분을 제시한다. 그는 저자가 주어진 맥락에서 명확하고 구체적인 의미를 부여하여 사용하는 단어를 '용어'라고 부른다고 말한다.[3] 그는 읽기의 이런 구체적인 측면을 '합의하기'라고 부른다. 우리는 저자가 자신의 단어들을 어떻게 쓰고 있는지 알아내면서 저자와 "합의를 본다." 단어들이 464가지 의미가 아니라 한 가지-그가 독자에게 이중의 뜻(두 가지로 이해하거나 이중의 의도로 볼 수 있는 뜻)을 전하려 한다면 두 가지- 의미만 갖도록 저자가 부여한 명확한 의미는 무엇일까?

성경 저자가 쓴 단어들을 사전, 심지어 그리스어 사전을 찾아본다고 해서 그와 합의를 볼 수 있는 것은 아니다. 사전은 가능한 의미의 목록을 제시할 뿐 주어진 문맥에서 한 단어가 어떤 의미를 갖는지 확실하게 명시할 수는 없다. 저자가 한 단어를 어떤 의미로 썼는지 발견할 수 있는 길은 하나뿐이다. 그 단어가 들어있는 문맥의 다른 단어들과 어떤 관계로 이어져 있는지 질문하는 것이다. 그리고 그 다른 단어들에 대해서도 같은 방식으로 물어야 한다. 처음에는 "회전목마 타기와 비슷해" 보여도 아들러

는 이것이 정답이라고 말한다.[4]

아들러가 이 방법을 "회전목마 타기와 비슷"하다고 말하는 데는 이유가 있다. 합의를 보는 이 지점에서 우리는 악명 높은 해석학적 순환—단어는 그 문맥을 가지고만 이해할 수 있는데, 문맥은 역시 이해해야 할 대상인 단어들로 이루어진다는 뜻이다—을 진행하며 빙빙 돌게 되기 때문이다. 캐치 22(조지프 헬러의 소설 《캐치 22》에 나오는 가상의 군대조항. 정신이상을 이유로 하는 제대신청을 막는 규정이다. 미쳤다면 제대신청을 할 리가 없고 제대신청을 한다면 미친 것이 아니니 제대할 수 없다는 논리다-역주) 같은 역설이다.

텍스트를 읽으려면 읽기를 경험해야 하고, 읽기를 경험하려면 텍스트를 읽어야 한다. 하지만 우리 모두가 매일 말로 의사소통을 하는 데 큰 성공을 거두는 것을 보면 해석학적 순환이 생각만큼 그렇게 지독한 것은 아님을 알 수 있다. 우리는 회전목마에 올라탈 때와 다른 지점에서 내릴 수 있다. 그것은 가야 할 곳에 우리를 데려다 줄 수 있다. 단어들의 가능한 용례라는 제약이 (1) 문법구조가 부과하는 추가적 제약, (2) 저자의 습관이라는 추가적 제약, (3) 특정한 단락에 추가된 제약들과 결합되면 흔히 해석학적 순환은 물러가고 명료함이 드러난다. E. D. 허쉬는 《해석의 타당성》에서 해석학적 순환 문제를 정면으로 다루었고 "그것이 독일 해석학 전통의 많은 이들이 주장하는 것보다 덜 신비롭고 덜 역설적"이라는 점을 보여 주었다.[5]

어떻게 같은 단어가 다른 방식으로 쓰이면서 어떻게 다른 "용어"가 될 수 있는지-즉, 구체적으로 다른 의미를 지닐 수 있는지- 보여 주는 성경의 세 가지 사례를 고려해 보면 이 부분을 이해하는 데 도움이 될 것이다.

할례

에베소서 2장 11-12절에서 바울은 할례(circumcision)라는 단어를 사용하여 이방인들과 대비되는 유대인 일반을 가리킨다.

> 그러므로 여러분은 지난날에 육신으로는 이방 사람이었다는 사실을 명심하십시오. 손으로 육체에 행한 할례를 받은 사람이라고 뽐내는 이른바 '할례자들'(circumcision)에게 여러분은 '무할례자들'(the uncircumcision)이라고 불리며 따돌림을 당했습니다. 그 때에 여러분은 그리스도와 상관이 없었고(새번역).

그러나 빌립보서 3장 2-3절에서 그는 같은 단어를 전혀 다른 방식으로 써서 할례라는 물리적 시술을 받지 않은 이방인들까지 포함한 그리스도인 전체를 가리킨다.

> 개들을 삼가고 행악하는 자들을 삼가고 몸을 상해하는 일을 삼가라. 하나님의 성령으로 봉사하며 그리스도 예수로 자랑하고 육체를 신뢰하지 아니하는 우리가 곧 할례파(circumcision)라.

circumcision라는 단어의 이런 뜻밖의 용례를 보고 우리 안에 몇 가지 질문이 떠올라야 마땅하다. 바울이 그리스도인들을 가리키고 싶었다면 왜 통상적으로 유대인들을 가리키는 단어를 썼을까? 그는 그리스도인들과 이스라엘을 어떤 식으로 연관 지으려 한 걸까? 포피를 잘라내는 물리적 행위가 아니라면 무엇이 진정한 할례의 표시일까? 바울이 할례라는 용어를 이런 식으로 사용하여 이 질문들의 답을 얻게 해 줄 만한 다른 대목들이 있는가? 이런 것들이 바로 진지하고 능동적인 성경 읽기를 구성하는 질문들이다.

우리는 마지막 질문(바울의 글에서 다른 유사한 용례를 찾을 수 있는가?)을 통해 좋은 성경용어색인(concordance)이 능동적 읽기의 유용한 동반자가 될 수 있다는 것을 알 수 있다. 성경용어색인은 성경의 모든 단어가 어디에서 쓰이는지 일목요연하게 제시한다. 그래서 성경용어색인이 있으면 성경에서 '할례'가 쓰이는 모든 곳을 찾을 수 있다. 이것은 어마어마하게 유용하다.

예를 들어, 할례는 골로새서 2장 11절에 등장한다. "그 안에서 너희가 손으로 하지 아니한 할례를 받았으니 곧 육의 몸을 벗는 것이요 그리스도의 할례니라."

로마서 2장 29절에도 나온다. "이면적 유대인이 유대인이며 할례는 마음에 할지니 영에 있고 율법 조문에 있지 아니한 것이라."

이 구절들은 바울이 그리스도인과 이스라엘의 관계를 어떻게 생각하는지 답하는 데 큰 도움이 된다. 그러나 여기서의 요점은 단어의 의미를 찾을 때는 사전적 정의가 아니라 그 쓰임에 토대를 두는 것이 매우 중요하다는 것이다. 적극적 읽기의 과정에서 나는 성경 본문 자체와 성경 본문을 보고 또 보고 다시 보는 훈련을 제외하면 성경용어색인만큼 도움

이 되는 도구는 없다는 것을 알게 되었다.[6]

한 단어의 다른 용례들을 찾아볼 때는 지금 보고 있는 단락이나 장에서 출발해 동심원이 뻗어나가듯 범위를 넓혀가라고 권하고 싶다. 그 다음에는 같은 책 안에서 그 단어의 용례들을 살펴보라. 그 다음에는 같은 저자가 쓴 다른 책들에서 용례들을 살피고, 그 다음에는 신약이나 구약 전체로 넘어간 뒤, 끝으로 성경 전체에서 용례들을 살피라. 이런 방식을 제안하는 이유는 읽기의 목적이 저자가 전달하려 의도하는 것을 파악하는 것이기 때문이다.

그러므로 다른 저자가 그 단어를 사용하는 방식을 먼저 찾아보는 것은 순서상 맞지 않다. 그런 방식이 바울이 할례를 어떤 용례로 쓰는지 해명하는 데 도움이 될 수는 있다. 그러나 우리는 이 단어에 대한 바울의 용례에 우선순위를 부여한다. 바울이 전달하려 의도한 바를 아는 것이 우리의 목표이기 때문이다.

부르심

이번에는 두 명의 저자가 같은 단어를 비슷한 교리적 맥락에서 전혀 다른 의미로 쓰는 사례를 하나 살펴보자. 사도 바울은 '부르심'이라는 단어로 그리스도인들을 가리키는 것을 좋아한다. 그의 사고에서 이 단어는 통상 명하심으로 믿음을 유효하게 창조하시는 하나님의 행위를 가리킨다. 가령, 바울은 "부르심"을 받은 자들과 복음의 일반적 부름을 들었지만 거부한 유대인과 헬라인들을 구분한다.

> 우리는 십자가에 못 박힌 그리스도를 전하니 유대인에게는 거리끼는 것이요 이방인에게는 미련한 것이로되 오직 부르심을 받은 자들에게는 유대인이나 헬라인이나 그리스도는 하나님의 능력이요 하나님의 지혜니라(고전 1:23-24).

그러니까 바울이 생각할 때 "부르심"을 받은 사람들은 그저 전도집회에서 설교자의 부름을 받은 사람들이 아니다. 유대인들과 헬라인들은 분명히 그런 식으로 부름을 받았다. 그러나 바울이 말하는 의미에서 "부르심"을 받은 자들은 죽은 나사로를 향한 예수님의 부르심 같은 하나님의 역사를 경험한 사람들이다. "나사로야 나오라"(요 11:43)는 예수님의 부름은 생명을 창조했다. 명령한 것을 창조했다.

이 의미를 가장 분명하게 볼 수 있는 본문이 로마서 8장 30절인데, 여기서 바울은 부르심을 받은 모든 사람이 의롭다 함을 받고 영화롭게 된다고 말한다. "미리 정하신 그들을 또한 부르시고 부르신 그들을 또한 의롭다 하시고 의롭다 하신 그들을 또한 영화롭게 하셨느니라."

그러니까 고린도전서 1장 23-24절의 경우처럼, 부르심을 받은 자들은 하나님의 초청을 받아 그것을 수용할 수도 있고 거부할 수도 있는 자들이 아니다. 부르심을 받은 자들은 하나님이 결정적이고 효과적으로 추적하시고 그분의 부르심으로 영원히 살리시는 이들이다.

그러나 마태복음으로 가면 부르심이라는 단어가 전혀 다르게 쓰이는 것을 보게 된다. 이 단어는 예수님이 혼인잔치의 비유를 들려주신 직후에 등장한다. 그 비유에서 왕이 아들의 혼인잔치를 열었다. 그러나 초청받은 사람들은 오고 싶어 하지 않았다. "그들이 돌아 보지도 않고 한 사람은 자기 밭으로, 한 사람은 자기 사업하러 가고 그 남은 자들은 종들을 잡아 모욕하고 죽이니"(마 22:5-6).

그래서 왕은 종들을 보내 찾을 수 있는 사람은 다 부르라고 말했다. "네거리 길에 가서 사람을 만나는 대로 혼인 잔치에 청하여[불러] 오라"(마 22:9). 결국 혼인잔치에 사람들이 가득 찼지만 어떤 사람은 예복을 입지 않고 왔다. 이것은 아마 왕에 대한 존경심이 거의 없거나 그의 삶이 왕의 은혜로 바뀌지 않았음을 나타낼 것이다. 그런 사람은 "바깥 어두운 데에" 내쫓긴다. 이 비유는 이렇게 끝난다. "거기서 슬피 울며 이를 갈게 되리라 … 청함[부름]을 받은 자는 많되 택함을 입은 자는 적으니라"(마 22:13-14).

부름받음의 이 의미가 바울의 의미와 얼마나 다른지 알 수 있을 것이다. 바울이 보기에 부르심을 받은 모든 사람은 영화롭게 된다(롬 8:30). 그러나 마태에게는 부름받은 사람도 바깥 어두운 곳에 내쫓긴다. 바울과 마태가 구원에 대해 모순되는 견해를 갖고 있다고 생각한다면 참으로 큰 오류일 것이다. 그러나 두 사람은 같은 단어를 다른 방식으로 사용한다. 레온 모리스는 마태복음 주석에서 이 문제를 이렇게 표현했다.

> 이것은 우리가 신약성경 곳곳에서 이런저런 형태로 발견하는 선택 교리의 한 가지 표현이다. … 복음의 초청은 멀리까지 두루 퍼지지만 그것을 듣는 사람이 모두 하나님의 택함을 받은 자는 아니다. 우리는 순종의 반응으로 택함 받은 자들을 알아본다. 바울에게서도 이 교리를 볼 수 있지만 그가 다른 표현을 쓰고 있다는 데 주목하는 것은 가

치 있는 일일 것이다. 바울에게 '부르심'은 효력 있는 부르심이기에, 그에겐 사람들이 하나님의 부르심을 받았다고 말하는 것으로 충분하다. 그의 글에서 "부르심"은 마태의 "택함"과 똑같은 뜻이다.[7]

의(of)

성경을 읽을 때 단어들을 스치듯 휙휙 지나칠 뿐, 속도를 줄여서 저자가 이 단어로 전달하려 의도하는 내용이 무엇인지 끈기 있고 주의 깊게 묻지 않을 때가 얼마나 많은가! 가장 흔한 단어들 중 일부가 가장 묵직한 의미를 지니고 가장 큰 난제로 다가온다. 이것은 짧은 단어 '의'에 분명히 해당하는데, 이 단어는 너무나 다양한 방식으로 쓰인다. 이 단어는 조사로서 언제나 다른 단어와 함께 등장하여 "믿음의" 같은 어구를 형성한다.

그 다음, 우리는 구에 대해서도 개별 단어들의 경우와 동일한 도전에 직면한다. 구는 문장과 단락에서 어떻게 쓰이는가에 따라 다른 의미를 가질 수 있다. 그래서 우리는 '의'라는 단어를 볼 때마다 여러 가능한 의미 중에서 저자가 무엇을 의도하는지 결정할 필요가 있다.

바울이 "믿음의"라는 어구를 어떻게 쓰는지 보라. 그 자체만 놓고 보면 이 어구는 분명하거나 명확한 의미를 지니지 않는다. 로마서에서 두 번, 바울은 이 어구를 '순종'이라는 단어와 연결시켜 "믿음의 순종"이라고 썼다.

> 그[그리스도]로 말미암아 우리가 은혜와 사도의 직분을 받아 그의 이름을 위하여 모든 이방인 중에서 믿어 순종하게[믿음의 순종을 가져오게]

하나니(롬 1:5).

영원하신 하나님의 명을 따라 선지자들의 글로 말미암아 모든 민족이 믿어 순종하게[믿음의 순종을 가져오게] 하시려고 알게 하신 바 그 신비(롬 16:26).

세 단어로 된 구 "믿음의 순종"은 무엇을 뜻할까? '의'(그리스어로는 속격의 의미)라는 단어의 의미에 달려 있다. 가능성이 많기 때문에 판단하기가 쉽지 않다. 바울은 '의'라는 단어를 여러 방식으로 사용한다.

- 믿음의 역사[행위](살전 1:3, 살후 1:1). 믿음이 "만들어낸" 행위라는 뜻인 듯하다.
- 믿음의 방패(엡 6:16). 믿음"으로 이루어진" 방패라는 뜻인 듯하다.
- 믿음의 가정(갈 6:10). 믿음"을 특징으로 하는" 가정이라는 뜻인 듯하다.
- 믿음의 말씀(롬 10:8). 믿음"에 대한" 말씀을 의미하는 듯하다.
- 믿음의 의(롬 4:13). 믿음을 "통하여 선언되는" 의를 뜻하는 듯하다.

"믿음의 순종"에 해당하는 가장 그럴 듯한 후보는 (1) "믿음을 특징으로 하는 순종"인 듯하다. 믿는 것이 곧 순종하는 것이라는 말이다. (2) "믿음에서 생겨나는 순종", 즉 순종을 일으키고 순종할 힘을 주는 믿음이다. 나는 독자가 "물고기를 바라보는"(아가시!) 특권을 빼앗고 싶지는 않다. 그러나 이 둘 중에서 바울이 무엇을 의미하는지 실마리를 찾아 가까운 문맥을 최대한 면밀히 바라보면, 성경용어색인은 로마서 10장 16절로 이끌어 줄 것이다. "그들이 다 복음을 순종하지 아니하였도다. 이사야가 이르되 '주여, 우리가 전한 것을 누가 믿었나이까 하였으니."

우리는 이 구절에서 순종과 믿음이 연결되는 방식을 보고 바울이 이 둘을 교체 가능하게 쓰고 있다는 생각을 하게 된다. 그러므로 로마서 1장 5절과 16장 26절에서도 그런 식으로 썼을 거라고 생각하게 될 수 있다.

그러나 성경용어색인은 로마서 1장 5절과 좀 더 유사한 구절인 로마서 15장 18절로도 우리를 이끈다. "그리스도께서 이방인들을 순종하게 하기 위하여 나를 통하여 역사하신 것 외에는 내가 감히 말하지 아니하노라. 그 일은 말과 행위로 [이루어졌으며]."

이것으로 문제가 해결될 것처럼 보인다. 바울이 이방인들 사이에서 찾고 있는 순종이 "말과 행위로" 이루어지는 것이라면 그것은 믿음 이상을 의미하며 다른 구체적 "행위들"로 이루어진 순종을 포함한다. 그러면 "믿음의 순종"이라는 어구는 "믿음에서 나오는 순종"을 뜻할 가능성이 높은 것 같다. 그런데 "말과 행위로"라는 어구는 무엇을 수식하는가? 나는 방금 그것이 "순종"을 꾸민다고 가정했다. 그러나 과연 그럴까? 대부분의 주석가들의 생각은 다르다. 그들은 "말과 행위로"가 바울의 사역을 꾸민다고 생각한다. 바울은 자신의 말과 행위로 그들을 순종으로 이끌었다.

물고기를 바라볼 수밖에 없도록 하는 방법

이 문제의 해결은 이 정도에서 독자의 몫으로 맡기기로 하고, 나는 여기서 우리가 능동적으로 읽을 때 묻게 되는 질문들에 이 문제가 암시하는 바를 하나 더 끌어내 보려 한다. 우리는 저자와 합의한다는 것이 그가 단어들을 어떻게 사용하여 거기에 명확한 의미를 부여하는지 알아내는 것을 뜻함을 보았다. 그리고 그의 문장들을 이루는 다양한 부분들 사이의 관계도 살펴야 한다는 것도 방금 보았다. 바울의 문장에 나온 "말과 행위로"라는 어구와 다른 단어들과의 관계가 그 중 한 가지 사례였다. 그 어구는 바울의 사역을 수식할까, 아니면 이방인들의 순종을 수식할까?

우리가 이 모든 관계들을 진지하게 받아들이고 저자가 모든 단어와 어구를 어떻게 쓰고 있는지 결정할 수 있게 돕는 성경문장 분석법이 있다. 독자도 나처럼 중학교 1학년 때 이 방법을 써 보았을지 모르겠다. '문장도해'라는 방법 말이다. 누구나 나와 같은 경험을 하지는 않는다. 나는 애덤스 선생님을 허락하신 하나님께 끊임없이 감사드린다. 선생님은 우리에게 1년 내내 문장도해를 시키셨다. 적어도 내 기억에는 그렇게 남아 있다. 나는 문장도해가 추리영화를 보는 것만큼이나 흥미진진했다. 문장의 모든 부분들이 어떻게 결합하여 하나의 일관된 전체를 이루는지 알아내는 것은 내게 대단히 만족스러운 작업이었다. 물론 모든 사람이 나 같은 것은 아니다.

여기서 나의 목표는 문장도해의 기술을 가르치는 것이 아니다. 문장의 모든 부분을 저자가 의도한 다른 부분들과의 관계를 생각하며 바라보는 습관을 형성하는 데 문장도해가 매우 유용하다고 생각하기 때문에 독자에게 이 방법을 추천하려는 것이다. 문장도해는 종이 위가 아니라면 머릿속에서 직관적으로라도 이루어져야 한다. 그렇지 않으면, 문장의 조각들이 분명한 목적 없이 따로 놀게 된다. 자신이 직관적으로 이 관계들을 알아보는지, 아니면 문장도해 훈련이 필요한지는 각자가 판단할 수 있을 것이다.

토머스 슈라이너(Thomas Schreiner)가 《바울서신 해석》의 5장에서 다룬 문장도해법을 매우 충실하고 유용했다.[8] 슈라이너는 문장도해 없이도 텍스트의 의미를 알아볼 수 있음을 인정한다. 그러나 저자가 단어들을 특정한 방식으로 배열하게 만든 그의 문법적 습관을 알지 못하면 텍스트의 의미를 알아볼 수 없다고 말한다. 정당한 주장이다. 그럼 문장도해 연습을 고려해야 하는 이유는 무엇일까? 슈라이너는 이렇게 대답했다.

> 문장도해를 하려니 문장의 모든 단어, 구, 절의 통사적 관계를 충분히 생각할 수밖에 없었다. 도해를 하면서 나는 다른 상황에서라면 묻지 않았을 질문들을 하고 거기에 대답해야만 했다. 가령 … 그 전치사구는 어떤 단어, 또는 단어들을 수식하는가?
> 그렇다면 도해의 큰 가치로는 해석자가 속도를 줄이고 텍스트의 모든 요소를 신중하게, 철저히 생각할 수밖에 없도록 만든다는 것을 꼽을 수 있다. … 도해는 텍스트를 시각적으로 펼쳐놓는데 이것도 유용한 부분이다. 이런 식으로 도식화를 시켜보면 주된 절, 주된 동사, 직접목적어(들), 간접목적어(들), 수식어, 종속절(있다면), 그리고 기타 주요한 문법적 부분들이 금세 눈에 들어온다.[9]

다시 말해, 문장도해는 우리가 텍스트에 적극적으로 주목할 수밖에 없게 만든다. 그것은 우리가 아가시의 물고기와 함께 탁자에 머물게 하고, 미술관에서 〈소년과 다람쥐〉를 하염없이 바라보게 만든다(23장을 보라).[10]

규칙 암기가 아니라 주의 깊은 관찰

앞에서 우리가 살펴본 단어와 구의 사례들은 수백 가지로 늘어날 수 있을 것이다. 그리고 각각의 사례마다 살짝 다른 부분이 등장하면서 우리의 지성에 도전장을 내밀 것이다. 그렇기 때문에 모든 해석의 어려움을 상대할 규칙을 제시하는 것은 실용적이지 않다. 정도 차는 있지만 어려움은 다 다르고, 문제 해결의 관건은 수많은 규칙을 암기하는 것이 아니라 주의 깊은 관찰자가 되는 데 있다. 적극적으로 주목하면서 많은 본문을 분석할수록, 다른 본문을 해석하는 데 더욱 능숙해질 것이다.

그래서 내가 이번 장에서 저자의 단어와 어구에 대해 어떤 종류의 질문을 해야 하는지를 다룬 것이다. 나는 독자가 성경을 오랫동안 골똘히 바라보기를 즐기는 정신과 마음의 습관을 들이고 그것을 심화시켜 나가도록 격려하고 싶다. 그리고 그런 적극적 주목이 그만한 가치가 있음을 즐겁게 확신하도록 격려하고 싶다.

다음 장에서는 단어와 구를 넘어 절과 명제들이 어떻게 서로 이어지는지에 대한 질문들을 다룰 것이다. 나는 이 정도 수준의 관찰과 분석이 삶을 변화시키는 강력한 통찰을 가져다 준다는 것을 직접 경험했다.

26.

관찰과 분석을 멈추지 말라

"담대하게 말하며 … 강론[논증]하고 설득했는데…"

앞서 나는 1968년부터 1971년 사이에 읽는 것의 의미를 강렬하게 깨달은 이야기를 했다. 어떤 의미에서 스물두 살에 읽기를 배웠다고 말했다. 대니얼 풀러, 모티머 아들러, E. D. 허쉬와의 만남은 내 삶을 변화시켰다. 허쉬는 '저자가 글을 통해 전달하려 의도한 것'이라고 의미를 정의해야만 여러 해석 중에서 타당한 해석을 논할 수 있다는 확신을 주었다. 아들러는 나의 읽기가 얼마나 수동적인 것이었는지 깨닫게 했고, 끊임없이 질문을 던지고 그 질문에 대답하기 위해 정신을 바짝 차리고 읽는 것이 무엇인지 보여 주었다. 풀러는 말하자면 3년 동안 내 손을 잡고 이끌어 수십 개의 성경 본문을 헤쳐 나가며 적극적 주목을 지속적으로 연습할 수밖에 없게 했다.

내가 스물두 살 때 정말 읽기를 배웠을까? 나는 정말 신학교에 들어간 다음에야 성경을 읽는 일의 의미를 발견했을까? 독자께서 판단하시라. 내가 성경 읽는 법을 연구하며 거둔 가장 유익한 발견은 성경의 저자들이 논증을 펼친다는 사실이었다. 그들은 논증-어떤 결론으로 이어지는 서로 맞물린 일련의 생각들-을 전개한다. 그 전까지 나는 주로 귀한 덩어리들을 모으기 위해서 성경을 읽었다. 교리적 금덩이들. 경건의 금덩이들. 구슬들. 이런 것들은 놀라웠다. 구슬을 모으고 꿰던 시절에 대한 아쉬움은 전혀 없다. 그 구슬들은 내게 큰 도움이 되었다. 나는 그 구슬들을 사랑했다. 그 구슬들은 나를 천국까지 이끌어 주는 신실한 안내자가 되어 주었을 것이다.

그러나 신학교에 들어간 지 며칠 만에, 나는 빌립보서로 진행하는 해석학 수업 시간에 바울이 덩어리들을 꿰는 것이 아니라 사슬을 만들고 있음을 보고 깜짝 놀랐다. 그것은 내게 새로운 사실이었다. 내게 그 사실을 보여 주지 않았다고 과거의 누구를 탓하는 것이 아니다. 그들은 내게 보여 주었는데 내가 받아들일 준비가 되지 않았을 수도 있다. 그래서 그 사실이 마음에 새겨지지 않았을 수도 있다. 나는 지금 누군가를 탓하는 것이 아니라 발견의 기쁨을 말하는 것이다. 그것을 '각성'이라고 부를 수도 있을 것이다. 바울의 생각들은 금덩이들이 아니다. 연결고리들이다. 당신은 이것을 늘 당연하게 여겼고 내 말에 "저런"이라고 반응하고 있다면,

나로선 하나님을 찬양할 따름이다. 그러나 스물두 살의 내게 이것은 허리케인 같은 위력으로 다가왔다. 나는 새롭고 고되고 더 바랄 수 없을 만큼 보람찬 성경 읽기로 휘말려 들어갔다. '호 그리기'(arcing) 방법의 시작이었다.

대니얼 풀러가 발전시킨 이 절차는 이렇게 이루어진다. 본문의 절이나 명제를 찾고, 논증을 진행하면서 그것들이 서로 어떻게 이어지는지 알아낸 다음, 각 절이나 명제 위에 호를 그리고 그 아래에 약어를 붙여 나간다. 논증의 조각들이 어떻게 맞춰지는지 알게 되면서 그 호들을 아우르는 점점 더 큰 호들이 더해진다. 이것이 무슨 말인지 머릿속에 잘 그려지지 않을 테니, 조금 후에 예를 들어 설명하도록 하겠다.

호 그리기의 뿌리

그에 앞서 풀러도 1940년대에 프린스턴신학교에서 하워드 T. 퀴스트 교수의 지도를 받으며 해석학적 각성을 경험했다는 사실을 지적하는 것이 온당하고 독자에게 격려도 될 것 같다. 저스틴 테일러는 그의 박사학위 논문에서 이 이야기를 들려준다.

> 프린스턴에서 그를 가르친 사람 중 하나가 하워드 T. 퀴스트(Howard T. Kuist, 1895-1964)였다. 그는 영어 성경 교수를 위한 성경신학 찰스 T. 헤일리 석좌교수였고 귀납적 성경 공부법을 처음 옹호한 개척자 중 한 사람이었다. (프린스턴에 있는 그의 원고모음을 온라인으로 볼 수 있다.

http://manuscripts.ptsem.edu/collection/195). 퀴스트는 관찰을 "사물을 있는 그대로 보는 기술"로 정의하며 강조했다. 그는 설교자가 설교 준비에 쓸 수 있는 시간이 한정되어 있기 때문에 가용 시간을 이차문헌이 아니라 본문 자체를 보는 데 주로 써야 한다고 주장했다. 그리고 주석은 결론을 따라 하기 위해서가 아니라 사실정보를 확인하기 위해 참고해야 한다고 말했다.

퀴스트는 학생들이 모든 해석학적 체계와 전제들-그들이 이전에 들었던 일체의 설교, 신조, 교훈을 포함하여-을 내려놓고 마치 성경을 처음으로 접하는 것처럼 들여다보며 성경 자체가 말하게 해야 한다고 설득했다. 풀러는 이렇게 회고한다. "그 말씀은 나의 인생을 바꿔놓았어요. 그 이후에 내가 한 일과 생각하는 방식을 보면 그 생각이 내 인생에 결정적인 역할을 했음을 알 수 있어요." (대니얼 풀러가 저스틴 테일러에게[2011년 1월 1일]. 저자 보유. 내 견해를 말하자면, "모든 해석학적 체계와 전제들-그들이 이전에 들었던 일체의 설교, 신조, 교훈을 포함하여-을 내려놓"으려는 퀴스트의 시도는 불가능하다고 본다. 보다 현실에 맞게 표현하자면 이렇게 말할 수 있다. 모든 성경 독자들은 성경이 요구한다면 자신의 견해를 기꺼이 바꾸겠다는 배움의 자세를 갖기 위해 기도하고 노력해야 한다) 퀴스트는 수업 시간의 상당 부분을 "학생들이 본문의 언어기호를 가지고 저자가 의도하는 의미를 파악하는 법을 지도"하는 데 할애했다. (Daniel P. Fuller, "How I Became a Berean(나는 어떻게 베뢰아 사람이 되었는가)," http://documents.fuller.edu/ministry/berean/i_became.htm). 영어 성경이 그들의 주요 텍스트였다. 퀴스트는 학생들에게 짧은 글 두 편을 읽게 했다. 첫째는 모티머 아들러의 《생각을 넓혀주는 독서법》(Mortimer J. Adler, *How to Read a Book: The Art of Getting a Liberal Education, 1st ed.* [New York: Simon and Schuster, 1940], 185-208)에 나오는 "저자와의 합의" 부분이었다[8장-역주]. 두 번째는 곤충학자이자 고생물학자인 새뮤얼 스커더(Samuel Scudder, 1837-1911)가 하버드 비교동물학 박물관 설립자인 루이 아가시(Louis Agassiz, 1807-1873)의 교실에서 보낸 학생시절에 대한 증언이었다. …

풀러는 이렇게 회고한다. "이 이야기는 나의 성경 공부 전략에 아주 커다란 변화를 가져왔다. 나는 성경구절에 실제로 있는 내용을 보기 위해 성경을 얼마나 면밀히 살펴야 하고 그 구절에 대해 이전에 들었거나 읽은 내용을 잊어버리려고 얼마나 노력해야 하는지 깨닫게 되었다." (Fuller, "How I Became a Berean.")[1]

방법의 탄생

1953년에 풀러신학교의 신임교수로 부임한 대니얼 풀러는 퀴스트로부터 귀납적 성경 공부에 대해 배운 모든 내용을 '호 그리기'로 알려진 절차로 바꾸기 시작했다. 테일러가 소개하는 그 이야기는 이렇게 이어진다.

그해[1953년] 봄학기 3월부터 5월까지 풀러는 안식년(학교에서 일한지 7년째)을 맞아 자리를 비운 윌버 스미스를 대신하여 신약성경개론 과

목을 가르쳤다. 이 강좌는 신약성경 전체를 50분씩 38회의 수업 안에 가르쳐야 했다. 그래서 로마서 같은 책은 세 시간 만에 요약해야 했다.

풀러가 수업 준비를 위해 로마서를 귀납적으로 공부하는 과정에서 '호 그리기' 과정이 탄생했다. 그는 특정 단위들이 더 큰 단위들로 묶이는 것을 보고 한 무리의 명제 위에 호를 그림으로써 생각의 단위를 표시하는 체계를 구축하기 시작했다. 결국 로마서 1-8장 전체가 하나의 호 아래 들어갔고, 그것을 가지고 하나의 개요를 만들 수 있었다. 학생들은 일방적인 강의를 듣는 대신에 메모할 수 있는 빈칸이 있는 개요를 받았다. 풀러의 교수법에 학생들은 상당히 긍정적으로 반응했고, 그로 인해 그는 결국 전임교수로 채용되었다. 풀러는 한 대목 안에 있는 다양한 명제들 사이의 관계를 알아봄으로써 저자의 사고흐름을 따라가는 수단으로 '호 그리기'법을 계속 발전시켰다. (호 그리기[arcing]에 대한 설명으로는 다음을 참고하라. Thomas R. Schreiner's chapter on "Tracing the Argument" in his book, Interpreting the Pauline Epistles, 2nd ed. [Grand Rapids: Baker Academic, 2011], 97-124; John Piper, Biblical Exegesis: Discovering the Meaning of Scriptural Texts [Minneapolis: Desiring God, 2002]. 그리고 웹사이트 http://biblearc.com).[2]

이렇듯 성경에 철저히 주목하는 큰 흐름 안에서 내게 한 자리를 허락하신 하나님의 신실하심과 섭리를 생각하면 내 마음은 깊은 감동과 감사로 가득해진다.

사고를 구성하는 기본적 요소

이번 장에서는 '호 그리기' 중에서 내게 너무나 혁명적으로 다가왔던 부분을 약간만 소개할 생각이다.[3] 그 과정에서 나는 질문이 이해의 열쇠이고, 명제들이 서로 어떻게 연결되는가에 대한 질문이 특히 유용함을 다시 한 번 강조하고 싶다. 지난 장의 내용에는 단어와 구가 분명하고 명확한 의미를 전달하기 위해서는 그것들을 명제의 일부로 바라보아야 한다는 사실이 함축되어 있었다. 예를 들어, "for sinners죄인들을 위해"라는 어구는 그 자체로는 명확한 의미를 갖지 못한다. "died죽었다"도 마찬가지다. "Jesus예수"도 마찬가지다. 그러나 문법의 규칙에 따라 그 어구들이 한데 묶여 명제를 이루면, 그 모두가 구별된 의미를 지니게 된다. "Jesus died for sinners"(예수가 죄인들을 위해 죽었다). 그러므로 명제들은 사고의 흐름을 이루는 기본적 구성요소이다.

하나의 명제는 어떤 것에 대한 주장이다. "예수께서 우셨다"는 하나의 명제이다. 여기에는 주어와 술어(동사와 그 수식어들)가 있고, 주어와 술어가 특정한 순서를 이루어 하나의 사실을 전달한다. 명제를 이해하기 위해서는 적어도 우리가 읽는 언어의 문법과 구문의 기초 정도는 알아야 한다. 그 지식이 의식적인 것이 아니라 직관적인 것일 수도 있지만 어쨌건 알아야 한다. 명제들이 의미가 있는 것은 오로지 확립된 규칙에 따라 결합된 단어와 구로 이루어져 있기 때문이다. 모든 규칙을 다 어기고는 의사소통을 할 수가 없다. "바울이 바구니를 날랐다"(Paul carried the basket)와 "바구니가 바울을 날랐다"(The basket carried Paul)는 똑같은 단어를 쓰지만 전혀 다른 의미를 전달하는 두 개의 명제이다. 영어에는 문장의 주어(행위를 하는 주체)가 대체로 동사에 앞선다는 통사적 규칙이 있다. 그렇기 때문에 똑같은 단어들로 구성된 두 명제가 다른 의미를 갖는 것이다. 그리스어나 히브리어를 읽고 싶을 때는 새로운 일련의 규칙들을 배워야 한다. 그리스어나 히브리어, 영어, 또는 다른 어떤 언어로 된 글이건, 저자가 쓴 명제들의 의미를 이해하려면 해당 언어 문법의 적절한 규칙들에 주목해야 한다.

명제들 간의 관계

지금까지 나는 금덩이들을 모으기 위해 성경을 읽던 시절부터 이미 알고 있던 내용만 말했다. 이제 새로운 통찰을 소개할 것인데, 다소 평이한 것으로 보일 수도 있다. 한 명제의 문법적 구조를 이해하고 그 안에 있는 단어와 구들에 대해 저자와 합의한 후에도, 우리는 여전히 그 의미를 이해하지 못할 수 있다. 단어와 구들의 의미가 명제 안에서의 쓰임에 의해 결정되는 것처럼, 한 명제의 정확한 의미도 다른 명제들과의 관계에서 드러나는 쓰임에 의해 결정되기 때문이다. 사슬을 이루는 고리들은 자루 속 덩어리들과 달리 다른 고리들에 의존한다.

예를 들어, 골로새서 2장 21절에서 바울은 "붙잡지도 말고 맛보지도 말고 만지지도 말라"고 말한다. 세 가지 명제만 따로 떼어놓고 보면 바울이 어떤 행동규칙을 명하는 것 같다. 하지만 그렇게 판단한다면 완전한 오해일 것이다. 바로 앞의 명제-20절의 수사적 질문-는 이렇게 말한다. "어찌하여 … 규례에 순종하느냐?" (수사적 질문은 저자가 자신이 주장하는 내용-

"규례에 순종하지 말라!"–을 독자들이 알아볼 수 있다고 생각하기 때문에 답을 따로 제시하지 않고 끝맺는 질문이다) 그러니까 바울이 실제로 의미하는 바는, 문맥과 동떨어진 21절의 세 명제가 말하는 내용과 정반대이다. 그가 의미하는 바는 "붙잡지도 말고 맛보지도 말고 만지지도 말라" 같은 규례를 조심하라는 것이다.

너무나 중요한 단어, '왜냐하면'

또 다른 사례는 빌립보서 2장 12절이다. "두렵고 떨림으로 너희 구원을 이루라."

이 명제는 이어지는 절과 관계해서 보지 않으면 제대로 이해할 수 없다. "너희 안에서 행하시는 이는 하나님이시니 자기의 기쁘신 뜻을 위하여 너희에게 소원을 두고 행하게 하시나니"(빌 2:13).

이 두 명제를 연결시키는 방식에 따라 신학적 입장이 완전히 달라진다. 두 번째 절을 첫 번째 절의 결과로 만들면, 이렇게 말하게 된다. "두렵고 떨림으로 너희 구원을 이루라. 그렇게 되면 하나님이 너희 안에서 행하셔서 자기의 기쁘신 뜻을 위하여 너희에게 소원을 두고 행하게 하실 것이다."

성화(聖化)에서 하나님의 행하심은 우리가 먼저 일하는 것에 달려있다는 의미가 되는 것이다. 그러나 두 번째 절을 첫 번째 절의 근거로 삼으면, 이렇게 말하게 될 것이다. "두렵고 떨림으로 너희 구원을 이루라. 왜냐하면 너희 안에서 행하시는 하나님이 자기의 기쁘신 뜻을 위하여 너희에게 소원을 두고 행하게 하시기 때문이다."

이렇게 되면 거룩함을 향한 우리의 노력은 하나님이 시작하신 일이고, 하나님이 먼저 우리 안에서 일하셨기 때문에 가능한 일이라는 의미가 될 것이다. 바울은 둘 중 어느 쪽 입장을 전달하려고 의도하는지 의문의 여지를 남기지 않는다. 그는 두 절을 [이유나 근거를 제시하는] 접속사 for나 because로 연결하여 그 의미를 분명히 하고 있다. "두렵고 떨림으로 너희 구원을 이루라. [왜냐하면] 너희 안에서 행하시는 이는 하나님이시니 자기의 기쁘신 뜻을 위하여 너희에게 소원을 두고 행하게 하시[기 때문이라]"(빌 2:12-13).

하나님이 우리 안에서 행하심이 우리 행함의 근거이자 에너지원이다. 신학적으로 볼 때, 이런 논증의 흐름을 올바르게 파악하는 것만큼 중요한 것은 거의 없다.

저자의 사고 흐름

한 명제를 다른 명제와의 관계에서 바라보는 일은 각 명제의 의미를 설명해줄 뿐 아니라 저자의 논증의 흐름을 파악하도록 돕는다. 이 부분에서 나는 가장 큰 깨달음을 얻었다. 바울은 구슬을 꿰고 있는 것이 아니라 연결고리를 구축하고 있었다. 해석학 수업시간에 그 사실을 분명히 알게 되었던 시점이 기억난다. 그때 우리는 빌립보서 1장 6-8절을 탐구하고 있었다. 다음은 바울이 기록한 본문이다.

> 너희 안에서 착한 일을 시작하신 이가 그리스도 예수의 날까지 이루실 줄을 우리는 확신하노라. 내가 너희 무리를 위하여 이와 같이 생각하는 것이 마땅하니 이는 너희가 내 마음에 있음이며 나의 매임과 복음을 변명함과 확정함에 너희가 다 나와 함께 은혜에 참여한 자가 됨이라. 내가 예수 그리스도의 심장으로 너희 무리를 얼마나 사모하는지 하나님이 내 증인이시니라.

빌립보서는 어린 시절 많이 읽은 책이었다. 부모님이 열다섯 살 생일 선물로 사주신 내 킹제임스성경(지금도 내 앞에 놓여 있다)은 빨강 파랑 색연필로 곳곳에 표시가 되어 있고, "중추적 기쁨"이라는 글귀가 빌립보서 제목 옆에 적혀 있다. 그런데 칠년이 지나 내가 스물두 살이 되었을 때 누군가 처음으로 이렇게 물었다. "8절 앞에 for가 있는 것 봤나?" 그렇다. 나는 봤다. "그것이 7절과 8절의 관계에 대해 무엇을 말해 주지?" 그것은 8절이 7절의 근거나 원인이나 토대라고 말해 준다. "맞아. 그럼 그 논증의 내용이 어떻게 되는 거지? 바울이 예수 그리스도의 사랑으로 빌립보 교인들을 사모하는 것이 어떻게 하나님이 시작하신 일을 완성하실 거라는 바울의 확신이 정당하다는 근거가 되는 걸까?"

그 질문 앞에서 나는 완전히 당황했다. 이후 48년 동안 나는 스스로에게 바로 그런 식의 질문을 던져왔다. 그것이 가장 유익한 종류의 질문이다. 논증의 내용이 어떻게 되는 거지?

그 논의의 결론은 다음과 같다. 바울이 그리스도의 사랑으로 빌립보 교인들을 정말 사랑한다면, 즉 바울이 그들에 대해 느끼는 감정이 그들을 향한 그리스도의 사랑이라면, 그들에 대한 바울의 헌신이 실은 그들을 향한 그리스도의 헌신이고 그리스도께서 그들을 끝까지 보존하실 거라는 확실한 증표가 된다. 그들은 끝까지 인내할 것이다. 나는 그런 생각을 해 본 적이 없었다. 그리고 그 이유는 7절과 8절의 논증이 어떻게 펼쳐지는지 물어본 적이 없었기 때문이다. 그 질문을 받자, 전에는 생각도 못했던 방식으로 생각할 수밖에 없었다. 이런 종류의 발견이 수백 개로 늘어난다고 해 보자. 그러면 내가 그때 막 읽기를 배운 것처럼 느낀 이유를 알 수 있을 것이다.

금덩이 모으기에서 사슬 찾기로

이것은 성경 읽기에 완전히 새롭게 접근하는 방법이었다. 나는 더 이상 성경구절들을 읽고 암송하는 데–금덩이를 모으는 데–서 그치지 않았다. 나는 논증들을 이해하고 외우고 적용하려고 했다. 이것은 글의 각 구성단위의 요점을 찾고 각 명제가 서로 어떻게 결합하여 요점을 전개하고 뒷받침하는지 살피는 것을 포함했다.

이런 식의 명제분석을 확장하려면 두 가지가 필요하다. 첫째, 명제들 사이에 어떤 종류의 관계가 존재하는지 알 필요가 있다. 생각들이 서로 어떻게 연결되는지 알지 못하면, 명제들이 어떤 식으로 복잡한 의미단위들을 형성하는지 이해하는 데 큰 걸림돌이 된다. 두 명제의 연결방식을 막연하게나마 안다고 해도 역시 어려움은 있을 것이다. 명제들 간의 올바른 관계를 직관적으로 파악한다 해도, 그렇게 이해한 내용을 말로 표현할 줄 모를 테니 말이다. 가능한 논리적 관계들의 목록과 그 명칭까지 알 필요가 있다. 그래야 본문의 의미를 논할 때 그 명칭을 쓸 수 있기 때문이다.

둘째, 길거나 복잡한 논증을 머릿속에서 그려볼 수 있도록 도와줄 모종의 방법이나 도구가 필요하다. 우리 대부분의 경우, 한 단락의 서두에서 전개된 논증의 복잡한 상호관계를 머릿속에 담아둔 채로 십 절 아래에 나오는 명제들이 그 논증과 어떻게 맞춰지는지 알아보는 것은 불가능하다. 앞에 나온 논증이 나중에 나오는 논증의 열쇠를 쥐고 있을 수도 있다. 그래서 우리는 저자가 펼쳐나가는 논증의 흐름이 이루는 상호관계를 압축적으로 정리할 방법을 찾아야 한다. 그렇지 않으면 저자가 단락을 통해 전달하려는 내용의 총체성과 통일성을 파악하는 일이 거의 불가능할 것이다.

이것이 '호 그리기'의 역할이다

저자의 생각의 흐름을 따라가는 데 필요한 이 두 가지를 제공하기 위해 만들어진 것이 '호 그리기'다. 이것은 복잡하게 전개되는 저자의 복합적이고 통일성 있는 생각을 알아보고 기억하는 수단이다. 나는 부록에서 호 그리기 과정을 더 자세하게 설명하고 사례를 제시해두었다. 이런 성경 읽기법을 배우기 위한 최고의 방법은 앞선 사람들과 힘을 모으는 것이다. 그래서 베들레헴신학교에서는 웹사이트 biblearc.com[4]을 만들었다. 호 그리기를 배우고 연습할 수 있는 곳이다. 나는 이것을 개인 성경 공부 때 사용하고, 베들레헴신학교에서 학생들과 책별 성경 공부를 진행할 때도 사용한다.

컴퓨터로 이 웹사이트에 접속할 형편이 아니라면, 이 책의 부록에서 제시한 도입을 활용하길 권한다. 우선 시작하는 데는 충분할 것이다. 나는 여러 컴퓨터 소프트웨어가 개발되기 전에 연필과 종이로 사십년 동안 호 그리기를 했다. 그러니 어려움이 있어도 멈추지 말라. 관건은 기술이나 기법이 아니다. 관건은 철저한 관찰, 좋은 질문들, 골똘한 사고, 그리고 본문 속 연관관계들에서 답을 구하는 것이다. 이 모두가 하나님의 조명을 구하는 기도에 푹 잠긴 채 이루어져야 한다(11-13장).

본문에 질문하라

단어와 구들은 명제 안에서 쓰이는 방식에 의해 분명한 의미를 얻게 되고, 명제들은 생각의 흐름을 구성하는 건축물 안에서 다른 명제들과 연결되는 방식에 의해 의미를 얻는다는 것이 이번 장의 요점이었다. 명제들이 서로와의 관계에서 어떻게 작동하는지 질문하는 마음의 습관이 내게는 읽기에 있어서 가장 유익한 습관이었다. 그러나 본문에 의문을 제기할 때 사용할 질문들에 대한 나의 제안은 아직 끝나지 않았다. 명제들 및 명제들 간의 관계에 대한 질문들은 극히 중요하다. 역설, 즐거움, 변화된 삶에 대한 질문들 역시 중요하다. 이것이 우리가 다음 장에서 다룰 주제이다.

27.
초자연적 역사를 구하며 무릎 꿇고 기도하라

"주님의 말씀은 모두 진리이며,
주님의 의로운 규례들은 모두 영원합니다."

지난 장에서 나는 '호 그리기'(arcing)라는 진지하고 능동적인 독서법을 추천했다. 그 방법은 본문의 명제들을 알아보고, 명제들 간의 관계를 식별하고, 도식화된 형태로 그 관계들을 정리하여 본문의 요점을 파악하고 그 모든 부분들이 어떻게 결합하여 그 요점을 해명하고 뒷받침하는지 이해하게 한다. 나의 목표는 독자들을 모두 호 그리는 사람들로 바꿔놓으려는 것이 아니라, 이런 식으로 성경 본문을 보고 질문을 하는 것이 모든 노력을 기울일 만한 가치가 있음을 설득하려는 것이다. 아주 총명해서 남들이 호 그리기에 의존해야만 할 수 있는 일을 척척 해내는 사람은 논외로 하고, 그 외의 사람들에게는 호 그리기가 눈이 되어줄 것이다.

사실 나는 교수직을 얻기 위해 인터뷰를 한 적이 있는데, 심사위원회에 속한 교수 한분이 내게 이렇게 물었다. "말씀하신 호 그리기는 지적 목발에 불과하지 않나요?"

나는 주저 없이 대답했다. "물론입니다. 저는 지적 절름발이라 구할 수 있는 도움은 다 구해야 합니다. 그리고 제 학생들 대부분도 동일한 도움이 필요할 거라고 생각합니다."

나는 그 일자리를 얻지 못했다. 그것은 주께서 나를 위해 허락하신 최고로 감미로운 거절 중 하나가 아닐까 싶다. 그러나 중요한 것은 도식을 만들어내는 실제 기법이 아니라 호 그리기를 둘러싼 원리들과 질문들과 치밀한 사고라는 점을 나는 분명히 인정한다. 호 그리기가 요구하는 정신적 습관을 기르는 것이 핵심이다.

성경 전체에 걸쳐 관계에 대해 묻기

호 그리기의 원리를 성경에 있는 어느 한 권의 책, 또는 성경 전체로 확대할 때, 우리는 어떤 종류의 질문이 필요한지 알게 된다. 이 일의 목표는, 우리가 충분히 오래 살 경우, 성경 저자들이 전달하려 의도한 내용을 전부 파악하는 것이다. 그래서 우리는 각 책의 요지를 파악할 때까지 각 단락이 서로 어떻게 연결되는지 질문을 계속한다. 요점이란 다른 모든 논점들의 뒷받침을 받지만 스스로는 어떤 것도 뒷받침하지 않는 논점이다.

이것은 저자가 글을 쓴 궁극적인 목적이다. 본문의 다른 모든 부분은 이 요점을 설명하고 내세우는 데 기여한다. 그리고 우리는 성경을 이루는 책들의 요점을 보면서 각각의 메시지들이 서로 어떻게 연결되는지에 대해서도 묻는다. 이런 식으로 성경 전체의 주된 메시지를 향해 나아간다.

우리는 궁극적 저자이신 하나님이 친히 전달하려 의도하신 내용으로 인간 저자들을 감동하셨다고 믿고, 그렇기 때문에 성경이 일관성을 갖추고 있을 거라고 믿는다. 성경은 모순된 말을 하지 않을 것이다. 성경에서 끊임없이 모순을 만나게 된다고 믿는 사람들은 많은 통찰을 얻을 기회를 스스로 차단하게 된다. 통찰은 외견상의 모순-역설-에 숨겨진 심오한 통일성의 열쇠를 찾아내기 위해 본문을 집요하게 살피고 파고드는 작업의 결실이다. 성경의 통일성을 불신하여 본문을 파고드는 이 과정을 생략하고 너무 빨리 포기하는 사람들이 감수하는 손실은 비극적일 만큼 크다.

그러나 진리의 하나님은 궁극적으로 모순이 되게 말을 이랬다저랬다 하지 않는다(고후 1:17-22)고 믿기에 성경의 영감된 통일성을 굳게 붙드는 사람들은 해결책 모색을 위한 기나긴 노고를 감수하고 영광스러운 결실을 거둔다. 질문을 할 때 가장 유익한 습관 중 하나는 한 구절의 의미가 그와 모순되거나 일관성이 없어 보이는 다른 구절들과 어떻게 조화를 이루는지 묻는 것이다. 나는 성경이 일관성이 없다고 생각하지 않는다. 내가 보아야 할 것을 다 보지 못하고 있겠거니 생각한다. 내가 어떤 질문들을 염두에 두고 있는지 예를 제시해 보겠다. 역설을 곱씹는 일이 성경을 묵상하는 아주 유익한 행위임을 보여 주는 사례다.

문제 해결을 돕는 질문들

로마서 5장 8절에서 바울은 "우리가 아직 죄인 되었을 때에 그리스도께서 우리를 위하여 죽으심으로 하나님께서 우리에 대한 자기의 사랑을 확증하셨느니라"고 말한다. 그러나 시편 11편 5절은 "여호와는 의인을 감찰하시고 악인[을]… 마음에 미워하시도다"라고 말한다. 그러니 하나님은 죄인인 우리를 사랑하시고 한편으로는 악인을 미워하신다.

이것은 좋은 일이다. 성경 본문을 적극적으로 주목하여 살펴본 덕분에 로마서 5장 8절과 시편 11편 5절의 긴장-죄인들을 향한 하나님의 사랑과 죄인들에 대한 그분의 미움—을 보게 되었다. 그래서 우리는 질문하기 시작한다. 궁극적으로, 우리의 질문은 하나님이 조현병 환자가 아니라 영광스러운 분으로 드러나려면 이 둘이 어떻게 조화를 이루어야 하는가, 이다. 우리는 여기에 통일성이 있고 두 본문 모두 옳다고 믿는다. 그러므로 이제 두 본문이 어떻게 서로에 대해 참일 수 있는지 봐야 한다. 이것이 호 그리기가 훈련시킨 질문이다. 로마서와 시편을 놓고 종이나 컴퓨터 스크린 위에 호를 그리는 것은 아니지만, 성경 본문들이 서로 어떻게 연결되는지 질문하는 훈련 덕분에 특정한 방식으로 생각하게 된 것이다.

이 과정이 어떻게 이루어지는지 파악할 수 있도록, 하나님이 죄인을 사랑하심과 죄인을 미워하심이 어떻게 연결되는지 숙고하면서 내가 자문해본 질문들 중 몇 가지를 소개한다. 이 질문들은 문제를 해명하는 데 도움이 될지 보려고 띄우는 관측기구와 비슷하다.

- "죄인들"과 "악인들"은 별개의 다른 집단을 말하는 것인가?

- 하나님이 사랑하시는 죄인들은 하나님이 미워하시는 죄인들 안에 포함되지 않는가?
- “죄”와 “악함”은 다른 것인가? 그래서 하나님은 사실 악인들을 사랑하지도, 죄인들을 미워하지도 않으시는 것일까?
- 구약성경과 신약성경 사이에 어떤 변화가 생겨나서 하나님이 오늘날에는 악인들을 미워하시지 않지만 그때는 미워하셨던 것일까?
- 하나님의 미움은 구체적으로 무엇을 말하는 것일까?
- 하나님의 사랑은 구체적으로 무엇을 말하는 것일까?
- 하나님이 악인들을 미워하신다 했으니 하나님이 그들을 사랑하실 가능성은 아예 배제되는 것일까?
- 하나님의 미워하심에는 어떤 종류가 있을까?
- 하나님의 미워하심에는 누군가의 악한 마음을 강렬히 혐오하는 감정도 들어있을까?
- 하나님의 미움에는 파괴하려는 뜻도 있을까?
- 파괴하려는 뜻 없이 혐오가 존재할 수 있을까?
- 만약 그렇다면, 하나님은 혐오하는 자들을 그들의 혐오스러운 상태와 하나님께 미움 받는 상태에서 구출하는 것을 목표로 사랑하실 수 있을까?
- 이런 질문들에 답하는 데 도움을 받으려면 어떤 성경 본문을 찾아봐야 할까?

긴장 관계에 있는 두 본문이 어떻게 조화를 이룰지 알아내려고 둘을 같이 펴놓으면 이런 질문들이 머릿속으로 쏟아진다. 질문을 하고 대답을 시도하는 이 과정을 나는 '생각하기'라고 부른다. 도와주시겠다는 하나님의 약속을 믿고 겸손하게 질문하고 대답을 구하는 과정은 "내가 말하는 것을 곰곰이 생각해 보아라. 주께서 모든 일에 그대에게 총명을 주실 것이다"(딤후 2:7, 우리말성경)라는 바울의 말에 순종하는 행위가 된다. 이 명령은 모든 성경 계시에 적용된다.

이 자리에서 하나님의 사랑과 미움의 문제를 해결하는 것이 나의 목적은 아니다. 호 그리기 훈련이 성경 전체에 걸쳐 일관성을 추구하도록 우리 마음을 어떻게 훈련시키는지 예를 들어서 보여 주고 싶은 것이다. 호 그리기는 성경의 모든 본문이 다른 모든 본문과 어떻게 연결되는지 질문하도록 우리를 준비시킨다. 그래서 결국 로마서 5장 8절과 시편 11장 5절의 긴장이 우리 눈에 들어오게 된 것이다.

그러나 이 두 구절의 문제에 대해서는 이 정도만 말하려 한다. 악인들에 대한 하나님의 미움은 맥락에 따라 두 가지 의미를 가질 수 있다. 하나는 악한 영혼의 추한 상태에 대한 강한 불승인이다. 다른 하나는 악인을 벌하려는 정의롭고 거룩한 결의다. 그분의 사랑 역시 똑같이 두 종류의 의미가 있다. 하나는 의로운 영혼의 아름다운 상태에 대한 강한 인정이다. 다른 하나는 구원하려는 은혜롭고 자비로운 결의이다(나는 하나님의 사랑과 미움에 대한 많은 성경 본문을 숙고함으로 이 통찰을 얻게 되었다). 사랑과 미움을 이런 식으로 구분하여 생각하면 하나님의 사랑과 미움이 같은 사람에 대하여 모두 사실일 수 있는 가능성이 열린다. 이 문제를 끝까지 철저히 생각하는 것은 독자의 몫으로 두겠다.

나의 요점은 성경의 여러 부분에 등장하는 역설들에 대해 이렇게 질문하는 습관을 들이면 너무나 많은 것을 배울 수 있다는 것이다. 얼마나 놀라운 일인가. 처음에 일관성이 없어 보였던 본문이 실제로 어떤 일관성을 갖추고 있는지 겸손하게 묻는 습관만큼 하나님과 그분의 일하시는 방식에 대한 지식을 깊고 풍성하게 만들어 주는 것도 드물다.[1]

더 깊은 이해로 이끄는 실생활의 경험

성경 저자들의 목적은 우리가 어떤 것들을 알고 어떤 일들을 하되 특정한 방식으로 하게 되는 것이다. 성경에 반응한다는 것은 적용에 관해 질문하는 습관을 들이는 것이다. 우리 자신, 우리 교회, 다른 그리스도인들, 우리 문화, 불신자들, 세상의 제도들이 적용의 대상이 된다. 적용의 과제는 결코 끝나지 않는다는 뜻이다. 하나의 성경 본문이 수백만 가지 상황과 관계에 적용되는 방식은 헤아릴 수 없이 많다.

통상적으로 적용에 대한 질문들은 본문의 의미를 발견하는 과정의 일부가 아니라 본문의 의미를 생활 속에서 활용하는 과정의 일부로 여겨진다. 성경 본문의 의미와 그 유의성은 다른 개념이다. 나는 본문의 의미를 저자가 전달하려 의도한 것으로 다루어왔다. 본문의 유의성은 의미가 삶과 문화에 영향을 끼칠 수 있는 수백 가지 방식의 쓰임이다. 한 본문의 의미가 자비를 베풀라는 것이라면, 그것이 사회적 차원으로 내려가서 갖는 유의성은 아이들이 많은 동네에서 시속 50킬로미터로 속도를 제한하는 일이 될 수 있다.

나는 여기서 흔히 간과되는 점을 하나 지적하고 싶다. 적용의 질문을 제기하는 것과 본문을 실천에 옮기려는 실제 노력이 종종 본문의 유의성 뿐 아니라 그 의미에도 다시 빛을 비춰 준다는 것이다. 이것도 회전목마를 타는 것과 비슷하다. 먼저 의미를 보아야만 그 의미를 적용하거나 거기에 따른다고 주장할 수 있다. 그런가 하면, 일단 그 의미를 적용하거나 그것에 따르려고 시도할 때 그 전까지 보지 못했던 의미의 여러 측면을 발견할 수 있다. 실생활의 경험은 적용의 도가니일뿐 아니라 더 깊은 이해로 이끌어 주는 학교이다.

마르틴 루터의 고난의 신학교

이런 주장의 성경적 근거는 시편 119편 71절에서 볼 수 있다. "고난 당한 것이 내게 유익이라 이로 말미암아 내가 주의 율례들을 배우게 되었나이다."

고난의 경험은 하나님의 율례를 적용하도록 요구할 뿐 아니라 율례들에 대한 통찰을 제공한다. 마르틴 루터는 좋은 성경 해석자가 되는 데 있어서 고난의 필요성을 어느 누구 보다도 강력하게 써놓았다.

> 올바른 방식으로 신학을 공부하는 법을 알려주고 싶다. 나는 이 방법을 혼자서 연습했다. … 여기서 당신은 세 가지 규칙을 찾게 될 것이다. 시편[119편]이 자주 제안하는 그 규칙은 이것이다. 오라티오, 메디

타티오, 텐타티오(기도, 묵상, 시련)[2]

루터는 시련(안페히퉁엔Anfechtungen)을 '시금석'이라고 불렀다. 루터에 따르면, 시련은 "하나님의 말씀이 얼마나 옳고, 참되고, 달콤하고 사랑스럽고 강력하며 위로가 되는지 알고 이해할 뿐 아니라 경험하도록 가르쳐 준다. 하나님의 말씀은 최고로 매력적이다."[3] 그는 자신의 경험으로 시련의 가치를 거듭거듭 증명했다.

> 하나님의 말씀이 당신을 통하여 알려지자마자, 마귀는 당신을 괴롭힐 것이고 당신을 진짜 박사로 만들 것이고 당신을 유혹하여 하나님의 말씀을 구하고 사랑하도록 가르칠 것이다. 나의 경우도 … 마귀의 폭주를 통해 나를 그토록 두들기고 겁주어 꽤 훌륭한 신학자로 만들어주고 내가 결코 도달할 수 없었을 목표를 추구하도록 몰아준 천주쟁이들에게 크게 감사해야 할 상황이다.[4]

많은 이들이 볼 때, 루터는 어떤 것에도 끄떡도 하지 않을 것 같았다. 그러나 가까운 사람들은 그가 겪는 텐타티오를 알았다. 그는 신약성경 번역에 몰두한 것으로 알려졌던 1521년 7월 13일에 바르트부르크성에서 멜란히톤에게 이런 편지를 보냈다.

> 몸은 여기에 편히 앉아있지만 마음은 냉담하고 아무 느낌이 없다네. 아! 기도도 잘 못하고 하나님의 교회를 위해 별로 슬퍼하지도 않고

> 그저 길들지 않은 내 육신의 맹렬한 불에 타고 있네. 영이 불붙어야 마땅하나, 실제로 나는 음욕, 게으름, 나태, 졸음으로 육신에 불이 붙었어. 어쩌면 자네가 나를 위해 더 이상 기도하지 않아서 하나님이 나를 등지셨는지도 모르겠군. … 지난 팔일 간 나는 아무 것도 쓰지 않았고 기도도 공부도 못했네. 방종에 빠진 탓도 있고 또 다른 성가신 장애(변비와 치질) 때문이기도 하네. … 더 이상은 도저히 견딜 수가 없네. … 부디 날 위해 기도해 주게. 이곳에 고립된 채 나는 죄에 잠겨 버렸네.[5]

이것들이 루터가 자신을 신학자로 만들어주었다고 말한 시련이었다. 이런 경험은 그의 그리스어 어휘집 못지않게 그의 주석 작업에서 중요한 부분을 차지했다. 나는 연구와 이해의 일에서 압박과 갈등과 좌절이 훼방꾼에 불과하다고 생각하고 싶은 유혹을 얼마나 많이 받는지 모른다. 그러나 루터(와 시편 119편 71절)는 그것을 전혀 다른 시각에서 보도록 가르쳐 준다.

놓친 것이 보이다

내 목회사역 중에서 한 가지 사례를 제시해 보겠다. 나는 우리 교회 장로님들과 함께 마태복음 18장 15-17절을 공부했었다. 이 대목은 교인 한 사람이 다른 교인에게 죄를 지었을 때의 대응법을 다룬다.

> 네 형제가 죄를 범하거든 가서 너와 그 사람과만 상대하여 권고하라 만일 들으면 네가 네 형제를 얻은 것이요 만일 듣지 않거든 한두 사람을 데리고 가서 두세 증인의 입으로 말마다 확증하게 하라. 만일 그들의 말도 듣지 않거든 교회에 말하고 교회의 말도 듣지 않거든 이방인과 세리와 같이 여기라.

나는 이 과정을 어떻게 진행하고 사람들을 어떻게 대해야 하는지 분명히 안다고 생각했다. 그런데 그 본문을 실행에 옮기는 고통스럽고 골치 아픈 일이 우리 교회에서 현실이 되었다. 그 적용의 과정 한복판에서 나는 두세 증인을 데려가 회개하지 않는 형제의 잘못을 지적하는 일과 그의 사건을 교회 전체에서 다루는 그 다음 단계 사이에 일정한 시간이 자리할 수 있음을 미처 인식하지 못했다는 것을 깨달았다. 내가 본문을 읽을 때 미처 묻지 못한 질문이었다. "화해나 징계로 가는 두 단계 사이에는 어느 정도의 시간이 허용될까?"

나는 두 명의 교우와 함께 회개하지 않는 형제를 찾아가 권면할 때부터 그의 사건을 교회로 가져갈 때까지의 기간에 그를 어떻게 대해야 하는지도 묻지 않았다. 간단히 말해, 성경 본문을 꾸준히 적용하고 순종하려는 노력은 ('대개'라는 단서를 달아야겠다) 그 본문의 의미에 다시 빛을 비춰 준다. 한 본문의 의미를 적용하려는 노력은 그 본문에 대해 미처 묻지 못했던 질문들을 던지는 데 도움이 된다. 그리고 그 질문들은 우리가 보지 못했던 것들을 드러내준다.

이 사실을 통해 우리는 성경을 읽을 때 해석의 과정과 적용의 과정을 인위적으로 분리해서는 안 된다는 것을 알 수 있다. 그 둘은 긴밀히 이어져 있다. 그리고 한 가지 더. 성경을 읽을 때 저자의 의도를 더 많이 알고 싶다면 성경 본문을 실천에 옮기는 상상을 하는 것이 도움이 된다는 것을 알 수 있다. 다시 말해, 그 성경 본문을 적용하는 상황을 머릿속으로 그려 보라는 것이다. 그렇게 하면 이전에는 물어보지 않았을 많은 질문들을 묻게 될 것이다. 그리고 이 과정은 본문에 실제로 있는 것을 보는 일에서 많은 결실을 맺게 할 것이다.

의미와 감정은 어떻게 연결되는가?

저자가 전달하려 의도한 것을 파악하려 할 때 물어야 하는 또 다른 종류의 질문이 있다. "이 계시에 대한 반응으로 우리는 어떤 감정을 경험해야 하는가?"

성경 저자들이 독자에게 어떤 감정을 요구하는지 조사하기도 전에, 우리는 성경 자체가 즐거움이라는 말을 듣는다. "오직 여호와의 율법을 즐거워하여 그의 율법을 주야로 묵상하는도다"(시 1:2).

"여호와를 경외하며 그의 계명을 크게 즐거워하는 자는 복이 있도다"(시 112:1).

"이는 금보다, 순금보다 더 귀하고 벌집에서 뚝뚝 떨어지는 꿀보다 더 답니다"(시 19:10, 우리말성경).

"주의 말씀의 맛이 내게 어찌 그리 단지요 내 입에 꿀보다 더 다니이다"(시 119:103).

그래서 나는 하나님의 말씀을 향한 그분의 의도에는 말씀이 우리의 즐거움이 되는 것도 포함되어 있다는 결론을 내리게 된다. 우리가 말씀 앞에 가서 시간을 보내는데 그 말씀이 즐겁지 않으면, 우리는 그 안에 있는 것-금보다 더 귀하고 꿀보다 더 단 가치-을 제대로 보지 못하고 있는 것이다. 즐거움이 본문의 의미의 일부가 아닌가?

나는 20장에서 본문의 의미를 정의할 때 저자가 드러내는 것에 대해 독자가 특정한 방식으로 느끼게 하려는 저자의 의도도 포함시켜야 한다고 주장했다. 그리고 저자의 생각과 그것을 이해하려는 우리의 노력이 근본이 된다는 점을 강조했다. 어떤 식으로든 그리스도를 높이는 감정들은 진리에 근거한다. 그러므로 성경 저자가 독자들과 공유하고 싶어 하는 감정들은 저자의 생각에 대한 우리의 이해를 통해-저자를 따라 저자의 생각을 생각함을 통해- 전달된다. 우리는 그 생각들을 통해 저자가 진리에 대해 표현하는 감정을 우리도 공유하는 것이 그의 의도인지 아닌지 분별할 수 있을 것이다.

수십 개의 성경 본문으로 미루어 볼 때, 성경 저자들의 의도는 우리 독자들이 그들이 말하는 내용을 이해하는 것이고, 그로 인해 회개하고 믿고 소망을 품고 즐거워하는 것이라는 점이 분명하다. 성경 저자들은 자신들의 말을 독자들이 어떻게 느끼는지에 대해 결코 무관심하지 않다. 우리의 질문에 혹시 그들이 이렇게 대답할까? “사람들이 죄 때문에 상심하거나 하나님의 긍휼로 인해 감사하거나, 약속을 신뢰하거나, 칭의 안에서 평안을 얻거나 천국에 대해 소망을 품는 것은 이 책에서 내가 의도한 바가 아니다.”

그럴 일은 결코 없을 것이다. 오히려 그들은 자신들이 글을 쓴 의도가 진리를 전달하여 독자들이 머리로는 이해하고 가슴은 적절한 감정으로 반응하게 되는 것이라고 말할 것이다.

그러므로 저자들이 전달하려 의도한 것을 파악하려 할 때는 언제나 저자가 어떤 감정들을 일깨우려 하는 것인지 물어야 한다. 우리 마음의 감정들을 불러 일으키려는 것이 저자들의 의도라는 가장 분명한 증거는 그들이 우리에게 그런 감정을 명령한다는 사실이다. 다음의 감정들은 모두 명령의 대상이다.

- 감사(시 100:4)
- 소망(벧전 1:13)
- 기쁨(빌 4:4)
- 슬픔(약 4:9)
- 긍휼(골 3:12)
- 두려움(롬 11:20)
- 만족(히 13:5)
- 동정(벧전 3:8)
- 분노(엡 4:26)
- 충격(렘 2:12)

그러므로 성경의 저자들이 하나님과 인간과 죄와 구원과 거룩함과 천국에 대해 계시하는 모든 것에 대한 반응으로 우리가 적절한 감정을 느끼는 것을 의도했다고 말해도 무방할 것이다. 성경은 우주에서 가장 위대한 실재들을 다룬다. 하나님과 관련되면 하찮은 것이란 없다. 그러므로 모든 것이 우리 마음을 움직여야 한다. 감동을 받는 것은 성경이 의도하는 바의 일부이다.

어떻게 제대로 느낄 수 있는가

그러나 성경 독자들 중에는 이 부분에서 부족한 사람들이 얼마나 많은가? 그들은 성경에서 하나님과 그분이 일하시는 방식의 가치와 아름다움을 어느 정도 보지만 마음에는 별다른 감흥이 없다. 그들이 느끼는 것은 그들이 보는 내용에 따라와야 마땅한 감정에 전혀 미치지 못한다. 그럼 무엇을 해야 할까? 위선자가 되지 않고도 우리 마음이 합당하게 반응하도록 만들 수 있는 방법이 있을까? 나는 있다고 생각한다. 잠언에 바로 이 문제를 다루고 우리에게 도움을 줄 수 있는 말씀이 있다.

해당 대목은 잠언 22장 17절부터 24장 22절까지 이어진다. 22장 20절에서는 이 대목을 "서른 가지 교훈"("내가 너에게… 서른 가지 교훈을 써 주지 않았느냐?"[새번역])이라고 부른다. 이 30가지 교훈은 잠언 22장 17절에서 24장 22절에 걸쳐 몇 절씩 무리지어 나와 있다. 일부 번역본들은 알아보기 좋게 무리를 구분하여 보여 준다. 그래서 새로운 주제가 시작될 때마다 새로운 교훈이 나오고, 교훈은 모두 서른 개가 등장한다. 출발점에 해당하는 17절은 "귀를 기울여 지혜로운 사람의 말을 듣고"라고 말한다. 그래서 이 대목에는 흔히 "지혜로운 사람의 말"이라는 제목이 붙는다.

지금 우리의 관심사에 더없이 적절한 부분은 처음 두 절이다. 이 두 절은 '잠언을 어떻게 듣고 그것이 담아낸 실체를 제대로 느낄 수 있는가?'라는 질문에 답하기 위해 기록되었다.

> 너는 귀를 기울여 지혜 있는 자의 말씀을 들으며
> 내 지식에 마음을 둘지어다.
> 이것을 네 속에 보존하며
> 네 입술 위에 함께 있게 함이 아름다우니라[즐거움이 된다](잠 22:17-18).

두 가지에 주목하라. 첫 번째 행은 "귀를 기울여 지혜로운 자의 말씀을 들으[라]"고 말한다. 논지는 분명하다. 지혜로운 사람이 말을 하고 있으니 몸을 앞으로 기울이라는 것이다. 주의를 기울여야 한다. 집중하라! 귀를 기울여라. 잘 들리지 않을 때 우리는 몸을 앞으로 기울인다. 바싹 다가간다. 그리고 더욱 관심을 기울인다. 글을 읽거나 말을 듣는데 글이나 말이 그냥 흘러가버릴 경우, 지혜로운 사람은 우리에게 이렇게 말한다. 그 말들을 그냥 흘려보내지 말라. 어떤 말도 그냥 지나가도록 방치하지 말라. 의식적으로 포착하라. 집중하라! 주의하라! 이 말들이 너의 지식을 형성할 것이다.

둘째 행은 "내 지식에 마음을 둘지어다"라고 말한다–이것이 우리 질문의 열쇠가 된다. 이어서 지혜로운 사람의 말이 나온다. 그는 뭔가 값지거나 귀중하거나 중요한 것–지혜롭고 유용하고 아름다운 것–에 대한 지식을 전달할 것이다. 그 다음 구절에는 이 지식의 결과가 "즐거움이 된다"

라고 나와 있다. 마음이 유쾌함이나 즐거움을 감지하는 기관이라는 말인 것 같다. 그리고 이제 그는 우리 앞에 놓인 문제를 다룬다. 이 지식 안에서 어떻게 즐거움을 경험할까? 지혜로운 자의 말을 통해 인식하게 된 것 안에서 어떻게 그에 걸맞은 감탄과 가치인정과 귀하게 여김과 사랑함과 수용과 향유와 만족을 경험할 수 있을까? 그는 그 방법이 마음을 두는 것이라고 말한다.

지혜로운 사람은 우리의 질문에 답하고 있다. 우리의 질문은 '성경의 지식에 반응하여 그에 합당한 감정을 느끼지 못할 때 할 수 있는 일이 있는가?'이고, 그의 답변은 있다는 것이다. 그는 이렇게 말한다. 너의 귀가 들은 것과 너의 머리에서 형성되고 있는 지식에 마음을 두어라. 이것은 무슨 뜻일까?

"두다"에 해당하는 히브리어 단어는 말 그대로 "놓다", "두다", "갖다 놓다"는 뜻이다. 그러니까 마음을 가져와서 어디다 둔다는 것이다. 눈으로 보고 귀로 들은 내용에 마음을 놓는다. 그 지식의 아름다움을 상기시킨다. 마음이 어떤 것도 느끼지 못한다면, 이렇게 말한다. '마음, 깨어나!' 마음을 붙잡아 거기다 갖다 놓는다. 마음을 압박한다. 그 지식에 마음을 둔다. 자신의 감정에 대해 이런 의도적인 조치를 취해본 경험이 없다면, 이 자리에서 새롭게 배우면 된다. 그러라고 이 내용을 소개하는 것이다.

스테이크 맛보기와 나뭇잎 보기

비유가 하나 있다. 스테이크를 맛보고 싶다고 해 보자. 바깥 그릴 위에서 스테이크가 지글지글 익는 소리를 들을 수 있다. 그래서 밖으로 나가 스테이크가 그릴 위에서 지글지글 익는 모습을 눈으로 본다. 충분히 가까이 가면 스테이크가 그릴 위에서 지글지글 익어가는 냄새를 코로 맡을 수 있다. 하지만 입에서는 아직 그 맛이 느껴지지 않는다. 이때 할 수 있는 일이 있을까?

이것이 문제이다. 하나님의 말씀이라는 스테이크를 가지고 할 수 있는 일이 있을까? 당신은 답을 안다. 칼을 가져다가 한 조각 잘라서 입안에 넣고 천천히 씹어 삼키면 맛이 난다. 이와 마찬가지로 당신은 마음을 향해 이렇게 말한다. 먹어, 마음. 먹어! 여호와의 선하심을 맛보아 알지어다 (시 34:8).

또 다른 비유. 나는 교회로 걸어가고 있다. 미니애폴리스의 10월, 한 해 중 가장 아름다운 달이다. 동네 나무들에 달린 나뭇잎들이 믿을 수 없을 만큼 밝은 노란색과 오렌지색을 뽐내고 햇살은 환하며 기온은 15.5도로 평소보다 포근하다. 나뭇잎들의 반짝임은 정말이지 놀랄 만큼 아름답다. 그러나 나는 기도모임에 참석하기 위해 걷고 있고 시간이 좀 늦었다. 내 눈에는 어떤 것도 보이지 않는다. 나의 눈은 보고 있지만 사실은 보고 있지 않다.

우리는 종종 이렇게 성경을 본다. 무슨 일이 일어나야 할까? 멈추어야 한다. 하나님의 은혜는 나를 멈추게 한다. 나는 오거스타나아파트의 마당에 있는 나무 한 그루를 본다. 계속해서 본다. 몸을 앞으로 기울이고 말한다. "마음, 저건 오렌지색이야. 저건 노랑이고. 둘 다 초록색이었지만 지금은 오렌지색, 노란색, 황금색이고, 태양 때문에 빛깔이 아주 선명하군. 산들바람이 불면서 나뭇잎들이 네게 손을 흔들고 있어. 하나님이 너의 시선을 끌려고 하시잖아. 마음, 하나님의 영광이 여기서 빛나고 있어. 봐, 마음! 맛봐! 느껴!" 그리고 나는 그 나무의 아름다움을 향해 마음의 코를 갖다 댄다.

하나님의 말씀에 대해서도 우리는 같은 일을 한다. 다이아몬드를 볼 기회가 생겼는데 다이아몬드를 보면서도 그것을 알아차리지 못한다면 마음을 향해서 이렇게 말하는 것이다. "마음, 이 다이아몬드 주위를 맴돌아봐. 그쪽에서도 보고, 이쪽에서도 봐. 마음, 이건 너무나 아름다워!"

마음을 향해 말하고 하나님께 말씀드리기

거듭난 사람이 잠언 20장 17절에 따라 지식에 마음을 두게 되면 기도하지 않을 수 없다. 우리가 마음을 향해 설교하고 "이봐, 마음, 깨어나. 이봐, 마음, 이걸 봐. 이것을 느껴!"라고 말하면, 마음뿐 아니라 하나님께도 말씀드리는 우리 모습을 본능적으로 보게 된다. 그러나 우리는 분명히 마음에게 말한다(시 42:5). 우리는 거기에다 마음을 두고, 놓고, 기울이고, 어디로 가고 무엇을 해야 하는지 마음에 말한다. 그리고 이렇게 기도한다. "하나님, 저를 도우소서. 하나님, 제 눈을 열어 주소서. 주의 진리의 가치와 아름다움을 제가 느끼게 하소서."

독자들 중에는 한숨을 내쉬며 "그렇게 시도해 봤는데 소용이 없다"고 대답할 분들도 있을 것이다. 그런가 하면 "너무 낯선 얘기다. 무슨 말을 하는 건지 도통 모르겠다"라고 말할 분들도 있을 것이다. 나는 성경에 담긴 하나님의 지식의 아름다움을 느끼는 것이 자기 역량을 벗어나는 일이라고 말하지 말라고 권하고 싶다-아니, 간청하고 싶다. 잠언 22장 17절은 당신에게 주시는 하나님의 말씀이다. "마음을 둘지어다!"

그러므로 성경을 읽을 때는 언제나 이렇게 물어야 한다는 것이 나의 결론이다. "이 저자는 자신이 제시하는 진리에 대해 독자들이 정서적으로 어떻게 반응하기를 원할까?" 하나님의 말씀은 우리가 올바르게 이해할 때뿐 아니라 올바르게 느낄 때도 존중을 받는다. 영광스러운 진리 앞에서 마음이 공허할 뿐이라면 그것은 잘못된 반응이다. 저자가 전달하려 의도한 것을 파악하지 못한 것이다.

이 본문의 의미로 변화되고 있는가

이제 이 책의 마무리 단계에 있으니 큰 그림을 상기해 보는 것이 좋을 것이다. 1부에서 성경 읽기의 궁극적 목표가 하나님의 무한한 존귀함과 아름다움이 그리스도께서 각 족속과 방언과 백성과 나라 가운데서 피 흘려 사신 그리스도의 신부가 영원토록 드리는 뜨거운 예배 가운데 높임을 받으시는 것이라고 제안했다. 그리고 그 제안에 담긴 함의 중 일부를 드러내며 그런 뜨거운 예배가 성경에 나오는 하나님의 영광을 보는 것과 음미함과 그로 인한 변화를 통해서만 주어진다고 말했다. 그리고 2부에서는 하나님의 영광을 보는 것과 음미함과 변화는 인간의 힘으로는 불가능하다고 주장했다. 우리의 성경 읽기 안에서, 그리고 성경 읽기를 통해서 이루어지는 하나님의 초자연적 역사만이 그 일을 이루어낼 수 있다.

3부에서는 자연적 행위로 이루어지는 초자연적 성경 읽기를 소개하고 권했다. 읽기라는 자연적 행위의 핵심에는 적극적 주목하기가 있고, 그것은 끈질긴 질문들과 성경 본문 자체를 가지고 그 질문에 답하려는 치열한 정신적 수고로 이루어진다. 그런 질문들은 단어, 구, 명제, 역설, 즐거움 등을 다룬다. 정말 적극적인 독자들은 이 질문들이 보는 것에서 음미함과 변화의 순서로 우리를 이끌어 준다는 것을 알아챘을 것이다. 이번 장의 끝부분이자 이 책의 막바지에 이른 지금, 우리는 바로 그 지점에 서 있다. 우리는 읽는 것에 의해 과연 변하고 있는가, 그렇다면 어떻게 변하고 있는가 하는 질문에 이른 것이다.

읽는 것에 대한 반응으로 나타나는 우리의 감정과 정서와 즐거움을 언급한 순간, 독자는 이미 우리가 개인적 변화의 영역으로 들어섰다는 사실을 알아챘는지도 모르겠다. 하나님을 향한 감정-두려움, 사랑, 존경, 기쁨, 소망, 귀하게 여김, 환희-이 깨어나는 것은 인간의 영혼에 벌어질 수 있는 가장 큰 변화이다. 나는 이런 변화가 성경 저자들이 우리가 그들의 글을 읽으며 경험하기를 의도한 것 중의 일부라고 주장해왔다.

책의 끝부분인 이 자리에서 분명히 밝혀두자. 하나님의 말씀을 읽을 때는 능동적 독서의 일환으로 이렇게 묻는 습관을 들여야 한다. "나는 저자들이 의도하는 방식으로 이 본문에 의해 변화되고 있는가?" 우리의 변화가 어떻게 이루어지는지를 다룬 가장 중요한 성경 본문인 고린도후서 3장 18절을 기억해 보라.

> 우리가 다 수건을 벗은 얼굴로 거울을 보는 것 같이 주의 영광을 보매

그와 같은 형상으로 변화하여 영광에서 영광에 이르니 곧 주의 영으로 말미암음이니라

성경은 우리가 하나님이 거룩하시듯 거룩해지는 과정을 여러 방식으로 묘사한다. 또, 신자가 경건을 추구하게 되는 과정을 여러 방식으로 묘사한다. 그러나 이 모든 것의 기본은 고린도후서의 이 구절이다. "주의 영광을 보매 [우리가] 변화하여." 보는 것이 본질이다. 보는 것. 그냥 보는 것이 아니다. 죄로 인한 눈먼 상태라는 수건을 벗을 때 주어지는 보기다(고후 3:14-17). 예수 그리스도의 얼굴에 있는 하나님의 영광을 있는 그대로 보는 보기다(고후 4:6). 하나님의 영광의 무한한 가치와 아름다움을 직관적으로 알고 느끼는 보기다. 그러므로 그것은 음미함과 분리될 수 없다. 그리고 하나님을 다른 모든 즐거움보다 더 귀한 분으로 보고 음미하는 일은 우리를 심오하게, 영원히 변화시킨다—"영광에서 영광으로." 이렇게 새로 생겨난, 그리스도를 닮은 영광이 어두운 곳에서 환히 빛을 비추는 것은 "[다른 사람들이] 너희 착한 행실을 보고 하늘에 계신 너희 아버지께 영광을 돌리게"(마 5:16, 벧전 2:12) 하려는 것이다.

그러므로 우리는 성경을 읽을 때 언제나 이렇게 물어야 한다. '나는 이 책의 저자가 전달하려 의도한 내용에 합당하게 변화되고 있는가?' 우리는 성경을 읽을 때 물어야 하는 다른 모든 질문들보다 더욱, 이 질문 앞에서 하나님의 초자연적 역사를 구하며 엎드려 기도하게 될 것이다. 물론 모든 성경 읽기는 언제나 이 기도로 시작하고 끝나야 마땅하다.

에필로그

이 위대한 대열에 합류하라

여호와께서 내게 말씀하셨다. "네가 옳게 보았다.
내 말이 이루어지는 것을 내가 지켜보고 있다."
예레미야 1:12(우리말성경)

크시고 자비로우신 하나님이 불완전한 이 책을 사용하셔서 많은 이들을 그분의 완전한 책, 성경의 영광으로 인도하시기를 기도한다. 그토록 오랜 세월에 걸쳐 수많은 저자들이 수없이 다른 종류의 글로 쓴 이 책을 어떻게 완전하다고 말할 수 있는지 의아해할 사람도 있을 것이다. 때로는 성경을 읽을 때, 우리의 취향에 맞게 이런 내용은 더 들어가고 저런 내용은 좀 빠지는 식으로 다르게 쓰였다면 좋겠다고 생각할 수도 있다.

그러나 멈춰서 한번 생각해 보라. 하나님은 그분의 책이 우리만이 아니라 세계 모든 민족들을 위한 책이 되도록 의도하셨다. 역사상 모든 시대에 걸친 세상의 모든 문화와 인종의 사람들이 성경을 이해하고 그에 따라 사는 것이 하나님의 의도였다. 우리가 우리에게 가장 유용하다고 선호하는 종류의 글이 있다면 우리와 거리상으로 수만 킬로미터, 시기적으로 십 세기 가량 떨어진 부족 사람들은 어땠을까? 우리와 다른 선호와 다른 필요가 있지 않았을까? 하나님은 다양한 저자들과 다양한 글들에 영감을 주시고 그것을 한 권의 영감된 책으로 우리에게 주셨을 때 그분이 무슨 일을 하시는지 정확히 아시지 않았을까? 이것이 내가 믿는 바이다.

존 오웬은 이 부분을 훌륭하게 정리해 주었다. 그의 말에 귀를 기울여 보자. 이 글은 성경이 하나님의 진리를 충분히 체계적으로 제시하지 않는다고 불평했던 당대 사람들에게 오웬이 내놓은 답변이다. 그는 사람들의 그런 희망사항을 먼저 비판한 다음, 하나님이 성경을 통해 우리에게 영광스럽게 내어놓으시는 결과물에 기뻐한다.

> 그들은 인간의 정교한 방법들이 귀중한 대접을 받아야 한다고 생각하지만 하나님은 그런 것들을 그렇게 귀하게 보시지 않는다. … 그렇다, 종종 사람들이 자기 생각에 따라 진리들을 가장 엄격한 체계로 표현해 내면 그 진리들은 힘과 영광을 모두 잃어버린다. 그래서 스콜라 학자들과 기타 전문가들이 선포한, 하나님의 진리에 대한 생기 없고 활기 없고 볼품없는 인위적 선언들이 세상에 가득한 것이다. 차라리 속돌을 쥐어짜면 물이 나올까? 그 선언들에서는 한 방울의 영적 양분도 나오지 않을 것이다.
>
> 그러나 성경에 드문드문 등장하는 진리를 통해 얼마나 많은 영혼들

이 자신들의 상황에 부합하는 하나님의 빛과 위로를 받았던가! 어떤 사람들이 마음에 끌리는 대로 진리들을 지혜롭게 인위적으로 배치해 놓은 글로는 결코 그런 결과를 얻을 수 없었을 것이다. …

하나님의 영은 성경의 글과 구성 안에서 교회의 다양한 상태와 조건을 고려하셨다. 성경은 한 시대나 한 시기만의 쓰임을 위해서가 아니라 모든 세대를 위해 주어졌다. 세상의 처음부터 끝까지 믿음과 순종의 지침으로 주어진 것이다. …

성경의 주된 목적은 본질이 다르다. 제거되고 제압되어야 할 다양한 약점과 유혹이 있고 거룩함이나 의로움과 반대되는 성향을 가진 사람들의 마음에 하나님에 대한 믿음, 두려움, 순종, 공경을 심기 위한 것이다–그들을 거룩하고 의롭게 만들기 위한 것이다. 이 목적을 위해 성경에는 모든 진리가 마땅히 있어야 할 방식으로 배치되어 있다. …

어린양이 걸어서 건널 수 있는 하나님의 강의 여울과 얕은 곳에서 코끼리가 헤엄칠 수 있다. 성경의 모든 것은 너무나 분명해서 아무리 보잘 것 없는 신자라도 그의 의무에 속한 것과 그의 행복에 필요한 모든 것을 이해할 수 있다. 그런가 하면 성경의 어떤 것도 절대 단순하지 않기에 가장 지혜로운 사람들도 그 안에 담긴 깊고 방대한 신적 지혜를 흠모할 수밖에 없다.[1]

아멘. "성경에는 … 모든 진리가 마땅히 있어야 할 방식으로 있다." 어린 양들이 걸어서 건널 수 있고 코끼리들이 헤엄칠 수도 있다. 각자가 자신의 의무를 알 것이다. 그리고 가장 지혜로운 자들이 하나님의 깊은 진리를 영원토록 탐구한다.

그래서 나는 많은 이들이 내 책을 읽고 적극적 주목과 능동적 독서에 대한 새로운 열정을 품어 하나님의 책으로 돌아가기를 기도한다. 그리고 그 열정이 자연적 행위로 이루어지는 초자연적 성경 읽기를 추구하라는 영광스러운 소명에 대한 깊이 있는 성경적 이해에 근거한 것이기를 기도한다. 하나님은 자연적 언어에 영감을 주심으로 초자연적 행위를 이루셨다. 우리는 자연적 행위인 읽기 가운데 하나님의 초자연적 도움을 신뢰하며 기적을 실행에 옮긴다. 독자가 하나님의 말씀과의 이런 초자연적 만남을 경험하도록 돕는 것이 이 책의 부차적인 목표다.

이 목표를 세운 이유는 하나님의 궁극적인 목표가 여기에 달려 있기 때문이다. 하나님은 자연적 행위로 이루어지는 초자연적 성경 읽기를 우주의 궁극적 목표를 성취하는 데 없어선 안 될 수단으로 삼으셨다. 이것이 1부의 요점이었다. 성경 읽기의 궁극적 목표는 하나님의 무한한 존귀함과 아름다움이 그리스도께서 각 족속과 방언과 백성과 나라 가운데서 피 흘려 사신 그리스도의 신부가 영원토록 드리는 뜨거운 예배 가운데 높임을 받으시는 것이다. 성경은 구속사를 이루시는 하나님의 궁극적 목적에 있어서 우연적이거나 주변적이지 않으며 선택사항이 아니다. 이것은 본질적이다. 반드시 필요하다. 성경이 그 목적을 이루지 못하면, 하나님의 궁극적인 뜻도 무산될 것이다.

그러나 하나님의 뜻은 무산될 수 없다. 하나님은 그분의 말씀이 인간의 변덕이라는 바다를 정처 없이 부유하도록 정하지 않으셨기 때문이다. 하나님이 선지자 예레미야를 통해 말씀하신 대로 “내 말이 이루어지는 것을 내가 지켜보고 있"(렘 1:12, 우리말성경)다. 하나님은 그분의 말씀이 과연 이루어지는가를 지켜보시는 것이 아니다. 지켜보시면서 그것이 반드시 이루어지게 하신다. 그러므로 그 결과에 대해서는 의심의 여지가 없다.

> 나는 하나님이라 나 외에 다른 이가 없느니라
> 나는 하나님이라 나 같은 이가 없느니라
> 내가 시초부터 종말을 알리며
> 아직 이루지 아니한 일을 옛적부터 보이고
> 이르기를 나의 뜻이 설 것이니
> 내가 나의 모든 기뻐하는 것을 이루리라 하였노라(사 46:9-10).

성경에 대한 하나님의 뜻은 실패할 수 없다. 그리고 그 뜻은 우주의 궁극적인 가치와 탁월함인 하나님의 무한한 존귀함과 아름다움이 드러나고, 그분의 백성들이 성경 안에서 그 영광을 보고, 그리하여 우리가 하나님의 탁월함을 피조된 모든 보물보다 더 귀하게 음미하고, 하나님을 보고 하나님께 만족함으로써 변화를 받아 영광에서 영광에 이르고, 마침내 그리스도의 신부-모든 시대와 문화를 아우르는 하나님의 가족-의 수가 채워지고 아름다움이 완성되어 영원히 하나님을 예배하기에 이르는 것이다.

하나님은 그분의 아들이 성육신을 통해 완전한 삶을 사시고 죄인들을 대신하여 죽으시고 부활하여 세상을 통치하게 하심으로 이 큰 구원을 값 주고 사셨고 확보하셨다. 이 위대한 구원 계획을 보존하고 수행하기 위해, 하나님은 성경이 기록될 때 영감을 주시고 성경을 보존하셨다. 그리고 이제 수백만 명의 사람들이 자연적 행위로 이루어지는 초자연적 성경 읽기를 추구하게 하심으로 그분의 계획을 이루어 가신다.

당신을 초대한다. 이 대열에 합류하라. 이것이 당신의 삶으로 세상을 지속적으로 섬기고, 당신이 하는 일이 하나님의 영광을 드러내고, 당신의 영혼이 영원토록 온전히 만족할 수 있는 유일한 길이다.

부록

호 그리기

26장에서 나는 Biblearc.com에서 '호 그리기'(arcing)라는 본문 분석법을 배우고 연습할 수 있다고 말했다. 베들레헴신학교는 내가 이 책에서 권한 성경 읽기를 독려하고 설명하고 수월하게 이루어지도록 돕기 위해 웹사이트를 운영한다. 아래에 소개하는 모든 내용은 Biblearc.com에 보다 자세히 설명되어 있고 영상자료로 제시된 예시를 볼 수 있다.

호 그리기가 제공하는 것

이 자리에서 호 그리기 과정을 요약하는 이유는 컴퓨터를 쓸 수 없는 형편에 있는 독자도 필요한 도움을 받을 수 있도록 편리한 참고자료를 제공하기 위해서다. 나는 26장에서 성경 저자의 긴 논증을 따라가려면 두 가지가 필요하다고 말했다. 첫째, 명제들 사이에 어떤 관계들이 있을 수 있고 그 관계들을 뭐라고 부르는지 알아야 한다. 그래야 그 관계들을 알아보고 그에 대해 말할 수 있다.

둘째, 저자가 펼치는 사고의 흐름을 시각적으로 표현하는 모종의 도식화가 필요하다. 그래야 사고의 흐름이 길어지고 복잡해져도 본문의 요점이 무엇이고 다른 모든 부분들이 어떻게 그것을 설명하고 뒷받침하는지 기억하고 한눈에 볼 수 있다. 내가 말하는 요점은 그 단락에 나와 있는 가장 중요한 사실이 아니다. 다른 모든 내용의 뒷받침을 받지만 그것 자체는 그 단위 안에서 아무 것도 뒷받침하지 않는 논점을 의미한다. 이것은 가장 중요한 사실은 아닐 수도 있다.

예를 들면, "나는 성경을 학교로 가져갔다. 그것이 하나님의 말씀이기 때문이다"라는 문장이 있다. 여기에는 두 가지 명제가 있다. "나는 성경을 학교로 가져갔다"와 "그것은 하나님의 말씀이다"이다. 이 두 명제에서 가장 중요한 사실은 무엇인가? 성경이 하나님의 말씀이라는 주장이 내가 성경을 학교로 가져갔다는 사실보다 무한히 더 중요하다. 그러나 여기서 요점은 무엇인가? 요점은 "내가 성경을 학교로 가져갔다"는 것이다. 이것이 중요한 이유는 무엇인가? 근거가 되는 절 "그것이 하나님의 말씀이기 때문이다"가 이 명제를 뒷받침하기 때문이다.

이런 상황은 성경에서 흔히 볼 수 있다. 진술의 근거나 원인이나 토대가 그것이 뒷받침하는 주장이나 행동보다 더 중요한 사실인 경우이다. 더 중요한 사실이 그보다 덜 중요한 주장을 뒷받침한다고 해서 귀한 것을 함부로 대한다고 생각할 필요는 없다. 손님을 접대할 때 가보로 물려받은 귀한 받침대 위에 차(茶)를 놓는다고 해서 그 받침대를 함부로 대하는 것은 아니지 않는가. 가치로 말하자면 차는 받침대와 비교가 되지 않는다. 그러나 귀한 받침대가 차를 떠받치고 있다.

두 부류로 나뉘는 명제들 간의 관계

그러니까 하나의 성경 본문에는 하나의 "요점"이 있고 그 본문 안의 나머지 명제들은 요점과 서로에 대해 대등하거나 종속적이다. 대등한 관계에서는 흔히 명제들이 서로에 대해 설명하거나 근거가 되지 않는다. 각 명제가 나름의 기여를 하지만 서로 설명하거나 근거를 제시하는 관계는 아니다.

하지만 종속적 관계 안에서는 명제들이 설명하거나 논증한다. 우리는 보통 이것을 "뒷받침한다"라고 말한다. 이렇게 한 명제는 다른 명제를 설명하거나 그에 대한 근거를 제시하는 방식으로 뒷받침할 수 있다. 이제 이 두 부류 아래 존재하는 여러 관계의 사례를 살펴보고, 각 관계를 가리키는 명칭과 '호'를 그릴 때 흔히 사용하는 각 명칭의 약어를 살펴보자.

대등적 관계(뒷받침하지 않는 명제들)

나열(Series)

정의: 각 명제가 전체에 독립적으로 기여하는 형태다.

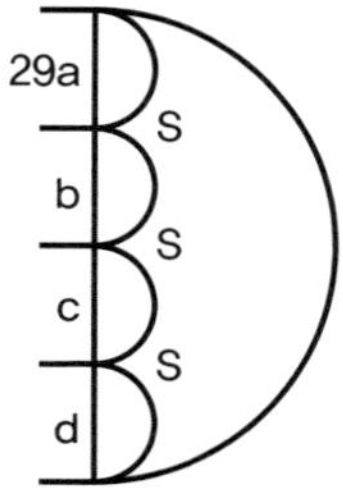

이음말: 그리고, 더욱이, 더구나, -도 아닌, -아니고 따위

예: "해가 어두워지며 달이 빛을 내지 아니하며 별들이 하늘에서 떨어지며 하늘의 권능들이 흔들리리라"(마 7:8, 24:29, 롬 12:12 참조).

진전(Progression)

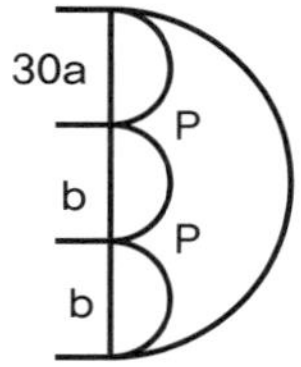

정의: 나열과 비슷하지만 각 명제는 절정을 향해 한 걸음씩 더 나아가는 형태. 뒤로 갈수록 모종의 전진이 있다.

이음말: 그리고, 더구나, 더욱 따위

예: "미리 정하신 그들을 또한 부르시고 부르신 그들을 또한 의롭다 하시고 의롭다 하신 그들을 또한 영화롭게 하셨느니라"(롬 8:30, 막 4:28과 벧전 1:5-7 참조).

갈림(Alternative)

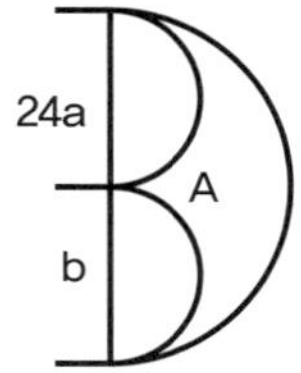

정의: 각 명제가 주어진 상황에서 생겨나는 다른 가능성을 표현하는 형태다.

이음말: 또는, 그러나, 하지만, 반면 따위

예: "어떤 사람들은 바울의 말을 믿었지만 믿지 않는 사람들도 있었습니다"(행 28:24[우리말성경] 마 11:3, 요 10:21, 22절 참조).

종속적 관계 (뒷받침하는 명제들)

재진술로 뒷받침

[행동-방식 Action-Manner]

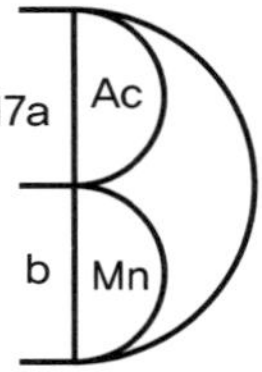

정의: 한 가지 행동에 대한 진술과 이 행동을 수행하는 방법이나 방식을 알리는 다른 진술과의 관계를 말한다.

이음말: 곧(in that), by 따위

예: "하나님이 자신을 증언하지 않으신 것은 아니니, 곧 하늘에서 비를 내려주시고 철을 따라 열매를 맺게 하셨느니라"(행 14:17 존 파이퍼 번역. 행 16:16, 17:21, 빌 2:7 참조).

비교 Comparison

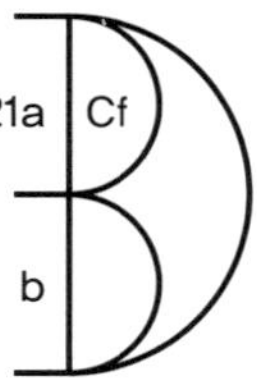

정의: 어떤 행동이나 개념이나 상태가 무엇과 같은지 보여 줌으로써 그것을 더 분명하게 표현해 주는 두 명제 간의 관계를 말한다.

이음말: 처럼, 같이, 듯이, 대로 따위

예: "아버지께서 나를 보내신 것 같이 나도 너희를 보내노라"(요 20:21, 고전 11:1, 살전 2:7 참조).

부정-긍정

정의: 하나를 부정함으로써 다른 하나가 강화되는 두 선택 사항 간의 관계. 대조되는 진술 안에 이 관계가 함축되어 있다.

이음말: -말고 -하라 따위

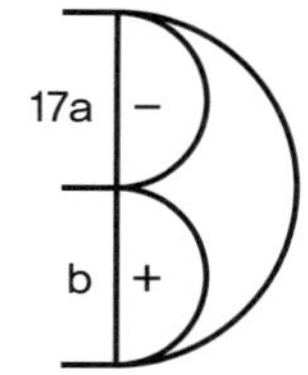

예: "어리석은 자가 되지 말고 오직 주의 뜻이 무엇인가 이해하라"(엡 5:17-18, 히 2:16도 보라. 대조의 예를 보고 싶다면 고전 4:10도 보라. "우리는 그리스도 때문에 어리석으나 너희는 그리스도 안에서 지혜롭고").

개념-설명 (Idea-Explanation)

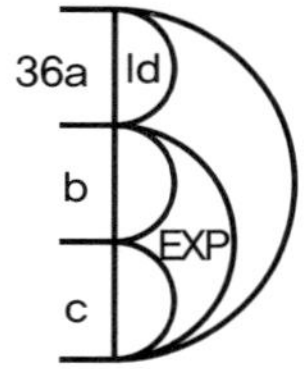

정의: 처음 진술과 그 의미를 명확하게 하는 다음 진술 간의 관계. 의미를 명확히 하는 명제는 앞선 명제의 한 단어만 정의할 수도 있다.

이음말: 즉 따위

예: "그 녀석이 이번까지 두 번이나 제 자리를 차지했습니다. 지난번에는 맏아들의 권리를 저에게서 빼앗았고, 이번에는 제가 받을 복까지 빼앗아갔습니다"(창 27:36 존 파이퍼 번역. 고전 10:4 참조).

질문-대답 (Question-Answer)

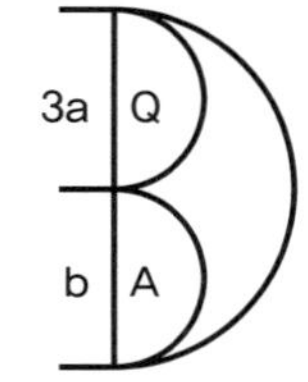

정의: 질문과 답으로 이루어진 진술이다.

이음말: (의문부호나 질문을 나타내는 문법적 구조)

예: "성경이 무엇을 말하느냐? '아브라함이 하나님을 믿으매…'"(롬 4:3. 시 24:3-4, 롬 6:1 참조).

별개의 진술에 의한 뒷받침

근거 (Ground, 주절-주절)

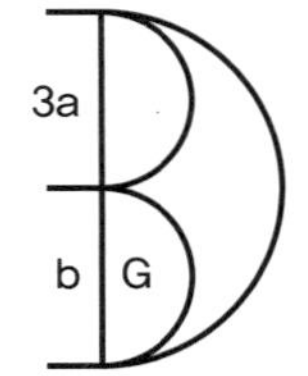

정의: 하나의 진술과 그 진술에 대한 논거나 이유 사이의 관계를 말한다(뒷받침하는 명제가 뒤에 나온다).

이음말: 라서, 때문에, 왜냐하면 따위

예: "심령이 가난한 자는 복이 있나니 천국이 그들의 것[이기 때문이다]"(마 5:3, 고전 7:9, 빌 2:25-26 참조).

추론 (주절-추론절)

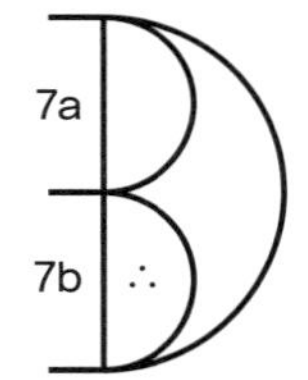

정의: 하나의 진술과 그 진술에 대한 논거나 이유 사이의 관계를 말한다(뒷받침하는 명제가 앞에 나온다).

이음말: 그러므로, 그런 이유로, 결과적으로, 따라서 따위

예: "만물의 마지막이 가까이 왔으니 그러므로 너희는 정신을 차리고 근신하여 기도하라"(벧전 4:7, 마 23:3, 롬 6:11-12, 벧전 5:5b-6 참조).

행동-결과 (Action-Result, 주절-결과절)

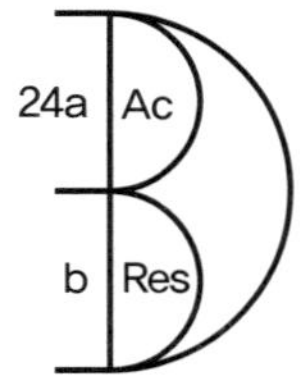

정의: 행동과 그 행동이 미치는 영향이나 결과 사이의 관계를 말한다.

이음말: -하여, -해서, 그 결과 따위

예: "바다에 큰 놀이 일어나 배가 물결에 덮이게 되었으되"(마 8:24, 요 3:16, 약 1:11 참조).

행동-목적 (Action-Purpose, 주절-목적절)

정의: 행동과 그 결과로 나타나도록 의도된 내용과의 관계를 말한다.

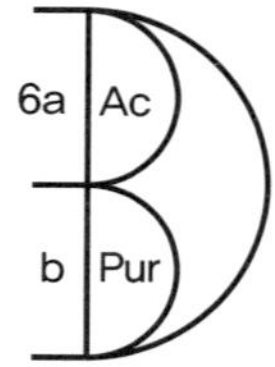

이음말: -하기 위하여, -하도록, -하고자, -를 바라며, -할 목적으로, -하지 않도록

예: "내가 너희 보기를 간절히 원하는 것은 어떤 신령한 은사를 너희에게 나누어 주어 너희를 견고하게 하려 함이니"(롬 1:11, 막 7:9, 벧전 5:6 참조).

조건 (주절-조건절)

정의: 행동-결과와 비슷한데 행동의 존재가 잠재적이거나 조건적이라는 점만 다르다.

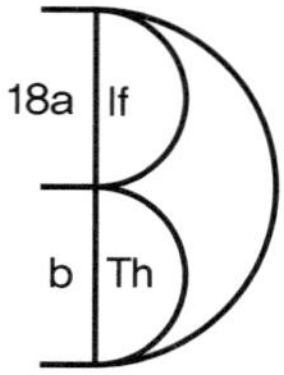

이음말: 만일 -하면, 만약 -하면, -가 아니면 따위

예: "너희가 만일 성령의 인도하시는 바가 되면 율법 아래에 있지 아니하리라"(갈 5:18, 요 15:14, 갈 6:1 참조).

시간 (Temporal, 주절-시간절)

정의: 하나의 명제와 그것이 벌어지는 시기와의 관계를 말한다.

이음말: -일 때, -할 때마다, -전에, -후에 따위

예: "금식할 때에 … 슬픈 기색을 보이지 말라"(마 6:16, 눅 6:22, 약 1:2 참조).

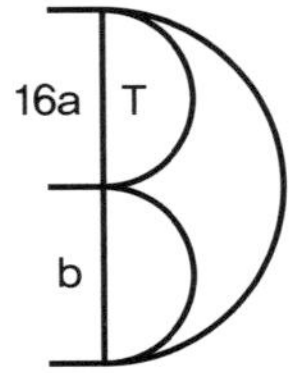

장소 (Locative, 주절-장소절)

정의: 하나의 명제와 그것이 벌어지거나 해당하는 장소와의 관계를 말한다.

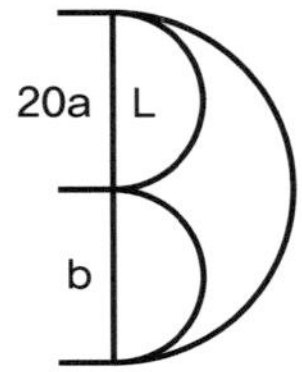

이음말: -곳에, -곳마다 따위

예: "두세 사람이 내 이름으로 모인 곳에는 나도 그 들 중에 있느니라"(마 18:20, 룻 1:16, 고후 3:17 참조).

양자 (Bilateral)

정의: 한 명제와 그것이 뒷받침하는 앞뒤 두 명제와의 관계이다(가운데에서 뒷받침하는 명제가 이어진 명제와 '행동-목적'의 관계인 경우, 먼저 둘을 엮어서 호를 그린 다음 하나로 묶인 그 둘이 셋 중 첫 번째 명제를 뒷받침하는 것으로 다시 호를 그릴지 여부는 개인적으로 판단할 문제이다).

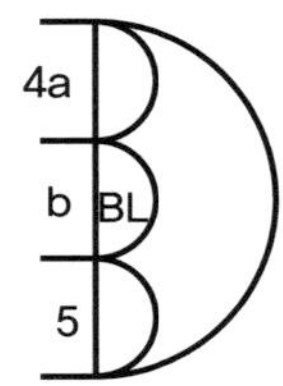

이음말: -임이다, [왜냐하면] 때문이다, 그러므로, 그래서 따위

예: "온 백성은 기쁘고 즐겁게 노래할지니 주는 민족들을 공평히 심판하시며 땅 위의 나라들을 다스리실 것임이니이다. 하나님이여 민족들이 주를 찬송하게 하시며 모든 민족으로 주를 찬송하게 하소서"(시

67:4-5, 롬 2:1b-2 참조).

대조적 진술에 의한 뒷받침

양보 (concessive)

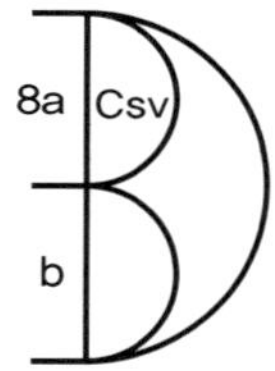

정의: 하나의 절과 거기 담긴 대조적 진술에도 불구하고 성립하는 다른 진술 간의 관계다(양보 기호 [Csv]는 극복의 대상이 되는 진술에 붙인다. '그럼에도 불구하고' 성립하는 명제가 아니라 "비록 -이지만"에 해당하는 명제에 붙이라는 것이다).

이음말: -면서도, -에도 불구하고, 하지만, 그럼에도, 그러나, 그렇지만 따위

예: "그가 아들이시면서도 받으신 고난으로 순종함을 배워서"(히 5:8, 고전 4:15, 9:13-15 참조).

상황-반응 (Situation-Response)

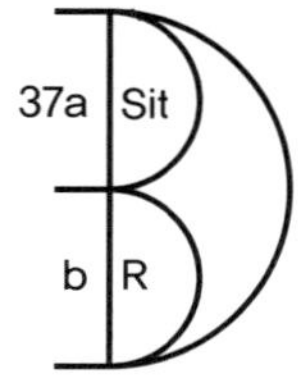

정의: 하나의 절에 나오는 상황과 다른 절에 등장하는 반응 간의 관계다(이 관계를 '대조적 진술에 의한 뒷받침' 항목 아래에 둔 것은, 누군가가 조성한 상황에 대해 상대방이 그가 의도한 것과 달리 반응할 때, 상황은 양보절과 비슷한 역할을 하기 때문이다. 이야기가 아닌 글의 호 그리기를 할 때는 이 관계를 가능하면 쓰지 말라고 제안하고 싶다. 거의 모든 관계가

어떤 의미에서는 상황에 대한 반응으로 볼 수 있고, 상황-반응은 관계에 대해 말해 주는 바가 거의 없기 때문이다. 본문을 이해하는 데 가장 많은 것을 알려 주는 관계를 찾아서 사용하라).

이음말: 그리고 따위

예: "암탉이 그 새끼를 날개 아래에 모음 같이 내가 네 자녀를 모으려 한 일이 몇 번이더냐? 그러나 너희가 원하지 아니하였도다"(마 23:37, 요 7:21 참조).

로마서 12장 1-2절로 하는 예시

이제 로마서 12장 1-2절을 가지고 명제들을 서로 연결시키는 과정을 연습해 보자. 내가 번역한 본문을 먼저 보자.

> 형제들아, 내가 하나님의 자비하심을 힘입어 너희를 권하노니 너희 몸을 하나님이 기뻐하시는 거룩한 산 제물로 드리라. 이는 너희가 드릴 영적 예배니라. 너희는 이 시대를 본받지 말고 마음을 새롭게 함으로 변화를 받아 하나님의 뜻에 해당하는 것, 즉 선하고 하나님이 기뻐하시며 완전한 것을 인정하도록 하라.

내가 볼 때 이 단락에는 네 가지 개별 명제 또는 주장이 있다. 각 명제에 모두 번호를 매기는 것이 중요하다. 2절의 경우처럼 하나의 절에 몇 개의 명제가 있으면 다 번호를 매기면 된다.

12:1 형제들아, 내가 하나님의 자비하심을 힘입어 너희를 권하노니 너희 몸을 하나님이 기뻐하시는 거룩한 산 제물로 드리라. 이는 너희가 드릴 영적 예배니라.

12:2a 너희는 이 시대를 본받지 말고

12:2b 마음을 새롭게 함으로 변화를 받아

12:2c 하나님의 뜻에 해당하는 것, 즉 선하고 하나님이 기뻐하시며 완전한 것을 인정하도록 하라(in order that you might approve what the will of God is, namely, the good, the acceptable, and the perfect).

이 명제들을 다음과 같이 호로 표시할 수 있다.

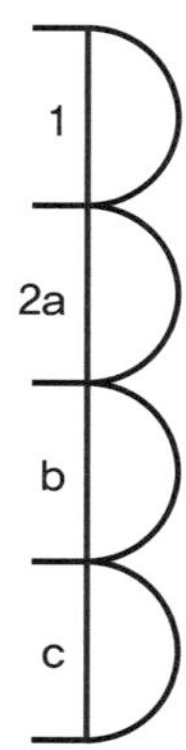

가장 알아보기 쉬운 관계는 2a와 b의 관계다. 둘은 사실상 같은 것을 명령하는데, 하나는 부정적으로, 하나는 긍정적으로 명령하고 있다. "본받지 말고, 변화를 받으라."

우리는 이 관계를 다음과 같이 더 큰 호로 표시할 수 있다.

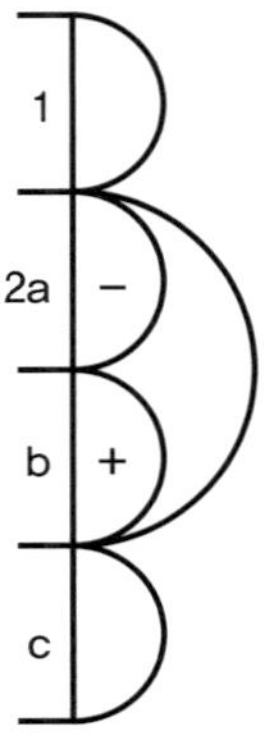

더 큰 호가 그려지면, 우리는 그 호 아래 있는 것이 한 가지 주된 것을 주장한다고 여길 수 있다. 이 경우에는 "새로운 마음을 가지고 이 시대와 다른 변화된 사람이 되어라!"가 되겠다.

그 다음, 바울은 2ab가 2c와 어떻게 연결되는지 아주 분명하게 밝힌다. 그는 이 둘을 "in order that"(그리스어로 '에이스[to]+부정사')이라는 이음말로 연결시킨다. 그러므로 2c는 2ab의 목적이고, 2ab는 행동이나 수단이다. 이 관계를 우리는 다음과 같이 기호화할 수 있다.

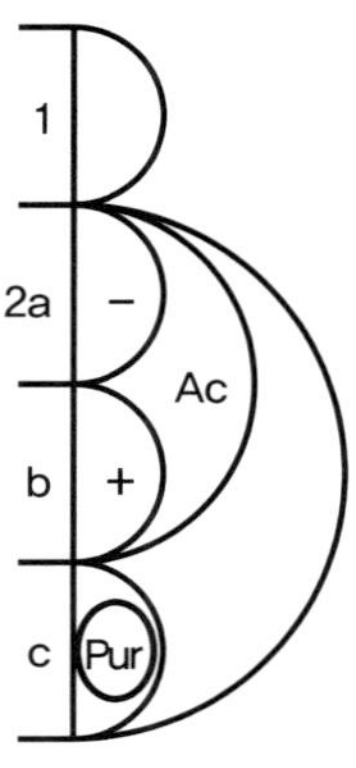

내가 pur(=purpose목적)에다 동그라미를 치는 이유는 그것이 바울의 마음에서 주된 것이기 때문이다. 그것이 로마서 12장 2절의 목적이고 요점이다. (기호에 동그라미를 쳐야 할 관계는Ac-Pur, Ac-Res, Sit-R뿐이다.) 2ab절은 2c라는 목적을 성취하기 위해 필요한 수단일 뿐이다. 정리하여 표현하면 "새로운 마음으로 하나님처럼 생각하고 하나님이 인정하시는 바를 인정하기 위해 변화를 받으라. 거룩한 것을 알고 받아들이기 위해 필요한 전제조건은 변화된 마음이다"가 된다.

이제 마지막 관계를 살펴보자. 2절(2c)의 요점은 1절의 명제와 어떻게 연결될까? 여기에 답하려면 1절이 주장하는 내용에 대해 어느 정도 알고 있어야 한다. 본문에서 바울은 이렇게 말한다. "형제들아, 내가 하나님의 자비하심을 힘입어 너희를 권하노니 너희 몸을 하나님이 기뻐하시는 거룩한 산 제물로 드리라. 이는 너희가 드릴 영적 예배니라."

우리 자신을 제물로 드리는 이 이미지는 로마서 6장 13절(존 파이퍼 번역)에 나와 있는 유사한 사상을 통해 분명한 뜻을 알 수 있다. "너희 지체를 불의의 무기로 죄에게 주지 말고 오직 너희 자신을 죽은 자 가운데서 다시 살아난 사람답게 하나님께 드리며 너희 지체를 의의 무기로 하나님께 드리라"(6:19을 보라). 바울이 12장 1절에서 "너희 몸을 하나님께 드리라"고 말할 때 "너희 지체를 하나님께 드리라"고 했던 6장 13절과 아주 다른 의미로 말한 것이라고 생각할 이유는 없다. 우리 몸을 하나님께 제물로 드린다는 말을 로마서 6장 13절처럼 이해하면 로마서 12장 1-2절의 맥락에서 이치에 잘 맞는다. 두 곳 모두에서 "드리다"에 해당하는 같은 단어를 쓰고 있다는 점도 주목할 만하다. 로마서 12장 1절은 회심하지 않은 자들에게 하나님께 순복하라고 명령하는 내용이 아니라, 신자들에게 몸으로 하나님께 영광을 돌리라고 명령하는 것이다.

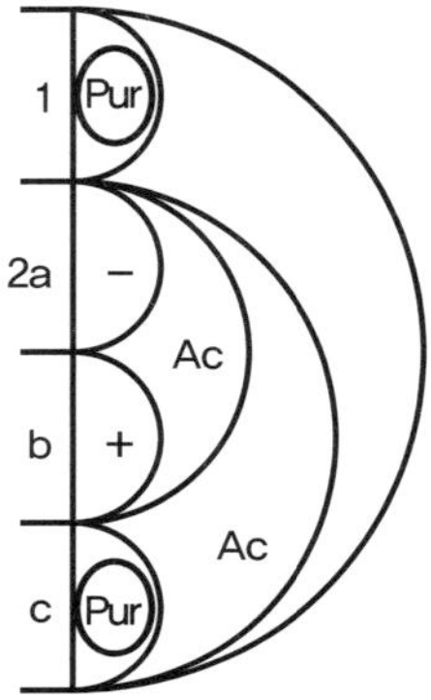

로마서 12장 1절을 풀어쓰면 이런 말이 된다. "하나님이 여러분에게 얼마나 자비로우셨는지 생각하고, 매일 몸으로 살아가면서 하나님께 영광이 되는 일을 하는 것을 목표로 삼으십시오. 몸으로 하나님의 뜻을 행함으로써 하나님을 예배하십시오"(고전 6:20을 보라). 이제 1절과 2절을 연결시킬 준비가 되었다. 하나님의 뜻을 알고 인정하는 것(2c절)은 몸으로 하나님의 뜻을 행하는 수단이다(1절). 1절과 2c절이 연결되어 있음은 "기뻐하시는"이라는 단어가 반복되는 데서 잘 드러난다. 하나님이 기뻐하시는 것을 인정함(2c절)은 매일의 삶에서 몸을 하나님이 기뻐하시는 제물로 바치는 전제조건이다(1절). 그러므로 이 관계는 목적(Pur, 1절)과 행동[수단](Ac, 2절)으로 기호화할 수 있다.

이렇게 해서 우리는 로마서 12장 1-2절을 해석하기에 이른다. 신자에게 일어나야 하는 가장 기본적인 변화는, 이 시대가 생각하는 방식으로 생각하기를 멈추고 그 대신 새로운 마음으로, 새로운 감정과 우선순위와 가치관에 따라 생각하는 것이다. 이런 새로운 마음을 가진 신자는 무엇이 거룩하고 선하고 하나님이 기뻐하시는 일인지 판단하고 평가할 수 있다. 그는 그것을 새로운 마음으로 제대로 평가할 수 있을 뿐 아니라, 이제 그것을 인정하고 기뻐한다. 이것은 하나님의 목적을 위해 하나님께 몸을 바치는 생활로 필연적으로 이어진다. 몸의 일상적 행위들이 우리가 하나님의 자비를 얼마나 귀하게 여기는지 드러내는 예배의 행위가 된다. 이렇게 해서 우리의 빛을 비추어 사람들이 우리의 선한 행위를 보고 하늘에 계신 우리 아버지께 영광을 돌리게 하라는 주님의 명령이 성취된다.

마지막 호 그리기의 구조에 주목하라. 이제 전체를 아우르는 하나의 호가 그려졌는데, 이것은 우리가 이 단위의 주요논지를 파악했다는 뜻이다. 이 하나의 호 아래에 두 개의 호가 행동-목적으로 연결된다. 그리고 둘 중 더 큰 호 아래에 또 다른 두 개의 호가 행동-목적으로 연결된다. 그리고 그 둘 중 더 큰 호 아래에 있는 두 개의 호가 부정-긍정으로 연결된다. 다시 말해, 가장 작은 호들이 점차 무리를 지어 더 큰 단위를 이루고, 그것이 다시 다른 단위들과 연결되어 마침내 전체를 아우르는 하나의 호가 생겨난다. 이제 우리는 더 작은 명제 하나하나가 어떻게 하나의 요점을 전달하도록 돕는지 볼 수 있다. 어떤 단위들이 먼저 호 아래 함께 묶일지 미리 결정할 수는 없다. 안내를 받아가며 그것을 파악하는 연습을 해야 한다.

명제 찾기의 특별한 문제들

호 그리기를 할 수 있으려면, 먼저 본문을 유의미한 명제들로 나누어야 한다. 이것이 쉽지 않을 때도 있다. 문장은 여러 개의 명제로 이루어질 수 있고, 명제들은 다양한 종류의 구 안에 숨어있을 수 있기 때문이다. 앞에서 우리는 명제의 본성을 논했고 하나의 주장으로 정의했다(주어와 술어로 구성된).

물론 이것은 지나치게 단순화시켜서 말한 것이다. 언어는 매우 복잡할 수 있고, 저자들도 아주 다양한 방식으로 주장을 할 수 있다. 때로는 명제가 표준적인 형태와 아주 다른 모습으로 나타나는 경우도 있다. “예수님이 우셨다”는 어떤가? 이 지점에서는 저자의 의도에 대한 예리하고 때로는 섬세한 감수성이 있어야 특정한 문법구조를 명제로 이해해야 하는지 판단할 수 있다. 이런 결정을 내리는 데 있어 엄격한 규칙은 없다. 일반적인 지침들만 있을 뿐이다. 아래의 사례들을 살펴보자.

질문

> 은혜를 더하게 하려고 죄에 거하겠느냐 그럴 수 없느니라 죄에 대하여 죽은 우리가 어찌 그 가운데 더 살리오(롬 6:1-2).

우리가 질문을 다룰 때 따라야 할 원리는, 대답이 주어질 때 질문과 대답이 별개의 명제로 자리를 잡게 해서 Q-A로 연결시키는 것이다. 둘은 함께 하나의 주장을 하는데, 그 주장은 흔히 답에서 볼 수 있다. 로마서 6장 1-2절에서 첫 번째 질문에 대한 답은 “그럴 수 없느니라”다. 두 번째 질문에는 대답이 없다. 저자가 자신의 질문에 답하지 않을 때는 간접적인 방식으로 무엇인가를 주장하는 것이다. 저자는 우리가 그의 주장을 파악하고 알아서 답을 내놓기를 기대한다. 그러므로 그런 질문들은 언제나 직설적인 서술로 재진술해야 한다. “죄에 대하여 죽은 우리가 어찌 그 가운데 더 살리오?”라는 질문은 죄에 대해 죽은 우리가 여전히 그 가운데 사는 일은 생각도 할 수 없다는 주장을 내세우고 있다. 그렇게 되면 첫 번째 질문-답과 두 번째 질문의 관계는 분명해진다. 두 번째 질문은 첫 번째 질문-답의 근거이다. 우리는 다음과 같이 명제들을 제시할 수 있다.

1a 은혜를 더하게 하려고

b 죄에 거하겠느냐?

2a 대답: 그럴 수 없느니라!

b 그 이유는 죄에 대하여 죽은 우리가 그 가운데 더 살 수 없어서이다.

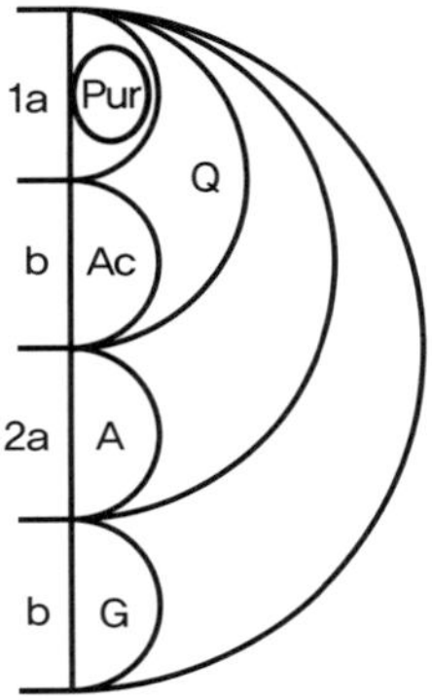

주: 첫 번째 질문은 실제로 두 개의 명제로 이루어져 있고, 각각이 나름의 주어와 술어를 갖고 있다. 1a와 1b는 목적과 행동으로 연결된다. 즉, 1a는 1b의 목적이다.

관형절

관형절은 흔히 문장 안에서 사람이나 사물을 정의하는 기능을 한다. 그래서 수식어로 쓰이는 관형절은 주어와 서술어를 갖추고 있음에도 보통은 별도의 명제로 이해하지 않는다(앞서 로마서 12장 1절에서 관형절을 어떻게 다루었는지 주목하라).

가령, 로마서 6장 2절에는 "죄에 대하여 죽은 우리가 어찌 그 가운데 더 살리오?"라는 명제가 있다. 이 명제 안에는 "죄에 대하여 죽은" 이라는 관형절이 있다. 서술어는 "죄에 대하여 죽은"이고 주어는 숨어있다. 이 관형절의 기능은 주절의 주어인 '우리'를 수식하는 것이다. 그래서 나는 여기에다 별도로 명제의 지위를 부여하지 않았다.

그러나 로마서 6장 2b절의 논리를 곰곰이 생각해보면, 이 관형절이 별도의 지위를 부여받을 수 있음이 분명해진다. 바울은 우리가 죄에 대해 죽었기 때문에, 그 결과로 죄 가운데서 더 살 수 없다고 말하고 있다. 다시 말해, 논리적으로 보면, 이 관형절은 우리가 죄에 계속 거하지 않는 근거의 기능을 하고 있다. 우리가 로마서 6장 1-2절을 이런 식으로 제시하기로 선택한다면, 다음과 같은 모습이 될 것이다.

1a 은혜를 더하게 하려고

b 죄에 거하겠느냐?

2a 대답: 그럴 수 없느니라!

b 그 이유는 우리가 죄에 대하여 죽었기에

c 그 결과로 우리가 그 가운데 더 살 수 없게 되어서다.

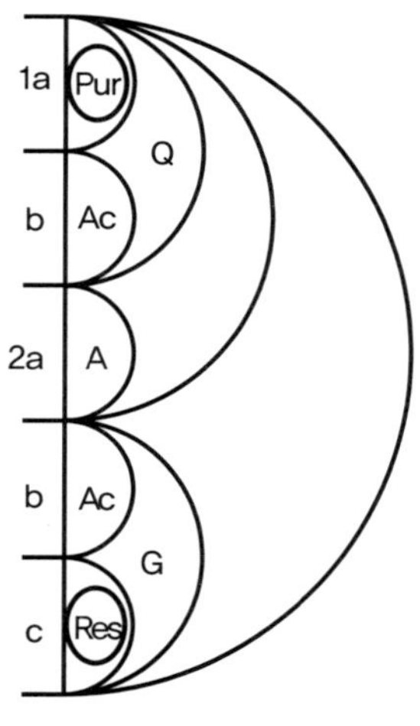

앞서 진행했던 호 그리기와 이 호 그리기의 차이점이 있다면 좀 더 자세하다는 것이다. 둘 다 옳다. 결국, 관형절이 너무나 중요해서 그 자체의 명제를 요구하는지 여부는 독자가 결정해야 한다. 명제로서의 지위를 부여받아야 하는 것이 거의 확실한 관형절의 사례를 요한복음 1장 12-13절에서 볼 수 있다. "[그러나] 영접하는 자 곧 그 이름을 믿는 자들에게는 하나님의 자녀가 되는 권세를 주셨으니 이는 혈통으로나 육정으로나 사람의 뜻으로 나지 아니하고 오직 하나님께로부터 난 자들이니라."

이 절에서 하나님의 자녀가 되는 방법은 관형절에 나와 있다. "혈통으로나 육정으로나 사람의 뜻으로 나지 아니하고 오직 하나님께로부터 난." 이것은 논증에 결정적이므로 별도의 명제로 다루어 호를 그려야 한다.

주: 로마서 6장 2a절에서 말하는 한 가지는 "죄를 계속 짓지 말라"(명령)는 것이다. 그 다음, 이 명령은 직설법으로 표현된 2c절 "우리는 그 가운데 더 살 수 없다"의 뒷받침을 받고, 2c절은 다시 2b절 "우리가 죄에 대하여 죽었다"의 뒷받침을 받는다. 호 그리기의 전체 목표는 글의 각 구성 단위가 말하는 요점을 찾아내는 것이고 그 단위의 나머지가 어떤 식으로 그 요점을 뒷받침하거나 전개하는지 발견하는 것이다.

분사절

주장을 내세우는 흔한 방법 하나(특히 신약성경 그리스어에서)는 분사를 쓰는 것이다. 이런 사례를 로마서 5장 1절(우리말성경)에서 이 사례를 볼 수 있다. "우리는 믿음으로 의롭다는 인정을 받아 우리 주 예수 그리스도로 인해 하나님과 더불어 화평을 누리고 있습니다(Having been justified by faith, we have peace with God through our Lord Jesus Christ"(NASB). "Having been justified by faith(믿음으로 의롭다는 인정을 받아)"는 분사절이다. 이것을 절이라고 부르는 이유는, 주어가 드러나 있지 않지만 주장을 내세우기 때문이다. 이것을 주장으로 표현할 수 있다. "우리는 믿음으로 의롭다는 인정을 받았다." 그래서 이 주장이 로마서 5장 1절의 다른 주장 "우리는 하나님과 더불어 화평을 누리고 있다"와 어떻게 연결되는지 알아내는 것은 해석자의 몫이다. 나라면 다음과 같은 관계로 해석하겠다.

5:1a 우리는 믿음으로 의롭다는 인정을 받았기 때문에

1b 그 결과로 우리는 우리 주 예수 그리스도로 인해 하나님과 더불어 화평을 누리고 있습니다.

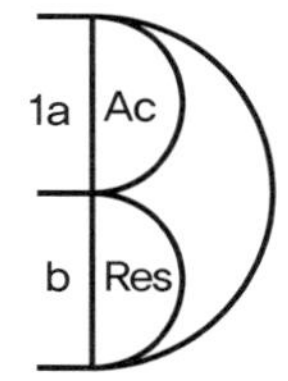

부정사

때로 부정사는 그 목적어 및 수식어와 함께 명제의 기능을 한다. 예를 들면, 요한복음 14장 2절 "내가 너희를 위하여 거처를 예비하러 가노니(I go to prepare a place for you)"에서 "거처를 예비하러(to prepare a place for you)"는 "내가 너희를 위하여 거처를 예비하기 위하여(in order that I might prepare a place for you.)"로 풀어쓸 수 있다. 이 부정사는 그 목적어와 더불어 그리스도께서 가시는 것에 대해 한 가지 주장을 하고 있다. 그 목적을 말해주고 있는 것이다. 따라서 우리는 이 명제들을 다음과 같이 구분할 수 있을 것이다.

14:2a I go(내가 가노니)

2b in order that I might prepare a place for you(내가 너희를 위하여 거처를 예비하기 위하여)

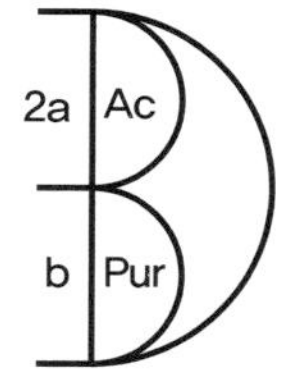

주: 모든 부정사가 이것처럼 중요하고 구별되는 주장을 내세우는 것은 아니기에, 모든 부정사에 별도의 명제 지위를 부여하지는 못할 것이다. 그러나 뭔가 중요한 것을 주장하는 부정사들에는 주목해야 한다.

한 본문에 담긴 명제들을 찾다보면 종종 특수한 문제들을 만나게 될 것이다. 그러나 나는 부록에서 몇 가지 사례들을 통해 명제를 찾는 것이 무엇인지 기본을 파악하게 해 주고 싶었다. 성경 본문에서 명제를 찾는 것은 매우 보람찬 일이다. 한 대목의 논리를 풀어내기 위한 이런 노력으로 말씀의 의미가 점점 더 분명해지기 때문이다.

유형		명칭/기호	정의	몇 가지 핵심단어	예	주		기호	
대등적 관계	(한 명제가 다른 명제를 뒷받침하지 않고, 각 명제가 전체에 나름의 기여를 한다.)	나열(S)	각 명제가 전체에 독립적으로 기여하는 형태	그리고, 더욱이, 더구나, –도 아닌, –아니고 따위(καί, δέ, τε, οὔτε, οὔδε, υήτε, υηδέ)	"해가 어두워지며 달이 빛을 내지 아니하며 별들이 하늘에서 떨어지며 하늘의 권능들이 흔들리리라"(마 24:29. 마 7:8과 롬 12:12도 보라).	호 그리기. 논리 정연한 글에서 모든 명제들 사이의 여러 관계를 도식적으로 나타내는 방법. 호를 그리며 논증을 요약하면 논증 안에서 작용하는 각 부분의 역할이 드러난다.	주절들의 공존	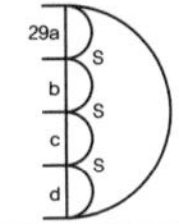	호 사이에 기록
		진전(P)	나열과 비슷하지만 각 명제는 절정을 향해 한 걸음씩 더 나아가는 형태	그리고, 더구나, 더욱 따위(καί, δέ, τε, οὔτε, οὔδε, υήτε, υηδέ)	"미리 정하신 그들을 또한 부르시고 부르신 그들을 또한 의롭다 하시고 의롭다 하신 그들을 또한 영화롭게 하셨느니라"(롬 8:30. 막 4:28과 벧전 1:5–7도 보라).		주절들이 점층법을 이룬다	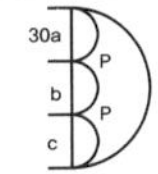	
		갈림(A)	각 명제가 주어진 상황에서 생겨나는 다른 가능성을 표현하는 형태	또는, 그러나, 하지만, 반면 따위(ἀλλά, δέ, ἤ, μέν . . . δέ)	"어떤 사람들은 바울의 말을 믿었지만 믿지 않는 사람들도 있었습니다"(행 28:24. 마 11:3과 요 10:21, 22도 보라).	일반적 주: 1. 호를 교차하게 하지 말라. 다른 선택지가 언제나 가능하다. 2. 범주가 어느 정도 겹치는 것은 피할 수 없을 것이다. 가장 잘 맞는 범주를 잡도록 최선을 다하라. 3. 연필이나 컴퓨터로 호를 그리라. 진행하다 보면 지우거나 바꾸는 일이 꼭 생긴다. 4. 어떤 경우에 두 개의 호를 하나로 합쳐야 할까? 뒷받침하는 호(종속적 관계에서)가 뒷받침되는 호 전체를 그 안에 담긴 모든 것을 포함해 수식해야 한다는 점을 기억하라.	주절들의 대조	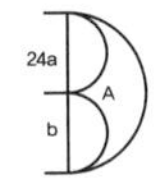	
종속적 관계	재진술에 의한 뒷받침	행동–방식 (Ac/Mn)	한 가지 행동에 대한 진술과 이 행동을 수행하는 방법이나 방식을 알리는 다른 진술과의 관계	곧 따위(그리스어에서 이 관계는 종종 수단이나 방식을 나타내는 부사적 용법의 분사가 이끈다)	"하나님이 자신을 증언하지 않으신 것은 아니니, 곧 하늘에서 비를 내려주시고 철을 따라 열매를 맺게 하셨느니라"(행 14:17. 행 16:16, 17:21, 빌 2:7도 보라).		주절 양태절	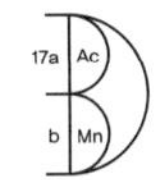	기호들은 호 안에 쓴다
		비교(Cf)	하나의 진술과 그것이 무엇과 같은지 보여 주는 다른 진술과의 관계	처럼, 같이, 듯이, 대로 따위(ὡς, καφώς, οὕτως, ὥσπερ)	"아버지께서 나를 보내신 것 같이 나도 너희를 보내노라"(요 20:21. 고전 11:1과 살전 2:7도 보라).		주절 비교절	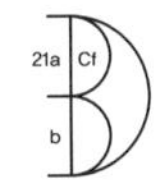	
		부정–긍정 (–/+)	하나를 부정함으로써 다른 하나가 강화되는 두 선택지 간의 관계. 대조되는 진술 안에 이 관계가 함축되어 있다.	–말고 –하라 (ού, μή, ἀλλά, δέ)	"어리석은 자가 되지 말고 오직 주의 뜻이 무엇인가 이해하라"(엡 5:17. 엡 5:18과 히 2:16도 보라.) 참고. 대조의 예로는 고전 4:10을 보라. "우리는 그리스도 때문에 어리석으나 너희는 그리스도 안에서 지혜롭고."	질문하라. "이 명제와 저 명제는 어떻게 연결되는가?" 1. 나누라 2. 할당하라 3. 요약하라	주절 부사절	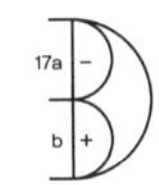	
		개념–설명 (Id/Exp)	처음 진술과 그 의미를 명확하게 하는 다음 진술 간의 관계. 의미를 명확히 하는 명제는 앞선 명제의 한 단어만 정의할 수도 있다.	즉 (τοῦτ, ἐστίν)	"그 녀석이 이번까지 두 번이나 제 자리를 차지했습니다. 지난번에는 맏아들의 권리를 저에게서 빼앗았고, 이번에는 제가 받을 복까지 빼앗아갔습니다"(창 27:36. 고전 10:4도 보라).	어떤 단어, 구, 문장의 의미를 명확히 할 때 쓰인다. 그러나 저자가 어떤 행동에 대해 말하고 그것을 자세히 설명할 때는 '행동–방식(Ac–Mn)'을 사용하라.	주절 설명적 보충절	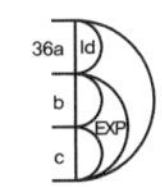	
		질문–대답 (Q/A)	질문과 답으로 이루어진 진술	의문부호를 찾으라	"성경이 무엇을 말하느냐? '아브라함이 하나님을 믿으매…'"(롬 4:3. 시 24:3–4과 롬 6:1도 보라).	주: 수사의문문은 진술로 바꿔 표현할 수 있고 진술로 보고 호를 그릴 수 있다.	의문절 주절	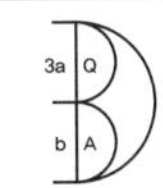	

유형		명칭/기호	정의	몇 가지 핵심단어	예	주		기호	
종속적 관계	재진술에 의한 뒷받침	근거(G)	하나의 진술과 그 진술에 대한 논거나 이유 사이의 관계(뒷받침하는 명제가 뒤에 나온다)	라서, 때문에, 왜냐하면 따위 (γάρ, ὅτι, ἔπεί, ἐπειδή, διότι)	"심령이 가난한 자는 복이 있나니 천국이 그들의 것[이기 때문이다]"(마 5:3. 고전 7:9과 빌 2:25-26도 보라).	이 둘을 뒤섞지 않도록 주의하라! 근거에서는 결론이 먼저 나온다.	주절 원인절	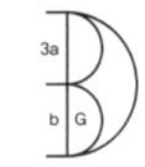	기호들은 호 안에 쓴다
		추론(I)	하나의 진술과 그 진술에 대한 논거나 이유 사이의 관계(뒷받침하는 명제가 앞에 나온다)	그러므로, 그런 이유로, 결과적으로, 따라서 따위 (οὖν, διό, ὥστε)	"만물의 마지막이 가까이 왔으니 그러므로 너희는 정신을 차리고 근신하여 기도하라"(벧전 4:7. 마 23:3과 롬 6:11-12, 벧전 5:5b-6도 보라).	추론에서는 결론이 나중에 나온다.	주절 결과절		
		행동–결과 (Ac/Res)	행동과 그 행동이 미치는 영향이나 결과 사이의 관계	–하여, –해서, 그 결과 따위(ὥστε)	"바다에 큰 놀이 일어나 배가 물결에 덮이게 되었으되"(마 8:24. 요 3:16과 약 1:11도 보라).		주절 결과절	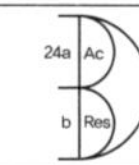	
		행동–목적 (Ac/Pur)	행동과 그 결과로 나타나도록 의도된 내용과의 관계	–하기 위하여, –하도록, –하고자, –를 바라며, –할 목적으로, –하지 않도록 (ἵνα, ὅπως, ἵνα . . . μή)	"내가 너희 보기를 간절히 원하는 것은 어떤 신령한 은사를 너희에게 나누어 주어 너희를 견고하게 하려 함이니"(롬 1:11. 막 7:9과 벧전 5:6도 보라).		주절 목적절	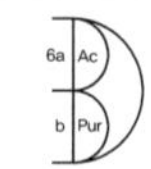	
		조건 (If/Tn)	행동–결과와 비슷한데 행동의 존재가 잠재적이거나 조건적이라는 점만 다르다	만일 –하면, 만약 –하면, –가 아니면 따위(εἰ, ἐάν)	"너희가 만일 성령의 인도하시는 바가 되면 율법 아래에 있지 아니하리라"(갈 5:18. 요 15:14과 갈 6:1도 보라).		주절 조건절	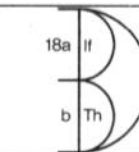	
		시간(T)	하나의 명제와 그것이 벌어지는 시기와의 관계	–일 때, –할 때마다, –전에, –후에 따위(ὅτε, ὅταν)	"금식할 때에 … 슬픈 기색을 보이지 말라"(마 6:16. 눅 6:22과 약 1:2도 보라).	시기가 원인일 수도 있지만, 저자는 원인보다도 시기를 강조한다.	주절 시간절	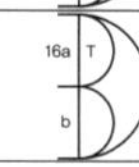	
		장소(L)	하나의 명제와 그것이 벌어지거나 해당하는 장소와의 관계	–곳에, –곳마다 따위 (ὅπου, οὗ)	"두세 사람이 내 이름으로 모인 곳에는 나도 그들 중에 있느니라"(마 18:20. 룻 1:16과 고후 3:17도 보라).		주절 장소절		
		양보(Csv)	한 명제와 그것이 뒷받침하는 앞뒤 두 명제와의 관계	뒷받침하는 다른 관계에 쓰이는 이음말들을 보라.	"온 백성은 기쁘고 즐겁게 노래할지니 주는 민족들을 공평히 심판하시며 땅 위의 나라들을 다스리실 것임이니이다. 하나님이여 민족들이 주를 찬송하게 하시며 모든 민족으로 주를 찬송하게 하소서"(시 67:4-5. 롬 2:1b-2도 보라).	'BL'은 각 방향으로 모두 관계가 있음을 말해주고 'G'와 ∴는 그 관계가 무엇인지 구체적으로 명시한다.		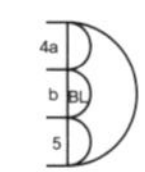	
	뒷받침–대조적 진술	양자(BL)	주절과 그와 대조적 진술 간의 관계	–면서도, –에도 불구하고, 하지만, 그럼에도, 그러나, 그렇지만 따위 (καίπερ, εἰ, καί, ἐὰν, καί)	"그가 아들이시면서도 받으신 고난으로 순종함을 배워서"(히 5:8. 고전 4:15과 9:13-15도 보라).	양보절이 주절을 '뒷받침'한다고 보는 이유는, 양보절의 장애에도 버티고 서는 주절의 힘을 강조하기 때문이다.	주절 양보절	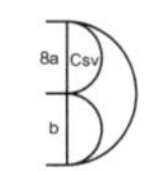	
		상황–반응 (Sit/R)	하나의 절에 나오는 상황과 다른 절에 등장하는 반응 간의 관계		"암탉이 그 새끼를 날개 아래에 모음 같이 내가 네 자녀를 모으려 한 일이 몇 번이더냐? 그러나 너희가 원하지 아니하였도다"(마 23:37. 요 7:21도 보라).	두 절 사이의 관계는 상황 조성자의 뜻에 대한 누군가의 반응에 따라 예상대로일 수도 있고 뜻밖의 것일 수도 있다.			

주

프롤로그

1. Jonathan Edwards, *Religious Affections*, ed. John E. Smith and Harry S. Stout, rev. ed., vol. 2, The Works of Jonathan Edwards (New Haven, CT: Yale University Press, 2009), 281. (《신앙감정론》, 정성욱 역, 부흥과개혁사)

들어가기에 앞서

1. *A Peculiar Glory: How the Christian Scriptures Reveal Their Complete Truthfulness* (Wheaton, IL: Crossway, 2016). (《존 파이퍼의 성경과 하나님의 영광》, 윤종석 역, 두란노)
2. Blaise Pascal, *Pascal's Pensees.*, no. 227, Kindle ed., loc. 1,531.
3. 나는 다음 책에서 이 문제를 보다 충실하게 논증했다. John Piper, *What Jesus Demands from the World* (Wheaton, IL: Crossway, 2006), 29-39. (《예수님의 지상명령》, 전의우 역, 생명의말씀사)
4. Jonathan Edwards, *A Treatise Concerning Religious Affections*, ed. Paul Ramsey, vol. 2., *The Works of Jonathan Edwards* (New Haven, CT: Yale University Press, 1957), 299, 307.
5. 베들레헴침례교회 장로 신앙고백(Bethlehem Baptist Church Elder Affirmation of Faith) 1.1항.

PART 1

chapter 1

1. 이어지는 내용에서 나는 내가 다음 책에서 거룩에 대해 쓴 몇 가지 내용을 정리하여 적었다. *Acting the Miracle: God's Work and Ours in the Mystery of Sanctification*, John Piper and David Mathis (Wheaton, Illinois: Crossway Books, 2013), pp. 29-41, 127-138.

2. Stephen Charnock, *The Existence and Attributes of God*, vol. 2 [Grand Rapids, MI: Baker, 1979], 115). (《하나님의 존재와 속성》, 송용자 옮김, 부흥과개혁사)

3. '영광'이라는 단어는 하나님의 거룩의 광채가 세상에 드러난다는 의미로 엄격하게 한정되는 것은 아니다. 예를 들어, 예수께서는 이렇게 기도하셨다. "아버지여 내게 주신 자도 나 있는 곳에 나와 함께 있어 아버지께서 창세전부터 나를 사랑하시므로 내게 주신 나의 영광을 그들로 보게 하시기를 원하옵나이다"(요 17:24). 그러나 일반적으로, 하나님의 영광은 하나님의 광채-그분의 본질에서 비쳐 나오는 것-를 뜻한다.

4. Gerhard Kittel, Geoffrey W. Bromiley, and Gerhard Friedrich, eds., *Theological Dictionary of the New Testament* (Grand Rapids, MI: Eerdmans, 1964-), 237-238.

chapter 2

1. C. S. Lewis, *Reflections on the Psalms* (New York: Harcourt, Brace & World, 1958), 93-95. (《시편사색》, 이종태 옮김, 홍성사)

chapter 3

1. Fanny J. Crosby, "To God Be the Glory, Great Things He Has Done" (1875).

chapter 4

1. 로마인들이 코덱스를 사용한 최초의 문학작품을 낸 것은 기원후 1세기말 이고, 마르티알리스(고대 로마의 풍자작가-역주)가 그 형태를 실험한 기록이 남아있다. 당시에는 두루마리가 문학작품의 주된 매체였고 세속 작품들은 4세기까지 주로 그런 형태로 나왔다. 율리우스 카이사르는 갈리아 지방을 다니면서 두루마리를 콘서티나(concertina, 아코디언 모양의 6각형 손풍금-역주) 형태로 접는 것이 빨리 찾아보는 데 유용함을 발견했고, 후대에 가서 중국인들도 그 사실을 알게 되었다. 이르면 2세기 초부터 기독교인들이 코덱스-흔히 파피루스의-를 선호했다는 증거가 있다. 헤르쿨라네움(Herculaneum, [이탈리아 남부의 고대도시. 79년 폼페이와 함께 베수비오 화산의 폭발로 매몰-역주] 기원후 79년에 매몰)에 있는 빌라 파피리(Villa of the Papyri, 헤르쿨라네움에 있던 개인 저택-역주)의 서재에서 나온 모든 문서(그리스 문학)는 두루마리고, 기원후 390년에 만들어진 나그함마디(Nag Hammadi, 이집트의 도시. 1945년 부근에서 '나그함마디 파피루스 문서'가 발견되어 유명해졌다) '장서'에 포함된 모든 문서(영지주의 기독교 문서)는 코덱스이다. http://www.newworldencyclopedia.org/entry/Codex. 2016년 3월 12일 검색.

chapter 5

1. Jonathan Edwards, *Ethical Writings*, ed. Paul Ramsey and John E. Smith, vol. 8, The Works of

Jonathan Edwards (New Haven; London: Yale University Press, 1989), 601.

2. Henry Alford, *Alford's Greek Testament: An Exegetical and Critical Commentary*, vol. 1 (Grand Rapids, MI: Guardian Press, 1976), 838. 강조 원문.

3. N. T. Wright, *What Saint Paul Really Said: Was Paul of Tarsus the Real founder of Christianity?* (Grand Rapids: William B. Eerdman's Publishing Company, 1997), pp. 68-69.

chapter 6

1. 특히 다음을 보라. John Piper, *Desiring God: Meditations of a Christian Hedonist* (Colorado Springs: Multnomah Books, 2011). (《하나님을 기뻐하라》, 박대영 역, 생명의말씀사)

2. John Piper, *Future Grace: The Purifying Power of the Promises of God* (Colorado Springs: Multnomah Books, 2012). 이 요점에 대한 간략한 논증을 살펴보고 싶다면 다음을 참고하라. http://www.desiringgod.org/articles/love-is-the-main-thing-in-saving-faith. 2016년 3월 1일 검색.

3. 내가 뮬러의 생애와 사역을 검토하고 기린 책이다. John Piper, *A Camaraderie of Confidence: The Fruit of Unfailing Faith in the Lives of Charles Spurgeon, George Mueller, and Hudson Taylor* (Wheaton, Illinois: Crossway Books, 2016), 63-83.

4. George Müller, *Autobiography of George Müller: A Million and a Half in Answer to Prayer* (London: J. Nisbet and Co., 1914), 152. (《조지 뮬러의 기도》, 유재덕 역, 브니엘).

5. George Müller, *A Narrative of Some of the Lord's Dealings with George Müller*, vol. 1 (London: J. Nisbet & Co., 1860), 45-48.

6. C. H. Spurgeon, *The Metropolitan Tabernacle Pulpit Sermons*, vol. 25 (London: Passmore & Alabaster, 1879), 627.

7. John Owen, *The Works of John Owen*, ed. William H. Goold, vol. 1 (Edinburgh: T&T Clark, n.d.), 399.

8. Ibid., p. 400-401.

9. Ibid., p. lxiii-lxiv.

10. Jonathan Edwards, *The Great Awakening*, ed. Harry S. Stout and C. C. Goen, Revised Edition, vol. 4, The Works of Jonathan Edwards (New Haven; London: Yale University Press, 2009), 387. (《부흥론》, 양낙홍 역, 부흥과개혁사).

11. Randy Alcorn, *Happiness* (Carol Stream: Illinois: Tyndale House Publishers, 2015), p. 179.

12. 나는 이 용어를 앞에서 언급한 다음 책에서 설명하고 옹호했다. John Piper, *Desiring God: Mediations of a Christian Hedonist*. 기독교 희락주의의 핵심은 우리가 하나님 안에서 가장 크게 만족할 때 하나님이 우리 안에서 가장 큰 영광을 받으신다는 것이다.

13. C. S. Lewis, *The Weight of Glory and Other Addresses* (Grand Rapids: Eerdmans, 1965), p. 1. (《영광의

무게》, 홍종락 역, 홍성사)

14. Jonathan Edwards, *The "Miscellanies"*: (Entry Nos. A-z, Aa-zz, 1-500), ed. Thomas A. Schafer and Harry S. Stout, Corrected Edition, vol. 13, The Works of Jonathan Edwards (New Haven; London: Yale University Press, 2002), 495.

chapter 7

1. John Owen, *The Works of John Owen*, ed. William H. Goold, vol. 1 (Edinburgh: T&T Clark, n.d.), 401.
2. 여기서 sensible은 보다 최근의 의미인 '합리적인'의 뜻이 아니라 '감지될 수 있는 능력'이라는 구식 의미로 쓰이고 있다.
3. Jonathan Edwards, *Religious Affections*, rev. ed., ed. John E. Smith and Harry S. Stout, vol. 2, The Works of Jonathan Edwards (New Haven, CT: Yale University Press, 2009), 96. (《신앙감정론》, 정성욱 역, 부흥과개혁사).
4. 내가 말하는 '묵상'의 의미는 이 책의 나머지 부분에서 분명하게 드러날 것이다. 이 책의 내용 자체가 성경을 충실하게 묵상하는 법을 다룬 것이다. 묵상은 하나님의 채워주심을 받기 위해 정신에서 생각을 비우려는 시도가 아니다. 그보다는, 하나님을 본받아 하나님이 생각하시는 것을 생각하는 쪽으로 정신의 방향을 의도적으로 정하는 것이다. 이런 신성한 교제가 줄 수 있는 모든 영적 결과들을 하나님이 허락하시기를 간절히 기도하면서 말이다.
5. Derek Kidner, *Psalms 73-150: An Introduction and Commentary*, vol. 16, Tyndale Old Testament Commentaries (Downers Grove, IL: InterVarsity Press, 1975), 453-455.
6. Charles Bridges, *Psalm 119: An Exposition* (1827; repr. Edinburgh: Banner of Truth, 1974).
7. Thomas Manton, *Psalm 119* (1680; repr. Edinburgh: Banner of Truth, 1990).

chapter 8

1. Jonathan Edwards, "A Divine and Supernatural Light," in *Sermons and Discourses*, 1730. 1733, ed. Mark Valeri and Harry S. Stout, vol. 17, The Works of Jonathan Edwards (New Haven, CT: Yale University Press, 1999), 405-426.
2. Ibid., 410.
3. John Owen, *The Works of John Owen*, ed. William H. Goold, vol. 4 (Edinburgh: T&T Clark, n.d.), 57.
4. Jonathan Edwards, *Treatise on Grace*, ed. Paul Helm (Cambridge, UK: James Clarke, 1971), 48-49.

chapter 9

1. "The Expulsive Power of a New Affection," in *The Protestant Pulpit: An Anthology of Master Sermons from the Reformation to Our Own Day*, comp. Andrew Blackwood (Grand Rapids, MI: Baker, 1947), 50.
2. John Piper, *Future Grace: The Purifying Power of the Promises of God* (Colorado Springs: Multnomah, 2012) (《장래의 은혜》, 차성구 역, 좋은씨앗, 절판); John Piper, Battling Unbelief: Defeating Sin with Superior Pleasure (Colorado Springs: Multnomah, 2007).
3. Augustine, "The Confessions of St. Augustin," in *The Confessions and Letters of St. Augustin with a Sketch of His Life and Work*, ed. Philip Schaff, trans. J. G. Pilkington, vol. 1, A Select Library of the Nicene and Post-Nicene Fathers of the Christian Church, First Series (Buffalo, NY: Christian Literature Co., 1886), 153.
4. Aurelius Augustine, *Confessions*, trans. R. S. Pine-Coffin (New York: Penguin, 1961), bk. 8, chap. 12; 강조 추가. (《고백록》, 성한용 역, 대한기독교서회)
5. Ibid., 제9권, 1장.

chapter 10

1. "온 이스라엘"이라는 문구를 내가 여기서 이해하는 방식으로 모두가 이해하는 것은 아니다. 어떤 이들은 이 문구가 유대인과 이방인 중 선택된 자들만을 가리킨다고 본다. 내 견해에 대한 보다 온전한 설명을 듣고 싶다면 다음을 보라. http://www.desiringgod.org/scripture/romans/11/messages.

PART 2

chapter 11

1. John Owen, *The Works of John Owen*, ed. William H. Goold, vol. 1 (Edinburgh: T&T Clark, n.d.), 415.
2. George Croly, "Spirit of God, Descend upon My Heart," 1854, http://www.cyberhymnal.org/htm/s/o/sogdumyh.htm.
3. J. C. Ryle, *Old Paths: Being Plain Statements of Some of the Weightier Matters of Christianity* (London: Charles J. Thynne, 1898), 33.

PART 3

chapter 12

1. 많이 있지만 그 중에서 몇 권을 소개하자면 다음과 같다. *The Literary Guide to the Bible, ed. Robert Alter and Frank Kermode* (Cambridge, MA: Belknap Press, 1990); *A Complete Literary Guide to the Bible*, ed. Leland Ryken and Tremper Longman (Grand Rapids, MI: Zondervan, 1999); Leland Ryken, *A Complete Handbook of Literary Forms in the Bible* (Wheaton, IL: Crossway, 2014); Andreas J. Köstenberger and Richard D. Patterson, *For the Love of God's Word: An Introduction to Biblical Interpretation* (Grand Rapids, MI: Kregel, 2015); Robert H. Stein, *A Basic Guide to Interpreting the Bible: Playing by the Rules*, 2nd ed. (Grand Rapids, MI: Baker Academic, 2011); as well as Jason S. DeRouchie, *How to Understand and Apply the Old Testament: Twelve Steps from Exegesis to Theology* (Phillipsburg, NJ: P&R, 2017); and Andrew David Naselli, *How to Understand and Apply the New Testament: Twelve Steps from Exegesis to Theology* (Phillipsburg, NJ: P&R, 2017).

chapter 14

1. 기적을 실행한다는 개념에 대해 더 알고 싶다면 다음 자료를 보라. Acting the Miracle: God's Work and Ours in the Mystery of Sanctification, ed. John Piper and David Mathis (Wheaton, IL: Crossway, 2013). 이번 장에 실린 일부 내용은 이 책에 있는 나의 여러 글에서 발췌한 것이다.
2. Jonathan Edwards, *Writings on the Trinity, Grace, and Faith*, ed. Sang Hyun Lee, vol. 21, The Works of Jonathan Edwards (New Haven, CT: Yale University Press, 2003), 251.

chapter 15

1. J. I. Packer, *Keep in Step with the Spirit* (Grand Rapids, MI: Baker, 2005), 105. (《성령을 아는 지식》, 홍종락 역, 홍성사)
2. Jonathan Edwards, *"A Spiritual Understanding of Divine Things Denied to the Unregenerate," in Sermons and Discourses*, 1723-1729, ed. Harry S. Stout and Kenneth P. Minkema, vol. 14, The Works of Jonathan Edwards (New Haven, CT: Yale University Press, 1997), 87.
3. John Owen, *The Works of John Owen*, ed. William H. Goold, vol. 4 (Edinburgh: T&T Clark, n.d.), 186.

chapter 16

1. Benjamin Warfield, *"The Religious Life of Theological Students," in The Princeton Theology*, ed. Mark Noll (Grand Rapids, MI: Baker, 1983), 263.

2. Robert Robinson, *"Come Thou Fount of Every Blessing,"* 1757.

3. Derek Kidner, *Psalms* 73-150 (London: Inter-Varsity Press, 1975), 462.

4. C. H. Spurgeon, *The Metropolitan Tabernacle Pulpit Sermons*, vol. 58 (London: Passmore & Alabaster, 1912), 427.

chapter 17

1. 인간과 사탄의 죄악된 행동을 다스리시는 하나님의 주권에 대해 보다 폭넓게 숙고해보고 싶다면 다음의 자료를 보라. John Piper, *Spectacular Sins: And Their Global Purpose in the Glory of Christ* (Wheaton, IL: Crossway, 2008).

2. 두문자어 I. O. U. S.에 대해서는 16장을 보라.

3. Søren Kierkegaard, *Purity of Heart Is to Will One Thing* (New York: Harper Brothers, 1948).

4. 훌륭한 학자들 중 일부는 로마서 7장이 그리스도인의 경험을 묘사하는 것이라고 생각하지 않지만 내 의견은 다르다. 나는 6부로 된 설교 "이 나뉜 사람은 누구인가(Who Is This Divided Man)?" 에서 나의 주장을 논증했다. http://www.desiringgod.org/scripture/romans/7/messages. 2016년 3월 23일 검색.

5. Thomas Ken, "Awake, My Soul, and with the Sun," 1674, http://cyberhymnal.org/htm/a/w/awakemys.htm, 2016년 3월 23일 검색. 강조 추가.

chapter 19

1. John Owen, *The Works of John Owen, ed. William H. Goold*, vol. 4 (Edinburgh: T&T Clark, n.d.), 204. 강조 추가.

chapter 21

1. 그리스어 원문에서 바울은 "의미"에 해당하는 단어를 쓰지는 않지만 그런 취지로 말하고 있다. 9절에서 "내가 너희에게 쓴"에 해당하는 단어가 10절의 행동을 지배한다. "내가 너희에게 쓴 편지에 음행하는 자들을 사귀지 말라 하였거니와[너희를 향한 의도를 표현했거니와] 이 말은 이 세상의 음행하는 자들이나 탐하는 자들이나 속여 빼앗는 자들이나 우상 숭배하는 자들을 도무지 사귀지 말라 하는 것이 아니니[나의 의도를 가리키며] 만일 그리하려면 너희가 세상 밖으로 나가야 할 것이라"(고전 5:9-10).

2. C. S. Lewis, *The Abolition of Man* (New York: Macmillan, 1947), 29. (《인간폐지》, 이종태 역, 홍성사)

3. C. S. Lewis, *An Experiment in Criticism* (Cambridge, UK: Cambridge University Press, 1965), 100-101.

chapter 22

1. 나는 다음 책에서 성경이 완전히 참된 책임을 스스로 어떻게 드러내는지 보여 주려 했다. John Piper, *A Peculiar Glory: How the Christian Scriptures Reveal Their Complete Truthfulness* (Wheaton, IL: Crossway, 2016).
2. Kenneth Cragg, *"Contemporary Trends in Islam," in Muslims and Christians On the Emmaus Road*, ed. J. Dudley Woodberry (Monrovia, CA: MARC, 1989), 28.
3. Andrew F. Walls, *"Christianity in the Non-Western World," in The Cross-Cultural Process in Christian History* (Maryknoll, NY: Orbis, 2002), 29.

chapter 23

1. Mortimer Adler and Charles van Doren, How to Read a Book (New York: Simon & Schuster, 1972). (《생각을 넓혀주는 독서법》, 멘토)
2. E. D. Hirsch, *Validity in Interpretation* (New Haven, CT: Yale University Press, 1967).
3. Daniel P. Fuller, *Hermeneutics*, unpublished paper, Fuller Theological Seminary.
4. Horace E. *Scudder*, ed., American Poems: Longfellow: Whittier: Bryant: Holmes: Lowell: Emerson; with Biographical Sketches and Notes, 3rd ed. (Boston: Houghton, Osgood, 1879), 450-454.
5. Adolf Schlatter, *"Atheistische Methoden in der Theologie?," in Zur Theologie des Neuen Testaments und zur Dogmatik: Kleine Schriften*, ed. Ulrich Luck (Munich: C. Kaiser, 1969), 142. 독일어 원문은 다음과 같다. "Wissenschaft ist erstens Sehen un zweitens Sehen und drittens Sehen und immer und immer wieder Sehen."
6. Jennifer Roberts, "The Power of Patience," Harvard magazine, Nov.-Dec. 2013, 2016년 3월 29일 검색, http://harvardmagazine.com/2013/11/the-power-of-patience.
7. John Singleton Copley의 그림 〈다람쥐와 소년(A Boy with a Flying Squirrel)〉(1765), 보스턴미술관, 2016년 10월 27일 검색. http://www.mfa.org/collections/object/a-boy-with-a-flying-squirrel-henry-pelham-34280.
8. Roberts, "The Power of Patience."
9. Ibid.

chapter 24

1. *John Dillenberger*, ed., Martin Luther: Selections from His Writings (Garden City, NY: Doubleday, 1961), 11-12. 강조 추가.
2. Jonathan Edwards, *Letters and Personal Writings*, ed. George S. Claghorn and Harry S. Stout,

vol. 16, The Works of Jonathan Edwards (New Haven, CT: Yale University Press, 1998), 754.

chapter 25

1. John Piper, *A Peculiar Glory: How the Christian Scriptures Reveal Their Complete Truthfulness* (Wheaton, IL: Crossway, 2016), 69-86. "우리의 현대어 번역본들이 저본으로 삼은 그리스어와 히브리어 텍스트들은 하나님의 영감을 받은 저자들이 썼던 텍스트와 본질적으로 동일하다"(86).
2. 나는 다음 두 글에서 성경번역본에 대해 더 많은 생각을 펼쳐 놓았다. http://www.desiringgod.org/articles/good-english-with-minimal-translation-why-bethlehem-uses-the-esv와 http://www.desiringgod.org/interviews/what-do-you-think-about-paraphrased-bible-translations.
3. Mortimer Adler and Charles van Doren, How to Read a Book, rev. ed. (New York: Simon & Schuster, 1972), 66-113.
4. Ibid., 107.
5. E. D. Hirsh, *Validity in Interpretation* (New Haven, CT: Yale University Press, 1967), 76-77.
6. 스마트폰이나 태블릿이나 컴퓨터를 사용할 수 없다면, 성경 소프트웨어가 성경용어색인을 쓰는 데 더없이 유용한 도구가 될 수 있다. 좋은 성경프로그램들이 많다. 그 중에서도 모든 단어에 대한 성경 전체 검색기능이 있는 프로그램을 구하도록 하라. 그리고 성경의 특정 저자와 책에 한정하여 검색할 수 있는 기능도 정말 유용하다. 이 기능은 사실상 성경용어색인에 해당한다.
7. Leon Morris, *The Gospel according to Matthew, Pillar New Testament Commentary* (Grand Rapids, MI: Eerdmans, 1992), 553.
8. Thomas Schreiner, *Interpreting the Pauline Epistles*, 2nd ed. (Grand Rapids, MI: Baker Academic, 2011), 69-96.
9. Ibid., 69-70.
10. 대부분의 주요 성경소프트웨어는 문장도해모듈을 갖추고 있어서 컴퓨터로 직접 문장도해 기능이 있다. Accordance, Bible Works, Logos는 모두 문장도해 기능이 있다. 이 자리에서 소개하고 싶은 온라인 소프트웨어가 하나 있는데, 내가 제작에 간접적으로 개입했고 내가 총장으로 있는 베들레헴신학교가 소유권을 갖고 있다. Biblearc.com (https://biblearc.com)에 가면 안내영상의 도움을 받아 문장도해법을 배울 수 있고 온라인에서 도해를 하고 결과물을 저장할 수도 있다. 이 웹사이트를 특히 추천하고 싶다. 다음 장에서 나는 그동안 헤아릴 수 없이 유용하게 사용해왔고 지금도 쓰고 있는 한 가지 방법론을 제시할 텐데, Biblearc가 한 단락 안에 있는 명제들을 연결시키는 나의 방법론을 활용하는 데 최고의 도우미 역할을 해 줄 것이다.

chapter 26

1. Justin Gerald Taylor, "John Piper: The Making of a Christian Hedonist," PhD diss., the Southern Baptist Theological Seminary, 2015.
2. Ibid.
3. 나는 저스틴 테일러가 언급한 다음의 미출간 원고에 담긴 내용을 빌려왔다. John Piper, Biblical Exegesis: Discovering the Meaning of Scriptural Texts.}

{4. 25장 주10을 보라.}

chapter 27

1. 사도 베드로는 성경에 있는 "알기 어려운 것"(벧후 3:16)들에 대해 언급한다. 존 오웬은 한걸음 물러나 하나님의 더 큰 의도 안에서 이 사실을 비춰본다. "성경에는 … '해석하기 어려운' 것들이 있는데, 해석의 어려움은 계시된 것들의 본질이 아니라 계시된 방식에서 나온다. 그런 것들은 많은 알레고리, 비유, 신비한 이야기들, 인유, 이루어지지 않은 예언과 예측, 당시의 관습과 인물, 장소에 대한 언급, 시간과 연대기 계산, 성경에서 거의 쓰이지 않았거나 한번만 쓰인 일부 단어의 의미, 현대의 우리는 모르는 다양한 새와 짐승들의 이름으로 이루어져 있다. … 그렇게 계시된 것이 우리가 알고 믿어야 할 중요한 내용이고 신적 계시의 목적에 부합한다면, 하나나 둘 이상의 다른 곳에서 밝혀지고 분명하게 선포된다. 그래서 우리는 그것에 대해 제자들이 우리 구세주께 고백한 것처럼 '지금은 밝히 말씀하시고 아무 비유로도 하지 아니하시니'[요 16:29-역주]라고 말할 수 있다. 우리의 순종을 요구하는 교리적 진리가 담겨 있다고 합리적으로 생각하거나 추측할 수 있는 모호한 지점이나 대목이 성경의 다른 곳에서 설명되지 않은 경우는 찾아볼 수가 없다. … 성경에는 악하고 뒤틀리고 교만한 사람들이 거기에 걸려 넘어지거나 그들의 불신과 완고함이 더욱 굳어지게 하려는 목적으로 기록된 대목도 있다." John Owen, *The Works of John Owen*, ed. William H. *Goold*, vol. 4 (Edinburgh: T&T Clark, n.d.), 196-198.
2. Ewald M. Plass, comp., *What Luther Says: An Anthology*, vol. 3 (St. Louis, MO: Concordia, 1959), 1,359. 이번 장에서 나는 다음 책에 실린 루터에 대한 생각들을 가져다 쓰고 있다. John Piper, The Legacy of Sovereign Joy: God's Triumphant Grace in the Lives of Augustine, Luther, and Calvin (Wheaton, IL: Crossway, 2000).
3. Plass, *What Luther Says*, 1,360.
4. Ibid.
5. E. G. *Rupp and Benjamin Drewery*, eds., Martin Luther: Documents of Modern History (New York: St. Martin's Press, 1970), 72-73.

에필로그

1. John Owen, *The Works of John Owen*, ed. William H. Goold, vol. 4 (Edinburgh: T&T Clark, n.d.), 189-193.